머니니스

머니니스(Moneyness)란 ————————

금이나 은, 종이쪽지, 메소포타미아 지역에서 발굴된 점토 토큰 등이 돈으로 기능하게 된 요인을 뜻한다. 우리말로는 '돈의 본질', '돈의 정체' 등 다양한 표현으로 번역돼 있다. 이 책에서는 '어떤 것이 돈이 되는 요인' 또는 '어떤 것이 돈이 되도록 하는 시스템' 등의 의미를 담고 있다.

MONEY NESS

머니니스

돈의 정체가 밝혀지다

강남규(중앙일보 국제경제 선임기자) 지음

StarRich
Books

기자 생활 29년!

대부분을 경제기자로 보낸 세월이다. 끈끈이처럼 달라붙는 무지를 털어내려 애쓴 시간이기도 했다. 무엇보다 '돈이란 무엇인가?'라는 궁금증을 풀기 위해 발버둥쳤다. '돈의 정체(moneyness)'를 알지도 못하는데 돈 버는 노하우 등을 주제로 기사를 써야 하는 자괴감에 시달려서다.

누군가 그랬다. 자괴감은 에너지라고. 실제 기자 생활을 하며 틈틈이 돈의 존재론을 다룬 책을 읽었다. 그때마다 '돈이란 무엇인가?'란 궁금증이 커졌다. 돈의 정체를 알려줄 듯한 제목을 단 책은 거의 모두 '돈 버는 이야기'였다. '미래의 돈은 여기서', '돈의 역사를 통해 본 돈 버는 노하우', '돈은 누가 지배하는가', '유대인의 음모', '달러 패권의 미래는'……, 이 정도만 나열해도 책 제목이 어렵지 않게 떠오르시리라. 이들 책 제목을 보면 돈의 정체를 당장 알려줄 듯했다.

그러나 다 읽고 난 뒤에 '그래서 돈이 무엇이란 말이야?'란 의문은 여전했다. 책의 지은이들만 탓할 일도 아니었다. 요즘 재테크 강박감이 크다. 일자리가 불안하고 임금소득이 시원찮은 탓이다. 주식과 부동산으로 돈을 벌어야 한다는 강박감에 시달리고 있는 사람들이 많다. '돈이란 무엇인가?'라는 말이 '이렇게 해야 돈 번다'라는 말로 들리는 이유다.

사실 돈이 무엇인지 몰라도 잘만 벌면 그것만으로도 충분하다. 자동차나 컴퓨터의 원리를 잘 알지 못하지만 너무나 잘 활용하고 있는 게 인간이지 않는가.

이런 실용적 사고가 때로는 편리하고 자기 위안이 되기도 하지만, 인간이 실용적인 접근법으로 만족할 존재는 아니다. 자신의 아이덴티티identity를 확인하기 위해 시간과 돈을 아끼지 않는 비경제적인 모습을 보이는 게 인간이다.

약간의 과장법을 MSG처럼 뿌려 말하면, '돈이란 무엇인가?'는 경제기자의 아이덴티티를 확인할 수 있는 궁금증인 듯했다. 그런데 이 궁금증은 저널리즘 영역에서 인터뷰하고 책을 읽어서는 해결될 것이 아닌 듯했다. 기자들이 누리는 호사 가운데 하나인 해외 연수를 정규 석사과정을 밟는 데 투입했다. 아카데미아에는 답이 있을 것으로 기대해서다.

불행하게도 상아탑도 마찬가지였다. 영국의 대학 두 곳에서 경제학과 경제사를 배웠지만, 그곳의 교수나 전문가들도 '돈은 교환의 매개, 가치 저장 수단' 등 기능을 나열하는 선에서 멈췄다.

답답했다. 목말랐다. '우물을 파는 몫은 나인가'라는 생각이 들었다. '저널리즘 영역에서 일하는 자가 아카데미즘 성격이 강한 돈의 존재론을 다룰 수 있을까' 하는 생각도 들었다. 일종의 자기검열이었다. 이는 출판사와 계약을 맺고 책을 읽고 글을 쓰는 내내 나를 괴롭혔다.

어느 순간 묘안이 떠올랐다. 자기 합리화 또는 변명의 묘안이다. '경제기자의 독서일기라고 말하면 된다'는 생각이다. 그때부터 마음이 편안해졌다. 실제로 이 책은 독서일기에 가깝다. 취재하고 기사 쓰기 위해 읽은 책들이 중요한 밑천이었다.

또 무지라는 끈끈이에서 벗어나기 위해 영어권 경제서적 15권 이상을 번역했다. 번역은 책 읽기의 한 종류다. 한결 기억에 또렷이 남아 좋았다. 기자의 업무 가운데 하나인 전문가 인터뷰도 이 책에 많이 들어가 있다. 영국 버밍엄대학과 런던정경대학(LSE)의 교수들이 내가 수강한 강의 시간에 한 발언들도 적잖이 인용돼 있다.

다만 책을 읽고 인터뷰하고 강의를 들어 얻은 지식과 팩트fact를 나만의 틀에 넣어 배열하려고 했다. '돈은 바이러스다', '머니 트라이앵글', '돈의 슈퍼 사이클' 등이 그런 예다. 전업 연구자들이 쓰는 개념이나 표현과 다른 부분이 적지 않다. 학계의 치열한 토론 등을 통해 검증되지 않은 것들이다. 오해와 오류, 비약 등이 어디엔가 똬리를 틀고 있을 수 있다.

마지막으로 이 책을 쓸 수 있도록 도와준 관훈클럽정신영기금에 고마움을 표시하고 싶다. 기금은 내가 LSE에서 경제사(석사과정)를 공부할 수 있도록 지원해주었다.

강남규 올림

CONTENTS

CHAPTER 1 돈이란 무엇인가?

CHAPTER **4** **돈의 현재 그리고 미래**

돈은 바이러스다

점토부터 비트코인까지, 숙주의 진화

"아빠, 돈이 뭐예요?"

돔비의 아들 폴이 물었다. 아들의 갑작스런 물음에 돔비의 생각이 멈췄다. 돔비는 상당히 혼란스러웠다.

"돈이 뭐냐고? 음…… 돈은 말이다……."

폴은 작은 손을 의자 팔걸이에 올리고 아버지 얼굴을 바라보며 재촉하듯 다시 물었다.

"아빠! 돈이 뭐냐고요?"

돔비는 더욱 난감했다. 그는 아들에게 돈과 관련된 몇 가지 용어를 알려주려고 한다. 교환의 매개, 통화, 통화가치 하락, 종이돈, 금, 환율, 시장에서 귀금속 가격 흐름 등등. 하지만 돔비는 이내 마음을 접고 바닥을 지그시 내려다보며 말한다.

"금화, 은화, 동전, 기니^{guinea}, 실링^{shilling} 등이 돈이야. 이것들 알고 있지?"

"네, 알아요. 그런데 제 말은, 도대체 돈이 뭐냐는 거에요."

폴의 물음이 뼈를 때린다. 우리가 하루하루 받는 질문이다. 그런데 돔비와 아들 폴의 대화는 21세기 풍경이 아니다. 영국 소설가 찰스 디킨스가 1840년대 발표한 소설 《돔비와 아들(Dombey and Son)》의 한 대목이다.[1]

역사의 제자리걸음인가. 디킨스 사후 두 세기 가까이 흘렀다. 거의 모든 영역이 화폐경제로 바뀌었다. 가족 내 심부름부터 지적인 서비스까지, 농기구에서 거대한 유조선까지, 금과 은 같은 실물자산에서 추상적인 옵션거래까지 거의 모든 것이 돈이라는 매개로 사고팔린다. 돈 자체도 금화에서 종이돈을 거쳐 이제는 디지털 신호로 바뀌었다. 비트코인 등 암호화폐가 돈을 자처하고 나섰다. 그런데 '돈이란 무엇인가?'에 답하기가 1840년대의 돔비만큼이나 난감하다.

일반인만 어려운 게 아니다. 경제학자 등 전문가들도 마찬가지다. 그들은 돈이란 '교환의 매개, 가치 척도, 가치 저장 수단, 신용의 기초, 셈의 단위, 지불·결제 수단' 등으로 구실하는 무엇이라고 설명하곤 한다.[2] 마치 탄소, 수소, 산소, 아연, 망간 등 몸을 이루는 원소를 나열하는 방식으로 인간의 정체를 설명하는 것과 비슷하다. 불행히도 탄소, 수소 등을 유리병에 넣고 흔들어 섞거나 신묘한 장치로 화학반응을 일으킨다고 인간이 만들어지진 않는다. 마찬가지로 경제학자들이 말하는 돈의 6대 기능을 섞어 물리적 또는 화학적 반응을

---

1 찰스 디킨스, 《돔비와 아들》, pp.94~95.
2 경제 상식을 소개하는 책에 흔히 나오는 돈의 6대 기능이다.

일으킨다고 해서 돈이 창출되지 않는다.

사람들은 돈의 정체를 정의하지 못하면서도 돈을 매개로 경제활동을 이어왔다. 대상을 이해하기 전에 존재에 익숙해진 모양새다. 그 바람에 돈, 현금, 통화 등 표현하는 말들도 혼란스럽다. 경제 전문가들도 돈과 현금, 통화의 차이를 분명하게 구분하기 어렵다. 그때그때 상황에 맞춰 적절한 말을 골라 쓸 뿐이다. 인간이 돈이란 대상을 이해하고 정의하는 과정이 혼돈스러웠다는 방증이다.

21세기 현재 돈은 아주 포괄적인 느낌을 준다. 현금은 지폐나 동전, 예금 잔고 등을 말한다. 현금을 건네주는 즉시 모든 거래가 완성된다. 거래 상대를 다시 볼 일이 없을 정도다. 스스로 목표를 찾아가기 때문에 발사한 뒤 잊고 자리를 뜰 수 있는 미사일(fire and forget)이라고나 할까.

영어에서 현금을 의미하는 캐시cash는 과거에 전혀 다른 뜻이었다. 1490년대 포르투갈 사람들이 아프리카 최남단의 희망봉을 돌아 유럽에서 중국으로 가는 항로를 개척했다. 이후 합금이 아닌 철로 만든 작은 동전이 중국에 전래됐다. '캐시cash'로 불리는 주화였다. 캐시는 고대 인도의 드라비다족이 썼던 타밀어에서 유래한 말로 '저급한 주화'를 뜻한다. 타밀어가 지리적으로나 언어학적으로 더 넓은 지역으로 확장된 셈이다. 은행권이 등장한 18세기 이후에 캐시는 은행이 가지고 있는 금화나 은화를 뜻하게 되었다. 지금은 중앙은행이 발행한 은행권이나 주화를 의미한다. 캐시는 거래 상대를 믿지 못하는 불안감에 마침표를 찍는 제왕(cash is king)으로 불리기도 한다.[3]

---

3 글린 데이비스, 《돈의 역사(A History of Money)》, 웨일스대학교 출판부, 2002, p.57.

돈과 통화의 의미를 구분하는 일은 좀 난감하다. 통화란 말은 외환시장에서 많이 쓰인다. 여러 나라 돈을 상대화하기 위한 표현이다. 하지만 시간을 거슬러 18세기로 가보면 쓰임과 의미가 조금 다르다. 그 시절은 데이비드 흄David Hume과 애덤 스미스Adam Smith가 활약했던 때다. 이들은 통화는 돈이 아니라고 봤다. 그들에게 돈은 금이나 은이었다. 은행권을 비롯한 종이 증서는 돈을 대신해 '돌고 도는 것(통화)'이라고 여겼다. 21세기 사람들과는 다른 어법이다. 지금은 '국가가 발행한 종이돈이 곧 통화'다.

이처럼 돈과 관련된 말이 제각각인 것은 우리가 돈을 제대로 이해하지 못하고 있다는 방증이다. 인간은 언어 없이 사유할 수 없다고 했다. 용어가 불분명한 상황은 인간이 표현할 말을 만들어 체계적으로 분석해서 이해하려고 노력하기 훨씬 이전부터 삶의 일부가 된 대상이나 제도, 시스템 등과 관련해 흔히 발생한다. 가족, 국가, 사랑, 돈은 너무나 오래되어서 친숙해진 나머지 말로 쉽게 정리하지 못했다. 영국 애버리스트위스대학교의 이완 라이스 모루스Iwan Rhys Morus 교수(과학사)는 미국 시카고대학교의 도널드 하퍼Donald Harper 등과 함께 쓴 《옥스퍼드 과학사(The Oxford Illustrated History of Science)》에서 "우리(인간)는 알지 못하는 것을 마주하면 좀 더 잘 아는 것을 이용해 유추함으로써 그것을 이해하려고 한다"고 말했다.[4] 대상을 사전적으로 정의하기보다 은유(메타포)를 통해 이해한다는 것이다. 은유는 "사회과학적인 분석과 정의보다 먼저 생활의 일부가 되어버린 대상을 이해하는 데 수월하다."[5]

---

4 이완 라이스 모루스 외, 임지원 옮김, 《옥스퍼드 과학사(The Oxford Illustrated History of Science)》, p.21.

그래서 여기에서는 '돈은 바이러스다'[6]라는 메타포를 출발점으로 삼는다. 돈은 바이러스처럼 스스로 생명력을 발휘하지 못한다. 돈은 바이러스처럼 숙주의 도움을 받아야 사회의 '생산물과 서비스가 시간과 공간을 뛰어넘어 유통될 수 있도록 하는 시스템'으로 구실할 수 있다. 돈의 숙주는 역사적으로 점토 토큰, 금화, 은화, 종이돈, 디지털 신호 순으로 바뀌었다.

오랜 역사에서 인간은 찰나와 같은 시기를 살다 간다. 자신이 살았던 시대에 돈이 기댄 숙주의 모습으로 돈을 기억하고 정의하며 숭배한다. 기원전 3000년 즈음 중동의 메소포타미아 지역에서 살았던 사람들에게 '돈=점토 토큰'이었다. 기원전 6세기 이후 고대 아테네에서 근대 19세기 초까지 서유럽에서 살았던 사람들에게는 금이나 은이 돈이었다. 이들에게 종이돈이나 디지털 신호는 돈일 수 없다. 그런데 돈이란 바이러스가 한 시대의 지배적인 숙주 속에만 머문 것도 아니었다. 금이나 은이 돈이었던 시대에 은행권 등 종이 증서도 돈의 구실을 했다. 인간이 돈을 표현하는 말이 시대마다 달라진 이유다.

돈의 숙주가 바뀌는 시기에 사람들은 숭배의 대상을 놓고 혼란스러워했다. 19세기 초반 은행권이 결제 수단으로 본격화되었다. 그 시절 사람들은 여전히 금화나 은화만이 돈이라고 생각했다. 하지만 현실에서는 종이쪽지(은행권)가 돈의 구실을 했다. 변화 또는 교체의 시기에 인간은 검증된 이전의 것에 집착하는 경향이 있다. 여전히 금화

---

5 영국 버밍엄대학교 피터 싱클레어 교수가 강의 시간에 즐겨 했던 말이다. 나는 2003~2005년 버밍엄대학교 석사 과정에서 공부했다.

6 '돈은 바이러스다'라고 비유하는 게 좋겠다고 생각한 시점은 런던정경대학에서 경제사를 배우던 2017년이었다. 신종 코로나 바이러스 사태를 계기로 착안한 것은 아니다.

또는 은화를 '돈' 또는 '현금'으로 인식한 것이다.

요즘 일부는 그럴듯한 논리로 일반 시민의 향수를 자극하며 금본위제로의 복귀를 부르짖는다. 금본위제 시대를 에덴동산 시절에 비유하곤 한다. 종이돈을 선악과에 비유하며 원죄에서 벗어나 에덴동산의 시대로 돌아가야 한다고 목 놓아 외친다. 하지만 돈의 역사를 보면 회귀는 일시적이었다. 금본위제 복귀 또는 금태환 재개 등이 이뤄졌지만 일시적인 현상이었다. 1970년대 초 이후 금본위제는 잊혀진 전설이 됐다.

○───── 암호화폐와 팬데믹, 돈을 각성시키다

최근 300여 년 동안 우리는 '돈이란 무엇인가?'를 거의 따지지 않았다. 대신 가능한 돈을 많이 벌어야 한다는 목적에 집중했다. '돈이란 무엇인가?'는 그저 전업 경제학 연구자들의 몫이었다. 연구자들이라고 늘 근원적인 화두를 놓고 고민하지는 않았다. 중대한 변화가 일어났을 때에야 근원적인 의문을 품었다. 18세기 이후 화폐이론이 조금씩 정교해진 배경이다.

왜 18세기 이후일까? 프랑스 출신 경제학자 샤를 리스트Charles Rist는 "돈의 사용에서 18세기는 아주 파란만장한 시기였다. 전시와 평시가 교차하면서 돈의 다양한 구실이 드러났다……그런데 18세기에 가장 중요한 사건 하나가 '은행권bank note의 등장'이었다"고 말했다.[7] 금이나 은이 돈이라고 생각했던 그 시절 사람들에게 은행권의

---

7 샤를 리스트, 《화폐와 신용이론의 역사(History of Monetary and Credit Theory)》 영문판, pp.31~32.

등장은 충격이었다. 그때 이론가들에게 은행권의 정체는 규명해야할 과제였다. 그들은 은행권이 돈인지 여부를 놓고 논쟁했다. 이 논쟁은 '돈이란 무엇인가?'란 물음을 전제로 한다. 주류 화폐이론의 아버지인 데이비드 흄은 은행권을 "종이의 새로운 발견"이라고 했다.

그로부터 300여 년이 흘러 다시 새로운 발명이 이뤄졌다. '0'과 '1'이란 두 숫자로 만들어진 암호체계다. 세상 사람들은 암호화폐라고 부른다. 블록체인Block Chain이란 암호화 기술을 바탕으로 모든 거래 상대가 온라인으로 연결된 디지털 장부에 저장된다. 거래 상대가 사기꾼인지 믿을 만한 사람인지 알 수 있다. 이 블록체인 네트워크에 손님을 끌어들이기 위해 내놓은 디지털 토큰이 바로 비트코인Bitcoin 등 암호화폐다.

2018년 이후 암호화폐 열풍이 세계를 뒤흔들었다. 새로운 투자 대상이란 범위를 뛰어넘을 태세였다. 금방 보편적인 돈이 될 태세였다. 자신감이 충만해서였을까. 암호화폐 옹호론자들의 입에서 '평등', '해방' 등 정치적 언어까지 튀어나왔다. 암호화폐가 기존의 돈 또는 신용(대출)에 접근하기 어려운 사람들을 해방시켜줄 수 있다고 한다. 자본주의 시장경제 역사에서 신묘한 기술이 등장할 때마다 나타난 사회·경제·정치적 활력이자 들뜸(mania)이다.

그리고 2020년 바이러스 공격에 글로벌 경제가 멈췄다. 록다운 lock-down 명령으로 이동이 금지됐다. 록다운은 얼마 지나 풀렸다. 하지만 사회적 거리두기 등이 이어졌다. 상품과 서비스가 사고 팔리는 양뿐 아니라 속도도 줄었다. 자본주의 시장경제가 1800년 이후 200여 년 동안 이뤄온 진화가 멈추는 듯했다.

그 진화는 바로 상품과 노동, 자본의 순환(circulation) 속도를 최대한 높이는 것이었다. 인간이 운하·철도·자동차, 항공기, 인터넷까지 막대한 에너지를 쓰는 장치와 인프라를 갖춘 이유가 바로 상품과 노동, 자본이 순환되는 속도를 높이기 위해서였다. 순환 속도 올리기는 자본을 투자해 노동력과 설비를 갖춰 상품을 신속하게 생산하고 시장에 내다 팔아 원금과 이윤을 벌어들이는 기업의 숙명이다. 순환 시간이 길어질수록 리스크가 커지는 반면 이익을 실현할 가능성은 떨어진다. 산업혁명 이후 각국 정부가 경쟁적으로 인프라 건설에 뛰어든 이유가 바로 순환 속도를 높이기 위해서였다.

그런데 팬데믹이 시장경제의 맥박인 순환 속도를 떨어뜨렸다. 경제주체들이 일제히 비명을 내질렀다. 미국과 한국 등 주요 국가 정부가 재빠르게 뛰어들었다. 19세기 초 산업혁명 이후 보기 드물었던, 돈으로 '기묘한 실험'을 벌였다. 정부가 시시각각 떨어지는 순환 속도를 높이기 위해 시민의 통장에 숫자를 써 넣어줬다. '돈을 찍어냈다'고 하는 조치다.

자본주의 경제가 본격화한 이후 정부가 금액을 시민의 통장에 '직접' 써 넣어준 적은 거의 없었다. 대부분 중앙은행-시중은행-기업 등을 통해 대출이나 임금 등의 형태로 시민에게 돈이 돌아가도록 했다.

일반 시민뿐 아니라 경제 전문가들마저 어리둥절했다. 이들의 눈에 양적 완화(QE)가 '아주 예외적인 기현상'으로 비쳐졌는데, 이보다 한 술 더 떠 정부가 시민의 통장에 숫자를 기입해주는 방식으로 수요를 자극하는 일이 벌어졌다. 돈의 역사에서 새로운 장이 열렸다. 새로운 사건은 수많은 의문을 동반한다. 시민의 통장에 찍힌 돈은 어디에서 왔을까? 정부가 시민의 통장에 적어준 숫자는 돈일까, 아니면 빚일까? 시민의 통장에 찍힌 숫자를 바탕으로 한 상거래는 정상적일까? 정부가 끝내 부도나지 않을까? 부도까지는 아니더라도 인플레이션이 발생하지는 않을까?…… 이런 의문은 경제학 교과서 수준의 통화이론으로 풀리지 않는다.

그 바람에 300여 년 동안 망각의 그늘에 유폐돼 있던 근원적인 화두가 되살아났다. '돈이란 도대체 무엇인가?' 라는 물음이다. 돈 버는 방법이 대세였던 시대가 변화를 보이기 시작했다. 국내외 여기저기에서 돈의 정체를 놓고 암호화폐 지지자와 반대자들 사이에 격론이 한창이다. 논쟁은 곧 저술의 풍년이다. '돈이란 무엇인가?' 같은 근원적 물음에 답하기 위한 책들이 쏟아져 나왔다. 여기에 경제기자인 나도 한 권을 보탠다.

경제기자는 학계의 통념과 위계서열 등에서 상대적으로 자유롭다. 기사를 쓰는 시간 외에 책을 읽고 수업을 듣고 인터뷰한 전문가의 말 등을 바탕으로 담대한 도전을 해보려고 한다. 바로 나만의 접근법으로 돈의 정체를 설명하는 것이다.

물론 '돈은 바이러스다'는 경제학적인 메타포라고 하긴 어렵다. 다만 인간이 사회적 분업 단계에 들어서면서 발명된 돈이 현재까지 어떻게 진화했는지를 가늠하게 해주는 요긴한 은유다. '돈=바이러스'는 이 책의 곳곳에서 언급된다. 교향곡의 중심 테마와 비슷하다.

'돈=바이러스'란 은유를 바탕으로 돈의 정체를 설명하기 위한 새로운 키워드도 제시한다. 바로 '빅 히스토리'와 '시계추 운동', '머니 트라이앵글', '돈의 영토', '돈의 위계서열' 등이다. 이들 키워드는 통념을 부정하기보다 새로운 틀 속에서 재배열한다.

○─────── 쇠붙이가 돈이 되는 순간

　　　　경제학자와 인류학자, 고고학자들이 드물게 합의를 본 사실이 하나 있다. 돈의 창세기다. 돈의 에덴동산은 기원전(BC) 3000년 전후에 현재 이라크의 두 젓줄인 유프라테스강과 티그리스강 사이에 있는 메소포타미아 지역이다. 이곳에서 고대 수메르인이 돈을 창조했다는 것이 정설이다.[8] 그때 돈의 모습은 진흙으로 만든 증 (token 또는 charta[9])이었다. 인류학자들이 말하는 '진흙(토큰)'이다. 고고학자들이 진흙 토큰을 발견한 것은 1930년대였다. 하지만 진흙 덩이가 돈이라는 사실이 밝혀지기까지는 60여 년의 세월이 더 흘러야 했다. 텍사스주 오스틴대학교의 고고학자 데니스 슈만트 베세라트 Denise Schmandt Besserat 교수가 1990년대 요르단이 발굴한 진흙 조약돌의 정체를 밝혀냈다. 좀 더 정확하게 말해 진흙 토큰에 적힌 글이 메소포타미아 생필품의 수량임을 처음 해독했다. 진흙 토큰은 영국 케임브리지대학교의 제프리 잉엄Geoffrey Ingham 교수(사회학)가《돈의 본성(Nature of Money)》에서 말한 '상징화폐(symbolic money)'이다.

　　상징화폐는 안정된 사회에서 가능하다. 사회적 안정이 반드시 민주주의를 의미하지는 않는다. 중앙권력이 내부 질서를 상당 기간 유지하는 상태를 말한다. 사회구성원 간의 줄 것과 받을 것, 개인이 국가 권력에 납부해야 할 것 등이 신뢰를 바탕으로 정산 결제될 만큼의 안정이다. 메소포타미아 지역에서는 기원전 3000년 이후 수천 년

---

8 중국의 학자들은 자신들이 가장 먼저 돈을 개발했다는 주장을 끊임없이 내놓기는 한다. 이 책은 '사상 최초'란 의미를 놓고 논쟁을 하는 게 목적이 아니다. 돈의 창세기만큼은 일반적인 학설을 따른다.

9 카르타(charta)는 라틴어로 '징표' 또는 '증서'를 뜻한다.

동안 중앙권력이 사회적 안정을 유지했다. 반면 고대 그리스 지역에서는 기원전 700년대 이후 도시국가들 사이에 전쟁이 끊이지 않았다. 내전이든 국가 간 전쟁이든 충돌이 빚어지면 거래 당사자 간의 신뢰는 허울 좋은 말일 수밖에 없다. 거래 상대가 약속을 제대로 이행할지 알 수 없는 세상이 된다. 이런 때는 거래 상대방 위험(counterparty risk)를 조금이라도 줄이기 위한 발명이 필요하다. 그렇게해서 등장한 것이 금속화폐[10]이다. 물건을 건네받고 금이나 은을 지급하면 거래 상대방 위험은 제로(0)가 된다.

돈이 쇠붙이[11]라는 숙주에 기대 모습을 드러낸 시기는 기원후 17세기 후반까지 이어졌다. 17세기에 시중은행들이 받은 예금을 바탕으로 한 종이증서(은행권)를 발행하기 시작했다. 이 시기 유럽은 올망졸망한 제후국들이 13~14세기부터 벌인 전쟁의 광란이 얼추 진정되고 있었다. 많은 군소 왕국과 제후국이 현대인들에게 익숙한 영국, 프랑스, 스페인 등으로 통합됐다. 페스트 등 전염병이 창궐하는 빈도도 눈에 띄게 줄었다. 국가의 규모와 함께 경제의 규모도 커졌다. 한 나라의 권력자들이 절대왕권으로 불리는 중앙권력을 중심으로 재편됐다. 사회가 눈에 띄게 안정되었고, 역내와 역외 상거래가 활기를 띠었다. 국가뿐 아니라 은행이 내놓은 은행권이 상거래의 결제 수단으로 쓰이기 시작했다.

은행권은 처음부터 돈의 지배적 형태는 아니었다. 2000년 넘게 '돈=금'이란 등식이 지배했다. 금화와 은행권이 공존하고 갈등하며

---

10 상징화폐의 대칭이다. 금속화폐는 금덩이나 은덩이뿐 아니라 금이나 은, 구리 등으로 만들어진 주화까지 포함한다.
11 금과 은 등 귀금속을 포함한 모든 금속을 뜻한다.

투쟁하던 시기가 1970년대 초까지 이어졌다. 그해 미국의 리처드 닉슨 대통령이 금-달러 태환을 중단했다. 종이증서에 달려 있던 금이라는 닻이 마침내 제거됐다. 금속화폐와 상징화폐의 불완전한 동거가 끝났다. 돈이라는 바이러스가 다시 상징화폐란 숙주에 깃들기 시작했다. 현재 우리는 기원전 3000년 메소포타미아인들이 첫선을 보인 상징화폐를 바탕으로 천문학적인 규모의 재화와 서비스를 교환하고 있다.

금이란 닻이 사라졌을 때 세계는 경제적 중력을 잃어버릴 것이라고 내다본 경제학자들이 적지 않았다. 제임스 리카즈James Rickards는 《화폐의 몰락(The Death of Money)》과 《통화전쟁(Currency Wars)》 등을 통해 여전히 "금만이 돈이다"라고 주장한다. 비트코인이 급등한 2017년과 2021년에도 리카즈는 "비트코인은 돈이 아니다. 금만이 돈이다"라며 "닉슨의 금태환 중단 이후 세계 경제가 너무나 불안정하다"[12]고 말했다. 나라별 종이돈끼리 "패권을 다투는 통화전쟁을 피할 수 없다"며 "하루라도 빨리 종이돈에 금이라는 닻을 달아야 한다"고 목소리를 높였다. 리카즈에겐 불행한 일이지만 현대 상징화폐는 여러 가지 약점이나 문제점에도 돈의 중요한 기능을 '그런 대로' 수행하고 있다.

정리하면 5천 년에 걸친 돈의 슈퍼 사이클은 '상징화폐 시대-금속화폐 시대-금속화폐·상징화폐의 동거 시대-상징화폐 시대'라고 할 수 있다. 그런데 돈이란 바이러스는 각 시대마다 한 가지 숙주에만 기대지 않았다. 금화와 은화가 돈이었던 시대에도 일상적인 소액

---

12 2017년과 2021년에 전화 인터뷰를 했다(https://news.joins.com/article/22190045).

머니니스

상거래에서는 금속의 정체가 불분명할 뿐 아니라 질도 형편없는 동전이 더 많이 쓰였다. 또 어떤 상거래에서는 왕실이 내놓은 세금 청구 나뭇조각(탤리, tally)이 돈 구실을 하기도 했다. 중세 초기 유럽에서 왕국 간 자금 이동에는 환어음(bill of exchange)이라는 종이쪽지가 금화와 은화를 대신하기도 했다.

20세기 들어 돈이란 바이러스의 변신은 너무나 다채롭다. 1970년 초 미국의 금태환 중단 이후 중앙은행이 발행한 종이돈과 주화를 M0라고 표기했다. M1은 지폐와 동전, 은행의 요구불 예금을 포함한다. 이런 식으로 돈의 범위가 확대돼 영국에서는 한때 M12까지 등장하기도 했다. 심지어 2008년 금융위기 직전 미국에서는 주택이 돈으로 구실하기도 했다.

20세기 후반 들어 돈이 너무 다양하게 변하는 바람에 한국은행(BOK) 등 세계 중앙은행들이 M1, M2, M3……Mx 식의 구분을 사실상 포기했다. 요즘은 '협의의 통화(M1), 광의의 통화(M2), 금융기관 유동성(Lf), 광의의 유동성(L)으로 단순화했다. 돈의 변신 앞에 돈의 지킴이(중앙은행)마저 백기를 든 셈이다.

○─────── **돈의 시계추 운동**

돈의 변신 또는 변이는 '돈의 슈퍼 사이클'이라고도 할 수 있다. 수백 년에서 수천 년을 주기로 돈이 숙주를 바꾸는 과정이기 때문이다. 긴 파동은 돈을 한눈에 파악하는 데 도움이 된다. 그만큼 성글다. 좀 더 촘촘하게 돈을 이해하려면 슈퍼 사이클 속에 있는 작은 사이클도 살펴봐야 한다. 영국 화폐역사가 글린 데이비스^{Glyn}

Davies가 《돈의 역사(A History of Money)》에서 '돈의 시계추 운동(Money Pendulum)'[13]이라고 부른 현상이다. 상황과 조건에 따라 '돈의 양'이 중시되다가 어느 때엔 '돈의 질'이 중시된다는 얘기다. "양대 질의 시계추(The Quality-to-quantity Pendulum)."[14] 그는 "한 사회의 구성원 대부분이 돈의 장기적인 안정성을 선호했지만, 항상 질과 양 사이의 균형이 깨져 시계추가 한쪽에서 다른 한쪽으로 이동했다"고 말했다.[15] 가장 큰 이유는 사회 세력의 갈등이다.

돈의 시계추 운동은 슈퍼 사이클보다 정치성이 강하다. 이면에 두 세력이 똬리를 틀고 있기 때문이다. 바로 채권자와 채무자이다. 시대마다 채권자와 채무자의 구성은 바뀌었다. 현대 자본주의에서 대표적인 채권자는 시중은행과 투자은행, 보험회사 등 금융회사들이다. 채무자는 정부와 제조업체 등 일반기업, 노동자, 중소 상공인 등이다. 고대 로마 시대 채권자의 중심은 원로원 멤버들이었다. 채무자는 일반 평민이었다. 어느 시대이든 채무자의 숫자가 압도적으로 많았다. 반면 재산의 대부분은 채권자의 수중에 있었다.

양쪽은 때론 협력하고 때론 갈등한다. 채권자는 돈의 가치가 유지되어야 한다는 쪽이다. 돈의 가치가 빠르게 추락하는 만큼 채권의 실질 가치가 떨어지기 때문이다. 반면 채무자는 돈의 가치가 떨어져야 좋다. 그만큼 빚의 실질적인 무게가 줄어들기 때문이다. 양쪽 세력의 균형이 오랜 기간 유지되는 경우는 역사적으로 드물었다. 현실적으로 지속 가능할 수 없기 때문이다. 유물론의 아버지인 고대 그리스

---

13 글린 데이비스, 《돈의 역사》, pp.29~31.
14 위의 책, p.29.
15 위의 책, p.30.

철학자 헤라클리투스의 말을 빌리면 균형의 순간은 찰나다. 오히려 균형이 깨져 돈의 시계추가 질이나 양, 어느 한쪽으로 이동하는 시기가 더 길고 빈번했다. 사정이 이쯤 되면 균형의 순간이 오히려 비정상이라고 해야 한다. 돈의 시계추가 지극히 역동적이라는 얘기다.

돈의 시계추는 20세기에만 서너 차례 이동했다. 첫 번째 계기는 1914년에 시작된 제1차세계대전이다. 전쟁은 대표적인 채무자인 정부가 뭉칫돈을 쓸 수밖에 없는 사건이다. 영국은 금태환을 중단했다. 그 시절 영국은 세계 금융의 중심이었다. 돈의 중심이 금이라는 닻을 잘라버린 셈이다. 돈의 공급이 급증하면서 돈의 가치가 떨어졌다. 채권자가 정부에 빌려준 돈의 가치가 시간이 흐를수록 하락했다.

1918년 전쟁이 끝난 후 세계에서 가장 강력한 채권자로 떠오른 미국 월스트리트가 영국의 금태환 재개를 강력히 주장했다. 돈의 시계추를 질 쪽으로 이동시키라는 요구였다. 당시 월스트리트의 대변자는 투자은행 J. P.모건이었다. 그들은 "세계 금융의 중심인 영국이 금태환을 재개해야 파운드를 중심으로 세계 통화질서가 복원된다"고 목소리를 높였다.[16] J. P.모건의 말이 옳은지 아닌지는 여기서 중요하지 않다. 어느 세력이든 이익을 옹호하기 위해 동원하는 논리나 선전 문구엔 일리가 있기 마련이다.

채권자-채무자 논쟁은 길었다. 영국이 금태환을 재개한 때는 전쟁이 끝난 지 6년 정도 흐른 1920년대 중반이었다. 금태환 재개는 종이돈 파운드의 양을 줄이는 것으로 시작했다. 살인적인 재정긴축으로 경제가 침체에 빠졌다. 제1차세계대전 참전 용사들에게 지급하

---

16 론 처노(Ron Chernow), 강남규 옮김, 《금융제국 J. P. 모건(The House of Morgan)》 제 2권, p.360.

대공황 당시 뉴욕의 아메리칸 유니언 은행 앞에 돈을 인출하기 위해 몰려든 사람들

는 연금도 중단되어 반란을 일으켰다.

　또 다른 시계추의 이동은 1929년 대공황으로 시작됐다. 제2차세계대전으로 시계추는 완전히 돈의 양으로 이동했다. 대공황과 인류 최악의 전쟁이 계기였다. 대공항 시기 월스트리트의 사기 행위가 시계추 이동을 촉진했다. 금융회사들이 남미의 부실채권을 금융문맹인 미국 농부들에게도 팔아먹은 사건이 들통났다. 미국 정부의 조사와 공격, 여론의 질타 때문에 월스트리트는 돈의 시계추가 질에서 양으로 이동하는 데 변변히 저항도 하지 못했다.

　돈의 양이 중시되던 시대는 1970년대 후반까지 이어졌다. 이후 돈의 시계추는 다시 질을 중시하는 쪽으로 이동하기 시작했다. 계기는 1970년대 후반 엄습한 스태그플레이션이었다. 경제가 침체의 늪에서 허덕이는 와중에 물가는 치솟았다. 인플레이션을 죄악시하는 흐름이 형성됐다. 결국 1979년 영국에서는 마거릿 대처가 집권했다. 얼마 뒤 대서양 건너편 미국에서는 로널드 레이건이 대통령이 됐다. 두 사람의 등장은 신자유주의 시대의 시작이었다.

1980년대 초 미국에서는 더블딥(double dip, 이중침체)이 발생했다. 인플레이션 사태를 해결하기 위해 연방준비제도(Fed)가 고금리 처방을 내렸기 때문이다. 이렇게 시작된 신자유주의 시대(돈의 질을 중시하는 시대)는 두 차례 금융위기를 거쳤다. 2001년 닷컴 거품 붕괴와 2008년 자산 거품 붕괴다. 미국과 일본, 영국, 유로존(유로화 사용 19개국)이 앞서거니 뒤서거니 하며 양적 완화(QE)를 채택했다. 인쇄기를 돌려 찍어낸 돈으로 시장에서 국채, 모기지(장기 주택담보채권), 회사채 등을 사들이는 방식으로 통화를 마구 주입하는 정책이다. 돈의 시계추가 양으로 이동한다는 방증이다.

○——— **돈이 국경을 넘어설 때**

돈은 역사적으로 다양한 숙주에 기대 우리 앞에 다가왔다. 그 결과 재화와 서비스가 시간과 공간을 뛰어넘어 이동할 수 있었다. 그렇다고 돈이 지구상의 모든 경계를 뛰어넘는 것은 아니다. 지리적 한계가 여전히 분명하다. 바로 영국 케임브리지대학교 교수 제프리 잉엄 교수 등이 말한 '돈의 영토'[17]이다. 돈의 창출은 영토 안에서 이뤄진다. 돈의 창출은 중앙은행이 돈을 공급하는 것 이상을 뜻한다.

---

17 제프리 잉엄, 《돈의 본성(Nature of Money)》 영문판, pp.175~179.

영토 안에서 국가는 원 또는 달러, 위안 등 돈의 단위(Money of Account)를 지정하는 힘을 갖고 있다. 한 가지 화폐단위가 지배적으로 쓰이는 지역이 바로 돈의 영토이다. '원 영토', '달러 영토', '유로 영토', '위안 영토', '엔 영토' 등이다. 한국의 헌법상 영토는 '한반도와 부속 도서'이다. 하지만 돈의 영토는 '휴전선과 북방한계선 이하 한반도 남쪽과 부속 도서'라고 할 수 있다. 돈의 영토가 국경과 일치하는 것이 일반적이다. 다만 유로존처럼 국경을 초월한 경우도 있다. 또 돈의 영토 안에서도 바둑이 얼룩처럼 치외법권 지대가 존재한다. 바로 외환시장이다. 현대 외환시장은 컴퓨터와 컴퓨터로 연결돼 일반 시민의 눈에는 잘 띄지 않는다.

돈의 영토 안에서 일상적인 상거래가 대부분 지배적인 화폐단위로 이뤄진다. 채권–채무 관계가 형성되고 청산되며 재화 거래가 이뤄지는 지리적인 영역이 바로 돈의 영토다.[18] 잉엄 교수의 말을 빌리면, 하나의 화폐단위로 모든 상거래가 정산된다. 한국에서는 모든 채권–채무 관세가 원화로 정산된다. 채권–채무 관계는 돈을 빌려주고 되돌려받는 금융뿐 아니라 상거래에서 발생하는 받을 권리와 줄 의무도 포함된다. 심지어 국가가 국민과 영토 내 법인에게 거둬들이는 세금도 채권이다. 납세 의무를 진 모든 존재는 채무자인 셈이다. 사회 구성원은 죽어야만 세금 채무에서 벗어날 수 있다. 이런 멍에 같은 세금이 국가(정부)가 영토 안에서 하나의 화폐단위가 지배적으로 쓰이도록 할 수 있는 힘의 원천이다. 세금 메커니즘 때문에 원 영토, 달러 영토, 위안 영토가 유지될 수 있다는 얘기다.

---

18 앞의 책, pp.69~75.

영토 안에서는 돈의 창출과 함께 분배가 이뤄진다. 중앙은행이 시중은행에 공급하는 본원통화(M1)는 일종의 종잣돈이다. 시중은행이란 시스템을 거치면서 종잣돈이 새끼를 친다(money creation). 돈의 창출 과정 자체가 차별적이다. 시중은행 등 채권자들은 기업과 개인의 신용 상황을 체계적으로 평가해 관리한다. 이러한 신용 평가에서 가장 중요한 요소가 기업과 개인의 수익력이다. 땅과 채권, 주식 등 자산도 빼놓을 수 없다. 크게 보면 돈은 소득(기업의 순이익과 개인의 소득)과 이를 바탕으로 신용(대출 등)의 형태로 배분된다.

돈의 영토에는 규모의 경제가 작동한다. 넓으면 넓을수록 효율성이 높아진다. 중세 유럽의 왕국, 공국, 자유도시 등 올망졸망한 돈의 영토들이 통합을 거쳐 근대 민족국가로 커졌다. 그 배경에는 상공인들이 외친 교역 확대 요구가 똬리를 틀고 있다. 영토가 넓어지면서 자연스럽게 잡다한 돈이 하나로 통합됐다. 근대 민족국가(주권국가)의 단일통화 시스템의 등장이다.

○──── 머니 트라이앵글, 돈을 지배하는 삼각동맹

돈의 영토 안에는 시스템 또는 생태계가 갖춰져야 한다. 여기서는 이것을 머니 트라이앵글이라고 부른다. 트라이앵글은 한 나라의 화폐 시스템을 떠받치는 구조물이다. 국가(정부)-중앙은행-시중은행(금융시장)으로 이루어져 있다. 국가는 정부, 왕, 권력자 등과 같은 말이다. 국가는 영토 내 도량형을 통일하듯 돈의 단위를 하나로 정한다. 돈의 단위는 절대적이다. 영토 내 모든 영리활동이 국가가 정한 돈의 단위를 바탕으로 회계 처리된다. 이 회계를 바탕으로 국가는 세

금을 물린다. 세금은 원칙적으로 국가가 정한 돈의 단위로 계산해 국가가 정한 돈으로 내야 한다. 개인과 기업은 국가에 세금을 내기 위해 돈을 마련해야 한다. 국가가 정한 돈에 대한 첫 번째(원초적) 수요다.

세금은 숙명이다. 죽음만이 세금이라는 멍에를 벗겨줄 수 있다. 국민은 세금을 내기 위해 시장에서 '돈을 사야 한다.' 1950~1960년대 우리나라 소설을 읽다 보면 시골 사람이 장에 가면서 '돈 사러 간다'고 말하는 대목이 심심치 않게 나온다. 쌀 등 농작물을 시장에 내다 파는 행위가 그때 사람들에게 '돈을 사는 행위'였다. 그 시절 촌사람이 돈을 사야 하는 첫 번째 이유는 농지세와 학비 등 공과금을 내기 위해서였다. 그 시절만 해도 시골에서 식료품은 물물교환으로 얻었다. 농민이 세금을 내기 위해 곡식을 내놓는 바람에 농촌–도시 사이에 거대한 상품 유통이 시작되었다. 한마디로 한 나라에서 돈을 통용시켜 상거래가 가능하도록 하는 첫 번째 방아쇠가 세금이었다는 얘기다.

국가는 세금과 빌린 돈(국가 채무)으로 재정을 꾸린다. 세금은 국가의 신용(빚)을 조달하는 근거다. 그런데 국가의 빚은 개인이나 기업의 채무와 다른 성격을 갖고 있다. 시중은행이 돈을 빌려줄 원초적인 자금이 바로 정부가 빌려 시중은행에 맡겨놓은 자금이다. '정부가 빚을 모두 갚아버리면 시중은행이 대출해줄 자금이 대거 줄어들어 통화 공급이 급감한다'는 말이 나오는 이유다. 이런 점에서 국가는 머니 트라이앵글의 한 꼭짓점인 시중은행(금융시장)과 상호작용할 수밖에 없는 연결 고리다. 양쪽의 관계에서 국가는 채무자다. 그렇다고 '을'은 아니다. 상당히 우월적인 지위를 누리기도 한다. 현대 국가는 대부분의 세금을 시중은행을 통해 거둬들인다. 세금은 짧은 기간이나마 예금으로 잡혀 시중은행이 빌려줄 수 있는 돈의 양에 영향을 준다.

국가는 영토 내에서 지불 또는 결제 수단의 서열을 결정한다. 국가가 정한 돈이 최고 자리를 차지한다. 그렇다고 모든 상거래가 정식 통화로만 이뤄지지는 않는다. 암호화폐는 여러 기업이 협약을 맺고 있는 네트워크에서 돈으로 구실한다. 페이스북 등 미국 IT 기업들이 구성한 리브라libra 네트워크가 대표적이다. 리브라는 상당한 안전장치와 보증 장치의 뒷받침으로 페이스북 네트워크에서 사실상 돈의 구실을 한다. 미국과 유럽 중앙은행가들이 경계의 눈초리로 지켜보고 있다. 경고성 발언을 하기도 했다. 하지만 아직은 국가가 발행한 보편적 돈은 아니다. 리브라 네트워크에 참여한 기업이 영업 중인 나라에서 세금을 내려면 해당 국가의 화폐단위로 회계 서류를 작성해야 한다. 세금도 해당 지역의 공권력이 정한 통화로 내야 한다. 리브라는 국가의 돈보다 아래다.

돈의 영토 안에는 공식 돈 말고도 각종 포인트, 지역화폐, 노동시간을 바탕으로 한 노동화폐 등이 일정 한계 안에서 지불·결제 수단으로 구실한다. 법정화폐는 이 모든 종류의 화폐를 평가하는 기준이다. 법정화폐를 정점으로 다양한 지불·결제 수단들이 배열돼 있는 모습이 '돈의 위계서열'이다.

시중은행의 주요한 기능은 돈의 창출(신용 창출)이다. 중앙은행이 돈을 창출하고 공급한다는 게 상식이지만 엄밀히 보면 시중은행이 더 많은 역할을 한다. 시중은행은 중앙은행에 의해 통제되는 피동적인 구성물이 아니다. 역사적으로 시중은행은 중앙은행의 자궁이었다. 중앙은행 없이 시중은행이 존재했다. 하지만 시중은행 없이 중앙은행이 존재한 적은 없다.

중앙은행이 머니 트라이앵글의 마지막 꼭짓점이다. 국가나 시중은행과는 달리 아주 최근의 피조물이다. 중앙은행이 국가기관의 역할을 한 시점은 1913년 미국 연방준비제도(Fed) 출범 이후다. 영국과 일본, 독일 등 산업화한 나라 대부분이 국가기관형 중앙은행을 갖춘 시기는 제2차세계대전 이후다. 중앙은행이 본격화한 기간은 60년 남짓인 셈이다. 돈의 5천 년 역사와 견주면 찰나와 같다. 하지만 돈, 특히 현대 상징화폐의 생명을 유지하는 데 있어서 중앙은행은 중심축이다. 한 나라의 돈 가치가 돈의 영토 밖인 외환시장에서 결정될 때 중앙은행의 통화정책이 중요한 구실을 한다.

중앙은행은 정치적 타협의 산물이었다. 17세기 영란은행은 전쟁으로 불어날 세금이 두려운 돈을 가진 자(Moneyed Man)[19]들이 왕에게 돈을 빌려주는 장치로 설립됐다. 미국 Fed는 월스트리트를 통제하고픈 민주당과 마지막 대부자가 없어 위기의 순간에 힘겨웠던 월스

---

19 영국 런던의 금융 중심지인 더 시티(The City)를 통해 돈을 빌려주는 상공인들이었던 휘그(Whig)가 영란은행 설립의 주역이었다.

트리트가 타협한 결과물이었다. 그 바람에 중앙은행은 채권자들이 모여 있는 금융시장과 돈의 영토 안에서 가장 큰 채무자인 정부 사이에 정치적으로 줄타기를 하는 데 능하다.

○──── 경제위기와 이론의 위기

돈의 영토와 머니 트라이앵글은 구조 또는 얼개일 뿐이를 채우는 존재는 인간이다. 인간은 먹고사는 문제를 놓고 치열하게 경쟁하고 갈등한다. 경제위기를 계기로 돈의 시계추 운동이 시작되는 이유다. 이스라엘 벤구리온대학교의 아리 아논Arie Arnon 교수(경제학) 등은 근대 이후 경제위기가 이론의 위기로 이어진 사례를 크게 일곱 차례 정도로 보았다. 그 가운데 일곱 번째는 현재 진행형이다. 시작은 2001년 닷컴거품과 2008년 미국발 경제위기였다. 여기에 팬데믹이 더해졌다. 대공황 이후 가장 큰 경제적 참화였다. Fed 등 주요 중앙은행이 극약 처방을 동원했다. 인쇄기를 돌려 찍어낸 돈으로 시장에서 국채와 회사채 등을 마구 사들이는 양적 완화(QE)이다.

양적 완화는 21세기 초반을 살아가는 사람들이 망각의 그늘에 밀쳐놓았던 통화정책이다. 낯선 정책일 수 있지만 역사적으로는 수많은 사례가 있다. 2008년 위기 후 돈을 마구 풀었는데도 실물경제는 1990년대 활력이나 2000년대 초 대안정기(Great Moderation)의 모습을 되찾지 못했다.

프랑스 명문 비즈니스스쿨 인시아드INSEAD의 안토니오 파타스Antonio Fatas 교수(경제학)는 "중앙은행가들은 양적 완화를 비정상이라고 생각하고 기회가 되면 옛날로 돌아가려고 한다"며 "하지만 비정상의 시대가 언제 막을 내릴지는 여전히 알 수 없다"고 말했다.[20] 통화정책 정상화는 실패한 시도였다. 미국 Fed 등은 2016년 이후 양적 완화를 줄이고 이어서 기준금리도 올렸다. 하지만 2020년 3월 주요 나라 중앙은행은 다시 돈을 풀어야 했다. 2008년 위기 때보다 훨씬 공격적으로 말이다. 심지어 시중은행 등을 거치지 않고 중소기업에 직접 자금을 공급하기도 했다. 코로나 백신이 본격화되면서 중앙은행가들은 다시 정상화를 입에 올리기 시작했다.

파타스 교수는 "중앙은행가의 정상화 노력이 고향을 빼앗긴 부족이 유랑하며 고향으로 돌아가는 그날을 고대하는 모습"이라고 촌평하기도 했다. 중앙은행가들이 비정상이라고 부르는 게 사실상 새로운 통화정책 패러다임 또는 레짐regime임을 알아야 한다고 우회적으로 말했다. 그런데 파타스 교수의 전망과는 달리, 2022년 우크라이나 사태 등 지정학적인 갈등, 글로벌 공급망 위기, 총수요 급증 등이 겹치며 인플레이션이 다시 추악한 고개를 들었다. 미국을 비롯해 영국과 유럽이 일제히 돈줄을 죄기 시작했다. 미국은 기준금리를 공격적으로 올리면서 양적 긴축(QT)을 시작했다. 돈의 시계추가 양의 시대에서 질의 시대로 이동하려는 움직임이다. 얼마나 빨리 이동할지는 아직 알 수 없다. 관심은 2008년 이후 10여년 동안 이뤄지지 못한 통화정책 정상화가 인플레이션 파이팅 과정에서 이뤄질지 여부다. 아직 판단은 이르다. 경제가 공격적인 기준금리 인상으로 가파르게 침체에 빠지거나 위기를 맞을 수도 있어서다.

2020년까지 통화정책 정상화의 실패는 신자유주의자들의 이론

---

20 2019년 3월 나와 전화 인터뷰에서 했던 말이다(https://news.joins.com/article/23412526).

의 위기라고 할 수 있다. 1980년 이후 경제정책을 지배해온 신자유주의가 해결책을 제시하지 못하고 있다. 이전 시대 주류 이론인 케인스와 그의 온건파 후계자들(신케인스 학파)[21]의 이론이 해결책이나 방향을 제시하는 것도 아니다. 신케인스 학파(Neo-keynesian)들은 스승의 논리대로 위기의 순간에 공격적인 재정 지출을 강조했다. 하지만 1980년 이후 신자유주의 논리를 받아들여 재정 지출에 소극적인 태도를 보이기 시작했다. 자기 색깔을 잃어버린 셈이다. 그 바람에 자신들의 이론을 정책화해준 정치세력도 균형 재정을 신봉하게 됐다. 결국 팬데믹 이후에 신케인스 학파들이 뾰족한 대응책을 제시하지 못했다. 이 틈을 노려 남미뿐 아니라 미국과 서유럽에서도 포퓰리즘 또는 유사 포퓰리즘이 득세하게 됐다.

급기야 파격적인 이론이 부활했다. 돈의 양이 물가를 결정하는 게 아니라는 이론이다. 반대로 물가가 돈의 양을 결정한다는 주장이다. 이를 주장하는 학자들은 새로운 이름표를 들고 나타났다. 현대화폐이론(MMT, Modern Monetary Theory)이다. MMT란 용어를 만든 호주 뉴캐슬대학교 윌리엄 미첼William Mitchell 교수는 "MMT를 놓고 중앙은행가와 금융계 인사들이 한마디씩 하고 있다"며 "이제야 실체를 인정받고 있는 느낌"[22]이라고 말했다.

실제로 Fed 의장 제롬 파월Jerome Powell부터 전설적인 투자자 워

---

21 케인스 이후 나타난 경제학파는 주류 내에서는 신케인스 학파와 신자유주의가 있다. 폴 크루그먼(Paul Krugman), 래리 서머스(Larry Summers) 등 세계적으로 유명한 거시경제학자들이 대부분 신케인스 학파이다. 반면 주류에 합류하지 않은 일단의 경제학자들이 존재한다. 금융 버블의 최고 전문가로 꼽히는 하이먼 민스키(Hyman Minsky) 등이다. 이들을 부르는 이름이 바로 포스트 케인스학파(Post Keynesian)이다.
22 2019년 2월 인터뷰에서 했던 말이다.

런 버핏Warren Buffet까지 MMT에 대해 한마디씩 했다. 정부가 중앙은행의 돈을 가져다 각종 인프라 건설에 쓰면 살인적인 인플레이션이 우려된다는 게 그들의 주장이다. 양쪽의 주장 자체를 놓고 살펴보는 일은 이 책의 중요 테마 가운데 하나다. 다만 여기서는 기존 학설의 위기 속에 비주류 이론이 고개를 드는 현상을 바로 돈을 둘러싼 갈등과 투쟁의 한 단면으로 본다. MMT는 돈의 시계추가 양으로 이동하고 있음을 방증한다.

위기는 갈등을 표면화한다. 기존 질서나 체제, 이론의 위기 와중에 경제적 생존을 위한 갈등과 투쟁이 불거진다. 경제위기는 자본주의 경제의 맥박과 같다. 하지만 위기를 헤치고 나가야 하는 그 시대 사람들에게는 종말처럼 비쳐진다. 사람들에게 돈은 경제적 생존을 상징하기 때문이다. 고대 인류가 태양신을 대하듯 현대 인류는 돈을 숭배한다. 경제위기를 돈의 위기로 느끼는 행태는 자연스러운 반응이라고 할 수 있다. 실제 경제위기 때마다 돈의 종말론이 고개를 들었다.

CHAPTER 1

돈이란 무엇인가?

대다수 경제학자들은 팬데믹 이후 미국 등이 쏟아낸 화폐의 양을 주목했다. 화폐의 양이 늘었으니 인플레이션이 발생할 것이라는 예측과 경고를 자주 입에 올린다. 이들의 말대로 2021년 봄부터 미국 등의 소비자물가지수(CPI)가 눈에 띄게 오름세를 보였다. 이 상승분이 모두 화폐의 증가 때문인지는 논란 거리다.

1

돈은 사라지지 않는다

위기와 팬데믹의 이중주

"유행병은 비탄 외에 두려움도 자아낸다. 두려움 자체도 전염되므로, 일종의 유행병이 또 하나 퍼지는 셈이다. 병원체·감정·행동의 전염 경로는 독립적일 수 있고 서로 교차할 수도 있다. 그런가 하면 전염성이 높은 어떤 병원체도 두려움의 전염성을 이기지는 못한다."[1]

신종 코로나 바이러스 감염증(코로나19)의 첫 확진자는 2019년 12월 1일 발생했다. 미국 예일대학교 휴먼네이처연구소 니컬러스 A. 크리스타키스 소장은 2021년 9월 나와 인터뷰에서 "첫 확진자가 진짜 최초 확인자인지는 영원히 알 수 없을 것"이라며 "실제로 첫 확진자는 중국 우한시 화난 시장에서 박쥐 등 야생동물을 접촉하지 않았

---

1 니컬러스 A. 크리스타키스, 홍한결 옮김, 《신의 화살》, 윌북, 2021, p.213.

다"고 말했다. 다른 사람이 박쥐 등과 접촉해 코로나 바이러스를 첫 확진자에게 전염시켰을 수 있다는 얘기다.

어쨌든 코로나 바이러스는 아주 빠르게 퍼져나갔다. 2020년 1월 15일에는 미국에서, 닷새 뒤인 20일에는 한국에서도 첫 확진자가 나왔다. 미국 호프스트라대학교 장 폴-로드리게스 교수(경제지리학)는 그해 4월 나와 전화 인터뷰에서 "코로나 바이러스 확산 속도가 비행기만큼 빨랐다"고 평했다. 숙주인 인간이 비행기를 타고 이동하는 속도만큼 코로나 확산 속도가 빨랐다는 설명이다.

실제 첫 확진자가 나온 지 넉 달도 되지 않아 코로나 사태는 글로벌 차원으로 번졌다. 북반구의 주요 나라는 사태가 심각한 지역에 록다운(lockdown, 이동 제한)을 선언했다. 숙주인 인간의 이동이 전면 금지됐다. 거리에 인적이 사라지다시피 했다. 경제활동이 사실상 멈췄다.

이전에도 전염병으로 일부 지역에서 인적이 사라진 적이 있다. 2002년 급성호흡기증후군(사스) 사태 때 홍콩의 거리가 텅 비었다. 그런데 코로나 바이러스가 엄습하면서 미국과 유럽 등 주요 나라에서 경제활동이 멎었다.

현대 경제는 지급 의무와 받을 권리가 씨실과 날실처럼 교차하는 구조다. 경제의 한 분야가 돈을 벌지 못하면 파장은 삽시간에 경제 전체로 퍼져나간다. 신용 채널이 길수록 두려움은 더 넓게 퍼진다.

두려움이 가장 먼저 강타한 곳이 바로 증권시장이다. 2020년 3월 경제활동 중단에 따른 피해가 현실화하기 전에 글로벌 증권시장이 패닉에 빠졌다. 증시 패닉은 다시 실물로 전염된다. 바이러스 사태가 경제위기로 번지면서 돈의 회전도 멈출 태세였다.

돈줄이 마르는 현상이 벌어졌다. 금융 용어로는 신용경색(credit

crunch)이다. 신용(믿음)을 바탕으로 '외상'으로 이뤄지던 거래가 현금 없이는 불가능하게 됐다. 카를 마르크스Karl Marx가《자본론》1권에서 말한 "경제위기는 신용거래가 아주 길게 형성돼 있고, 이를 결제·청산하는 인위적인 시스템이 발달된 상황에서만 일어난다"며 "순간 부르주아지들은······ (어음 등 신용증서 대신) 현금을 탐하기 시작한다"고 말했다.[2] 돈 가뭄은 말 그대로 현찰 가뭄이었다.

신용경색은 사람들에게 낯설지 않다. 2008년 금융위기 전후 겪은 일이다. 그 직전에 미국 부동산 시장의 거품이 꺼졌다. 비우량 주택담보대출인 서브 프라임 모기지가 부실화했다. 부실자산은 파생상품 채널을 타고 자산시장 여기저기에 퍼져나가 있었다. 무슨 자산이 얼마나 위험한지 알 수 없었다. 순식간에 거래 상대가 내놓은 자산에 대한 불신이 증폭됐다. 이른바 거래 상대방 위험(counterparty risk)이다.

자본주의 시장경제는 현금보다 몇 곱절 많은 신용수단을 매개로 작동한다. 위기 직전까지 현금이 없어도 거의 모든 것을 사고팔 수 있었다. 돈과 신용수단은 경제 전문가들이 말하는 재화와 서비스의 순환 속도를 높이는 기능을 한다. 데이비드 흄은 18세기에 쓴 글에서 돈을 윤활유에 비유한다.

"돈은······한 재화를 다른 재화와 교환하는 일을 촉진하기 위해 사람들이 합의한 도구일 뿐이다. 돈은 상거래를 구성하는 바퀴가 아니다. 바퀴가 부드럽게 굴러가도록 하는 윤활유(oil)이다."[3]

---

2 카를 마르크스, 《자본론》 1권 영문판, p.88.

신용경색이라는 먹장구름이 글로벌 시장을 엄습하는 그때 시장 참여자들은 삶과 죽음의 경계에서나 느끼는 두려움에 시달린다. 어떤 병원체도 두려움의 전염성을 이기지 못한다고 했다. 지급해야 할 의무를 다하지 못해 경제적으로 죽을 수 있다는 두려움이 전염병에 대한 두려움과 상승 작용을 일으켰다. 경제적 죽음에 대한 두려움은 역사적으로 뿌리가 있다. 실제 미국과 유럽에서는 빚을 갚지 못하면 감옥에 가야 하는 시절이 있었다. 미국의 독립선언서 서명자 가운데 한 명인 로버트 모리스Robert Morris Jr.는 무려 3년이나 채무자 감옥(debtor's prison)에 수감돼 있었다.

증권시장에서 지급 의무의 엄중함은 공매도 거래에서 잘 드러난다. 영국 출신 금융역사가 에드워드 챈슬러Edward Chancellor는 19세기 후반 주식 투기꾼 대니얼 드루Daniel Drew의 흥얼거림을 소개한다.

"그가 손에 쥐고 있지 않은 것을 팔았다면,
그 권리를 되사주지 못하면 감옥에 가야 한다네!" [4]

채무자 감옥이 낳은 트라우마일까. 돈이 마르는 순간 기업인, 투자자, 상인 등이 느끼는 스트레스는 죽음에 곧잘 비유되곤 한다. 시장에서 지급 의무를 지키지 못하는 사람은 경제적 생명인 신뢰를 잃는다. 신용 상실이나 훼손은 죽음과 동의어다. 신용경색의 순간 사람들이 죽음의 그림자가 다가오는 것으로 느끼는 까닭이다. 유로화의

---

3 데이비드 흄, 《정치담론(Political Discourse)》, p.33.
4 에드워드 챈슬러, 《금융투기의 역사(Devil Take the Hindmost)》, 1999, p.156.

설계자인 벨기에의 베르나르 리에테르Bernard A. Lietaer는《돈, 그 영혼과 진실(Mysterium Geld)》에서 "경제적으로 죽는 일에 더욱 민감해져, 돈과 죽음의 연관성이 강화됐다"고 말했다.[5]

인간의 과학기술과 사회·경제 시스템(안전망 등)이 갖춰진 탓에 '생물학적 죽음'보다 '경제적 죽음'을 더 두려워하게 됐다고 말하는 전문가도 있다.

○──── 죽음의 춤: 돈을 둘러싼 공포 심리학

경제위기와 죽음의 관계를 극적으로 보여주는 인물을 꼽는다면 원조 '닥터 둠Dr. Doom' 마크 파버Marc Faber이다. 파버는 태국 치앙마이에 머물고 있다. 그는 1997년 아시아 금융위기와 2008년 미국 금융위기 등을 정확히 예측했다. 그는 투자 레터《글룸, 붐 앤 둠(Gloom, Boom and Doom)》의 발행인이다. 그의 홈페이지에는 '죽음의 춤(Dance of Death)'을 걸어놓았는데 그 이유를 물었다.[6] 그는 껄껄 웃으며 "내가 답하고 싶은 질문을 했다"며 "현대인들의 자본주의 시장경제에서 위기는 곧 중세 후기 종말론과 유사하다"고 말했다. "중세 종말론 분위기를 가장 잘 보여주는 것이 바로 '죽음의 춤(무도)'"이라고 덧붙였다.

'죽음의 춤'은 중세 말기 유럽인들의 정신세계를 보여준다. 그 시

---

5 2016년 8월 나는 베르나르 리에테르를 전화 인터뷰해 기사화했다(https://jmagazine.joins.com/forbes/view/313080).

6 2008년부터 2018년까지 마크 파버를 서너 차례 인터뷰했다. 가장 최근 인터뷰가 바로 2018년 11월에 한 것이다(https://news.joins.com/article/23091120).

절 흑사병과 전쟁으로 생과 사의 경계가 모호했다. 유럽인들은 죽음의 두려움에 떨었다. 도처에 만연한 죽음의 기운 탓에 기묘한 주장과 행태가 어지럽게 춤췄다. 신이 인간의 죄를 벌했기에 사람들은 마땅히 죄에 대한 보속을 해야 한다는 주장이 제기됐다. 유랑하던 탁발 수도사들은 현세적인 가치를 조롱했다. 죽음 뒤에 심판이 있다는 사실을 강조했다. 더 나아가 다가오는 재앙을 피하기 위해 극단적인 방식으로 회개를 강조하는 채찍 고행단도 나타났다. 이들은 알몸인 채로 십자가를 들고 찬송가를 부르며 못이 박힌 채찍으로 자신의 몸을 내려치면서 마을과 도시를 돌아다녔다. 채찍이 할퀸 몸에는 피가 흥건했다. 그들은 몸을 생존의 매개체가 아닌 뉘우침을 표현하는 도구로 사용했다. 공포와 광기의 조합은 신자들의 깊은 사랑을 받던 성모 마리아의 이미지마저 바꿔놓았다. 성모 마리아도 더 이상 예쁜 아기 예수를 안고 있거나 천상 모후의 관을 쓴 모습으로 그려지지 않았다. 십자가에서 내려진 예수의 시신을 무릎에 놓고 비탄에 잠겨 있거나, 심장에 수많은 칼이 찔린 모습으로 그려졌다.

중세 말 이후 수백 년이 흐른 21세기에도 죽음의 공포가 세계를 휩쓸었다. 신종 코로나 바이러스 감염증(코로나19) 사태가 세계를 엄습했다. 현대 과학기술과 의료 체계 때문에 잘 쓰이지 않은 '팬데믹 pandemic'이란 말이 일상어가 됐다. 중세 말 서유럽 사람들이 시달렸던 죽음의 공포가 21세기에 되살아난 셈이다.

'죽음의 춤'을 홈페이지에 내건 파버를 2021년 8월 다시 인터뷰했다. 팬데믹 이후 일반화된 화상회의 시스템인 줌Zoom을 통해서였다. 타이밍이 적절했다. 코로나19가 본격화한 지 1년 6개월 정도 지난 뒤였다. 상황을 어느 정도 정리할 수 있는 시점이었다.

파버는 "집단적인 공포는 온갖 실험을 가능하게 한다"며 "미국 등이 역사적으로 '가장 오래된 제도(institution)'마저 실험대에 올려놓았다"고 말했다. 그가 말한 가장 오래된 제도는 바로 돈이다.

파버는 "돈은 가장 보수적으로 다뤄야 할 제도인데 미국, 유럽, 일본, 심지어 기자가 살고 있는 한국 등이 돈이란 제도의 안정성을 훼손했다"며 "국가는 전염병이 불러일으킨 두려움을 이용해 이런 실험을 서슴지 않았다"고 일갈했다.

파버가 말한 실험은 돈의 양을 늘린 정책이다. '돈의 증가=인플레이션'이란 논리를 믿는 파버에게 미국 등의 통화 증가는 경악을 금치 못할 사건이었다. 세계 경제의 중심인 미국만 봐도 2020년 3월 이후 연방정부가 거의 모든 자국민에게 성인은 1800달러, 어린이에게는 1천 달러를 통장에 넣어줬다. 경제 충격 지원금이란 명목이었다. 국민에게 대가 없이 수표를 건넨 셈이다.

또 미국 정부는 중·소상공인에게 직원의 임금을 지원해줬다. 팬데믹 해고 사태를 막기 위해서였다. 어린이 양육비도 줬다. 이렇게 미국 가계에 지급된 달러가 1조 7천억 달러였다. 우리 돈으로 2천 조 원이 넘는다. 여기에 미국은 연방준비제도(Fed)의 양적 완화(QE) 프로그램을 통해 2조 달러가 넘는 돈을 금융시장에 투입했다. 가계 지원금과 QE로 푼 달러만도 2020년 영국 국내총생산(GDP)보다 많다.

이게 전부가 아니다. 미국 재무부와 Fed는 펀드를 조성했다. 법적으로는 페이퍼 컴퍼니였다. 중앙은행이 국채 등 최우량 채권만 사고팔도록 한 법규를 우회해 투자 부적격(신용등급 BBB 미만) 채권을 사주기 위해서였다. 운용은 Fed가 맡았다. Fed는 이른바 위험자산으로 분류된 비우량 회사채뿐 아니라 기업어음(CP)까지 무더기로 사들였다. CP는 기업이 단기 자금을 끌어다 쓰기 위해 끊어주는 약속 어음이다. JP모건 등 유명한 투자은행은 한때 CP는 거들떠보지도 않았다.

미국이 팬데믹 이후 실시한 경기부양 규모는 약 4조 8천억 달러에 이른다. 2020년 미국 GDP의 20% 정도다. 미국만 공격적으로 돈을 쏟아부은 게 아니다. 독일은 모든 일자리를 보장하겠다고 선언했다. 중·소상공인 등이 직원을 해고하지 않으면 임금 등 필요한 자금을 지원했다. GDP의 20%를 훌쩍 뛰어넘는 자금을 팬데믹 대응에 투입했다. 이런 공격적인 재정팽창은 산업화한 주요 나라에서 일어났다.

사실 파버의 비판이 터무니없지 않다. 파버와 같은 사람들에게 화폐는 어떤 근거가 있어야 돈이 된다. 국가가 무조건 찍어 내놓는다고 돈이 아니라는 얘기다. 달리 말하면 돈은 유한한 자원과 같다. 비록 금본위제는 아니지만 정부에 대한 신뢰를 바탕으로 '제한적으로 공급되는' 자원이다.

일단의 경제학자가 "현대 화폐는 국가가 정한 단위에 지나지 않는다"고 설명한다. 하지만 파버와 같은 사람들의 귀에 이것은 이론물리학의 학설만큼 추상적으로 들릴 뿐이다. '돈은 가치를 지닌 귀중한 것이고, 가치를 떨어뜨리는 정책은 나쁜 짓'이라고 그들은 생각했다.

◦────── 돈의 DNA, 그리고 부활

파버나 대다수 경제학자 등은 팬데믹 이후 미국 등이 쏟아낸 화폐의 양을 주목했다. 사실 주목하고 있다. 화폐의 양이 늘었으니 인플레이션이 발생할 것이라는 예측과 경고를 자주 입에 올린다. 이들의 말대로 2021년 봄부터 미국 등의 소비자물가지수(CPI)가 눈에 띄게 오름세를 보였다. 이 상승분이 모두 화폐의 증가 때문인지는 논란 거리다. 어쨌든 겉모습만 보면 파버 등의 주장이 터무니없어 보이진 않는다.

그런데 파버 등이 놓친 사실이 하나 있다. 팬데믹 사태가 '돈의 정체' 또는 '돈의 역사성'을 드러내 보여줬다는 점이다. 쉽게 말하면 돈이 '상징화폐 → 귀금속 → 주화 → 종이돈'까지 슈퍼 사이클을 그리며 진화하는 동안 은폐됐던 돈의 기원이 팬데믹을 계기로 다시 드러났다는 얘기다.

인류 역사에서 돈은 거대한 변화 또는 위기를 헤쳐나가기 위해 인간이 고안해낸 장치다. 돈의 DNA 속에 위기가 존재한다. 여기서 말하는 위기는 새로운 도전 과제이기도 하다. 뒤에서 자세히 설명하겠지만 인류학자들이 보는 돈은 기원전 3000년 전후 바빌로니아에서 발명됐다. 그때 위기 또는 해결 과제는 도시화였다.

이전까지 식량을 채집하거나 경작한 곳과 거주지 사이에 거리가 멀지 않았다. 부족 구성원은 마을과 얼마 떨어지지 않은 곳에서 열매 등을 채집했다. 재배한 농작물도 지척에 있었다. 가족이나 부족 구성원이 등에 지거나 머리에 이고 충분히 수송 가능했다. 옆 마을이나 이웃 부족과 교역을 해도 거리가 멀지 않은 곳에서 이뤄졌다.

그런데 부족국가가 전쟁 등을 통해 통합됐다. 지배자인 왕이나 제사장은 농경지 등에서 멀리 떨어진 곳에 궁궐과 신전을 짓고 거주했다. 왕의 가족, 시녀, 시종, 제사장, 신녀뿐 아니라 이들에게 필요한 물품을 만드는 다양한 직공이 식량 생산지에서 떨어진 곳에 모여 살기 시작했다.[7] 이들을 먹이고 입히며 머물러 살게 하는 일은 그 시절 지배자에겐 대단한 과제였으리라.

실제 엄청난 골칫거리였다. 당시 지배자들은 신에 대한 빚을 강조하며 세금을 내야 한다는 논리를 만들어 납세 의무를 백성에게 심어주기까지는 했다. 또 빚을 제대로 갚지 않으면 징벌하는 무력까지 과시하며 엄포도 놓았을 것이다. 하지만 흉년이 들어 밀 등의 수확이 줄어들면 신에 대한 빚을 갚아야 한다는 생각은 배부른 소리였다. 게다가 왕이 거둬들인 세금은 추수기 이후에나 납부 가능했다. 왕과 제사장뿐 아니라 궁녀, 시종, 신녀 등이 추수가 끝날 때까지 물만 먹고 지낼 수는 없었다. 지배자는 밀 등 농산물이 농촌에서 도시로 흘러들도록 하는 장치를 만들어야 했다. 그렇게 해서 농촌 백성이 낼 세금을 근거로 진흙 토큰을 만들어 상거래를 일으켰다. 돈의 등장이다.

도시화와 돈의 발명은 뒤에서 자세히 살펴볼 예정이다. 다만 여기서 주목해야 하는 대목은 한 사회의 생산물을 유통하는 장치로서 돈의 구실이다. 코로나19 사태로 미국과 영국······ 한국의 정치 리더가 가장 두려워한 사건은 기원전 3000년쯤 메소포타미아 권력자가 해결해야 할 과제와 비슷했다.

코로나 바이러스의 놀라운 확산을 막기 위해 미국과 유럽 국가들이 록다운을 선언했다. 전쟁 시기에나 내렸을 법한 이동금지령이다. 현대 사회는 아주 세세한 영역까지 사회적으로 분업화돼 있다. 다른 사람이 생산한 상품이나 서비스가 있어야 생존이 가능한 현대인에

---

7 루이스 멈포드, 《도시화의 자연사(The Natural History of Urbanization)》, 1956, 인터넷 버전(http://habitat.aq.upm.es/boletin/n21/almum.en.html) 참조.

게 이동 금지는 굶어죽는 사태를 떠올리기에 충분한 사건이다.

사실 이동 금지 때문에 굶어죽었다는 이야기는 들어보지 못했다. 단, 상품과 서비스의 물류가 급감했다. 소비도 확 줄었다. 자본력이 약한 중·소상공인의 줄파산이 불가피했다. 경제적 죽음이 속출할 수 있었다.

그 순간 21세기 지배자들은 돈을 찍어내 쏟아부었다. 이때 공급된 돈은 가치의 저장 수단과는 거리가 좀 있다. 어떤 가치를 지녔다고 보기도 어렵다. 정부가 미래에 거둬들일 세금이라는 불확실한 기대에다 영토 안에서 가장 강력한 경제주체라는 점을 근거로 자국민 한 사람 한 사람, 또는 개별 기업의 계좌에 찍어준 숫자 단위였다.

'역사는 단선적으로 진화하지 않는다'는 말을 증명이라도 하는 것일까. 5천여 년에 이르는 세월의 간극을 두고 돈을 활용한 실험이 재연되고 있다. 메소포타미아 권력자가 내재가치라고는 눈곱만큼도 없는 진흙 토큰으로 농촌-도시 간에 물류를 일으켰듯이, 21세기 국가는 단순한 금액을 개인과 기업의 계좌에 찍어주는 방식으로 팬데믹 위기를 헤쳐나갔다.

숫자 단위! 바로 돈의 기능 가운데 '교환의 매개'가 가장 절실할 때 한 나라에서 가장 믿을 만한 존재인 국가가 개인이나 기업의 통장에 찍어준 숫자다. 미국 경제분석 회사 디시즌이코노믹스의 앨런 사이나이는 "미국 연방정부가 개인과 기업에 공급한 돈은 상품과 서비스의 거래를 유지하기 위한 교환의 매개"라며 "다급한 순간에 돈의 여러 기능 가운데 당장 중시되는 것은 교환의 매개"라고 말했다.[8]

---

8 앨런 사이나이와 인터뷰는 2021년 3월 14일 〈중앙일보〉에 게재(https://www.joongang. co.kr/article/24011277#home).

'당장 중시되는 기능'이라는 말은 발등의 불을 꺼야 할 때 돈이 어떤 구실을 하는지를 실감나게 보여준다. 이때 국가가 지급한 돈의 단위에는 '포괄적인 의미에서 구매력(general purchasing power)'이 들어 있다. 영토 안에서 가장 강력한 존재인 국가가 암묵적으로 보증해주는 구매력이다. 다만 팬데믹 상황에서는 어떻게 하든 교환이 이뤄지면 그만이다. 정부가 찍어준 액수의 구매력이 나중에 어떻게 변하는지는 당장 중요하지 않다.

그런데 존 메이너드 케인스의 《화폐론(A Treatise on Money)》에는 흥미로운 구절이 나온다. "무언가가 포괄적인 구매력을 갖추고 있으면 거래 순간에 교환의 매개로 쓰일 수 있다⋯⋯이게 전부라면 우리(인간)는 물물교환 단계를 거의 벗어나지 못했을 것이다."[9] 돈의 기능 가운데 물물교환 이후 가장 먼저 생겨난 것이 바로 교환의 매개라는 의미다. 온갖 첨단 장비와 시스템이 넘쳐나는 21세기에 팬데믹 사태라는 원초적인 위기가 엄습하자 돈의 기능 가운데 가장 원시적인 구실이 중시된 셈이다.

그런데 파버 같은 투자자와 일반경제 전문가들은 5천여 년의 시간 차를 두고 이뤄진 비슷한 실험의 의미를 이해하지 못했다. 돈의 역사성에 무지하기 때문일까. 그들은 팬데믹 이후 각국이 실시한 정책을 '돈의 학대(abusing money)'로 인식했다. 마치 1970년대 초 달러의 금태환이 중단될 때 영국 런던이나 미국 뉴욕의 금융가들이 '하느님의 질서가 무너졌다'며 '하루라도 빨리 정상으로 되돌아가야 한다'고 외쳤던 것처럼 파버 등은 팬데믹, 아니 2008년 금융위기 이후

---

9 존 메이너드 케인스, 《화폐론(A Treatise on Money)》, 2011, p.3.

실시된 QE 등을 '비정상적인 일탈'로 여겼다. 가능한 빨리 정상으로 되돌아가지 않으면(back to normal) 중요한 제도인 돈이 위기를 맞을 수밖에 없다고 목소리를 높인다.

그나마 파버나 일반경제 전문가들은 중앙은행이 통화정책을 정상화하면 기존 화폐 시스템이 유지될 수 있다고 믿는 쪽이다. 이들과 달리 한 술 더 떠 '돈의 종말론'을 부르짖는 그룹이 있다. 이들은 현재 화폐 시스템은 한계에 도달했다고 확신한다. 그들은 바로 암호화폐 지지자와 달리 패권 붕괴론자 등이다. 이들은 2008년 금융위기 이후 나타난 여러 사건을 나름대로 종합하고 자신들의 주장을 정당화했다. 눈앞에서 벌어진, 얼핏 보면 자명한 경제 현상을 바탕으로 내린 최종 결론은 천동설과 유사하다.

○──── 돈의 종말론: 경제적 천동설

천동설은 인간이 세상을 이해하는 방법 가운데 하나였다. 눈에 보이는 것을 바탕으로 일반화한 인식이다. 이런 측면에서 보면 경험주의의 원조인 셈이다. 중세 유럽 사람들은 해가 동쪽에서 떠서 서쪽으로 지는 사실(눈에 보이는 것)을 자명하다고 봤다. 그들의 눈에 움직이는 물체는 태양이었다. 그들의 눈에는 천동설이 자명한 진리였다. 부정할 수 없는 사실이었다. 하지만 인간의 인식에는 경험적인 사실을 바탕으로 한 추론과 추상이라는 것도 있다. 그들은 이런 능력 자체를 부정하거나 그런 능력을 활용하지 않으려 했다.

그런데 21세기에도 천동설의 흔적이 여기저기에서 발견된다. 주로 사회과학, 특히 경제학에서 곧잘 제기된다. 원인과 결과를 정반대로 설정하거나 눈에 보이는 현상만으로 결론에 이른다. 내가 유머 삼아 부르는 '경제적 천동설'이다. 이런 천동설은 돈을 중심으로 곧잘 제기된다. 돈의 특성 탓인 듯하다. 시장경제에서 거의 모든 것이 돈으로 교환 가능하다. 돈이 곧 재화와 서비스의 가치와 가격을 결정하는 듯 보인다. 태양이 지구를 돌고 있는 듯이 보이는 현상과 비슷하다.

자연스럽게 인간의 눈에 돈이 모든 경제의 중심으로 보인다. '일하다', '경제활동을 하다'라는 말을 '돈 번다'는 말로 대신하는 우리의 일상 언어가 방증이다. 경제활동을 돈 벌기로 단순화하기 위해서는 돈만 있으면 재화와 서비스를 거래비용을 거의 들이지 않고 교환할 수 있는 생태계가 먼저 갖춰져야 한다. 그렇지 않으면 거액을 손에 쥐고 있어도 우리는 생존할 수 없다. 돈은 물도 아니고 식량도 아니다. 배가 고프다고 돈을 먹을 수는 없다.

그런데도 '일하다', '경제활동을 하다' 등을 '돈 번다'는 말로 단순화하는 데 우리는 익숙하다. 이런 생각의 편리성 또는 단순함, 천동설은 경제위기를 금융위기로 인식하는 데서도 나타난다. 경제위기는 아주 폭넓은 개념이다. 경제위기는 화폐위기, 통화위기, 금융위기, 은행위기 등을 포괄하는 말이다. 위기 가운데 가장 폭발적이어서 그런지, 사람들은 대부분 '경제위기=금융위기'로 인식한다. 심지어 '금융위기=해당 국가 돈의 위기'로 단순화한다.

미국발 금융위기가 채 가시지 않은 2009년 겨울, 나는 말레이시아 휴양지 코타키나발루를 여행했다. 겨울인데도 영상 30도를 웃돌아 햇살이 따가웠다. 한 쇼핑센터의 말레이시아인 직원은 한국인인 내가 신용카드가 아닌 링깃을 내자 상당히 뿌듯해했다. 이유가 궁금했다.

"링깃이 그렇게 좋은가?"

내가 웃으며 물었다.

"그럼! 아시아 금융위기 때 우리 링깃이 강해 견딜 수 있었다. 링깃이 미국 달러를 이겼다."

여기까지 말한 그는 싱긋 웃으며 덧붙였다.

"한국 돈은 약해. 한국 경제가 무너지지 않았는가."

경제에 대한 소박한 인식이 엿보인다. 한국은 돈이 약해서 위기를 맞곤 했다. 반면 말레이시아는 링깃이 강해 미국 달러를 이긴 덕분에 위기를 맞지 않았다는 인식이다. 경제의 거의 모든 행위가 돈을 중심으로 이뤄지니, 돈의 힘이 강한지 약한지에 따라 위기가 일어날 수도 일어나지 않을 수도 있다고 볼 수는 있다. 전형적인 경제 천동설의 하나다. 뒤에서 경제위기의 발원지와 파장 경로 등을 자세히 소개할 예정이다. 다만, 금융위기가 금융시장 자체에서 발생할 가능성이 최근 제기됐다. 하지만 역사적으로 보면, 실물경제 불균형(부조화)에서 비롯된 사례가 훨씬 많다. 말레이시아 직원이 말한 돈의 힘은 모든 경제 현상을 돈으로 이해하는 비전문가의 소박함을 보여준다. 이론 훈련을 받지 않은 사람의 말이니 충분히 이해해줄 만하다.

그러나 전문가 또는 경제를 알 만한 사람들이라면 이야기가 달라진다. '경제위기 탓에 한 나라의 돈이 위기를 맞고 있다'거나 '기존의 돈이 문제가 많아 인플레이션이나 자산 거품으로 이어지고 끝내 경제위기를 맞는다'고 주장하는 일단의 무리가 등장하곤 했다. 이른바 돈의 종말론이다.

오해를 피하기 위해, 돈의 종말은 돈 자체가 모두 사라진다는 의미가 아니라는 점을 분명히 해야겠다. 기존의 돈이 한계에 이르렀다는 뜻이다. 새로운 대안이 필요하다는 주장이다. 이는 종교적 종말론과 다른 부분이다. 종교적 종말론은 세상의 끝을 의미할 때가 많다. 기존 가치나 시스템이 아니라 세상의 종말, 인류의 끝을 의미하곤 한다.

○─────── 비트코인의 도전과 응전

미국의 경제학자 찰스 킨들버거Charles Kindleberger 전 MIT 교수가 정리한 경제위기 리스트[10]를 보면 1600년 이후 메이저 위기만 40여 차례 발생했다. 그때마다 기존 시스템에 대한 회의와 반성이 뒤따랐다. 예를 들어 1997년 아시아 금융위기는 한국이 이전까지 추구한 성장 전략을 되돌아보는 계기였다. 이전까지 한국 기업은 순이익보다는 일단 성장을 추구했다. 매출액과 자산총액으로 재계 서열을 높이면 정부가 추진하는 다양한 사업에서 우선권을 줄 수 있었기 때문이다. 그 바람에 기업들은 빚을 공격적으로 끌어다 파상적으로 자본을 투자했다. 이런 경영 패턴은 IMF 사태를 거치며 낡은 모델로 비판받았다.

한국만 그런 게 아니다. 영국은 1970년대 중반 IMF 구제금융을 받았다. 이후 영국은 케인스주의 정책을 사실상 접었다. 대신 신자유주의 정책을 채택했다. 인플레이션 억제가 정책의 가장 중요한 목표

---

10 찰스 킨들버거, 《광기, 패닉, 붕괴 : 금융위기의 역사(Manias, Panics and Crashes : A History of Financial Crisis)》 영문판 부록.

가 됐다.

그런데 2008년 미국발 경제위기에는 좀 다른 파장이 일었다. 물론 금융회사가 자기자본을 베팅해 수익을 올리는 행태에 대한 비판과 반성이 일기는 했다. 금융 규제가 한결 강화되었다. 하지만 여기서 그치지 않았다. 달러, 위안, 파운드……원 등 법정화폐에 대한 도전이 시작됐다. 암호화폐의 등장이다. 역사적으로 기존 화폐 시스템에 대한 도전이 없지는 않았다. 19세기 금이나 은을 대신해 토지를 바탕으로 한 돈을 주장한 이들도 있었다. 혁명을 꿈꾸는 이들은 노동시간을 대표하는 증서(노동화폐)를 대안으로 내놓기도 했다. 하지만 현대 화폐 시스템이 뿌리내린 20세기 이후 100여 년 동안 법정화폐에 대한 도전은 거의 나타나지 않았다.

2008년 글로벌 금융위기 이후 양적 완화(QE) 등 파격적인 대책이 너무나 충격적이었을까. 0과 1로 이뤄진 디지털 신호로 만들어진 암호화폐가 법정화폐의 대안으로 제시됐다.

첫 암호화폐 비트코인은 2008년 10월 탄생했다. 개발자는 사토시 나카모토(中本哲史, Satoshi Nakamoto)로 알려져 있다. 사실 나카모토가 누구인지, 실제로 존재하는지를 두고 논란이 분분하다. 어쨌든 대표적인 투자은행인 리먼 브라더스가 파산하면서 기존 화폐와 금융 시스템의 신뢰가 흔들리고 있는 순간에 "나카모토 사토시는 비트코인 프로젝트를 내놓았다."[11]

암호화폐의 의미와 한계 등은 다른 장에서 자세히 다룰 예정이

---

11 폴 비냐, 마이클 케이시, 《비트코인 현상, 블록체인 2.0(The Age of Crypto Currency)》 영문판, p.63.

다. 다만 여기서는 팬데믹 이후 나타난 암호화폐 현상 가운데 돈의 정체와 관련된 내용만을 우선 살펴본다. 나카모토가 기존 화폐와 금융 시스템을 어떻게 보고 있는지는 2009년 2월 암호화폐 개발자들의 포럼을 위해 인터넷에 올린 글에 잘 나타나 있다.

"기존 화폐가 안고 있는 근원적인 문제는 신뢰 자체다. 신뢰는 기존 화폐 시스템이 작동하도록 하는 필수 조건이다. 중앙은행은 화폐 가치를 떨어뜨리지 않을 것이란 믿음(신뢰)을 유지해야 한다. 하지만 역사적으로 중앙은행은 신뢰를 무수히 저버렸다. 시중은행들은 예금을 안전하게 보호하고 고객의 주문에 따라 온라인망을 이용해 안전하게 송금해야 한다. 하지만 예금 가운데 극히 일부만 준비금으로 떼어놓고 신용거품 시대에 취해 마구 대출해준다."[12]

나카모토의 눈에 띈 현대 통화와 금융 시스템의 문제점은 크게 2가지다. 하나는 통화이론가들이 말하는 돈의 학대다. 중앙은행이 경기부양과 일자리 유지 등을 위해 돈의 가치를 인위적으로 조절하는 행위다. 인위적인 조절 행위가 돈의 가치를 떨어뜨린다. 인플레이션을 유발하고 있다는 얘기다. 이런 시각에서 보면 고대 메소포타미아 지배자나 현대 국가의 정치 지도자 모두 돈의 학대자인 셈이다. 두 번째는 시중은행의 신용거품이다. 나카모토는 시중은행이 신용창출(money creation) 메커니즘을 남용해 대출이 급증하고 있다는 식으로 이해했다. 이런 문제의식을 나카모토만이 갖고 있지는 않았다. 다른

---

12 앞의 책, p.63.

암호화폐 개발자들도 폭넓게 공유하고 있다.

비트코인 이후 이더리움 등 무수한 암호화폐가 등장했다. 암호화폐는 2017년 1차 급등기를 맞았다. 그리고 2년 남짓 암호화폐는 겨울을 맞았다. 가격이 급락한 채 횡보했다. 거래도 줄고 일반 투자자의 관심에서 멀어지는 듯했다. 하지만 2019년 말 중국에서 시작된 팬데믹은 비트코인 가격을 6만 달러까지 끌어올렸다. 파버는 인터뷰에서 "비트코인을 기준으로 달러 가치를 본다면 미국이 붕괴하는 줄 알겠다"고 촌평했다. 비트코인 1개를 얻기 위해 미국 달러를 5만~6만 달러 정도 줘야 하기 때문이다. 마치 망국의 화폐가 외환시장에서 거래될 때나 나타날 교환 비율이다.

버블 증상까지 보인 투자 붐 외에도 전기자동차 회사 테슬라 등이 암호화폐로 차를 구매할 수 있도록 하는 등 교환의 매개로 채택되는 흐름도 나타났다. 중남미 등 일부 국가는 법정통화로 비트코인을 인정하기도 했다. 게다가 비트코인 채굴 과정에서 소모되는 전기 때문에 환경오염 이슈까지 제기됐다. 이쯤 되자 이른바 '공산당 선언 현상'이 나타났다.

"하나의 유령이 유럽을 배회하고 있다. 공산주의라는 유령이. 구 유럽의 모든 세력들, 즉 교황과 차르, 메테르니히와 기조, 프랑스의 급진파와 독일의 경찰이 이 유령을 사냥하려고 신성 동맹을 맺었다. (중략) 공산주의는 이미 유럽의 모든 세력들에게서 하나의 세력으로 인정받고 있다."[13]

---

13 카를 마르크스, 프리드리히 엥겔스, 김재기 옮김, 《공산당 선언》, 거름출판사.

암호화폐란 유령이 세계를 배회하자 이를 견제하는 움직임이 본격화했다. 2017년 1차 급등 시기에는 나타나지 않았다. 그때는 정부나 중앙은행 관계자들이 암호화폐를 신기한 눈으로 지켜봤다. 젊은 이들을 중심으로 불어닥친 투자 열풍에 대해 훈계조의 말로 위험성을 경고하는 수준이었다.

그러나 2차 급등 이후 상황이 돌변했다. 중국 정부는 먼저 채굴을 금지했다. 변방 지역의 싼 전기요금을 이용해 거대한 채굴 컴퓨터를 구동하던 암호화폐 광부들이 일제히 손을 놓아야 했다. 또 2021년 9월 중국 정부가 암호화폐 채굴과 거래, 관련 파생상품 개발과 판매 등을 전면 금지했다.

중국 정부의 암호화폐 금지 이면에는 '중앙은행 디지털 코인(CBDC)'이 똬리를 틀고 있다. 영국의 경제분석 회사 마크 윌리엄스 아시아 담당 수석 경제학자는 인터뷰에서 "중국인민은행(PBOC)이 중앙은행 가운데 가장 먼저 디지털 코인을 개발하기 시작했다"며 "국가가 돈에 대해 쥐고 있는 배타적인 권리를 암호화폐의 등장으로 놓치고 싶지 않기 때문"이라고 설명했다.[14]

실제로 중국인민은행이 CBDC를 개발하기 시작한 이후 미국과 영국, 유럽, 한국 등이 연구에 뛰어들었다. 전면전의 시작이다. 민간 암호화폐와 중앙은행이 내놓을 디지털 코인의 작동 메커니즘은 비슷하다. 한 하늘에 태양이 둘이 될 수 있을까. 사실상 불가능하다. 왜 불가능한지는 나중에 자세히 다룰 예정이다. 여기서는 암호화폐 1차 급등기에는 그저 지켜봤던 중앙은행이 2021년 본격적으로 대응하고

---

14 마크 윌리엄스와 인터뷰는 2021년 9월에 이뤄졌다.

나섰다는 점만을 지적한다. 영토 안에서 돈에 대해 배타적인 권리를 쥐고 있는 국가가 암호화폐에 대해 쓸 수 있는 카드는 여러 가지다. 세금뿐만 아니라 금융법규에 규정된 이런저런 건전성 감독 권한 등이 배타적 권리를 유지하기 위해 동원될 듯하다. 반면 암호화폐 진영도 대응할 수단을 쥐고 있다. 암호화폐 투자자와 사용자가 늘어나면, 이들 가운데 많은 사람들이 자신들에게 유리한 정치 지도자나 정당에 투표할 수 있다. 국가 권력 자체를 자신들의 입맛에 맞게 바꿀 수 있다. 시장에서 암호화폐가 인정받으면 정치권력마저 바꿔놓을 수 있다는 얘기다.

한마디로 돈의 영토(money 또는 monetary space) 안에서 돈의 지위를 놓고 경쟁하는 양상이다. 두 차례 위기가 낳은 결과다. 첫 번째는 2008년 미국발 경제위기였다. 이것은 경제 내부에서 발생한 위기다. 두 번째는 팬데믹이다. 이것언 경제 밖에서 발생한 위기다. 그 바람에 기존 통화에 대한 불신이 커졌다. 돈의 종말론이 제기됐다.

○─────── **달러 패권의 종말론**

비트코인의 아버지 나카모토가 돈의 영토 안에서 종말론을 제기했다면, 제임스 리카즈는 영토 밖에서 돈의 종말론을 제기했다. 돈이 영토 안과 밖에서 보이는 성격이 다르기 때문에 돈에 대한 종말론도 2가지다.

리카즈가 《화폐의 몰락(The Death of Money)》에서 말하는 '돈의 죽음'은 한 나라 국경 내부의 문제가 아니다. 내가 제시한 용어로는 '돈의 영토' 밖의 이야기다. 국제적 통화질서의 몰락이다. 나는 비트코인 가격이 급등하던 2017년과 2021년[15]에 리카즈를 전화와 줌으로 인터뷰했다. 우선《화폐의 몰락》같은 도발적인 책을 쓴 인물이 비트코인 현상을 어떻게 볼지 궁금했다. 그의 대답은 전혀 뜻밖이었다.

"내가 비트코인이 기존 화폐를 대신해 돈으로 자리 잡을 수 있다고 보는 사람은 아니다. 비트코인 등 현재 암호화폐는 일시적 유행일 뿐이다."[16]

인터뷰 상대가 예상 밖의 대답을 하면 순간 당황할 수밖에 없다. 빨리 생각을 수습하고 인터뷰를 이어갔다. 그는 "내가 관심 갖는 측면은 글로벌 통화체계"라며 "최근 100년 동안 국제통화 시스템은 세 차례 붕괴했다"고 설명했다. 첫 번째는 1914년 영국 파운드 스털링pound sterling 체제, 달리 말하면 고전적인 금본위제 붕괴다. 두 번째는 1939년 제2차세계대전 발발과 함께 무너진 글로벌 통화체제다. 세 번째는 1971년 브레튼 우즈Bretton Woods 체제의 종말이다.

리카즈는 인터뷰 중간에 "2008년과 팬데믹 위기는 미국 달러를 중심으로 한 글로벌 통화의 서열 구조가 얼마나 취약한지를 보여줬다"고 말했다. 어디서 많이 듣던 말이다. 바로 2008년 11월 워싱턴에서 열린 G20 정상회의에서 고든 브라운 당시 영국 총리 등이 한 말과 비슷하다. 당시 브라운은 '브레튼 우즈 II'를 제안했다. 위기의 진앙인 미국의 달러를 대신하는 세계화폐(world money)를 제안하면서다.

---

15 리카즈와 두 번째 인터뷰는 2021년 6월에 이뤄졌다.
16 https://news.joins.com/article/22190045.

중국이 적극 호응하고 나섰다. 그들은 국제통화기금(IMF)의 특별인출권(SDR)을 달러 대신 결제통화로 쓰자고 제안했다. 과도기적인 제안이었다. 중국은 SDR 단계를 거쳐 달러 대체 통화를 만들자고 주장했다. 내심 위안화를 기축통화로 삼자고 말하고 싶었으나 내뱉지는 않은 듯했다.

그해 G20 정상회의 직후 포스트-달러post-dollar 체제에 대한 논의가 봇물을 이뤘다. 마치 당장이라도 달러 체제가 해체될 듯했다. 대안이 눈앞에 존재하는 듯했다. 하지만 글로벌 외환시장에서 달러의 지위는 거의 흔들리지 않았다. 리카즈는 2021년 6월 인터뷰에서 "달러의 지위가 흔들린다고 해서 기축통화 지위에서 당장 밀려난다고 말하진 않았다"고 한 발 빼는 듯한 말을 했다.

역사적으로 영국 파운드 패권은 경제위기나 파운드 남발 등에 의해 무너지지 않았다. 제2차세계대전을 계기로 영국의 종합적인 국력이 쇠락한 탓이었다. 실제 19세기 내내 영국에서는 거의 10년마다 위기가 발생했다. 특히 1820년대 이후에는 전쟁이나 흉년, 천재지변 같은 경제 밖의 변수가 아니라 금융과 생산의 과잉 등 경제 불균형으로 인한 위기였다. 이때마다 '영국식 경제 모델이 문제'라는 주장이 이웃 프랑스나 독일 등에서 제기됐다. 2008년 위기 직후 미국식 모델이 문제라는 주장이 전혀 새로운 일이 아닌 셈이다.

파운드 패권의 붕괴 과정은 이 장에서 자세히 다룰 내용은 아니다. 다만 1914년 제1차세계대전 발발부터 1945년 제2차세계대전 종전까지 이어지는 한 세대 정도의 기간 동안 서서히 진행됐다는 게 전문가들의 설명이다. 그런데도 파운드는 영국에서 여전히 법정화폐다. 영토 밖 서열에서 정상의 자리를 달러에게 내줬을 뿐이다. 달러가 20세기 초 영국 파운드처럼 기축통화 지위에서 밀려나려면 세계대전 같은 거대한 사건이 일어나야 하는 셈이다.

그렇다면 돈이 종말을 맞은 사례는 역사적으로 없었을까. 돈의 종말이 없었다면 '인류 역사는 파란만장하다'는 말 자체가 존재하지도 않았을 것이다. 실제로 돈의 종말은 존재했다.

역사의 시계추를 거꾸로 돌려 기원후 5세기로 되돌아가 본다. 476년 서로마 황제 로물루스 아우구스툴루스Romulus Augustulus가 게르만 용병대장 오도아케르Odoacer에 의해 퇴위됐다. 서로마제국의 종말이다. 서로마가 붕괴한 이후에도 유럽 대륙에서는 언어·법률·화폐 등의 흔적이 상당 기간 유지됐다. 하지만 섬나라 영국에서는 로마 문명과의 단절이 철저하게 이루어졌다. 앵글로색슨족의 침입·정착으로 로마 시스템이 거의 흔적 없이 사라졌다.

로마가 브리튼(영국)을 점령했을 때 농부의 대부분은 켈트족이었다. 그들이 410년 브리튼을 떠날 때도 대다수는 켈트족이었다. 로마인들은 돌아가면서 게르만 용병들을 대거 받아들여 영국에 배치했다. 자연스럽게 라틴어와 기독교, 로마 화폐의 영향력이 서서히 줄어들었다. 영향력이 줄어드는 속도는 앵글족과 주트족(Jutes), 색슨족, 프리지아족(Friesians)이 침입하거나 정착한 정도에 따라 차이를 보였다. 《앵글로색슨 연대기(Anglo-Saxon Chronicle)》[17]에는 주트족 헹기스트Hengist와 호사Horsa가 켄트 지역에 처음 상륙한 시점이 449년으로 돼 있다. 사실인지 아닌지 모르겠지만 449년 이후 영국에 정착한 앵글

---

17 앵글로색슨족과 노르만족이 지배하던 시기의 잉글랜드에 대한 연대기적 기록은 앨프레드 대왕의 통치시대(871~899)에 모은 것으로 영국의 초기 역사를 알 수 있는 매우 중요한 자료다.

로색슨족의 수는 부쩍 늘어났다. 처음에는 잉글랜드 남동부 지역을 차지했다. 기원후 6세기에 들어서면서 잉글랜드 대부분을 그들이 장악했다. 로마노-브리티시Romano-British가 주류였던 영국이 앵글로색슨족의 나라로 탈바꿈한 셈이다.

글린 데이비스의 《화폐의 역사》에 따르면 서로마 붕괴 이후 영국의 사회적·문화적 환경도 바뀌었다. 기독교를 믿던 나라가 이교도 천국으로 전환됐다. 세련된 도시민들의 나라가 농촌사회로 변했다. 로마인이 지배하던 시대엔 세련된 화폐가 쓰였다. 앵글로색슨족이 다수를 차지하면서 돈 자체가 귀해졌다. 놀라운 속도로 주화가 경제 현장에서 사라져갔다. 서로마제국의 붕괴 이후 기존 화폐와 경제 시스템이 무너져 내리는 격변이 영국처럼 뚜렷하게 나타난 곳은 드물었다. 말 그대로 경제와 화폐의 암흑시대(dark age)였다.

영국의 도시는 황폐해졌고 화폐가 자취를 감췄다. 물물교환이 주요 교환 방식으로 떠올라 순식간에 여기저기로 퍼졌다. 사회가 극도로 불안해지고 안전성이 깨져 상거래와 사회관계 네트워크가 무너진 탓이다. 안전을 이유로 귀금속 등을 땅에 묻어 보관하는 관행이 생겨 여러 곳으로 퍼져나갔다.

돈의 종말, 데이비스가 말한 '화폐의 암흑시대'는 사실 경제 역사가들 사이에 논쟁거리다. 일단 통상적으로 인정된 결론을 바탕으로 돈이 사라질 수 있는 조건을 추출해낼 수 있다. 우선 국가 또는 제국의 붕괴다. 강력한 공권력이 사라지면서 화폐경제가 작동할 수 있는 안정적인 상거래 관계망이 무너진다. 실물경제는 자연스럽게 화폐를 바탕으로 한 교환경제에서 자급자족을 기본으로 하는 농업경제로 퇴화한다. 농업경제라고 모두 후진적인 것은 아니다. 고도로 발달한 화폐경제를 바탕으로 한 농업경제도 가능하다. 서로마제국 붕괴 이후 영국은 물물교환형 농업경제로 후퇴했다.

돈이 사라진 시대는 얼마나 이어졌을까. 피터 스푸퍼드Peter Spufford 전 영국 케임브리지대학교 교수(역사학), 영국 주화 연구가인 마크 블랙번Mark Blackburn 같은 사람들이 내놓은 연구 결과는 돈이 갑자기 사라진 그 시대의 베일을 걷어냈다. 아주 좁은 도버해협을 사이에 두고 영국이 유럽 대륙과 극단적인 차이점을 나타낸 이유도 설명해주었다. 스푸퍼드 교수는 로마군이 영국을 떠난 이후 "주화가 그 섬나라에 유입되지 않았고 1세대가 흐른 뒤인 435년쯤에는 주화가 교환의 수단으로 전혀 쓰이지 않게 됐다. 화폐 없는 시대가 630년까지 약 200년 동안 이어진 뒤에야 주화가 다시 등장해 쓰이기 시작했다"[18]고 했다. 블랙번도 비슷한 결론을 내렸다. 그는 거의 2세기 동안 야만인들이 침입해 주화의 생산과 유통을 완전히 중단시킨 경우는 로마 속주 가운데 영국이 유일하다고 했다.

섬나라 영국이 기원후 5~7세기에 겪은 '돈의 암흑시대'가 21세기에 가능할 것 같지는 않다. 참혹한 내전을 겪은 시리아와 권력이 교체된 이라크에서도 돈은 사라지지 않았다. 가치가 떨어진 상황에서도 교환의 매개로 구실했다. 서로마제국의 몰락처럼 거대 제국인 미국이 당장 무너져 내릴 것 같지 않다. 중세 말기 흑사병과 전쟁 등으로도 돈이 사라지지 않았다. 다만 위기와 전염병은 돈에 대한 통념을 흔들어놓곤 했다. 팬데믹 이후 중앙은행과 화폐의 역할에 대한 통념

---

18 피터 스푸퍼드, 《중세 유럽의 돈과 그 쓰임새(Money and Its Use in Medieval Europe)》, 케임브리지대학교 출판부, p.9.

이 흔들리고 있는 것과 마찬가지다.

그 바람에 한동안 망각의 그늘에 유폐돼 있던 '돈이란 무엇인가?'란 물음이 다시 제기되고 있다. 좀 더 정확하게 말하면 이론가의 궁금증이었던 그 물음이 경제위기와 팬데믹을 계기로 평범한 사람마저 품는 일상적인 의문이 됐다. 이 궁금증을 풀기 위해 우선 온갖위기 속에서도 돈이 질긴 생명력을 자랑할 수 있는 원천을 들여다본다. 돈의 생명력을 지탱해주는 장치인 머니 트라이앵글의 이야기다.

2

돈을 지탱하는 트라이앵글

종이돈(지폐) 생태계의 시작

돈의 종말론과 함께 경제학계 이단이 고개를 들었다. 'MMT'란 이단이다. '현대화폐이론(Modern Monetary Theory)'의 머리글자다. 국내 전문가 대부분과 미디어는 MMT에 비판적이다. 하지만 평론이나 기사의 대상이 된다는 것은 MMT의 존재가 커졌다는 방증이다.

MMT는 1990년 중반 호주의 한 경제학자에 의해 만들어진 용어다. 주인공은 호주 뉴캐슬대학교 경제학과 윌리엄 미첼William Mitchel 교수이다. 2019년 나는 2월 미첼 교수를 인터뷰했다. 얼굴을 마주하지는 못했다. 전화 통화였다. '이단과의 교신'이었다. 기자의 특권이었다. 내가 어떤 학파에 속했다면 어려웠을 인터뷰였다. 어떤 이론을 옹호하고 퍼뜨리기 위해 목 놓아 외치지 않아도 되는 저널리스트의 자유로움을 새삼 소중하게 느꼈다. MMT에 대한 이야기는 나중에 자세히 다룬다. 다만 여기서는 미첼 교수가 화폐이론 앞에 '현대'란 말을 쓴 이유가 머니 트라이앵글을 이해하는 단서가 될 듯하다.

"내가 '현대'라고 부른 시대는 1971년 이후다. 그해 '닉슨 쇼크 Nixon Shock'가 일어났다. 그때 미국 대통령 리처드 닉슨이 달러와 금의 태환을 중단했다. 세계 통화 가운데 달러만이 금에 내리고 있던 닻이 끝내 잘렸다. 세계의 모든 국가가 완벽하게 종이돈의 시대에 들어섰다. '현대화폐(Modern Money)' 시대가 열렸다."[1]

미첼 교수가 말한 현대화폐 시대의 또 다른 이름은 종이돈의 시대다. 그는 "돈은 인류가 발명한 이후 여러 가지 모습을 띠며 진화해왔다"며 "현대는 돈이 종이쪽지의 탈을 쓰고 나타났다"고 말했다. 나의 메타포에 따르면 돈이란 바이러스의 최근 숙주가 종이라는 얘기였다. 종이의 내재가치는 보잘것없었다. 이런 종이에 돈이란 바이러스가 똬리를 틀었다. 금이나 은 같은 내재가치가 있는 숙주가 있는데도 말이다. 적잖은 사람들이 종이돈은 일시적인 현상이라고 봤다. 하지만 닉슨 쇼크 이후 반세기 이상 생명력을 유지하고 있다.

종이란 숙주의 힘은 어디서 왔을까. 이 물음은 '종이쪽지가 돈의 구실을 할 수 있는 체계는 무엇인가'라는 말과 같다. 미첼 교수는 "국가(공권력 또는 정부)–중앙은행–시중은행(금융회사)으로 이뤄진 현대의 머니 인프라(Money Infrastructure)"라고 말했다. 앞 장에서 말한, 한 나라의 화폐 시스템을 떠받치는 구조물인 '머니 트라이앵글'과 내용상 같다. 종이쪽지 증서인 '중앙은행 은행권'을 떠받치고 있는 세 기둥이자 토대다. 지금까지 경제학 교과서는 '돈의 가치가 따로 존재한다'는 가정을 출발점으로 삼았다. 종이돈 자체가 가치를 갖고 있다는 식

---

1 윌리엄 미첼 교수와 전화 인터뷰는 2019년 2월 25일 이뤄졌다. 인터뷰 기사는 한참 뒤인 6월 1일자 〈중앙SUNDAY〉에 게재됐다(https://news.joins.com/article/23485489).

이다. 반면 나는 종이돈은 증서일 뿐이라고 본다. 종이돈 자체가 아니라 종이돈이 생명력(가치)을 유지할 수 있는 생태계(시스템 또는 관계)가 가치의 원천이라고 본다.

○──── 돈의 권력을 나눈 3가지 축

머니 트라이앵글의 세 축인 정부와 중앙은행, 시중은행(금융회사)은 각각 강력한 무기를 갖고 있다. 정부는 세금을 거둬들일 수 있는 권력을 갖고 있다. 화폐단위를 결정하고 유일한 셈의 단위로 강제할 수 있다. 시중은행은 한 사회의 여웃돈을 한데 모아두고 있다. 중개자로서 여웃돈을 믿을 만한 사람이나 기업에 공급한다. 자체 기준에 따라 차별적으로 할당(rationing)[2]하는 방식이다. 중앙은행은 돈줄을 죄었다 풀었다 한다. 요즘 주요 수단은 기준금리(정책금리)다. 돈의 영토 안에서 중요한 돈값인 금리가 기준금리에 따라 오르내린다. 원론적인 의미에서 기준금리를 인위적으로 결정하는 것은 자본주의 시장경제 원리와 사뭇 어긋난다. '자금의 수요와 공급에 따라 금리가 결정된다'는 것이 시장경제의 원론이다.

미국 웨이크포레스트대학교 경제학과 존 우드John Wood 교수는 전화 인터뷰에서 "정부와 중앙은행, 시중은행은 돈의 권력을 서로 나눠 갖고 있는 모양새"라며 "그들의 관계는 아주 불안정하다"고 말했다.[3] 이어서 "역사적 경험에 비춰 그들의 권력 분점은 고정적이지 않

---

2 신용할당(credit rationing)이란 어느 시점 이자율에서 돈을 빌리려는 개인이나 기업이 자금을 다 얻지 못하도록 금융회사가 제한하는 행위를 말한다.

다"며 "경제적 정치적 상황에 따라 각자 쥐고 있는 권력의 크기가 어렵지 않게 바뀌었다"고 말했다.

실제 19세기 중반까지만 해도 돈의 권력은 정부와 시중은행의 수중에 있었다. 19세기 초부터 거의 10년마다 엄습한 경제위기 탓에 중앙은행이 출현했다. 중앙은행은 머니 트라이앵글에서 가장 나중에 생긴 꼭짓점이다. 중앙은행의 권력은 서서히 확장됐다. 시중은행들이 쥐고 있는 금리 결정권을 일부 넘겨받았다. 기준금리를 결정하는 것이 그 예다. 시중은행의 은행권 발행도 넘겨받았다. 20세기 이후에는 거의 모든 나라에서 중앙은행만이 은행권을 찍어낸다. 시중은행이 중앙은행에 많은 권력을 넘겨줬다고 할 수 있는 대목이다.

머니 트라이앵글의 세 축은 서로 기댈 수밖에 없다. 정부는 세금이 걷히기 전에 필요한 재정 지출을 위해 시중은행에 손을 내밀어야한다. 시중은행은 신용 창출(money creation)을 위해 '돈의 영토 안에서 가장 믿을 만한 존재'인 정부가 내놓은 국채가 필요하다. 정부는 '돈의 영토 안에서 최대 빚쟁이(채무자)'다. 중앙은행이 결정하는 기준금리에 따라 빚 부담이 달라진다. 중앙은행은 은행권(화폐)의 가치가 정부의 재정 상태에 따라 변한다는 점을 알고 있다. 정부가 밉다고 기준금리를 마구 올려 재정을 악화할 수는 없다.

우드 교수는 "중앙은행이 시중은행에 대해 막강한 권력을 갖고있기는 하다"며, "하지만 중앙은행의 기준금리 등 통화정책이 시중은행의 예상이나 감당할 수준을 넘어서면 무기력해진다"고 말했다.

---

3 존 우드 교수는 영미권 중앙은행 역사 전문가다. 2019년 7월 그와 전화 인터뷰한 기사가 〈중앙SUNDAY〉에 게재됐다(https://news.joins.com/article/23537231).

영국 버밍엄대학교 경제학과 피터 싱클레어Peter Sinclair 교수는 평소 "신용(credit)은 아주 섬세하고 보이지 않는 자원"이라며 "중앙은행은 한 나라의 '채권자 마당'인 금융시장에서 '섬세한 신용'이 끊이지 않게 공급되고 소비되도록 금융회사의 기대(expectation)와 바람에 촉각을 곤두세운다"고 말했다.

세금의 오묘함

트라이앵글(삼각형)의 꼭짓점은 정부(국가)다. 정부는 가장 원초적인 채권(받을 권리)인 세금 채권을 보유하고 있다. 세금은 개인이든 기업이든 죽음이나 파산 이후에나 벗어날 수 있다. 개인이나 기업이 갖고 있는 수입원은 세금처럼 강제적이지 않다. 반면 돈의 영토 안에서 국가는 가장 확실한 돈줄을 쥐고 있다. 정부 조직 가운데 법원에서 압수수색 영장을 발부받아 뒤질 수 있는 권한을 쥔 곳은 검찰과 국세청, 관세청 등 몇 안 된다. 또 세금이란 빚은 개인이 파산을 인정받고 면책받는다 하더라도 갚아야 한다. 이런 세금 덕분에 정부는 영토 안에서 '가장 믿을 만한 존재'이다.

징세권을 쥔 정부가 내놓은 법정화폐는 '가장 믿을 만한 제3자'가 내놓은 결제수단이다. 영토 안의 모든 개인과 기업이 서로 거래할 때 '영토 안에서 가장 믿을 존재'가 내놓은 증서로 결제하면, 계약 불이행 리스크가 최소화된다. 영국 런던정경대학(LSE) 경제학과 찰스 굿하트Charles Goodhart 교수는 2008년 나와의 인터뷰에서 "법정통화(현금)로 결제하면 거래 상대가 누구인지, 어느 정도 지불 능력이 있는지 등을 일일이 따질 필요가 없다"며, "바로 현금을 건네주는 순간 거래 당사자 간 모든 절차가 완료된다"고 말했다.[4] 정부가 발행한 현찰로 결제하면 뒤탈을 걱정하지 않아도 된다는 얘기다.

정부는 돈의 영토 안에서 가장 믿을 만한 존재인 점을 활용해 돈의 단위를 결정한다. 원, 달러, 유로, 엔, 위안 등이다. 화폐단위는 세금과 뗄 수 없는 관계다. 세금 징수는 한 나라의 화폐단위를 국경 안에서 쓰이도록 강제하기도 한다. 국내에서 비즈니스를 하는 기업은 우리나라 세법이 정한 규정에 따라 매출과 비용, 손실이나 순이익을 회계장부에 기록해야 한다. 이때 단위는 당연히 '원'이다. 한국에 진출한 미국계 인텔과 IBM, 독일계 자동차 회사 BMW와 벤츠, 프랑스계 시트로엥과 페리에, 일본계 미쓰비시 등도 한국 국세청에 세금 신고를 할 때 '원' 단위로 작성한 장부를 제출해야 한다. 미국 달러나 유로화 등으로 일반 회계장부를 작성한 회사도 세금신고서는 '원'으로 환산해야 한다. 내가 회계 지식이 부족해 때때로 자문을 구하는 백현석 공인회계사는 "국세청 기준이 '원' 단위로 표기하도록 돼 있을 뿐만 아니라 디지털화한 세무신고서 자체가 원 단위 아니면 입력되지 않는다"고 설명했다. 여기에다 국세청은 원화로 세금을 받는다. 달러나 유로화로 받을 수는 있다. 하지만 국세청은 기준환율로 셈을 해서 원 단위로 매겨진 세금만큼 외화를 징수한다. 기준환율은 납세 기업이나 개인에게 사실상 불리하다. 외환시장에서 원화를 사서 국세청이 매긴 만큼 세금을 내는 게 납세자에게 유리하다.

결국 정부는 화폐단위를 정하고 법정화폐를 발행한다. 세무회계 기준과 자국 통화 기준 세금 징수를 무기로 법정화폐 단위와 화폐가

---

4 "리먼 파산 놔둔 건 중대 실수", 〈중앙SUNDAY〉 87호, 2008년 11월 8일.

자국 내에서 통용되도록 사실상 강제한다. 이어지는 장들에서 자세히 설명하지만, 비트코인 등 암호화폐가 돈이 되려면 회계 단위와 세금 징수 통화로 인정되어야 한다. 그렇지 않으면 비트코인 등은 쿠폰이나 포인트 지위밖에 되지 않는다. 그런데도 암호화폐 지지자들은 대부분 교환의 장에서 암호화폐가 자주 쓰이면 돈의 지위를 차지할 수 있다고 주장한다. 그들의 소박한 기대가 어디서부터 잘못됐는지는 다른 장에서 자세히 다룬다.

○──── Fed, 여윳돈의 저수지

미국 중앙은행의 이름은 '페더럴 리저브 시스템Federal Reserve System'이다. 미국인들은 줄여서 Fed라고 부른다. 한국말로는 '연방준비제도'다. 영국 중앙은행인 영란은행(Bank of England)이나 한국은행(Bank of Korea)처럼 Fed에는 '은행(Bank)'이란 단어가 없다. 경제기자를 시작한 1997년 이후 한동안 '왜 미국인들은 페더럴 리저브 시스템(Fed)이라고 했을까?', '한국어 번역도 연방준비제도처럼 영어 단어를 한국어로 일대일 치환하는 유치한 방식으로 이뤄졌을까?' 등의 의문을 품었다. 국내 전문가들에게 물어봤지만 뾰족한 대답을 듣지 못했다. 전문가의 도움을 받지 못하면 스스로 해결하는 수밖에 없다고 했다. 한참 뒤에 영국과 미국 중앙은행의 역사를 공부하는 과정에서 의문은 자연스럽게 풀렸다.

열쇠는 '리저브reserve'라는 단어에 있다. 우리말로는 준비금으로 번역된다. 사실 순우리말이라고 하기 어렵다. 일본의 번역을 국내 전문가들이 그대로 쓴 것이다. 은행 용어인 '지급준비금' 등에서 말이다. 이미 굳어진 말이니 일단 사용하기는 한다. 다만 이 장에서는 교과서적인 의미보다 역사적 맥락 등을 강조하기 위해 '여윳돈의 저수지'로 표현한다.

돈의 역사에서 'reserve'는 아주 넓고 중요한 의미를 지닌다. 중앙은행의 탄생과도 밀접하다. 중앙은행 이론의 개척자인 영국의 월터 베지헛Walter Bagehot이 1870년대 발표한 《롬바드 스트리트Lombard Street》에는 '수많은 여윳돈 체제(a many-reserve system)'[5]라는 말이 등장한다. 그는 "수많은 여윳돈 체제가 괴물스러울 수 있다……누구도 이해하지 못하고, 누구도 장담할 수 없다"고 말했다. 베지헛의 눈에 비친 '리저브reserve'는 19세기 월스트리트인 런던의 롬바드 스트리트에 자리 잡은 수많은 은행 등이 보유한 '여윳돈들'이었다. 은행들이 각자 보유하고 있는 독립적인 여윳돈이다. 그래서 '수많은'이란 뜻의 'a many'라는 말이 붙었다.

경제 교과서에 따르면 은행들은 각자 여윳돈을 빌려주기 위해 서로 경쟁한다. 돈을 빌리는 사람들도 서로 경쟁한다. 수요-공급 원리에 따라 돈의 가격(금리)이 형성된다. 은행들이 금리라는 '보이지 않는 손(가격)'의 신호에 따라 더 빌려주고 덜 빌려준다. 애덤 스미스 등 고전 경제학자들은 은행들이 자유롭게 경쟁하도록 하면 돈의 공급이 지나치거나 부족하지 않을 것으로 봤다. 이른바 '자유은행(free banking) 독트린'이다.

애덤 스미스의 꿈은 현실에서 이뤄지지 않았다. 은행들은 중앙은행도 없고 금융감독 기구도 없던 시절 각자 이익을 극대화하기 위해

---

5 월터 베지헛, 《롬바드 스트리트(Lombard Street)》 영문판, p.68.

호황기에 마구 대출해줬다. 그 바람에 시중에 유동성이 급증하면서 거품이 발생했다. 그 끝은 금융위기였다. 위기의 순간 은행가들은 두려움에 떨었다. 부실과 파산의 두려움이었다. 그로 인해 은행들이 대출을 극도로 꺼린 결과 나타난 것이 여윳돈의 증발과 실물경제의 침체였다. 호황기에 여윳돈이 급증하고 위기의 순간 돈이 마르는 악순환이었다.

19세기 초 영국에서 논쟁이 벌어졌다. 여윳돈을 각 은행가들의 이윤 추구 동기에 맡겨둬야 하는지를 놓고 말이다. 존 우드 교수는 "19세기 영국의 대형 시중은행인 영란은행이 중앙은행으로 서서히 진화하는 과정은 여윳돈(reserve) 관리 책임을 영란은행이 조금씩 떠맡는 과정이었다"고 말했다.

미국은 영국의 시행착오와 논쟁을 거의 한 세기 동안 목격했다. 1913년 국가 기구로 중앙은행을 설립하기로 결정했다. '지역별, 개별, 은행별 여윳돈(a many-reserves)'을 '미 연방 단위의 단일 여윳돈(a Federal reserve)'으로 통일해 관리하기로 한 것이다. 관리의 주체로 만든 조직이 바로 이 시스템의 최고 의사결정 기구인 연방준비제도이사회(FRB, Federal Reserve Board of Governors)이다. Fed의 주요 임무 가운데 하나가 여윳돈의 가격을 조정하기 위해 기준금리를 결정하는 것이다. 금융회사들은 애덤 스미스가 그린 '자유은행업'을 포기하고, Fed가 결정한 기준금리에 따라 예금을 받고 돈을 빌려준다. 그 대가로 위기 순간 Fed의 도움(긴급자금, 유동성 지원)을 받아 '자유로운 낙원'에서 툭하면 겪었던 파산에서 벗어날 수 있었다. 자유 대신 보호를 선택한 셈이다.

자본주의 사령부

트라이앵글의 세 축은 돈이라는 변하기 쉬운 바이러스를 운용하고, 관리하며, 이익을 챙긴다. 그 게임의 장이 바로 '여윳돈의 세상'이다. 또 다른 이름은 금융시장이다. 좀 더 좁혀서 말하면, '도매 금융시장(money market)'이다. 도매 금융시장을 한 걸음 더 들어가면, 콜자금(call money market), 환매조건부채권시장(RP) 등이 있다. 전문가들 가운데는 재할인제도(rediscount system)도 도매 금융시장으로 부르는 이들도 있다. 각 시장의 이름이 무엇이고 어떻게 기능하는지는 경제학 교과서에서 다룰 영역이다. 여기서까지 개별 도매 금융시장의 차이를 시시콜콜 설명할 필요는 없을 듯하다.

넓은 의미의 도매 금융시장에서 가장 주요한 게임 수단이 바로 국채다. 돈의 영토 안에서 가장 믿을 만한 존재인 정부가 돈을 빌리면서 내놓은 종이쪽지다. 정부는 세금 징수라는 막강한 권한을 틀어쥐고 있다. 불행하게도 세금수입(세수)은 대부분 일시불로 이뤄진다. 기업과 개인은 법인세나 개인 소득세 등을 매월 또는 매 분기에 따로 떼어놓기는 한다. 하지만 연말 등에 일시불로 국가에 낸다. 반면 정부의 지출은 매일 이뤄진다. 공무원 월급을 줘야 하고, 사회복지지출도 해야 한다. 갑자기 목돈이 필요할 때도 있다. 한마디로 돈 쓸일은 수시로 발생하는데, 목돈이 들어오는 것은 1년에 한 번 꼴이다.

영국 런던정경대학 막스 슐츠Max Schulze 교수는 "연간 1회 세금 납부는 농경사회 전통"이라며 "농민이 추수한 뒤에 현물이나 돈으로 세금을 내던 관행이 제도화했다"고 설명했다.[6]

---

6 슐츠 교수는 내가 LSE 석사 과정을 공부할 때 전쟁경제사 담당 교수였다.

일상적인 지출은 한 해 전 거둬들인 세금으로 그럭저럭 메워나갈 수 있었다. 문제는 전쟁이었다. 전쟁은 아주 극단적인 재정 스트레스였다. 예측하지 못한 시기에 목돈이 단기간에 필요한 사건이다. 슐츠 교수는 "황제나 왕, 제후의 재정대신은 아주 다양한 수단으로 전쟁으로 인한 재정 부담을 일정 기간에 걸쳐 줄여나가는 작업(smoothing out)을 능란하게 할 줄 알아야 했다"고 말했다. 대표적인 테크닉이 국채 발행으로 급전을 조달해 발등의 불(폭증하는 전비 지출)을 끄는 방식이었다. 전쟁이 끝난 뒤에 좀 더 낮은 금리로 자금을 조달해 전쟁 시기의 고금리 국채를 갚아버리는 차환(rollover)도 즐겨 사용했다.

슐츠 교수의 설명은 연간 한 차례 세금 징수와 수시로 이뤄지는 국채 발행을 중심으로 한 현대 국가의 재정 관리가 어떻게 형성됐는지를 보여준다. 실제 한국이나 미국 등 거의 모든 국가의 재무부서[7]는 연초에 그해 거둬들일 세금 규모를 추정한다. 주요 기업의 순이익률, 투자, 개인의 소비 등으로 추정한 경제 성장률을 바탕으로 한다. 추정된 세금을 바탕으로 국채를 얼마나 발행할지를 결정한다. 호주 뉴캐슬대학교 미첼 교수는 "국채는 해당 국가의 영토 안에서 가장 믿을 만한 증서"라고 말했다. 여기에는 전제 조건이 하나 있다. 해당 국가가 산업 규모가 어느 정도 되고, 세금 징수가 예측 가능해야 한다는 것이다. 이런 정부가 내놓은 국채는 머니 트라이앵글에서 일용할 양식이다.

국채의 1차 고객은 주요 시중은행들이다. 여기서 말하는 1차 고객은 정부가 국채를 발행하는 도매시장에 참여하는 금융회사들이다.

---

7 한국은 기획재정부(기재부).

금융 용어로 프라이머리 딜러(PD, primary dealer)다. 이들이 주로 참여하는 도매시장의 또 다른 이름은 발행시장이다. 정부가 국채를 찍어 도매업자인 시중은행들에게 공개입찰 방식으로 팔아치운다. PD는 국채시장의 선수들이다. 국채를 상대적으로 싼값에 사들여 이익을 챙길 수 있는 권리를 누리는 대가로 여러 의무를 진다.

"PD로 지정된 시중은행 등은 국고채 발행시장에 의무적으로 참가해야 하며, 일정 물량 이상을 반드시 인수해야 한다. 특정 채권의 정해진 물량을 거래해야 하며, 관계 기관에 거래 내역을 보고하고 중앙은행이나 금융 당국이 주재하는 회의에 참가할 의무가 있다. 대신 국고채 입찰 과정에서 독점적 지위를 얻을 수 있고 금융 당국과 긴밀한 관계를 유지하는 장점이 있다. 또 PD로 선정됐다는 것은 금융기관의 전문성을 정부로부터 인정받았다는 것이므로 대외적으로 금융기관의 평판을 높이는 데도 일정 부분 역할을 한다."[8]

애초에 PD는 시중은행들이었다. 시간이 흐르면서 금융시장 구조가 바뀌어 지금은 국내에서는 종합 증권사(투자은행)까지 PD로 참여한다. 국내에서 PD는 20여 곳에 이른다. 이들은 국채 발행시장에서 도매로 사들인 정부의 빚 증서를 펀드 회사와 개인투자자들이 참여하는 유통시장(일반 채권시장)에 내다 팔고 차액을 이익으로 챙긴다. 여기까지는 국채란 증서가 발행 유통되는 과정의 ABC다. 정부-시중은행의 비즈니스가 그 정도라면, 굳이 책까지 쓰면서 설명할 필요 없

---

8 "[채권ABC] 프라이머리 딜러(PD)", 조선비즈, https://biz.chosun.com/site/data/html_dir/2010/10/11/2010101100242.html

다. 래리 랜덜 레이Larry Randall Wray 교수는 "국채는 정부가 자금을 조달해 쓰는 단순한 장치가 아니다"며, "돈 공급 장치가 작동할 수 있도록 하는 에너지원"이라고 말했다.[9]

에너지원! 현대 시중은행은 돈을 꿔줄 때 예금만을 활용하는 것이 아니다. 국채를 내다 팔아 조달한 자금도 많이 사용한다. 국채를 내다 파는 기법은 다양하다. 단순히 처분하는 방식은 기본이다. 며칠 뒤 되사는 조건으로 국채를 내주고 현찰을 조달하는 것이 금융인들이 부르는 환매조건부채권(RP)이다. RP시장은 21세기 가장 중요한 도매 금융시장이다. 이전에는 콜시장이 중요한 자금시장이었다. 선진국에서는 20세기 초에, 중국을 비롯한 신흥국에서는 요즘도 중시된 이것은 재할인 메커니즘으로 재할인제도라고도 불린다. 은행이 국채나 최우량 기업의 회사채를 사들인 가격보다 싼값에 중앙은행에 팔고 현금을 받아가는 시스템이다. 이곳에서는 일반 머니마켓(단기 도매자금 시장)처럼 경쟁 방식으로 가격이 결정되지는 않는다. 중앙은행이 사전에 정한 재할인율에 따라 돈이 풀리는 양이 조절된다.

RP시장은 머니 트라이앵글의 한 축인 중앙은행의 통화정책이 펼쳐지는 공간이다. 한국은행(BOK)이 RP 금리를 기준금리(정책금리)로 삼고 있을 정도다. 한국은행이 '일주일 뒤에 되사는 조건(RP 7일물)'을 달고 국채를 사고판다. 한국은행이 기준금리를 1%로 정했다면, 국채를 바탕으로 RP 거래를 할 때 금리가 1% 선에서 유지된다는 얘기다. 그

---

9 래리 랜덜 레이는 미국 미주리대학교 캔자스시티캠퍼스(UMKC) 경제학과 교수이며 뉴욕 바드칼리지의 레비경제연구소(Levy Economics Institute) 선임학자이다. 2019년 6월 그를 인터뷰해 현대화폐이론(MMT)을 특집 기사로 소개했다(https://news.joins.com/article/23485488).

러나 실제 시장에서 RP 7일물 금리가 한국은행이 정한 1%에 정확하게 거래되는 경우가 드물다. 1.001%일 수도 있고, 0.9999%일 수도 있다. 이런 실제 금리를 기준금리와 구분하기 위해 실효금리라고 한다. 실효금리가 한국은행이 내부적으로 정한 범위를 벗어난 수준으로 기준금리보다 높아지면, 머니마켓의 돈이 마르고 있다는 신호다. 이 경우 한국은행은 국채를 되파는 조건으로 사들여 돈을 푼다. 반대로 실효금리가 기준금리보다 너무 낮으면 돈이 넘치고 있다는 방증이다. 그러면 한국은행은 약속한 기간에 되사는 조건으로 국채를 팔아 돈을 흡수한다.

머니마켓의 가장 큰 손은 누가 뭐라 해도 중앙은행이다. 뒤이어 시중은행들이 두 번째 큰손이다. 요즘 머니마켓에서 메이저 플레이어 구실을 하는 세력이 있다. 바로 머니마켓펀드(MMF)다. MMF는 시중 단기 여윳돈이 머니마켓으로 흘러드는 또 하나의 채널이다. 한마디로 머니마켓은 머니 트라이앵글의 중앙은행과 시중은행(금융회사) 등이 각자 이익이나 정책적 목표를 실현하기 위해 게임을 벌이는 장이다. 한마디로 자본주의 주요 채권자들의 놀이터인 셈이다. 경제학자 조지프 슘페터Joseph Schumpeter는 "머니마켓(금융시장)은 자본주의 사령부"라고 말할 정도였다.[10]

○───── 상식의 배반, 돈은 누가 만드는가?

이쯤에 이르면 의문이 피어오르기 마련이다. 머니 트라

---

10 조지프 슘페터, 《경제발전이론(The Theory of Economic Development)》, 하버드대학교 출판부, p.126.

이앵글이 '돈이란 무엇인가'와 무슨 관련이 있을까 하는 의문이다. 사실 트라이앵글이 '돈이 ○○이다!'라는 답을 직접적으로 제시하지는 않는다. 다만 '누가 돈을 창출하는가?'에 대한 답을 찾을 수 있다. 이를 위해서는 우리가 갖고 있는 경제 상식의 한 토막을 무너뜨려야 한다. '돈은 국가, 좀 더 구체적으로 말해 중앙은행이 공급한다'는 상식이다. 이게 무슨 말인가. 한국은행이 돈을 찍어내지 않으면 누가 한단 말인가, 하고 물을 수 있다. 당연한 의문이자 반문이다. 순간 당혹스러울 수도 있다. 여기에서 잠시 역사 속 에피소드를 곱씹어볼 필요가 있다.

영란은행(BOE)은 1694년 설립 이후 근대 중앙은행의 역할을 개척했다. 1970년대 영란은행은 인플레이션과 사투를 벌여야 했다. 그때 영란은행 통화정책 담당자들은 '돈 공급이 늘어 물가가 오른다'고 믿었다. 그들이 생각한 돈은 총통화(M3)였다. M3는 시대마다 조금씩 의미가 바뀌었지만, 그때는 지폐와 주화, 단기 예금, 장기 예금 등을 합한 것이다. 그 시절 영란은행 사람들에게 M3는 가장 넓은 의미의 돈이었다. 그들은 물가를 잡기 위해 M3의 증가율을 일정한 범위 안에서 통제하기로 했다. 영란은행은 해마다 M3 증가율을 10% 안팎에서 억제하려고 했다.

그런데 1970년대 후반에 물가는 좀체 잡히지 않았다. 알고 보니 영란은행 통계에 잡히지 않는 곳에서 돈이 공급되고 있었다. 바로 빌딩 소사이어티building society와 저축은행 등이었다. 빌딩 소사이어티는 영국 노동자와 소상공인들이 내 집 마련을 위해 설립한 금융조합이었다. 그 시절 빌딩 소사이어티와 저축은행 등이 대출해주고 예금으로 받은 돈은 M3에 포함되지 않았다.[11] 중앙은행과 직거래를 하는 금융회사가 아니었기 때문이다.

이 에피소드에서 중앙은행의 한계를 몇 가지 추려낼 수 있다. 첫째, 중앙은행의 감시망이 생각보다 허술했다는 것이다. 빌딩 소사이어티 등 중소 금융회사는 영란은행 감시망의 사각지대였다. 둘째, 중앙은행의 돈 측정 단위인 통화, 총통화 등이 부실하다. 실제 중앙은행은 수시로 M3 등 통화 지표를 수정한다. 마지막으로 가장 중요한 것은 중앙은행이 주지 않은 돈이 빌딩 소사이어티 등을 통해 공급됐다는 사실이다.

결국 영란은행 등 주요 중앙은행들은 1990년대 이후부터 M3 같은 지표를 기준으로 통화정책을 펼치는 방법을 포기하기에 이르렀다. 영란은행은 1992년 통화량 지표 대신 소비자물가지수(CPI)를 2% 수준에서 억제하는 것을 목표로 삼았다. 이를 달성하기 위해 돈줄을 쥐락펴락했다. 이처럼 영국 통화 전문가들의 희대의 착각을 통해 돈 창출자가 중앙은행이 아니라는 사실이 새삼 드러났다.

근대 이전에도 사정은 비슷했다. 중세 유럽의 왕이나 공작, 백작, 추기경 등이 직접 지배하는 곳에서 쓰일 금화나 은화를 만들어 시장에서 필요한 물건을 사들이는 방식으로 공급했다. 하지만 공급이 태부족이었다. 영국 출신 화폐역사가 글린 데이비스는 중세 유럽에서는 금화나 은화가 부족했음을 자주 지적했다. 그 시절 금화나 은화는 주로 고액 거래에 쓰였다. 왕실이나 거대 상인이 물건을 대거 사들인 뒤 금화나 은화로 거래를 마감했다. 정부 간 거래에도 금화나 은화가 쓰였다.

---

11 글린 데이비스, 《돈의 역사》, pp.421~425.

자연스럽게 금화나 은화가 메울 수 없는 상거래가 발생했다. 민간 상업이 발달하면서 돈의 진공은 더욱 커졌다. 돈의 세계에서 진공은 오래가지 못한다. 무엇이든 채워야 했다. 처음에는 신용도가 높은 상인들이 내놓은 어음이나 환어음 등이 돈의 공백을 메웠다. 그러다 시간이 흐르면서 아주 질 낮은 금속으로 만들어진 주화가 나타났다. 철이나 구리, 아연 등을 섞은 합금으로 만들어진 소액 주화는 생필품 매매 등 일상적인 상거래를 거의 담당했다. 시중은행도 은행권을 내놓기 시작했다. 어음이나 환어음, 초기 시중은행의 은행권이 돈인가라고 묻는 독자가 있을 성싶다. 이쯤에서 다시 '돈은 바이러스'라는 메타포를 되새기고 싶다. 돈은 필요한 순간과 공간이 있으면 다양한 숙주를 통해 모습을 드러낸다.

21세기 현재도 중앙은행이 직접 공급한 돈(본원통화, high powered money)으로 모든 상거래를 해결할 수 없다. 한국은행이 2020년 공급한 본원통화는 205조 원 정도였다. 그런데 '아주 넓은 의미의 돈인 금융회사 유동성(Lf)[12]은 4300조 원[13]에 이른다. 21배 정도 불어났다. 무슨 매직일까? 한국은행이 주입한 돈이 어떤 과정을 거치면서 뻥튀기가 된 게 틀림없다. 바로 국내에는 '신용 창출(Credit Creation)'[14]로 알려진 과정이다. 머니money란 말이 '신용'으로 번역됐다. 오역일까? 아니면 의역일까? 오역은 아니다. 오역이었으면 수십 년 동안 바로

---

12 본원통화+곧바로 찾아 쓸 수 있는 예금+만기 2년 미만 정기예금+은행 예금과 비은행 금융회사에 들어온 고객 돈 등.

13 한국은행, '국가지표체계(통화량 추이)', http://www.index.go.kr/potal/main/EachDtlPageDetail.do?idx_cd=1072

14 여기서는 신용 창출이 이미 대중의 입에 굳어졌지만 '머니 크리에이션'이 뜻하는 '돈 창출'이란 말을 섞어 쓰기로 한다.

잡지 않았을 리 없다.

그렇다면 누가 돈을 의미하는 '머니money'를 신용으로 번역했을지가 궁금해진다. 이 또한 미국 Fed를 '연방준비제도'라고 단어 치환 수준으로 번역했던 일본인들이 했다. 근대 초기 일본인들의 눈에 '통화 공급'은 중앙은행이 하는 일로 비쳤다. 시중은행이 중심이 된 money creation을 '통화 창출'이나 '화폐 창출'로 번역하기가 마뜩찮았던 게 분명해 보인다. 일본은 동아시아 국가 가운데 가장 먼저 서구화(근대화) 과정을 시작했다. 이때 서구에서 사용되는 개념을 한자어로 옮기는 일을 먼저 했다. 한국뿐 아니라 한자의 종주국인 중국마저 일본식 경제용어를 따라갈 수밖에 없는 이유다. 일본인들의 어설픈 번역은 결과적으로 오해를 낳았다. 돈이 창출돼 공급되는 과정이 흐려진 것이다. 그렇게 해서 '중앙은행이 돈을 공급한다'는 상식이 자리 잡았다. 이 상식대로라면, 한국은행이 주입한 205조 원만 돈이고, 시중에 나돌고 있는 4300조 원은 돈이 아니라고 해야 한다.

○──── **새끼 치는 돈**

분명 한국은행이 2020년에 205조 원을 도매 금융시장 등을 통해 풀기는 했다. 영미권 전문가들은 한국은행 등이 직접 푼 돈을 '하이파워드 머니high-powered money'라고 부른다. 이 또한 일본인들에 의해 '본원통화'라고 번역됐다. 머니 크리에이션에 있는 '창출(creation)'이란 의미를 감안한다면, '잉태 능력이 강한 돈'이라고 옮기는 것이 적절해 보인다. 시중은행 시스템에 들어가 몇십 배의 돈으로 새끼 칠 수 있으니 말이다. 그런데 '잉태 능력이 강한 돈'이라고 하면, 머니 크리에이션(돈 창출) 과정이 중앙은행의 통화 공급에 따르는 후속 과정이란 의미를 띤다. 이는 역사적 사실과 거리가 멀다.

존 우드 교수는 "중앙은행이 본원통화(high-powered money)를 공급하기 이전에 시중은행들이 돈을 창출했다"고 설명했다.[15] 실제 근대 시중은행이 탄생한 영국에서는 1844년까지 은행들이 각자 은행권을 발행했다. 이때는 영란은행(BOE)도 시중은행 가운데 하나였다. 단지 금융 중심인 런던에서 가장 컸을 뿐이다. 시중은행 가운데 맏형 구실을 한 것이다. 그 시절 시중은행의 은행권 발행은 돈 되는 장사였다. 예금 가운데 일부만을 남겨두고 대출해주면서, 자신들이 찍어낸 은행권을 줬다. 빌려준 은행권은 다시 어느 은행으로든 입금이 됐다. 이는 다시 일정 부분만 준비금으로 남겨두고 대출됐다. 머니 크리에이션 과정이 중앙은행의 본원통화 없이도 이뤄졌다.

자본주의 시장경제에서 돈이 되면 탈이 난다. 시중은행들이 호황기에 은행권을 마구 발행해 대출해줬다. 남미 채권 투자 붐이 은행권 발행과 대출의 급증을 불러일으켰다. 결국 1825년 사달이 났다. 금융위기가 엄습한 것이다. 호된 홍역을 치른 뒤인 1832년 의회가 위원회를 구성했다. 논쟁이 벌어졌고, 일단의 학파가 승리했다. 바로 새뮤얼 존스 로이드Samuel Jones Loyd와 로버트 토런스Robert Torrens, 조지 노먼George Norman 등이 중심이 된 통화학파(Currency School)이다. 그들은 1820년대 영국을 뒤흔든 금융위기가 은행권 남발 때문이라고 봤다. 그들은 영국 의회를 움직여 '1844년 은행법'[16]을 제정했다. 영국 의회는 영란은행만이 독점적으로 은행권을 발행할 수 있도록 했

---

15 존 우드,《영국과 미국의 중앙은행 역사(A History of Central Banking in Great Britain and the United States)》, 케임브리지대학교 출판부, 2009년, pp.60~88.

다. 또 영란은행을 2개 사업 부문으로 쪼갰다. 발권과 시중은행 부문이다. 발권 부문은 보유한 금에 맞춰 은행권을 발행하고 관리한다. 시중은행 부문은 대출해주고 이자를 받는 돈놀이를 하는 곳이다.[17] 이때부터 영란은행이 발행한 은행권을 바탕으로 시중은행이 돈을 창출하게 됐다.

우드 교수는 "중앙은행의 본원통화는 자유방임을 넘어 무질서 혼돈 상태였던 시중은행의 돈 창출 과정에 닻(anchor)을 달아 질서를 부여하기 위한 수단이었다"고 말했다.

○───── 돈의 혁명, 부분지급준비금

머니 크리에이션은 하루아침에 뚝딱 이뤄지지 않았다. 일부 고고학자들은 기원전 3000년 즈음에도 머니 크리에이션이 작동했을 가능성이 있다고 주장한다. 하지만 증명되지 않았다. 여전히 머니 크리에이션은 근대 초기 발명품이라는 게 정설이다. 영국의 화폐역사가 데이비스[18]에 따르면 시중은행의 시작은 14~15세기 북부 이탈리아였다. 뱅크Bank란 말이 벤치를 뜻하는 이탈리아어 방카Banca에서 유래한 이유다. 몇몇 암호화폐 전문가들은 피렌체의 부호 메디치Medici 가문이 15세기 신용 정보와 네트워크를 장악해 막강한 금권을 휘둘렀다고 주장한다. 금융가로서 많은 돈을 바탕으로 그런 권력

---

16 그 시절 총리인 로버트 필(Robert Peel)의 이름을 따서 필은행법(Peel Banking Act of 1844)으로 불리기도 한다.
17 아리 아논, 《흄과 스미스에서 빅셀까지 통화이론과 정책(Monetary Theory and Policy From Hume and Smith to Wicksell)》, 케임브리지대학교 출판부, pp.187~198.
18 글린 데이비스, 《돈의 역사》.

을 휘둘렀을 것이다. 심지어 고대 로마의 대부업자를 은행업의 아버지로 보는 사람도 있다. 돈을 빌려주는 곳을 모조리 은행이라고 부른다면 터무니없는 소리는 아니다.

한 개인이나 가문의 영웅담은 재미있기는 하다. 역사 속에서 겉모습이 닮은 모습을 바탕으로 기원을 찾는 것도 타당한 방법론이다. 하지만 정작 돈이란 시스템을 이해하는 데는 크게 도움되지 않는다. 메디치 가문이 돈 창출(머니 크리에이션)의 핵심인 부분지급준비금 메커니즘(Fractional Reserve Mechanism)을 알고 활용했을까. 한 은행이 받은 예금을 고스란히 보관했다가 예금자가 요구할 때 내주면 돈은 창출되지 않는다. 머니 크리에이션은 예금 가운데 일부만을 준비금으로 남겨놓을 때 이뤄진다. 데이비스 등 현대 화폐이론가들은 메디치 사람들이 알기는 했지만, 충분히 활용하지는 못했을 것으로 보고 있다. 데이비스 등은 머니 크리에이션을 영국인들의 발명품으로 보고 있다.

스페인의 경제학자 헤수스 우에르타 데소토Jesus Huerta de Soto에 따르면 1477년 영국 런던의 은행들이 받은 예금과 빌려준 돈의 규모가 거의 같았다. 은행들이 예금 규모 내에서 돈을 빌려준 셈이다. 그런데 16세기 들어 런던 은행들의 대출 규모가 예금보다 2배 정도 많았다.[19] 요즘 통화정책 용어로 표현하면 지급준비율이 50% 정도에 이르렀다. 현대 시중은행의 지급준비율은 대부분 한 자릿수다. 중국 등 신흥국은 두 자릿수인 경우도 있다.

부분지급준비금은 혁신적인 발명이다. 은행이 예금의 몇 곱절을

---

19 헤수스 우에르타 데소토, 《돈과 은행 신용, 경기 사이클(Money, Bank Credit, and Business Cycle)》, pp.73~74.

대출해줄 수 있게 됐다. 근대 은행업의 시작이다. 이전까지 은행은 대부업이나 마찬가지였다. 은행가들은 판도라의 상자를 열고 대부업보다 몇 곱절 더 벌 수 있는 돈 장사 테크닉을 꺼내들었다. 하지만 판도라의 상자 속에는 원치 않은 것도 있었다. 부분지급준비금은 아주 불안한 제도다. 어림잡아 예금의 10분의 1 정도만 남겨두고 빌려준다. 예금자가 한순간에 몰려들어 돈을 내놓으라고 요구하면 파국이 온다. 예금 인출 사태(Bank Run)이다.

○———— **마지막 대부자, 중앙은행의 탄생**

예금 인출 사태는 은행가에게는 죽음이나 마찬가지다. 예금자들의 믿음(신뢰)을 잃어버렸다는 방증이다. 존 우드 교수는 "19세기 중반까지 영국에서 인출 사태가 심심치 않게 발생했다"고 말했다. 인출 사태는 전염성이 강하다. 한 은행이 불안하면 예금자들은 다른 은행의 안전성도 의심하기 시작한다. 은행과 은행 사이에 돈 거래도 적지 않다. 연쇄 파산의 극적인 예가 바로 1933년이다. 대공황이 절정에 달한 해다. 미국에서만 은행 4천 곳이 무너졌다. 1930년대 10년 사이에 미국에서 무너진 은행은 9천 곳가량으로 추정된다. 당시 은행은 주로 단일 점포 형태였다. 지금처럼 여러 지점을 거느린 구조가 아니었다.

충격은 어마어마했다. 돈 창출 엔진이 크게 무너져 내렸다. 운 좋게 살아남은 은행들도 대출을 꺼렸다. 1장에 소개한 '죽음의 춤'이 어지럽던 시절이었다. 미국보다 먼저 은행 줄도산을 경험한 영국은 19세기 중반부터 시중은행 가운데 가장 큰 영란은행을 마지막 대부자

(lender of last resort)로 활용했다. 흔들리는 은행에 긴급자금을 지원해 인출 사태 전염을 차단했다. 영란은행이 중앙은행으로 진화하기 시작한 것이다. 머니 트라이앵글에서 가장 늦게 등장한 꼭짓점이 마침내 찍힌 셈이다. 진화의 과정은 짧지 않았다. 무수한 위기를 이겨내는 여정이었다. 중앙은행이 마지막 대부자, 은행 건전성 감독, 금리-통화량 조절 등을 하나씩 맡기 시작했다. 이런 변화가 1870년대 사람인 월터 베지헛에게는 어떻게 비쳤을까.

"세계의 조직 가운데 영란은행은 정당정치와 '돈놀이(financing)'에서 가장 거리가 멀다. 하지만 영란은행은 설립 직후엔 돈장사를 하는 회사였다. 특히 휘그Whig들을 위한 금융회사였다. 돈이 절실했던 휘그 정부가 영란은행을 설립했고, 런던의 더 시티The City[20]가 후원했다. 더 시티가 휘그들이어서다."[21]

월터 베지헛이 말한 휘그는 근대 초기 영국의 부르주아지(상공인)들의 이익을 대변했다. 이들은 입헌군주제를 지지했다. 왕당파인 토리Tory와 다른 모습이다. 물론 두 정당의 구성원이 나중에 뒤섞이기는 한다. 휘그는 입헌군주제 시대를 연 명예혁명(1688년)을 적극 지지했다. 영란은행이 설립된 해가 명예혁명 6년 뒤인 1694년이었다.

왜 당시 휘그당 내각이 돈을 갈망했을까. 바로 프랑스와 벌인 전쟁 때문이었다. 1689년 프랑스와 전쟁이 시작됐다. 북미 지역 패권

---

20 런던의 월스트리트 더 시티의 중심이 19세기까지는 롬바드 스트리트였다. 월터 베지헛이 《롬바드 스트리트》란 책을 쓴 이유다.
21 월터 베지헛, 《롬바드 스트리트》, p.90.

을 놓고 영국과 프랑스가 다투는 형국이었다. 전쟁은 한 나라의 재정에 대단한 스트레스다. 당시 집권세력인 휘그는 일단 채권을 발행해 빚을 냈다. 전쟁이란 급한 불을 꺼야 했다. 그리고 세금을 올렸다. 상공인들이 주축인 휘그당 세력이 가장 싫어하는 일이다. 휘그당 세력이 명예혁명 이전처럼 무조건 저항하기도 마뜩찮았다. 명예혁명 체제를 만든 주인공이 휘그당 세력이었다. 노블레스 오블리주Noblesse Oblige가 발휘되는 순간이었다.

정부와 런던의 금융 중심지 더 시티의 휘그들은 묘안을 짜냈다. 세금을 더 내지 않으면서 자신들이 지지하는 정부에 자금을 대줄 수 있는 방법이다. 그들은 마침 금세공업자(골드 스미스)들이 개발한 머니 크리에이션을 비즈니스 모델로 활용하기로 했다. 정부만을 상대하는 시중은행을 설립한다는 아이디어였다. 일부 암호화폐 전문가들은 이 과정을 유대인들의 음모설을 바탕으로 설명하곤 한다. 음모설은 솔깃하다. 그렇다고 모든 과정, 달리 말해 구조와 상황을 모두 설명할 수는 없다. 당시 프랑스와의 전쟁, 13세기 이후 이어진 영국의 세금을 둘러싼 갈등, 상공인들의 계급적 이해관계 등을 솔깃한 음모론에 녹여내는 일은 사실상 불가능하다.

○ ──── **불안정 자체인 삼각동맹**

영미권 경제학자들이 즐겨 쓰는 말이 역동적인 불안정(Dynamic Instability)이다. 어떤 모델이 유지되고 있기는 한데 요동하기 쉬울 때 주로 사용한다. 역동적인 불안정의 대표적인 사례가 머니 트라이앵글이다. 공익과 사익이 절묘하게 조합돼 있다. 시중은행은 한 사회의 채권자 대표다. 이들은 기본적으로 이익을 추구한다. 이윤이 충분하지 않으면 작동하지 않을 수 있다. 부분지급준비금 제도는 불안하기 짝이 없다. 한순간에 은행 전체가 패닉에 빠질 수 있다.

머니 트라이앵글은 게임의 장이기도 하다. 최대 채권자인 정부와 채권자의 대표인 시중은행 사이에 중앙은행이 끼어 있는 모양새이기도 하다. 정부의 정치적 목적과 시중은행의 사적 이윤 추구가 가장 중요한 게임의 목적이다. 서로 파국을 원치 않는다. 시중은행이 사익을 추구하기는 한다. 하지만 정부가 내놓은 국채 가격이 안정적으로 유지되도록 노력한다.

실제 그리스가 2009년 재정위기에 빠졌을 때 국채를 자국 은행들이 사주었다. 독일 등 외국 은행들은 그리스의 국채를 독극물로 간주했다. 그리스 은행들이 위기 순간 정부의 구원투수로 나선 셈이다. 일본에서도 비슷한 일이 있었다. 일본은 경제가 디플레이션(장기 물가 하락) 조짐을 보이기 시작한 1994년 정부 지출을 늘리기 시작했다. 국채를 찍어 조달한 돈으로 경기부양에 나섰다. 국채 발행 규모가 급증했다. 국채의 대부분을 일본 시중은행이 인수해 자국 내 각종 펀드에 팔아넘겼다. 현재 일본 정부의 부채비율은 국내총생산(GDP)의 2배를 훌쩍 넘는다. 막대한 물량이 대부분 엔화의 영토 안에서 소화됐다. 그 중심에 일본 시중은행들이 있다.

시중은행의 책임감이 무한하지는 않다. 그들의 한계는 주로 산업 규모에서 결정된다. 다양한 산업 포트폴리오가 갖춰진 나라일수록 상대적으로 많은 국채 물량을 자국 내에서 소화할 수 있다. 산업화가 잘된 나라는 세금 징수도 더 많이 할 수 있다. 결국 한 나라의 재정 건전성은 산업화 수준과 규모에 따라 결정되는 셈이다. 이때 산업 다양성도 중요한 변수다. 남미의 베네수엘라나 아르헨티나 등은 에너지나 농산물 위주로 구성돼 있다. 이런 나라는 정치적 목적으로 재정을 확대하는 데 한계가 분명하다. 두 나라가 통화위기에 잘 빠지는 이유다. 이는 위기를 다루는 장에서 살펴본다.

지금까지 화폐단위와 종이돈(법정화폐), 세금, 국채 등을 매개로 머니 트라이앵글의 꼭짓점들인 정부-중앙은행-시중은행 사이의 동맹 관계 또는 상호 의존 관계를 살펴봤다. 이들은 적어도 300년 이상의 진화를 거쳐 현대에 이르렀다. 쉽게 해체되지 않는 '삼각동맹'이라고 할 수 있다.

그렇다면 머니 트라이앵글은 어떤 과정을 거쳐 현재에 이르렀을까? 이 질문을 달리 표현하면, '인류 역사에서 돈이란 바이러스가 어떤 숙주를 거쳐 현재에 이르렀는가'이다. 나는 그 과정을 돈의 슈퍼 사이클Super Cycle이라고 부른다.

3

돈의 숙주는 바뀐다

돈의 가치를 지켜줄 최고의 숙주

경제학 교과서에서 돈은 간단하다. 심지어 살풍경하기도 하다. 교환 매개, 가치 저장, 지불수단 등 탄소와 질소, 수소 등 원소만으로 인간을 표현하려는 태도를 떠오르게 한다. 19세기 미국의 경제학자로 하버드대학교 총장을 지낸 프랜시스 워커Francis Walker는 "돈이란 돈이 하는 것(Money is that money does)"이라고 했을 정도이다.[1] 이쯤 되면 경제학자들이 '돈이란 무엇인가?'란 물음에 답하기를 사실상 포기한 것으로 봐도 될 듯하다.

영국 버밍엄대학교 경제학과 피터 싱클레어 교수는 "현대 경제학이 젠틀gentle하지 않다"는 말을 되풀이했다.[2] 무슨 말일까? 그는 "역사적이고 철학적인 서술(Narrative)이 경제학에서 자취를 감췄다"며

---

1 프랜시스 워커, 《돈(Money)》, p.405.
2 런던정경대학(LSE) 경제사 석사 과정을 공부할 때 버밍엄대학교 시절 스승인 피터 싱클레어 교수와 티타임을 가지던 중 나온 이야기다.

"대신 수식과 통계 언어가 경제학을 지배하고 있다"고 지적했다. 그렇다고 싱클레어 교수가 수학이나 통계를 소홀히 하는 이론가는 아니다. 그의 논문과 강의 시간은 수많은 수식과 계량경제학 모델로 가득하다. 이런 그가 "경제학이 수학으로 가득하기 때문에 '돈이란 무엇인가?'와 같은 근원적인 물음에 답하기 어려워졌다"고 말했다.

그 결과는 혼돈이다. 경제학 연구자들 가운데 상당수가 디지털 신호로 바뀌어 라인을 타고 계좌 사이를 오가는 돈과 중앙은행권 사이에서 갈팡질팡한다. 디지털 신호화한 현상을 보고 '돈이 사라졌다'고 말한다. 심지어 "디지털 신호로 만들어진 새로운 돈이 탄생했다"고 말하는 이도 있다. 데이비드 차움David Chaum 이후 등장한 암호화폐이론가들이다. 차움은 1980년대 디지털 화폐 논리를 제시한 미국 컴퓨터 전문가다. 요즘 그는 '암호화폐 아버지'로 불린다.

그런데 19세기 사람들은 금화나 은화만을 돈으로 생각했다. 금태환이 중단되면 '돈이 사라졌다'고 생각했다. 돈을 겉모습 또는 형태 중심으로 생각한 탓이다. 그런데 그들의 눈에 돈이 아닌 것으로 비쳤던 은행권이 21세기 사람들에게는 돈이다. 이쯤 되면 한 가지 사실이 드러난다. 19세기 사람이나 현대인 모두 겉모습이나 형태를 중심으로 돈을 인식했다는 점이다. 현대인들이 신묘한 과학과 기술로 무장하고 있어도 돈에 대한 인식은 옛날 사람들과 비슷한 셈이다.

그 때문에 많은 사람들이 돈이 바이러스처럼 여러 숙주(금이나 은, 은행권, 디지털 신호 등)에 기대어 존재한다는 사실을 간파하지 못했다. 한 시대에는 돈이 아니었던 종이 은행권이 나중에 돈이 되는 상황을 직면하면 당황한다. 돈의 다양한 겉모습 이면의 실체를 추론하지 못한다. 경제적 천동설에 빠지기 쉽다. 돈이란 바이러스가 디지털 신호를 띠고 나타나자, 0과 1로 이뤄진 암호 다발이 돈이 될 수 있다는 주장을 내놓는다. 돈이란 장치를 존재하게 하고 유지하는 생태계 자체에는 관심이 없다. 경제학 연구자들도 사정은 마찬가지다. '돈의 정체' 또는 '어떤 것이 돈이 되는 조건' 등은 요즘 경제학자들이 선호하는 수학적 언어로 표현하기가 쉽지 않다. 따라서 사회학자들의 돈 이야기가 경제학자들보다 훨씬 풍요롭다. 유명한 사회학자 탈코트 파슨스Talcott Parsons에 따르면 돈은 한 사회 내에서 '소통'과 '상호작용'의 보편적이고 상징적인 수단이다.[3] 그가 말한 소통과 상호작용은 입으로 말하는 것이 아니다. 한 사회가 생산한 유무형의 생산물, 즉 '물질적' 소통이고 상호작용이다. 재화와 서비스가 시간과 장소, 개인을 뛰어넘어 흐르도록 하는 것이 돈이다.

한 사회의 물질적인 소통과 상호작용의 강도가 높아지기 위해서는 사회적 분업이 어느 정도 수준에 이르러야 한다. 역설이다. 사회적 분화가 더 이뤄져야 소통의 간절함이 커진다. 로빈슨 크루소처럼 혼자 필요한 모든 물건을 생산하고 소비할 수 있다면 다른 사람과 물질적 소통은 절박하거나 필연적이지 않다. 외로움을 피하기 위한 일시적 거래이지 교환이 아니다. 살기 위해서는 다른 사람의 노동의 결과에 의존해야 한다는 얘기다. 예를 들어 디지털 개발자가 평균적인 소비와 후생 수준을 즐기기 위해서는 다른 사람의 노동에 기대는 수밖에 없다.

사회적 분업은 사회가 기능적으로 파편화한다는 얘기다. 그 때문에 심각한 문제가 발생한다. 생산과 소비가 시간적으로 그리고 공간

---

3 제프리 잉엄, 《돈의 본성(Nature of Money)》 영문판, pp.67~74.

머니니스

적으로 불일치하는 것이다. 이보다 심각한 불일치는 사회 구성원 간 생산물과 생산량의 불일치다. 각자 알아서 생산량을 결정하다 보니 사회적 차원의 배분이 중구난방이다. 한 해는 밀이 남아돌다가 이듬 해는 모자라는 일이 허다하다. 이런 불안하기 짝이 없는 사회적 분업 과 지리적 분리를 뛰어넘기 위해 개발한 '사회적 기술(Social Technology)'이 바로 돈이고 시장이다. 실제로 독일의 저명한 사회학자 게오르그 짐멜Georg Simmel은 돈이 단순한 물건(자연의 산물)은 아니라고 했다. 인간이 사회적 생존을 위해 필사적으로 발명한 시스템이라는 얘기다. 그런데도 적잖은 경제학자들이 돈을 금이나 은 등 자연의 산 물에서 파생된 것이라고 보고 있다. 경제적 천동설이다.

이스라엘 히브리대학교의 유발 하라리Yuval Noah Harari 교수는 베 스트셀러 《사피엔스Sapiens》에서 사회적 분업화 구조 속에서 돈의 구 실을 생생하게 설명한다. "돈은 보편적인 교환의 매개다. 인간은 돈 을 이용해 세상의 거의 모든 것을 다른 것으로 전환할 수 있다. 예비 역 지원자금을 받은 근육질의 남자가 대학 교육을 받아 지적인 인간 으로 전환된다."[4] 이어 "돈은 어떤 것을 다른 것으로 전환할 수 있도 록 하는 것뿐 아니라 가치를 저장할 수도 있다. 인간이 소중하게 여 기는 것들 가운데 저장이 쉽지 않은 것들이 많다. 시간이나 아름다움 같은 추상적인 것들이다. 저장할 수 있어도 장기간 저장하지 못하는 경우도 적지 않다"고 말했다.

돈은 사회적 경제적 관계망을 바탕으로 한다. 관계망은 줄 의무 와 받을 권리로 구성돼 있다. 영국 외교관이자 사회학자인 알프레드

---

4 유발 하라리, 《사피엔스(Sapiens)》 영문판, p.179.

미첼 이네스Alfred Mitchell Innes는 "A가 쥐고 있는 돈은 B의 부채다. B가 그의 부채를 지불하면(상품이나 서비스를 건네주면), 돈은 A한테서 떠난다"[5]고 말했다. 여기서 줄 의무와 받을 권리는 현대인들이 생각하는 계약에서 비롯된 것이 아니다. 사회적 분업 이후 사회 구성원들이 원치 않아도 맺고 있는 관계다. 개인이 원한다고 벗어날 수 있는 관계가 아니란 얘기다. 생존을 위해 서로 생산물을 교환해야 하는 관계다.

마르크스주의 경제학자 루돌프 힐퍼딩Rudolf Hilferding은 "자본주의에서 개인은 다른 사람과 비즈니스를 할 수밖에 없다"며, "비즈니스는 상품(서비스)을 교환하는 것으로 이뤄진다"고 말했다.[6] 교환을 통해 한 상품의 가치가 실현된다. 한 상품의 가치를 표현하는 수단이 바로 돈이다. 돈으로 표현된 가치가 바로 가격이다. 가격은 한 상품의 내재가치가 아니다. 다른 상품과의 교환 비율, 다른 말로 사회적 관계를 보여준다. 이런 관계망 속에서 돈은 청구권이다. 돈에 적힌 금액이 대표하는 구매력만큼 재화나 서비스를 살 수 있다. 보편적인 돈은 한 사회의 생산물과 서비스에 대한 청구권이기도 하다. 돈을 가진 사람은 액수만큼 받을 권리가 있다.[7] 이는 돈보다 받을 권리와 줄 의무, 가치, 구매력 등이 먼저 탄생했다는 얘기다. 돈이 생겨나면서 받을 권리와 가치, 구매력이 탄생하지 않았다는 얘기다.

---

5 알프레드 미첼 이네스, 〈돈이란 무엇인가(What is Money?)〉, 《은행법저널(The Banking Law Journal)》, 1913년 5월.
6 루돌프 힐퍼딩, 《금융자본론(Finance Capitalism)》 영문판, p.27.
7 제프리 잉엄, 《돈의 본성》, pp.72~73.

○ ──── 생존을 위한 돈의 교환

돈은 줄 의무와 받을 권리를 정산하고 가치를 A에서 B로 이전시킨다. 또 생산물을 현재에서 미래로, A지역에서 B지역으로 흐르도록 하는 '사회적 장치' 또는 '사회적 표현'이다. 이런 돈은 바이러스처럼 상황과 조건에 따라 다양한 숙주에 기대서 생존한다. 한때는 진흙으로 만든 토큰Token이었다. 어떤 곳에서는 커다란 바위였다. 어느 시대엔 조개껍데기였고, 어떤 나라에선 나무 조각일 때도 있었다. 하라리는 "돈은 종이든 디지털 신호이든, 아니면 조가비이든 가치를 표현하고 이전하는 역할을 한다"고 말했다. 이때 조가비이든, 돌멩이든, 아니면 미국 달러로 불리는 종이쪽지이든 사람들이 가치가 있다고 '이심전심으로 공유하는 믿음(Trust)'을 바탕으로 한다. 하라리는 그 믿음을 '심리적 구성물(Psychological Construct)'이라고 설명했다.[8]

그는 "이심전심으로 공유하는 믿음이 돈의 원자재"라며 "이 원자재로 모든 형태의 돈이 만들어진다"고 말하기도 했다.[9] 마침내 돈을 이야기할 때마다 빠지지 않고 등장하는 '신뢰'란 말을 마주하게 됐다.

신뢰는 경제학 교과서의 화폐나 금융 장을 펼치면 자주 등장하는 말이다. 하지만 역설적으로 불신 또는 불안을 바탕으로 설명해야 제대로 이해된다. 사회적 분업으로 한 사회의 개인은 전문화돼 있다. 독립적인 존재로 자유롭게 계약할 수 있는 능력과 자격을 갖춘 존재

---

8 유발 하라리, 《사피엔스》 영문판, p.180.
9 앞의 책, p.180.

로 가정된다. 근대 개인주의의 출발점이다. 개인의 권리와 자유는 근대 법조문 여기저기에 아름다운 언어로 표현돼 있다. 경제학 교과서 앞부분에 늘 등장하는 효용함수, 선택, 만족, 효용 극대화 등의 말도 사회적 분업 속에 살고 있는 개인에서 비롯됐다. 하지만 이런 법률적 픽션(legal fiction)과는 달리 경제적 현실은 불안하기 짝이 없다. 사회적 분업과 노동의 전문화 속에서 '개인의 경제적 현실'은 다른 사람이 만들어낸 물건이 없으면 생존 불가능하다. 내가 하루 가운데 대부분을 고기 잡는 데 쓰는 사람이라면, 쌀을 생산하는 다른 사람과 관계를 맺어야 살 수 있다.

생존을 위한 교환은 유치원 어린이들끼리 '마음에 들지 않는' 장난감을 서로 바꾸고 직장인들이 서로 볼펜 등을 바꾸는 행위와 질적으로 다르다. 어린이들의 교환은 우연적이고 일회성이다. 생존과 직결되지 않는다. 현대사회의 물질적 풍요 덕분에 생존과 직결되지 않는 상품이나 서비스를 교환하는 일이 많아지기는 했다. 그렇다고 이런 교환을 바탕으로 경제논리를 만들면 실체가 잘 드러나지 않는다. 내가 지친 몸을 이끌고 회사와 근로계약(월급-노동력의 교환)을 맺고 출근해야 하는 이면에는 그렇지 않으면 삶이 어려워지거나 생존 자체가 위협받을 수 있다는 '강박관념'이 똬리를 틀고 있다.

힐퍼딩은 생존을 위한 교환을 '사회적 통합(Unity of Society)'이라고 표현했다.[10] 한 가지 일에 전문화돼 있고 독립적인 개인이 교환하지 않으면 개인의 생존도 어렵고 사회 자체가 존재할 수 없다. 그는 "생산활동을 바탕으로 한 사회는 교환이란 행위를 통해 존재를 드러

---

10 루돌프 힐퍼딩, 《금융자본론》, p.28.

낸다"며 "사유재산과 사회적 분업 때문에 뿔뿔이 흩어진 사회가 교환을 통해 하나로 통합된다"고 말했다.[11] 교환이 사람들의 무리가 단순한 집합이 아니라 사회로 불리게 하는 핵심적인 기능인 셈이다. 생존을 위한 교환에서 가장 중요한 요소가 바로 '내가 내놓은 물고기만큼 쌀을 받을 수 있을까?' 하는 불안이다. 교환 성사 가능성을 둘러싼 불확실성이다. 이런 불확실성을 해결하기 위해 인간들이 만들어낸 장치가 바로 돈이다.

그런데 거래 당사자들이 자발적인 합의에 의해 사회 구성원들이 가장 선호하는 물건인 금이나 은을 돈으로 쓰기 시작했다는 것이 경제학 교과서에서 흔히 볼 수 있는 '돈의 창세기'다. 하지만 역사가 하라리는 "돈이 딛고 서 있는 신뢰는 (개인이 서로 믿느냐 아니냐의 문제가 아니라) 정치적 사회적 경제적 관계로 이뤄진 아주 복잡하고 오래된 네트워크"라며, "이를 통해 현대 금융 시스템이 왜 정치적 사회적 이데올로기적 시스템과 밀접하게 연결돼 있는지를 이해할 수 있다"고 말했다.[12] 신뢰가 사회적 분업이 낳은 생존의 강박관념에서 비롯돼 이제는 아주 복잡한 사회적·정치적·경제적 시스템 속에 담겨 있다는 얘기다.

달리 말하면, 돈이라는 바이러스가 생명을 의탁한 숙주는 시대와 장소에 따라 아주 다양했다는 얘기다. 영국의 화폐역사가 글린 데이비스에 따르면, 고대 중국에서 많이 쓰인 조가비와 기원전 3000년 전후 메소포타미아 지역의 진흙 토큰을 비롯해 남태평양 피지섬의 고래 이빨, 태평양의 외딴섬 얍Yap의 맷돌 모양 돌덩이, 북아메리카

---

11 앞의 책, p.28.
12 유발 하라리, 《사피엔스(Sapiens)》 영문판, pp.180~181.

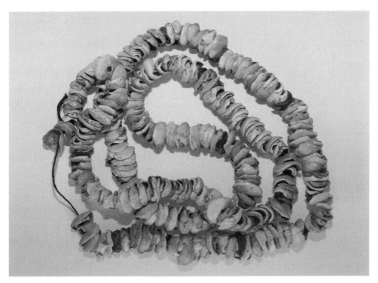
북아메리카 인디언의 조개염주. 식민지 개척시대에 화폐로 사용되기도 했다.

인디언의 조개염주(Wampum), 기원전 6~7세기 고대 그리스의 동그란 금붙이, 중세 유럽에서 일상 상거래에 쓰인 조잡한 동전, 1870년대 고전적인 금본위제 시대의 규격화된 순금 바, 20세기 중반 이후 일반화된 종이돈, 디지털 신호 등이다.[13]

시대와 장소에 따라 다양한 숙주에 흔들리지 않고 돈의 정체를 이해하기 위해서는 나무 한 그루 한 그루보다는 좀 더 거리를 둔 접근법이 필요하다. 돈이 탄생한 기원전 3000년쯤부터 현재까지를 확대경이 아닌 축소경으로 보면 '상징화폐-금속화폐-금속·상징의 공존-상징화폐' 순이었다. 나는 축소경으로 본 돈의 변화를 '돈의 슈퍼 사이클(Super Cycle of Money)'이라고 부르고 싶다. 흥미롭게도 슈퍼

---

13 글린 데이비스, 《돈의 역사》, pp.34~53.

사이클에서 현재 돈의 모습은 기원전 3000년 즈음의 모습과 같다. 태초 상징화폐 형태가 5천여 년이 흘러 요즘 다시 부활했다는 얘기다. 역사가 어떤 목적지를 향해 간다는 비과학적인 접근법을 주장하려는 것이 아니다. 다만 상징화폐가 가능한 조건이 20세기 후반부터 만개했다. 기원전 3000년 즈음에 나타났던 상징화폐가 다른 모양을 띠고 현재 우리 눈앞에 와 있다. 돈의 현재 모습을 살펴보면 태고의 모습도 한꺼번에 알아챌 수 있을 듯하다.

◦——— '돈이 생겨라' 하니 돈이 생겼다

　　　　　　호주 뉴캐슬대학교 경제학과 윌리엄 미첼 교수는 "1971년 미국의 금-달러 태환 중단 이후를 현대화폐 시대"라고 말했다. 이제 시계추를 돌려 그 순간을 소환해볼 차례다. 그해 8월 15일 미국 37대 대통령 리처드 닉슨Richard Nixon이 백악관에서 텔레비전 생중계로 연설을 했다. 연설 제목은 '평화의 과제 : 닉슨의 새 경제정책(Challenges of Peace : Nixon's New Economic Policy)'이었다. 연설은 15분 가까이 이어졌다. 닉슨이 경제를 살리기 위한 조치라며 감세와 물가 동결 등의 정책을 먼저 발표했다. 감세와 물가 동결뿐이었다면 역사가들은 그날의 연설을 '닉슨 쇼크Nixon Shock'라고 부르지 않았을 것이다. 그는 한 걸음 더 나아가 달러-금 태환(convertibility)의 중단을 선언했다.

"최근 몇 주 동안 투기꾼들이 미국 달러를 겨냥해 전면적인 전쟁을 벌였습니다. 한 나라 통화의 힘은 경제력을 바탕으로 합니다. 미국 경제는 현재까지 세계 최강입니다. 나는 존 코널리John Connally 재무장관에게 투기꾼들로부터 달러를 지킬 수 있는 조치를 취하라고 지시했습니다. '일시적으로(temporally)' 미국 달러의 태환을 중단하도록 코널리 장관에게 지시했습니다. (중략) 기본적으로 '기술적인(technical)' 조치인 태환 중단은 국민 여러분께 무엇일까요? 달러 가치 하락이라고 불리는 도깨비(bugaboo)를 이제 진정시키도록 하겠습니다."[14]

닉슨은 '일시적으로'라는 말을 사용했다. 당시 그는 달러의 금태환 중단을 일시적인 조치라고 생각했다. 터무니없는 말은 아니었다. 이전까지 금태환 중단은 대부분 일시적이었다. 영국은 나폴레옹의 침략 직전인 1797년, 제1차세계대전이 일어난 1914년에 금태환을 중단했다가 얼마 뒤 재개했다. 닉슨은 영국이 그랬듯이 자신의 금태환 중단도 일시적이라고 봤다. 닉슨이 사전에 상의한 재무장관 코널리와 당시 연방준비제도(Fed) 의장 아서 번스Arthur Burns, 국제금융 담당 차관 폴 볼커Paul Volker[15] 등도 모두 일시적인 조처라고 믿었다.

닉슨의 연설문에는 또 다른 흥미로운 표현이 보인다. '기술적(technical)'이란 말이다. 금태환 중단이 달러 가치를 안정시키기 위한 작은 테크닉임을 닉슨은 강조하고 싶었던 듯하다. 직전 상황에 비춰 그럴 만했다. 미국의 무역과 재정적자가 누적되고 물가는 불안했다. '골드 런Gold Run'이 본격화될 태세였다. 미국에서 금이 외국으로 빠져나가는 사태다. 닉슨은 1971년 8월 13~15일 코널리 재무장관, 번스 의장, 볼커 차관 등 경제 참모 15명과 마라톤 회의를 하며 대책을

---

14 리처드 닉슨의 1971년 8월 15일 연설, https://www.cvce.eu/content/publication/1999/1/1/168eed17-f28b-487b-9cd2-6d668e42e63a/publishable_en.pdf
15 볼커는 8년 뒤인 1979년 미국 연방준비제도(Fed) 의장이 된다.

마련했다. 이런 정황에 비춰 금태환 중단은 긴급 피난 성격이 강했다.

그러나 금태환 중단은 일시적이지도 기술적이지도 않은 것으로 나중에 드러난다. 닉슨 쇼크 이후 50년 정도 흐른 뒤다. 18세기 이후 금태환 중단이 반세기 정도 이어진 적이 없었다. 영국이 나폴레옹 전쟁 위기가 한창 고조된 1797년에 금태환을 중단했다가 24년 만인 1821년 재개됐다. 인플레이션 원인을 놓고 논쟁이 치열하게 이어진 뒤였다. 또 영국은 1914년 제1차세계대전이 시작되자 금태환을 중단했다. 이번에도 전쟁이란 재정 스트레스가 극단적으로 높아졌기 때문이다.

영국의 금본위제 복귀는 1925년에 이뤄졌다. 하지만 수명이 길지 못했다. 영국은 대공황 초기인 1931년 다시 금본위제에서 이탈해야 했다. 금태환 재개 기간이 6년 정도밖에 되지 않았다. 반면 1821년 복귀 이후 금본위제는 93년 정도 이어졌다. 이때는 영국이 산업혁명으로 갖춘 막강한 생산력을 바탕으로 세계 금융의 중심 구실을 한 시기였다. 닉슨의 금태환 중단 상태가 일시적인 수준을 넘어 50년 정도 이어졌다는 것은 하나의 체제가 되었다고 봐야 한다. 미첼 교수가 "통화의 시대에서 '현대(modern)'라고 부를 수 있는 시대가 닉슨 쇼크로 시작됐다"고 말한 이유를 알 만하다.

'현대'의 돈은 닉슨의 금태환 중단으로 인해 완벽하게 증서(charta)가 됐다. 사실 닉슨 쇼크 이전까지 세계의 돈 가운데 유일하게 미국 달러만이 금이란 닻을 달고 있었다. 나머지 화폐단위들은 모두 달러를 기준으로 도는 행성과 같았다. 고전적인 금본위제(Classical Gold Standard) 시대인 1870~1914년에는 영국 파운드화, 일본 엔화, 독일 마르크화, 프랑스 프랑화, 스위스 프랑화 등이 하나하나 정해진 교환 비율에 따라 금과 연결돼 있었다. 고전적인 금본위제가 제1차세계대전과 대공황, 제2차세계대전을 거치면서 미국 달러만이 금이란 닻을 달고 있는 시스템으로 바뀌었다. 경제학자 존 메이너드 케인스가 반대했던 시스템이다. 그는 영국의 금태환 재개가 핫이슈였던 1923년 "금본위제는 야만 시대 유품이 됐다"고 선언했다.[16] 하지만 미국이 제2차세계대전 이후 금융 패권을 장악하기 위해 고전적인 금본위제를 변형해 달러-금 태환을 중심으로 세계 각국의 화폐를 배열했다. 바로 브레튼 우즈 시스템이다. 출발부터 논란이었다. 브레튼 우즈 시스템이 상품화폐 시스템인가 아니면 불태환 시스템인가가 쟁점이었다. 상품화폐 시스템은 금이나 은을 바탕으로 한 화폐제도다.

스웨덴 룬트대학교 경제학과 케네스 헤르멜레Kenneth Hermelle 교수는 "금을 바탕으로 한 미국 달러가 상품화폐라고 보기 어렵다"고 말했다.[17] 국제무역이나 금융거래 결제만이 금을 바탕으로 한 달러로 이뤄지고 있었다. 각국 돈의 영토 내에서 상거래는 불태환 화폐(금으로 교환할 수 없는 화폐)로 이뤄지고 있었다. 한마디로 어정쩡한 시스템이었던 셈이다. 돈이 완벽한 상징화폐로 변신하기 직전 과도기적으로 각국 돈이 금-달러 태환을 중심으로 배열돼 있었던 셈이다. 금-달러 연결 고리는 언제든지 끊어질 수 있었다. 그날이 왔다. 1970년 미국은 베트남전으로 너무나 많은 돈을 쓴 상태였다. 무역 적자도 감당하기 버거운 수준이었다. 독일과 일본의 산업 경쟁력이 부쩍 높아진 탓이었다. 물가도 심상찮았다.

---

16 존 메이너드 케인스, 《화폐개혁에 관한 소고(A Tract of Monetary Reform)》, p.173.
17 https://portal.research.lu.se/portal/files/5999214/5147123.pdf.

미국이 금태환 요구에 무제한적으로 응할 수 있었으면 아무런 문제가 되지 않았을 것이다. 하지만 현실은 그렇지 못했다. 결국 닉슨은 금태환 중단을 택했다. 산업혁명 이후 처음으로 전 세계 돈이 한순간 상징으로 바뀌었다. 또 다른 말로 하면 법정화폐 시대가 시작됐다. 법정화폐는 영어로 '피아트 머니Fiat Money'다. '피아트(Fiat)'는 '~생겨라!'는 뜻의 라틴어 타동사다. 라틴어 성경의 창세기를 보면 "Dixitque Deus : 'Fiat lux'. Et facta est lux"라는 구절이 나온다. 우리말로 하면 "하느님께서 말씀하시기를 '빛이 생겨라' 하시자 빛이 생겼다"는 뜻이다.[18]

여기서 주목해야 할 점은 바로 '하느님이 물질도 아니고 군사력도 아닌 말로 빛을 창조했다'는 사실이다. '피아트 머니'를 풀이하면 '돈이 생겨라!'는 명령으로 창조됐다는 것이다. 그렇다면 누가 말로 명령했을까? 현대사회에서 하느님이 명령했다고 생각하는 사람은 드물다. 결국 생략된 주어는 '국가'다. 국가가 "돈이 생겨라!"라고 명령해서 존재하게 된 돈이 바로 1971년 8월 15일 이후 각국 화폐들이다. 국가가 금이나 은 등이 아닌 명령으로 또는 선언, 즉 '말'로 만든 게 바로 현대 화폐인 셈이다. 현대 국가의 법은 또 하나의 말이다. 피아트 머니를 '법정화폐'라고 번역한 것이 터무니없지는 않다.

21세기 현대인들은 순전히 말로 만들어진 돈의 시대에 살고 있다. 하라리가 말한 "인간들이 공유하는 상상력 속에 존재하는" 돈이 됐다.[19] 케인스가 "야만 시대 유품"이라고 무시한 금은 더 이상 돈의

---

18 https://latina.bab2min.pe.kr/xe/vulgatav?q=Bible%2F001%2F001%2F&mode=3
19 유발 하라리, 《사피엔스》 영문판, p.177.

가치를 지탱해주지 않는다. '말로 빚은 돈'이 50년 가까이 교환의 매개, 가치 척도, 지불수단 등으로 훌륭하게 구실하고 있다. 금화나 은화 시대만큼이나 돈은 현대인들의 욕망을 자극한다. 남미의 베네수엘라 등 몇몇 나라에서 돈이 종이쪽지가 되기도 했지만, 주요국에서 상징화폐 시스템은 큰 사달 없이 작동하고 있다.

물가상승률이 높아지기는 했다. 화폐역사가 데이비스는 "영국의 물가상승률을 5년 단위로 측정해보면, 1966~1970년 사이는 12.3%, 1971~1975년 70.4%, 1976~1980년 104.4% 정도였다"고 설명했다.[20] 하지만 1996~2000년 이후부터는 14~15% 정도 상승했다. 이는 1935~1970년의 5년 주기 물가상승률과 큰 차이가 없다. 그런데도 본위제 복귀를 요구하는 목소리가 커졌다. 《화폐 몰락》을 쓴 제임스 리카즈 등은 "금만이 돈"이라는 주장을 굽히지 않는다. 금융시장에서 골드버그Gold Bug로 불리는 사람들이다. 골드버그에는 시대착오적인 존재들이란 의미가 숨겨져 있다. 그들은 물가 안정을 최고의 미덕으로 여긴다. 이런 목소리는 1980년대 초반 통화론자들에 의해 정책에 반영됐다. 통화론자들은 인플레이션을 만악의 근원이라고 여겼다. 물가 안정, 다른 말로 통화가치 안정이 중앙은행의 존재 이유라고 규정했다. 실업의 증가는 물가 안정을 위해 치러야 할 기회비용이라고 믿었다.

닉슨 쇼크 이후 돈은 순전히 상징적인 '단위(Money of Account)'가 됐다. 미국 달러, 영국 파운드, 유로존의 유로화, 일본 엔화, 중국 위안화, 한국 원화 모두 '종이 증서'이거나 '주화(코인)'이다. 각국 지폐와

---

20 글린 데이비스, 《돈의 역사》, p.398.

주화를 비교해보면 성분 차이는 거의 없다. 중세 외환시장에서 왕국이나 공국, 자유도시 사이의 환율은 다분히 금이나 은의 함량에 따라 결정되곤 했다. 하지만 닉슨이 열어젖힌 상징화폐 시대에는 새로운 게임의 법칙이 외환시장에서 작동하기 시작했다. 바로 경제 성장률, 재정 건전성, 정치적 안정성, 중앙은행 통화정책, 인플레이션 등 여러 요소에 의해 나라 간 환율이 결정되는 방식으로 바뀌었다. 돈의 영토 밖인 외환시장[21] 메커니즘이 바뀐 셈이다.

반면 돈의 영토 안에서 돈의 가치는 정부의 지불 능력에 의존한다. 상징화폐를 '말로 생겨나게 한(fiat)' 실체가 국가(정부)이기 때문이다. 정부의 지불 능력은 세금 수입과 세금 지출 사이의 균형이다. 그렇기에 한 사회의 채권자와 채무자가 경제적 실존을 위해 싸우는 최전선이 정부의 곳간을 중심으로 형성된다. 호주 뉴캐슬대학교 미첼 교수는 "재정균형은 1980년 신자유주의가 정책 교리가 되면서 신화로 자리 잡았다"고 말했다. 실제 그해 이후 미국과 영국, 유럽, 일본 등의 정책 교리에서 재정균형은 숭고한 가치로 자리 잡았다. 이들 나라의 중앙은행가들은 "인플레이션은 통화 공급이 늘어난 탓이고, 통화 공급은 재정균형이 깨졌을 때 증가한다"며 "재정균형이 이뤄져야 인플레이션이 추악한 고개를 들지 않는다"고 주장했다.

돈은 상징화폐가 되면서 변신이 한결 자유로워졌다. 요즘 거래 가운데 절반 이상이 디지털 신호로 바뀐 돈을 주고받는 방식으로 정

---

21 돈의 영토(Monetary Space 또는 Money Space)는 반드시 국경과 일치하지 않는다. 외환시장은 금융회사와 각종 펀드 사이에 연결된 유선 또는 디지털 통신망으로 구성된 시장이다. 외환시장은 서울, 뉴욕, 런던, 상하이 등 주요 도시를 중심으로 형성돼 있다. 하지만 여기서는 돈의 영토 밖이라고 간주한다.

산된다. 우리는 신용카드나 직불카드, 또는 스마트폰 앱이나 QR코드를 이용해 돈을 보내고 상품이나 서비스를 산다. 단말기에 카드를 읽거나 QR코드를 스캔하면 돈은 0과 1로 이뤄진 신호로 바뀌어 거래 상대의 계정으로 이동한다. 흔히 '현금이 사라진 시대'라고 한다. 하지만 상징화폐 시대의 현금이라고 해서 특별하지 않다. 종이 증서이거나 특별한 가치가 없는 주화일 뿐이다. 이런 상징이 0과 1로 바뀐다고 해서 크게 달라지지 않는다.

상징화폐는 조건이 갖춰졌을 때 등장해서 유지된다. 가장 중요한 조건이 바로 탄탄한 중앙집권과 행정망, 신용 시스템 등이다. 이런 장치는 현대의 산물이 아니다. 기술적인 세련미는 없지만, 아주 오래 전에도 갖춰진 적이 있다.

○──── 권력, 경제 관리 그리고 돈

탄탄한 중앙권력을 바탕으로 한 상징화폐가 현대적이라고 생각하면, 현대인들의 오만이고 역사에 대한 몰이해라고 할 수 있다. 인간은 아주 오래전에 상당한 지적 완성을 이뤘거나 아주 뛰어난 체계를 고안해냈다. 인간은 기원전 3000년 처음으로 돈의 개념을 터득했다. 놀랍게도 당시 인간이 터득한 금이나 은의 가치에 기댄 것이 아니었다. 상징화폐 체계였다. 바로 진흙으로 만든 토큰이다. 1929년 독일 고고학자 율리우스 요르단Julius Jordan이 메소포타미아 지역 이난나Inanna 사원의 주변을 발굴했다. 이난나는 다산을 상징하는 여신이다. 모계사회 영향이 여전히 강했던 그 지역에서 이난나는 경제의 상징이었다. 이런 이난나 신전에서 조약돌처럼 보이는 물건

메소포타미아 지역에서 발굴된 진흙 토큰

이 발굴됐다. 재질은 점토였다. 조약돌 모양 점토판의 정체를 밝혀낸 사람은 텍사스 오스틴대학교의 고고학자 데니스 슈만트 베세라트 교수였다. 1990년대 그는 진흙 조약돌이 토큰(token 또는 charta)임을 밝혀냈다.

　미국 예일대학교 경제학과 윌리엄 고츠먼William Goetzmann 교수에 따르면 메소포타미아 바빌론Babylon 왕국 지배자들은 생존의 강박관념에 시달렸다. 당시 메소포타미아 지역은 사회적 분업화가 상당 수준에 이르렀다. 도시화도 놀라운 수준이었다. 생산지와 소비지가 일치하지 않았다. 식량 등 각종 생필품뿐 아니라 신을 즐겁게 하기 위한 장식품(사치재)이 생산지인 농촌에서 도시로 막힘 없이 흐르도록 해야 했다(물류). 밀-채소, 가축-밀, 가축-향료 등 다양한 교환이 분업화된 사회에서 이뤄져야 한다. 사회가 유지되기 위해서이다. 하지만 기원전 3000년 인간에게 교환은 상당히 버거운 과제였다. 필사적으로 교환이 이뤄지도록 해야 했다. 이때 필수적인 장치가 서로 종류가 다른 물건을 한 가지로 비교하는 시스템이다.

메소포타미아 지배자들은 왕국 내에서 생산되는 다양한 생산물의 가치를 비교해 교환할 수 있는 단위를 개발했다. '계산 단위로서 돈(money of account)'이다. 이 단위를 바탕으로 누가 누구에게 얼마를 지불해야 하는지를 보여주는 증표를 개발했다. 바로 진흙 토큰이다.[22] 영국 케임브리지대학교 제프리 잉엄 교수에 따르면 진흙 토큰은 메소포타미아 수메르인들이 반드시 소유해야 했다. 왕국의 지배자인 제사장이나 왕이 점토판으로 세금을 받았기 때문이다. 수메르인들은 신전이나 왕실에 세금을 내기 위해 밀 등의 생산물을 팔고 진흙 토큰을 마련해야 했다. 진흙 토큰을 마련할 수밖에 없는 상황이었기에 자연스럽게 생산물이 유통되면서 왕국 안팎에서 상거래(시장)가 활성화됐다.

상징화폐는 기원전 3000년이나 지금이나 정부, 좀 더 정확하게 말해 '중앙권력'의 신뢰를 바탕으로 한다. 중앙권력은 다양하다. 제사장, 왕, 황제, 대통령, 총리 등 정부 형태와 구조에 따라 여러 모습을 띤다. 하지만 경제적 실체는 동일하다. 한 지역 또는 국가 안에서 '죽음만이 면제해줄 수 있는 원초적 채무(세금)'를 사회 구성원들에게 매길 수 있는 권력을 쥐고 있는 인물 또는 조직이다. 중앙권력이 막강한 경제력을 바탕으로 발행한 증표가 바로 진흙 토큰이거나 현대 법정화폐(fiat money)다.

---

22 윌리엄 고츠먼, 《돈이 모든 것을 바꿔놓았다(Money Changes Everything)》, pp. 15~30.

세금을 거둬들이는 일은 생각만큼 쉽지 않다. 영국의 역사학자 리처드 보니Richard Bonney 교수에 따르면 프랑스는 18세기 말까지 절대왕정 체제였다. 유럽의 다른 나라 왕들이 부러워할 정도로 왕권이 강했다. 하지만 앙시앙 레짐(Ancien-regime, 프랑스혁명 이전 구체제) 시대 프랑스 왕이 거둬들인 세금 가운데 직접세는 일부에 지나지 않았다.[23] 반면 영국은 유럽에서 세금을 가장 잘 거둬들인 나라다. 11세기 월리엄 1세가 대대적인 센서스census를 실시했다. 서로마가 무너진 이후 최초의 센서스였다. 영국 화폐역사가 글린 데이비스는 "조사 과정은 강압적이었고 철저했으며 숨김과 보탬을 용인하지 않아 하나님 앞에서 평생의 공과를 샅샅이 고백하는 것이나 다름없었다"[24]고 했다. 조사 결과가 담긴 문서가 '최후의 날 책(Domesdays Book)'이라고 불릴 정도였다.

여기서 알 수 있는 사실은 세금을 잘 걷을 수 있는 조건들이다. 첫 번째는 과세 대상에 대한 정보다. 영국은 11세기 이후 정기적으로 센서스를 실시했다. 두 번째는 징수 행정조직이다. 앙시앙 레짐 시절 프랑스에는 세금 대납업자(tax farmer)들이 있었다. 그들은 왕실에 세금을 선납하고 그 대가로 특정 지역의 세금 징수권을 얻었다. 대납업자들은 선납금과 징수 금액의 차이를 이익으로 챙기는 민간업자들이었다. 반면 영국은 15세기 이후에 중앙정부가 직접 세금을 걷기 시작했다. 현대 국세청과 같은 조직을 갖춘 셈이었다. 대납업자가 중간에 떼먹는 몫까지 정부의 곳간으로 들어갔다.

---

23 리처드 보니, 《앙시앙 레짐 시대 국가와 세수(The State and its Revenues in Ancien-regime France)》, 역사연구(Historical Research) 65, pp.150~176.
24 글린 데이비스, 《돈의 역사》.

21세기 국가는 인류 역사에서 가장 많은 정보를 보유하고 있다. 디지털 혁명으로 국세청과 관세청 등이 영토 내 경제활동을 실시간 모니터할 수 있다. 미국과 일본, 유럽연합(EU), 중국 등 산업화한 나라의 정부들이 국내총생산(GDP)과 견줘 막대한 빚을 짊어지고 있다. 여기저기서 부채 위기 조짐이 나타났다. 하지만 현대 정부는 세금과 각종 금융 기법을 활용해 버티고 있다. 19세기 이전 정부들이 상상하기 어려운 빚을 감당하고 있다. 여기에는 현대 국가의 경제 관리 능력도 한몫한다. 런던정경대학의 메리 모건Marry Morgan 교수는 "영토 내 생산과 소비, 유통, 금융 상황 등을 한눈에 살펴볼 수 있는 모니터링 시스템이 경제 부처의 필수"라며, "이는 제2차세계대전 이전에는 상상도 할 수 없는 일"이라고 말했다.[25]

모건 교수에 따르면 대공황과 제2차세계대전을 거치면서 현대 국가는 각종 통계 장치를 갖췄다. 국민총생산은 대공황 직전에 개발된 지표다. 소비자물가지수(CPI) 등 경제 흐름을 숫자로 살펴볼 수 있는 다른 지표들도 무수히 개발됐다. 케인스 경제학이 또 하나의 분수령이 되었다. 모건 교수는 "케인스 경제학 덕분에 경제정책 담당자들과 이론가들이 개인이나 기업 차원이 아니라 한 국가 단위로 경제를 볼 수 있는 논리적 프레임을 갖게 됐다"고 말했다. 이후 현대 정부는 총생산, 일자리, 세입과 세출 등 한 해 예상과 목표치에 맞춰 돈을 풀거나 줄이고 경기부양 조치를 취할 수 있다. 그만큼 한 해 세금이 얼마나 걷힐지 가늠할 수 있게 된 것이다. 닉슨 쇼크 이후 종이쪽지 돈의 생명이 유지되고 있는 이유다.

---

25 나와 대화에서 했던 말이다.

평화, 또 하나의 조건

상징화폐의 또 다른 조건은 평화다. 20세기는 1차와 2차 세계대전이 벌어졌다. 인류 역사상 가장 많은 전쟁 희생자가 발생했다. 미국의 전쟁역사가 마이클 클로드펠터Michael Clodfelter에 따르면 20세기에만 전쟁으로 숨진 사람이 3500만 명에 이른다. 이 가운데 2970만 명이 내전이 아닌 다른 나라와 벌인 전쟁에서 희생됐다.[26]

제2차세계대전 이후 상대적으로 평화로운 시기가 이어졌다. 베트남전쟁처럼 대규모 전쟁이 벌어지기는 했다. 하지만 주요 경제권의 산업생산과 교역 시스템은 그대로 유지됐다. 호주 뉴캐슬대학교 윌리엄 미첼 교수는 "핵 무장이 낳은 강제적 평화가 이어졌다"며 "그 바람에 화폐 위기가 주요 국가에서 일어나지 않았다"고 말했다.[27] 화폐 시스템 위기의 대표적인 예는 1920년대 독일 바이마르공화국 시기와 제2차세계대전 직후 동유럽 일부 국가에서 일어난 초인플레이션이다. 21세기에 남미 베네수엘라와 아프리카 일부 국가에서도 비슷한 사건이 일어났다.

상징화폐 시스템은 돈의 영토(Monetary Space) 내의 평화를 바탕으로 한다. 평화의 필요조건은 중앙권력의 안정이다. 돈의 영토 안에서 계급적 갈등에서 비롯된 내전은 상징화폐에 치명타다. 갈등 순간에는 사회적 분업을 바탕으로 한 받을 권리(채권)와 줄 의무(채무) 네트워크가 부드럽게 작동하지 못한다.

전쟁을 비롯한 갈등이 일상화된 시대에 돈이란 바이러스는 새로

---

26 마이클 클로드펠터, 《전쟁과 무장 갈등 : 희생자와 기타 통계에 대한 해석(Warfare and Armed Conflicts : A Statistical Reference to Casualty and Other Figures, 1500~2000)》.
27 인터뷰에서 했던 말이다.

운 숙주에 의탁한다. 금이나 은 등 귀금속이다. 전쟁 등의 시대에 인간이 만든 중앙권력과 신용 시스템은 불신받기 시작한다. 대신 인간은 자연의 산물이면서 위기의 순간 인종과 문화 등이 달라도 널리 인정받는 자연의 피조물, 즉 금이나 은을 교환 매개로 쓴다. 전쟁이나 사회적 불안 조짐이 보이면 금과 은의 값이 오르는 이유다. 금속화폐 시대의 개막이다.

경제학 교과서에서 금속화폐는 인간들이 물물교환의 문제점을 해결하기 위해 고안한 대안이다. 이런 가설은 고대 그리스의 철학자 아리스토텔레스Aristoteles가 제시한 것이다. 그러나 역사적으로 보면 금속화폐는 물물교환의 문제점이 아니라 돈의 영토 내 갈등이 낳은 산물이다. 미첼 교수는 "주화(coin)가 발명된 지역을 보면 진실이 드러난다"고 말했다. 주화는 기원전 7세기 지금의 터키 지중해 연안 리디아Lidya 지역에서 발명됐다. 그 시기 범그리스 지역은 전쟁의 도가니였다. 도시국가들이 연일 전쟁을 하느라 여념이 없었다. 전쟁은 공동체 구성원 사이의 신뢰와 호혜 등 추상적인 가치를 증발시켜버린다. 상징화폐의 주요 축인 중앙권력의 재정에 엄청난 압박이 가해진다. 이런 와중에 거래 공간이 확대된다. 대규모 군대가 해외 원정을 떠나기 때문이다.

제프리 잉엄 교수에 따르면 전쟁을 계기로 마주친 공동체 밖의 상대는 불신과 사술의 대상으로 비친다. 실제 아테네 등 그리스 도시국가 시절에 본격화된 주화는 왕정 또는 제국의 붕괴 이후의 상황을 바탕으로 탄생했다.[28] 이런 시대에는 외상거래가 사실상 불가능하다.

---

28 제프리 잉엄, 《돈의 본성》, pp.97~103.

철학자 아리스토텔레스 얼굴이 새겨져 있는 그리스 5드라크마짜리 동전

거래를 마치자마자 상대를 잊어버릴 수 있는 결제수단이 필수다. 고대사회에는 그러한 결제수단이 금이나 은이었다. 반면 상징화폐는 사실상 외상거래다. 매매 당사자가 아닌 제3자(정부)의 신뢰를 바탕으로 사고판다. 이 신뢰가 유지되는 조건과 상황에서만 매매 당사자가 상대를 잊어버릴 수 있다. 전쟁은 제3자의 신뢰를 부숴놓기 일쑤다.

전쟁으로 탄생한 금속화폐 시대에는 상징화폐 시대와는 전혀 다른 머니 트라이앵글이 작동했다. 귀금속 채굴업자-주화 주조업자-세금을 바탕으로 작동한 트라이앵글이다. 이는 머니 트라이앵글 원형이었다. 고대 아테네에 라우리온Laurion이란 유명한 은광 지대가 있었다. 아테네 등이 페르시아와 전쟁이 한창이던 기원전 4세기 라우리온 은광에서 거의 3천 톤에 가까운 은이 채굴됐다. 고고학자들이 유적을 발굴해본 결과 전성기에 노예 2만 명 정도가 은광 200여 곳에서 일했다.[29] 은광 소유자들은 노예 노동으로 캐낸 은을 주화를 주조하는 곳에 팔았다. 주화를 주조하는 사람들은 아테네 등 국가가 정한 규격에 맞춰 주화를 만들어냈다. 덕분에 아테네 동맹 세력은 전쟁에 필요한 물건을 조달할 수 있었다.

금이나 은을 바탕으로 한 금속화폐 시대는 기원전 7세기부터 1970년까지 2700년 정도 이어졌다. 그렇다고 모든 거래가 금이나 은으로 이뤄지지는 않았다. 금이나 은은 주로 땅을 사고팔거나 해외 교역에서 결제수단으로 쓰였다. 일상적인 상거래는 물물교환이나 잡금으로 만들어진 주화로 이뤄졌다. 하지만 역사의 기록이나 인간의 기억은 성글기 마련이다. 금과 은이 최종 결산 단위로 쓰였기 때문에 금속화폐가 모든 상거래에 쓰인 줄로 안다.

또 하나의 오해가 있다. 금본위제 복귀를 주장하는 사람들은 금화나 은화 시대에는 인플레이션이나 자산 거품, 금융위기가 없거나 덜한 줄 안다. 그 시절에도 심각한 인플레이션과 금융위기가 일어나기도 했다. 국가는 재정난이 심해지면 귀금속 함량을 줄이곤 했다. 심지어 금이나 은으로 태환이 되지 않는 종이돈을 찍어내기 위해 인쇄기를 돌리기도 했다. 이런 일이 벌어지면 어김없이 돈의 가치가 급락했다. 물가가 급등하여 극심한 사회문제가 발생했다. 왕 등 권력자들은 양질의 새 돈을 만들어 돈의 가치가 급락한 것에 따른 문제를 해결하기 위한 작업을 했다. 나중에는 돈의 유통 속도(화폐수량설 MV=PT에서 V)를 떨어뜨리는 방법이 동원되기도 했다. 상거래 자체를 어렵게

---

29 https://www.forbes.com/sites/davidbressan/2018/12/17/how-the-mines-of-laurion-saved-greece-and-by-extension-made-western-civilization-possible/#636a0ce85dae.

118   머니니스

하는 방식이다.

돈의 양이 늘어남과 동시에 질이 좋아진 때도 있기는 했다. 주로 해외무역이 확장되거나 정복 전쟁이 성공적으로 이뤄진 시기다. 이런 일은 고대 그리스 지역인 리디아에서 최초로 주화가 발명되고 지중해 연안에서 광산이 개발된 이후에 나타났다. 아테네 등의 그리스 도시국가는 양질의 주화를 만들어 사용했다. 양질의 다양한 돈을 일정 비율에 맞춰 사고판 그리스의 돈 장사꾼들은 고대에 가장 뛰어난 은행가들이었다.

고대 그리스 지역에서 교역이 급격히 확대되기도 했다. 바로 알렉산드로스 대왕의 원정과 대제국 건설 덕분이었다. 알렉산드로스 Alexandros 대왕은 페르시아 왕실 곳간에 잠자고 있던 귀금속을 꺼내 돈으로 만들어 퍼뜨렸다. 엄청난 금과 금화가 그리스 은행가들에게 몰려들었다. 은과 금의 교환 비율이 13:1에서 10:1로 떨어졌다. 금의 가치가 낮아진 셈이다. 근대 영국 런던의 금세공업자(골드 스미스)들은 그리스 은행가들을 자신의 먼 조상쯤으로 여겼다. 이들은 현장에서 돈을 거래하면서 이론가가 설명하기도 전에 악화가 양화를 구축한다는 그레셤의 법칙과 금만이 돈이라는 중금주의자의 기본적인 논리를 체득했다.

양질의 돈이 증가한 행복한 시대는 사실 오래가지 못했다. 기원후 3세기 후반 로마의 돈 가치는 추락했다. 기원후 270년 주요 화폐였던 데나리우스 은(denarius)의 함량이 순은화 기준 4% 수준으로 급감했다. 20년 전인 250년 전후에는 20% 수준이었다. 3세기 말 로마의 주요 물건의 값은 기원후 1세기보다 50배 이상 올라갔다. 인플레이션이 극심해지면서 정치 경제 사회 문제가 발생했다. 디오클레티

로마 공화정과 로마제국 시대의 주요 화폐였던 데나리우스 은화

아누스Diocletianus 황제가 301년에 물가 칙령을 발령해 근본적인 개혁을 단행했다. 그는 인류 역사상 처음으로 예산을 편성한 권력자였다. 그는 재정 개혁으로 복원시킨 돈의 질이 오랜 기간 유지되도록 노력했다.

로마는 부자를 위해 금화를 발행함과 동시에 질 낮은 주화도 만들어냈다. 서로마제국이 붕괴한 이후 속주였던 영국 등 일부 지역에서는 완전히 돈이 사라지는 현상이 벌어졌다. 이런 지역 사람들은 거의 200년 동안 돈 사용을 극도로 기피했다. 410년 이후 돈의 유통 속도가 급격히 줄어들었다. 많은 주화가 유통되지 않고 파묻히거나 집안에서 잠자고 있었다(축장). 그 바람에 유통 속도(V)는 거의 한 세대만에 사실상 제로(0) 수준으로 추락했다.[30]

---

30 글린 데이비스, 《돈의 역사》, pp.642~649.

돈은 수많은 왕국과 공국, 자유도시로 분열된 중세의 유럽 대륙에서 잡다한 금화나 은화로 모습을 드러냈다. 일상 상거래는 중세에도 싸구려 주화로 이뤄졌다. 노벨경제학상 수상자 토머스 사전트Thomas Sargent 뉴욕대학교 교수와 프랑수아 벨드François Velde 시카고 연방준비은행 선임 이코노미스트는 싸구려 잡금으로 만들어진 주화를 중심으로 이뤄진 일상 상거래가 현대 법정화폐 시스템이 싹튼 터전이라고 봤다.[31] 금속화폐 시대에 현대 상징화폐의 씨앗이 싹텄다는 얘기다. 토머스 사전트 교수 등은 "왕이나 제후가 금화나 은화만을 관리했다. 그 바람에 일상 상거래에 필수인 싸구려 잔돈이 늘 부족했다. 잔돈의 질도 나빠지기 일쑤였다"며, "잔돈 부족 사태를 해결하기 위해 탄생한 것이 바로 표준 시스템(Standard Formula)이었다"고 설명했다.

두 사람이 말한 표준 시스템은 잔돈을 민간 화폐 주조업자들이 만들어 공급하지 않고 정부가 만들어 공급하는 방식이다. 정부가 구리합금으로 만든 표준화한 주화를 만들어 공급하고, 이를 나중에 금화나 은화로 지급할 것을 약속했다. 100페니 이상의 잔돈을 1파운드 금화로 바꿔주는 방식이다. 런던정경대학의 데빈 마Debin Ma 교수는 "중세 국가들이 금이나 은 본위제를 바탕으로 발행된 잔돈의 양을 관리했다"며, "이 메커니즘은 1970년까지 이어진 금본위제를 바탕으로 은행권을 관리하는 데 중요한 교훈이 됐다"[32]고 설명했다.

돈의 슈퍼 사이클 관점에서 보면, 금속화폐가 지배했던 갈등의

---

31 토머스 사전트·프랑수아 벨드, 《잔돈의 큰 문제(The Big Problem of Small Changes)》, pp.3~14.
32 나와 대화에서 했던 말이다.

시대에 돈의 영토 면적이 늘어나고 세수 확보를 위한 행정 시스템이 서서히 갖춰지면서 상징화폐로 가는 움직임이 중세 말기부터 두드러졌다. 이런 흐름에서 보면 1870년대 금본위제를 바탕으로 한 영국 파운드 기축통화 시대는 다르게 보일 수 있다. 글린 데이비스는 "1870년 이후 50여 년간을 고전적인 금본위제로 불리지만, 실상은 금보다 몇 배 많은 은행권이 발행 유통되던 시대"라며 "금본위제의 말기에 형성된 독특한 시스템"이라고 말했다.

금속화폐 시대 후반에 인간은 상징화폐 부활로 이어지는 중요한 발명을 한다. 바로 부분지급준비금 제도와 은행권이다. 중세 말기에 시중은행이 고객한테 받은 예금 가운데 일부만을 떼어놓고 나머지를 대출해주기 시작했다. 영국 금세공업자 출신 은행가들이 부분지급준비금 제도를 발명했다는 것이 일반적인 설명이다. 또 17세기에 시중은행들이 자신들의 신뢰를 바탕으로 종이증서(은행권)를 발행하기 시작했다. 시중은행이 머니 트라이앵글의 한 축으로 떠오르기 시작한 것이다. 금속화폐 시대에 상징화폐의 싹이 싹트기 시작했다.

은행권은 탄생 순간 혼돈을 불러일으켰다. 18세기 사람들은 은행권이 돈인지 아니면 어음이나 환어음 같은 신용수단인지 알지 못했다. 인간의 역사에서 한 시스템의 정체가 무엇인지 모르지만, 일상화되어 기정사실이 된 사례가 종종 발견된다. 은행권이 그런 사례 가운데 하나다. 19세기는 은행권의 정체뿐 아니라 관리 문제를 놓고 치열하게 논쟁이 벌어진 시대였다. 그 과정에서 시중은행 하나가 점차 중앙은행 기능을 수행하기에 이른다. 바로 영국의 영란은행이다. 머니 트라이앵글의 또 하나 축이 형성되기 시작한 것이다. 위기와 논쟁, 대책 마련이라는 과정이 한 세기 동안 이어졌다. 돈의 역사에서

19세기는 대논쟁의 시대라고 할 만하다.

인류는 대논쟁과 실험을 거쳐 중앙은행의 기능을 터득했다. 그리고 20세기 초에 머니 트라이앵글이 확실하게 갖춰졌다. 상징화폐 생태계의 뼈대가 갖춰진 셈이다. 그렇다고 금속화폐가 곧바로 상징화폐로 전환되지는 않았다. 19세기 고전적인 금본위제는 제2차세계대전 이후 미국 달러-금 태환을 중심으로 세계 종이돈의 위계서열이 결정되는 과도기 형태를 띤다. 고전적인 금본위제보다 금에서 더 멀어졌던 것이다. 그리고 마침내 1971년 금과의 연결이 단절됐다. 이면에는 현대 국가의 징세 능력과 경제 운용 노하우, 갈등 완화 등이 자리 잡고 있다.

4

돈에도 영토가 있다

돈의 가치를 매기는 셈의 단위 기준

영국 런던정경대학 막스 슐츠 교수(경제사)는 "인간은 현재와 가까운 역사적인 사건에 너무 많은 가중치를 두는 경향이 있다"며 "이런 가중치 부여는 역사를 제대로 이해하는 데 방해가 된다"고 말했다. 현대를 기준으로 과거 사건을 재해석하는 경향을 경계하는 말이다. 요즘 유럽을 보는 시각에서도 비슷한 패턴이 엿보인다. 많은 현대인들은 14세기 중세 유럽이 독일과 프랑스, 영국, 스페인, 러시아 등 규모가 어느 정도 되는 나라들로 구성돼 있었을 것이라고 본다. 실상은 정반대다. 신성로마제국이 현대 독일과 오스트리아, 이탈리아 북부, 시칠리아에 이르는 유럽의 중심부를 차지했다. 신성로마제국은 사실 신성하지도 로마처럼 강대하지도 않았다.

제국 내에는 왕국뿐 아니라 공작이 지배하는 공국, 후작의 영지로 이루어진 후국, 백작의 아성인 백국, 자유시 등이 난립해 있었다. 카롤링거왕조가 지배한 프랑크왕국이 해체된 후폭풍이었다. 영국과 프랑스는 그나마 덜 분열됐지만 사정이 크게 다르지 않았다. 신성로마제국은 중앙집권적인 권력을 유지할 군사력이나 행정조직이 완벽하게 갖춰지지 못했다. 중앙의 왕과 지역의 제후들이 경제적 정치적 권력을 나눠 갖는 구조였다.

유럽이 사분오열된 것만큼이나 돈의 지형도 제각각이었다. 14세기 전후 유럽에는 헤아리기 어려울 정도로 잡다한 돈의 단위(Money of Account)가 있었다. 왕국뿐 아니라 공국과 후국, 백국, 자유시, 심지어 가톨릭 대교구마저 자체 화폐단위를 정해 돈을 찍어냈다. 스위스 취리히에 있는 주화와 화폐 연구재단인 선플라워Sunflower에 따르면, 독일 트리에Trier의 추기경이 은화 알부스albus를 찍어냈다. 그 시절 돈이란 바이러스가 깃든 숙주는 주로 금이나 은이었다. 제2차세계대전 이후 세계 170여 개국이 돈의 재질은 면과 종이로 동일하지만 각자 화폐단위를 갖고 있는 모습과 닮은꼴이다. 화폐단위가 갖는 정치적 상징 때문이다. 독립 또는 독자성, 권위의 상징이다.

주화(coin)는 탄생 순간부터 정치적 상징물로 구실하기 시작했다. 영국 화폐역사가 글린 데이비스는 "기원전 7세기 후반에 리디아의 돈이 주화 형태를 분명히 띠기 시작했다. 동전은 둥글게 변했고 양쪽면에 깊은 문양이 들어갔다. 그 문양 가운데 하나가 바로 사자 머리였다. 사자 머리는 리디아의 메름나드Mermnad 왕조의 상징이었다"고 설명했다.[1]

애초 금이나 은 등 귀금속은 돈으로 쓰이기 이전 제사장과 왕이 애용한 장식품이었다. 허세의 상징에 돈의 기능까지 곁들여진 주화

---

1 글린 데이비스, 《돈의 역사》, p.63.

사자 머리가 새겨진 인류 최초 리디아의 일렉트럼(Electrum) 주화

는 탄생 순간부터 훌륭한 정치적 선전 도구로 자리 잡았다.

돈을 정치적 선전 장치로 본격적으로 활용한 인물은 바로 알렉산드로스 대왕의 아버지 필리포스 2세였다. 그는 문화적인 측면에서 아테네 등에 뒤떨어진 마케도니아 출신이었다. 그는 문화적 열등의식을 떨쳐내려는 듯 영토 확장에 어느 정도 성공하고 나서 기원전 4세기에 자신의 얼굴을 새긴 금화를 내놓았다. 이렇게 시작된 정치적 선전 장치로서 돈은 현대까지 이어지고 있다. 현대 각국 화폐에 들어간 얼굴이나 상징은 집권세력의 이데올로기를 보여준다. 버락 오바마 미국 대통령은 2016년 20·10·5달러짜리 지폐에 노예해방 운동가, 여성참정권 선구자, 민권 운동가의 얼굴을 각각 넣었다.[2]

영토가 작을수록, 군웅할거하는 세력이 많을수록 정치적 욕망은 더욱 강해지게 마련이다. 14세기 유럽의 왕과 공작, 백작, 제후, 대교구의 추기경, 자유도시의 권력자들은 독립성을 자랑하려는 듯 앞다

---

2 https://news.joins.com/article/19923045.

머니니스

튀 자신들만의 화폐단위를 정했다. 왕이나 공작 등은 자신의 얼굴이나 왕실 또는 가문의 상징 문양을 넣은 금화나 은화를 경쟁적으로 발행했다. 그리고 제2차세계대전 이후 식민지배에서 벗어난 아프리카-아시아 국가들이 독립선언과 함께 화폐단위를 결정하고 지폐를 발행했다. 그런데 14세기 유럽의 왕과 제후 등의 바람과는 달리 그들이 정한 화폐단위와 주화들은 충분한 영토를 갖지 못했다.

영국 케임브리지대학교 제프리 잉엄 교수 등이 말한 '돈의 영토(Money Space 또는 Monetary Space)'는 원 또는 달러, 리라 등 하나의 화폐단위가 지배적으로 쓰이는 지역이다. '원의 영토', '달러의 영토', '유로의 영토', '위안의 영토', '엔의 영토' 등이 대표적인 예다. 각 돈의 영토 안에서 일상적인 상거래의 대부분이 '지배적인 화폐단위'로 이뤄진다.

무엇보다 돈의 영토 안에서는 채권-채무 관계 가운데 죽음으로써만 벗어날 수 있는 '세금 채무'가 지배적인 화폐단위로 기록되고 고지되며 징수된다. 정리하면 하나의 화폐단위로 채권-채무 관계가 형성되고 청산되며 재화 거래가 이뤄지는 지리적인 영역이 바로 돈의 영토다.[3] 돈의 영토는 머니 트라이앵글(정부-중앙은행-시중은행)이 형성돼 정상적으로 작동하는 곳이기도 하다.

지리적 영토와 돈의 영토가 일치하지는 않는다. 1980년대 적잖은 나라들이 달러화(dollarization)를 결정했다. 미국 달러를 사실상 자국 돈으로 쓰는 방식이다. 아프리카 짐바브웨가 2008년 극심한 인플레이션에 시달리던 끝에 달러화를 단행했다. 유로존도 개별 국가의

---

3 제프리 잉엄, 《돈의 본성》, pp.69~75.

영토와 돈의 영토가 일치하지 않는다.

○────── 돈의 영토를 확대하는 법

돈의 영토는 화폐단위 지정으로 확인된다. 중국 진시황이 통일제국을 수립한 이후 도량형을 단일화했다. 화폐단위는 도량형의 핵심이었다. 화폐단위는 곧 셈의 기본이라고 했다. 한 나라에서 생산된 재화와 서비스를 계산할 때 통일된 화폐단위가 쓰인다. 한국의 국내총생산(GDP)이 우선 '원' 단위로 측정된다. 국제적으로 비교할 때는 '달러'로 환산된다. 한 나라의 재화와 서비스의 총량을 파악하는 일은 정부의 근원적인 일이다. 경제성장률을 계산해 집권세력의 치적을 자랑하기 위해서가 아니다. 한 해 생산된 재화와 서비스 총량을 알아야 세금을 매길 수 있다.

그런데 작은 도시가 고유의 화폐단위를 갖고 있다고 해서 돈의 영토라고 부르지는 않는다. 영토가 경제적으로 의미 있을 만한 크기가 되어야 한다. 유럽의 역사를 보면 돈의 영토가 경제적으로 의미 있는 크기가 되기까지 수많은 유혈 충돌을 빚어야 했다. 프랑크 왕국(5~9세기)이 무너진 이후 유럽의 왕과 공작, 백작, 후작 등은 14~18세기에 밥만 먹으면 전쟁을 벌였다. 영국과 프랑스가 벌인 백년전쟁(1337~1453년), 30년전쟁(1618~1648년), 스페인 왕위계승 전쟁(1701~1714년), 7년전쟁(1756~1763년) 등 유럽 대륙에는 사실상 평온한 날이 드물었다. 미국 캘리포니아공과대학(CalTech)의 필립 호프먼Phillip Hoffman 교수의 계산[4]은 그 시절 유럽이 얼마나 전쟁으로 나날을 보냈는지 잘 보여준다.

기간	비율 %
1550~1600년	71
1600~1650년	66
1650~1700년	54
1700~1750년	43
1750~1800년	29
1800~1850년	36
1850~1900년	23

유럽 주요 국가 : 프랑스, 영국, 오스트리아, 네덜란드, 오스만제국, 폴란드, 프러시아, 러시아, 스페인, 스웨덴, 덴마크.
자료 :《유럽은 왜 세계를 정복했을까》, 필립 호프먼

호프먼에 따르면 유럽의 주요국들이 16세기 하반기 50년의 71%
인 35년 정도 전쟁을 벌였다. 예를 들어 영국은 17세기와 18세기에
연간 예산 가운데 적게는 60%에서 많게는 98% 정도를 전비로 지출
했다. 왕들이 자신이 얼마나 용맹한지를 자랑하기 위해서였을까? 물
론 왕들의 호전성에서 비롯된 전쟁도 있다. 하지만 전쟁은 극도의 불
확실성을 가진다. 여차하면 왕이나 제후가 가지고 있는 영토를 100%
잃을 수도 있는 위험한 게임이다. 필연성, 달리 말해 피할 수 없는 이
유가 있어야 전쟁을 벌인다.

산업혁명 이전의 전쟁은 영토, 달리 말해 농경지 면적을 넓히기
위한 전쟁이 대부분이었다. 그 시절에는 농업의 기계화, 화학비료 개
발 등이 이뤄지지 않았다. 생산량을 늘리는 확실한 방법은 면적을 넓
히는 것이었다. 전쟁을 통한 영토 확장이 곧 경제 성장인 시절이었

---

4 필립 호프먼,《유럽은 왜 세계를 정복했을까(Why Did Europe Conquer the World)》, 프
린스턴대학교 출판부, p.22.

다. 미국 휴스턴대학교 리처드 빈Richard Bin 교수 등은 전쟁이 민족국가(Nation State) 형성의 촉매였다고 했다. 왕과 제후는 세수를 늘리기 위해 전쟁을 시작했다. 여기에 온갖 명분을 내세웠다. 부족의 우월감, 민족주의, 복수, 왕의 위엄 등이다. 다만, 여기서는 경제적 측면을 좀 더 중시한다.

군주들은 영토를 넓혀 왕실의 수입을 늘리기 위해 전쟁을 시작했다. 전쟁을 할수록 영토의 크기가 중요해졌다. 세수가 '일정 규모'가 되어야 전쟁을 지속할 수 있기 때문이다. 전쟁은 인간이 벌인 행위 가운데 가장 소모적이다. 막스 슐츠 교수는 "유럽에서 전쟁과 국가 형성(Sate Formation)의 관계가 얼마나 밀접했으면, 전쟁이 국가를 형성했는지 아니면 국가 형성을 위해 전쟁을 했는지 구분하지 못할 정도"[5]라고 말하곤 했다.

잦은 전쟁은 돈의 영토를 키우기는 했지만, 뜻하지 않은 부작용도 낳았다. 세금을 죄악시하는 사고방식이 자리 잡았다. 근대경제학의 통념인 '세금=국민 후생 감소 요인'이 뿌리내렸다. 그러나 인간이 돈을 발명한 기원전 3000년쯤부터 오랜 기간 세금은 분업화한 사회가 생존할 수 있는 필수 장치였다.('3. 돈의 숙주는 바뀐다' 참조) 세금이란 시스템이 없었다면 돈도 발명되지 않았다. 더 나아가 도시와 농촌 사이의 물류도 이어지지 않았다. 세금은 분업화한 사회에서 자원과 생산물을 교환하고 분배하는 장치였던 셈이다.

리처드 빈 교수에 따르면 유럽에서 국가 형성의 붐은 두 차례 일어났다. 첫 번째 시기는 1648~1789년이다. 이때는 주로 중앙집권적

---

5 런던정경대학의 '전쟁의 경제사(Economic History of War)' 강의에서 언급한 내용이다.

인 왕국이 많이 생겼다. 왕-제후의 연합체제인 봉건제가 사실상 해체됐다. 두 번째 밀물은 18세기 말~19세기 초 프랑스대혁명과 나폴레옹 전쟁 시기였다. 이때는 민족국가가 많이 탄생했다.[6] 두 차례 국가 형성기를 거치면서 유럽의 나라들은 규모의 경제(Economies of Scale)가 작동할 만한 수준에 이른 경우가 많았다. 국경 내 시장 규모가 커진 것이다. 반면 영토를 지배하고 관리하는 데 들어가는 평균 비용이 줄었다. 경제적으로 수지맞는 일이었다. 영국과 프랑스, 스페인 등은 세금 징수를 원활하게 할 만큼 행정조직도 어느 정도 갖춰졌다.

무엇보다 왕국 내 평화가 도래했다. 영주들이 자존심이나 허영을 부리며 실익이 없는 결투를 하거나 전쟁을 하는 경우가 눈에 띄게 줄었다. 평화의 경제적 의미는 외상(신용)거래의 확대다. 외상거래는 상품과 재화의 순환 속도(speed of circulation)를 높인다. 순환 속도의 증가는 수요 증가와 마찬가지다. 생산이 촉진된다. 국가 면적이 일정 규모에 이르고 평화가 이어지면 상공업 등이 발전하는 까닭이다. 근대 유럽의 부르주아지(상공인)들이 민족국가 수립을 간절히 소망했다.

◦──── 돈놀이꾼들의 재탄생 : 근대 금융시장의 탄생

러시아가 우크라이나를 침공한 직후인 2022년 4월 경제기자인 나도 관련 기사를 써야 했다. 큰 사건이 나면 담당 기자가 아니라도 측면에서 콘텐츠를 만들어야 지면과 뉴스 플랫폼이 풍요

---

6 리처드 빈, 〈전쟁과 민족국가의 탄생(War and the Birth of the Nation State)〉, 《경제사 저널(Journal of Economic History)》, pp. 203~221.

로워지기 때문이다. 내가 기획한 기사는 영국의 군사 전문가와 인터뷰였다. 상대는 세계적인 전쟁·전략 전문가 로런스 프리드먼 영국 런던대 킹스칼리지 석좌교수였다. 프리드먼 교수는《전쟁의 미래》와 《전략의 역사 1, 2》등을 썼다.[7]

프리드먼 교수는 인터뷰에서 러시아의 전쟁 부담을 설명하면서 흥미로운 비교를 했다. 그는 "서유럽이 화약을 알기 전엔 모든 전투가 인간과 말, 소 등 유기체를 중심으로 이뤄져 보급(綸)이 간편했다"며 "반면 화약의 도입 이후 서유럽 군대는 총과 포로 무장하면서 총알과 포탄, 각종 부품 등 고가의 장비를 보급하는 문제가 중대한 과제로 떠올랐다"고 설명했다.

프리드먼 교수가 말한 시기와 맞아떨어지지는 않지만, 산업혁명 초기 1812년 나폴레옹이 러시아를 쳐들어갔다. 그때 프랑스-러시아가 하루 소비한 포탄이 수천 발 수준이었다. 반면 히틀러가 러시아를 침공한 1941년 양쪽이 쏜 포탄의 양이 하루 수십만 발 이상이었다. 화약의 도입에다 기계화까지 이뤄진 시대에 교전 당사국이 치러야 할 전비는 인간이 활과 창으로 무장하고, 말과 소 등에 의지해 기동하던 시대보다 수십 배 이상 폭증했다.

서유럽이 화약을 영접한 시기는 13세기였다. 하지만 화약 무기의 파괴력을 실감한 시기는 1453년 콘스탄티노플 공성전이었다. 터키의 술탄 메메트 2세가 수 세기 동안 난공불락의 유명한 콘스탄티노플 성 앞에 황소를 끌어와 우르반 거포를 방열한 뒤 포탄을 퍼부었다. 이후 서유럽에서 포와 총의 시대가 열렸다. 그리고 17세기 말에

---

7 프리드먼 교수와 인터뷰의 핵심 내용은 2022년 4월 1일 〈중앙일보〉를 통해 기사화했다 (https://www.joongang.co.kr/article/25060098#home).

는 서유럽 전장에서 활이 자취를 감췄다. 이와 함께 기사와 소수의 용병을 중심으로 이뤄졌던 전투가 동원된 보병 등을 중심으로 치러졌다. 앞서 설명했듯이 반세기 가운데 절반 이상 진행된 전쟁에서 총알과 포탄, 급격히 불어난 병사들을 먹이고 입히고 재우기 위한 보급은 왕과 재정 담당 재상에겐 골칫거리였다.

중세 전쟁에서 군비를 주로 감당한 쪽은 영주였다. 영지에서 거둬들인 곡물 등이 전쟁의 밑천이었던 셈이다. 반면 15세기 이후 전장에서 소모되는 화약과 식료품 등을 영주가 스스로 감당하기 어려웠다. 더욱이 민족국가가 하나둘씩 등장한 이후에는 전비를 영주들에게 떠넘기기도 어려웠다.

결국 왕은 영주가 아닌 사람들에게 손을 내밀었다. 앞에서도 소개된 돈 가진 자들(moneyed man)이었다. 이들은 주로 상인이었다. 평시엔 원격지 무역으로 돈을 벌었다. 전쟁 시기엔 전장 가까이 시장을 열어 목돈을 쥐었다. 이들은 왕이 전쟁 이후 거둬들일 세금을 담보로 돈을 빌려줬다. 시간이 흐르면서 왕이 내놓은 증서(채권)를 사들이는 방식으로 전비를 대줬다.

돈놀이꾼들은 고대 그리스나 로마 시대에도 있었다. 그런데 이런 돈놀이꾼들이 중세 말기와 근대 초기에 '새로운 시스템 속에 배열'된다. 돈을 빌려주고 받은 국채를 중간에 팔아치워 현금화한 뒤 또 빌려주는 연속적인 돈 장사를 계속하게 됐다. 국채를 중심으로 거대한 금융시장이 떠올랐다.

금융시장 플레이어들은 한 나라의 왕이 내놓은 채권의 가치를 평가하기 위해 정보전을 치열하게 벌였다. 대표적인 예가 1815년 6월 20일, 런던증권거래소에서 벌어진 역사적인 베팅이다. 그날 개장 직후 투자자들은 '로스차일드의 기둥'을 주시했다. 정보가 빠르다고 정평 난 네이선 로스차일드(Nathan Rothschild, 당시 37세)는 주식이나 채권을 사고팔 때 늘 기둥에 기대어 결정하는 버릇이 있었다.

당시 시장 참여자들이 주목한 정보는 이틀 전인 6월 18일, 네덜란드(지금은 벨기에 영토) 워털루에서 벌어진 전투의 결과였다. 엘바섬에서 탈출한 나폴레옹과 웰링턴 장군이 이끄는 영국·프로이센 동맹군 간 워털루전투의 승패에 투자자들의 관심이 쏠렸다. 정작 정보는 거의 없었다. 전투가 벌어지기 하루 전인 6월 17일 토요일 전해진 '프랑스 대군이 싸움터로 향하고 있다'는 소식이 최신 뉴스였다. 영국이 불리하다는 소문도 나돌았다. 누가 이기느냐에 따라 유럽의 정세는 물론 영국과 프랑스의 국채 가격이 널뛸 게 분명했다. 투자자들의 주목을 받던 로스차일드는 보유하고 있는 영국 공채(consol) 모두를 팔아치웠다.

투자자들은 순간 '영국이 워털루전투에서 패했다'는 판단 아래 영국 공채를 집어던졌다. 액면가 100파운드짜리 영국 공채 가격은 5파운드까지 추락했다. 그런데 로스차일드는 대리인들을 풀어 비밀리에 영국 공채를 사들였다. 다음 날 런던의 신문들은 일제히 '영국군 대승', '나폴레옹 몰락'을 대서특필했다. 전 재산을 털어 영국 공채를 사들였던 로스차일드는 유럽 제일의 금융가문으로 발돋움하기에 충분한 이익을 얻었다.

로스차일드 스토리는 21세기 현재에도 많은 금융 플레이어들이 꿈꾸는 에피소드다. 여기서 내가 주목한 대목은 로스차일드의 무용담이 아니다. 영국 공채가 시장에서 사고팔린다는 사실이다. 유동화가 15세기 이후 서서히 이뤄져 로스차일드가 활동한 19세기 초에는 거대한 시장으로 발전했다.

15세기 전후 싹튼 채권시장이란 시스템이 성장하면서 개별 돈놀이꾼들의 자본 규모도 커졌다. 이들과 새롭게 떠오른 거대 상인과 공장주 등이 맡긴 돈은 뭉칫돈이었다. 이들이 15세기 이후 런던 금세공업자(골드 스미스)가 운영하는 은행에 뭉칫돈을 맡기고 송금하기 시작했다. 금세공업자들은 밀려든 뭉칫돈을 단순히 보관하는 데 그치지 않았다. 준비금으로 일부를 남겨두고 다른 사람에게 빌려줬다. 은행들이 하나둘씩 부분지급준비금 메커니즘을 모방하기 시작하면서, 돈 창출(머니 크리에이션)이 가능해졌다.

이렇게 성장한 돈 가진 자들이 전쟁 시기 급전을 빌려주는 것을 무기로 내세워 왕이 독점하고 있던 화폐 발행권을 서서히 잠식하기 시작했다. 현대 국가의 돈을 둘러싼 권력이 트라이앵글 형태로 분점된 이유다.

돈의 위계서열

유럽에서 돈의 영토가 일정한 규모에 이르기까지 왕과 공작, 백작, 후작, 자유도시 실권자 등이 정한 화폐단위와 주화가 잡다하게 창궐했다. 국가 형성기에 잡다한 돈들이 사라졌다. 대신 유럽의 절대군주들은 확장된 영토 안에서 통용되는 공식적인 화폐단위와 주화를 발행했다. 이것은 도량형을 통일하는 작업의 하나였다. 외형적으로 '돈의 영토'가 어느 정도 규모에 이르기는 했지만 하루아침에 영토 내 모든 상거래가 하나의 화폐단위로 통일되지는 않았다. 단지 공식 화폐단위가 '지배적 지위'를 차지할 뿐이었다. 절대왕정 시기 유럽의 한 나라 안에서 여러 화폐단위와 주화가 나돌았다. 현대국가에서도 그 시절 흔적이 엿보인다. "지역 또는 기업 내 교환수단 체계(LETC, Local Exchange Trading Scheme)"[8]가 형성돼 있는 것이다.

대표적인 예가 지역화폐다. 경기도 성남시 등이 지역 내 화폐를 발행했다. 구매력의 원천은 시 자체의 복지 예산이다. 복지 예산 자체는 '원화'로 표시된 자원이다. 한국의 지배적인 화폐단위인 원화로 표시된 자원을 바탕으로 발행된 성남의 지역화폐는 기초단체급의 행정구역 안에서만 구매력을 지닐 뿐이다. 또 다른 예는 군표(Military Scrip)이다. 미군은 1960~1970년대 베트남에 파병한 장병들에게 군표를 지급했다. 병영 내 장터(PX) 등에서 맥주 등을 사기 위한 것이었다. 소설가 황석영이 베트남전을 배경으로 쓴 《무기의 그늘》에는 미군의 군표는 베트남에서 달러 다음 지위를 누렸다고 나온다. 당시 군표는 미군의 각종 보급품을 부대 밖으로 반출해 장사를 할 수 있는 수단이었다. 또 다른 교환수단 체계는 한국의 대기업이 사내 복지 시스템의 하나로 쓰고 있는 각종 포인트 제도다. 회사가 포인트를 지급하고, 임직원들은 그룹의 계열사가 생산한 제품이나 서비스를 구매한다. 이런 사내 포인트는 그룹 내에서만 구매력을 지닌다.

현재 비트코인 등 암호화폐의 지위는 LETC 수준이라고 할 수 있다. 암호화폐 전문가들은 '온두라스나 해외 일부 온라인 매장에서 비트코인을 공식 결제수단으로 인정했다'는 등의 사례를 근거로 암호화폐가 돈으로 인정받기 시작했다는 주장을 펼치곤 한다. 하지만 미국이나 유로존, 영국, 중국, 그리고 한국의 어느 기업도 비트코인 같

---

8 제프리 잉엄, 《돈의 본성》, p.77.

은 암호화폐 단위로 회계장부를 만들지 않는다. 시중은행 어느 곳도 암호화폐 단위로 머니 크리에이션(돈 창출)을 하지 않는다. 주요국 어느 정부도 암호화폐 단위로 국채를 발행하고 있지 않다.

미국의 대표적인 투자은행 J. P. 모건이 'JPM 코인'을 내놓았다.[9] 이더리움 기술을 바탕으로 한 프라이빗 코인이다. 일단 대중이 이 코인에 접근할 수 없다. J. P. 모건이 사전 승인한 고객들이 서로 자금을 실시간 이체할 때 쓰는 것이다. 이체하는 자산은 결코 JPM 코인 자체가 아니다. 은행 계좌에 들어 있는 달러나 유로 등으로 표시된 자산이다. JPM 코인으로 실시간 이체를 했다면 궁극에 가서는 달러나 유로 등으로 '최후 정산'을 해야 한다. 돈의 관점에서 보면 암호화폐는 '디지털 신기술을 바탕으로 한 세련된 포인트'일 뿐이다. 다만, 국가가 블록체인 등을 기반으로 디지털 화폐를 창출할 수 있다. 이때 기술 기반은 현재 암호화폐와 같지만 성격은 질적으로 다르다. 국가가 발행한 암호화폐가 탄생한다면 그것은 돈으로 볼 수 있다.

대부분의 화폐단위는 아직까지 민족국가를 바탕으로 하고 있다. 한국처럼 분단국가가 아닌 한 돈의 영토는 민족국가의 영토와 일치한다. 예외적으로 유로화는 통화동맹(Currency Union)이라는 초국가적인 영토를 바탕으로 하고 있다. 이 영토 안에서 가장 강력한 경제력을 가진 실체는 국가(정부)다. 국가의 경제력은 세금 징수 능력이나 다름없다. 세금의 규모만이 중요한 게 아니다. 세금을 얼마나 잘 걷는지도 경제력을 결정한다.

미국 러트거스대학교 경제학과 마이클 보도Michael Bordo 교수와

9 https://news.joins.com/article/23375441.

유진 화이트Eugene White 교수는 공동으로 19세기 초 나폴레옹전쟁 시기 영국과 프랑스의 금융시장 신뢰도를 비교 분석했다.[10] 두 사람에 따르면 그 시기 프랑스의 경제 규모는 영국을 능가했다. 반면 금융시장에서 영국의 국채 이자는 프랑스보다 낮았다. 금융시장 채권자들이 주목한 대목은 '조세의 효율성'이었다. 거둬들일 세금 가운데 실제로 얼마나 징수했는지가 조세의 효율성이다. 프랑스는 혁명 이전 왕이 직접 세금을 걷는 행정조직을 갖추지 못했다. 세금 대납업자(Tax Farmer)들이 선납하고 백성에게 세금을 거둬 이익을 남겨먹는 구조였다. 행정조직이 제대로 갖춰지지 않은 탓이었다. 그 바람에 프랑스 왕실은 세금을 100% 거둬들이지 못했다. 상당 부분이 징수업자의 호주머니로 들어갔다.

반면 영국은 17세기 이후 세금 징수가 중앙집권화했다. 중앙정부가 지방 곳곳에 파견한 국세청이 세금의 대부분을 거둬들였다. 두 나라의 조세 효율성은 고스란히 채권 가격에 영향을 미쳤다. 경제 규모는 프랑스가 컸지만 국채 가격은 영국보다 낮은 이유였다. 조세 효율성은 현대 화폐 시스템에서 더 중요하다. 한 나라의 화폐는 종이증서에 지나지 않는다. 내재가치가 없는 종이증서의 신뢰성은 정부의 재정 상태에 달렸다. 재정 상태는 세수의 효율성과 지출 규모에 달렸다. 세금을 거둬들인 규모와 지출 규모 사이에 균형이 깨지면 시장에서 통화의 신뢰성이 흔들린다. 외환시장에서는 다른 나라 돈과 견줘 가치가 하락한다. 국경 내에서는 물가가 오른다. 달리 말해 재화(서비

---

10 마이클 보도·유진 화이트, 〈두 통화 이야기 : 나폴레옹전쟁 시기 영국과 프랑스 자금조달 (A Tale of Two Currencies : British and French Finance During the Napoleonic Wars)〉, 《경제사저널》.

스) 하나를 사는 데 더 많은 돈을 건네줘야 한다(돈 가치 하락).

세금의 또 다른 이름은 '원초적 부채(Primordial Debt)'이다. 인간이 무리 지어 살기 시작하면서 개인의 몫이 아닌 공동체 몫을 따로 떼어놓아야 했다. 원시공동체에서는 선의를 바탕으로, 지배-피지배 관계가 형성된 이후에는 제사장이나 왕 등 공권력의 힘으로 공동체의 몫을 구성원들한테서 받아내기 시작했다. 세금은 인간 사회에서 가장 먼저 생겨난 채권-채무 관계 가운데 하나였다. 기업의 매출과는 질적으로 다르다. 기업의 제품과 서비스는 여러 선택 대상 가운데 하나다. 한 나라 정부의 세수가 영토 내 어떤 기업의 매출보다 많고 사실상 확정적인 이유다. 한 기업이 강제력(압수수색, 강제징수, 형사처벌 등)을 동원해 수입을 강제할 수 있다면, 그 기업이 내놓은 종이증서는 사실상 돈이나 마찬가지다. 실제로 17세기에 동인도회사(East India Company)는 영국 정부를 대신해 사실상 인도 지역의 상당 부분을 지배했다. 자체 군대까지 보유했고, 사법권까지 쥐고 있었다. 동인도회사는 인도에서 여러 가지 은화를 발행했다. 그 가운데 1860년대 찍어낸 인도 루피(Indian rupee)는 은 함량이 90% 이상이었다. 인도에서 정식 돈이나 마찬가지였다. 은 함량 때문에 신뢰도가 높기도 했지만, 무엇보다 동인도회사가 쥐고 있는 강제력을 바탕으로 수입이 확실했기에 사실상 통화 구실을 했다.

정부가 지정한 화폐단위 다음 서열은 지방자치단체가 만든 지역화폐다. 각국 지방정부는 중앙정부만큼은 아니지만 세금을 매기고 강제로 거둬들일 수 있다. 다만, 중앙정부가 재정적으로 파산한 경우는 신흥국에서나 있는 일이다. 하지만 선진국에서도 작은 도시정부가 파산한 경우는 종종 있었다. 1990년대 중반 미국 캘리포니아 오렌지카운티가 급증하는 이자 부담을 견디지 못하고 파산보호를 신청했다. 오렌지카운티는 작은 도시 가운데 부촌이었다. 하지만 월스트리트 금융회사가 판 금리 파생상품을 샀다가 금리가 예상 밖으로 치솟은 바람에 파산했다. 미국 연방정부가 재정적자로 늘 위태위태해 보이지만, 건국 이후 오렌지카운티처럼 파산한 경우는 없었다. 이는 미국 달러가 영토 안팎에서 돈으로 구실할 수 있는 이유 가운데 하나다.

일반 기업이 발행한 쿠폰, 토큰, 포인트, 암호화폐 등은 서로 큰 차이가 없다. 모든 LETC(교환수단 체계)도 마지막에는 정부가 정한 화폐단위로 환산되어야 한다. 기업이 발행한 사내 복지 포인트로 임직원이 회사나 제휴한 온라인 쇼핑몰 등에서 제품이나 서비스를 구매할 수는 있다. 하지만 기업이 포인트를 비용 처리하기 위해서는 정부가 정한 화폐단위로 환산해 세무 회계 처리를 해야 한다. 최후의 순간 공식 화폐단위에 종속될 수밖에 없는 것이 LETC의 숙명인 셈이다.

카를 마르크스에 따르면 셈의 단위로서 돈은 굳이 교환가치를 지닌 물건에만 가격을 부여하지 않는다. 상품이 아닌 것도 가격표를 가질 수 있다. 양심과 명예 등 추상적인 것까지도 정부가 정한 화폐단위 앞에 고개를 숙인다. 양심 등 추상적인 가치마저 국가가 정한 단위에 따라 가격이 매겨질 수 있다는 얘기다.[11] 화폐단위가 탄생한 뒤에야 사랑이 거래되기 시작했다는 말은 아니다. 쌀이나 땅을 주고 사랑을 사는 일은 사유재산제가 탄생한 이후 빈번했다. 그 시절 A의 사랑은 땅 1천 평이나 쌀 500섬과 거래됐는데 단위가 제각각이었다.

---

11 카를 마르크스, 《자본론》 영문판 1권, p.70.

하지만 화폐단위가 등장하면서 돈의 영토 안에서 통일된 단위로 사랑 등에도 가격표가 붙기 시작했다.

○─────── 기준금리 : 영토 내 돈 가격

돈의 영토는 겉에서 보면 단일체로 보인다. 하지만 속을 들여다보면 협력과 갈등, 조화와 투쟁이 벌어지는 곳이다. 독일 사회학자 막스 베버Max Weber의 말을 들어보면 그 의미가 뚜렷해진다. 그는 "돈이란 단순한 바우처가 아니다"며 "사람들 사이의 투쟁에서 가장 중요한 무기이고 가격은 투쟁의 표현"[12]이라고 말했다. 시장 참여자들이 경제적 실존을 위해 밀고 당기는 싸움을 벌인다. 파는 쪽은 더 많이 받으려 하고, 사는 쪽은 더 적게 내려고 한다. 베버는 이런 과정을 투쟁이라고 묘사했다. 투쟁을 거쳐 형성된 가격 가운데 하나가 바로 '돈의 값'이다.

돈의 가격은 2가지, 즉 이자와 환율이다. 하나에 2가지 가격이 형성되는 경우는 돈 이외엔 거의 없다. 돈의 영토 안에서 주로 결정되는 금리는 시장의 원리로만 결정되지 않는다. 중앙은행이 기준금리를 정하면, 이를 기준으로 각종 시장금리가 형성된다.

기준금리를 놓고 금융시장과 정부 양쪽은 때로는 드러내놓고, 때로는 은밀하게 중앙은행을 압박한다. 영국 버밍엄대학교 경제학과 피터 싱클레어 교수는 "1980년 이후 금융시장의 컨센서스가 중앙은행이 기준금리를 결정하는 데 상당한 변수"라며 "금융시장의 주요

---

12 막스 베버, 《경제와 사회(Economy and Society : An Outline of Interpretive Sociology)》, 캘리포니아대학교 출판부, p.108.

플레이어들은 물가상승률과 경제성장률, 실업률 등을 바탕으로 자신들의 미디어와 인터뷰 등을 통해 자신들의 의견을 표시한다"[13]고 말했다. 예를 들어 '최근 물가상승률 등에 비춰 이번 통화정책 회의에서는 기준금리를 0.5%p 정도 인상하는 게 바람직하다'는 등의 의견이다. 이런 컨센서스와는 달리 중앙은행이 기준금리를 내리면 채권 가격 등이 출렁거린다. 금융시장이 불안해지기도 한다.

반대로 정부 쪽의 압력은 직설적이다. 미국 도널드 트럼프 대통령은 연방준비제도(Fed)가 기준금리를 인상한 2018년 잇따라 불만을 토로했다. 그는 "제롬 파월을 Fed 의장에 임명한 것을 후회한다", "Fed의 기준금리 인상 때문에 행복하지 않다" 등을 일고여덟 차례 공개적으로 언급했다. 1980년 신자유주의 등장 이후 금기시된 행위를 트럼프가 공개적으로 한 것이다. 사실 로널드 레이건과 조지 S. 부시(아버지) 대통령 등은 그 시절 Fed 의장에게 밀사를 보내 자신의 뜻을 전달하곤 했다.

사실 Fed의 통화정책 결정기구인 연방공개시장정책위원회(FOMC) 자체가 기준금리를 정치적 요구로 받아들이기 위한 장치였다. Fed가 출범한 1913년부터 1935년까지 통화정책은 사실상 뉴욕연방준비은행이 주도했다. 돈의 중심지 월스트리트에서 재할인율을 결정하면, 나머지 11곳의 연방준비은행이 뉴욕의 결정을 반영해 지역 내 금리를 결정하는 방식이었다. 요즘 미국 Fed가 기준금리를 올리거나 내리면, 일본과 유로존, 한국 등이 그에 맞춰 기준금리를 조절하는 패턴과 비슷하다. 그런데 1929년 대공황이 발생했다. Fed의 정책 실패

---

13 나와 대화에서 했던 말이다.

가 도마에 올랐다. 특히 채권자들인 월스트리트의 입김이 강한 뉴욕 연방준비은행이 금리 결정을 주도한 현상에 대한 비판이 거셌다.

결국 1935년 은행법이 개정됐다. Fed 내에 FOMC가 설치됐다. 뉴욕연방준비은행 총재가 통화정책을 사실상 결정하던 방식이 대통령이 정치적 시각에서 선정한 이사들이 주축이 된 위원회가 결정하는 시스템으로 바뀌었다. 대통령이 임명한 이사 7명과 채권자들의 대표 격인 지역준비은행 총재들 11명 가운데 3명이 교대로 참가했다. 나머지 한 석은 월스트리트의 위상을 감안해 뉴욕연방준비은행 총재에게 배정됐다. 그리고 뉴욕 총재는 FOMC 부의장을 맡기로 했다.

마이클 보도 교수는 "통화정책이 공공의 이해 관점에서 이뤄지도록 FOMC가 설치됐다"고 설명했다.[14] 민간 영역인 금융시장을 공공의 이해를 기준으로 조절한다는 얘기다. 통화정책에 대한 정치적 의지가 관철될 수 있는 길이 체계화한 셈이기도 하다. 아예 미국은 1950년대 법을 개정해 Fed에게 2가지 미션을 부여했다. 고용 창출과 물가 안정이다. 고용 창출은 사실상 행정부의 요구 사항이다. 요즘 FOMC는 회의를 열고 나서 늘 성명을 발표한다. 성명에는 Fed가 부여받은 2가지 미션이 꼭 언급된다. 경제 상황을 반영해 2가지 미션을 이루기 위해 기준금리를 내리거나 올린다는 얘기를 한다.

Fed는 자본주의 역사상 국가기관으로서 최초의 중앙은행이다. 통화정책을 위원회 시스템으로 결정한 최초의 중앙은행이기도 했다. 근대 중앙은행의 기능을 개척한 곳이 영국의 영란은행이었다면, 중앙은행 시스템을 개척한 곳은 Fed였다.

---

14 내가 경제사를 배우던 2016년 2월 마이클 보도 교수가 LES 경제학과 특강에서 한 말이다.

제2차세계대전 이후 미국이 금융 분야에서도 패권국으로 떠올랐다. 미국식 중앙은행이 한국처럼 새로 독립한 나라의 모델이 됐다. 한국은행도 1950년 설립될 때부터 금융통화위원회가 통화정책을 주도했다. 일본은행(BOJ)은 19세기 영란은행처럼 민간 시중은행 가운데 맏형이었다. 하지만 제2차세계대전 이후 미 군정기를 거치며 통화정책회의 시스템을 받아들였다.

영국 버밍엄대학교 싱클레어 교수는 "위원회 시스템 자체가 정치적 기구"라며, "멤버들이 서로 다른 정치적 이해관계를 대변하는 바람에 위원회 자체가 무기력화되기도 했다"고 지적했다. 실제 1979년 폴 볼커Paul Volker가 Fed 의장에 임명됐다. 그의 미션은 물가를 잡는 일이었다. 하지만 그 시기 FOMC 멤버들은 정치 경제적 이해관계가 달라 의견 일치가 이뤄지지 않았다.[15] 볼커가 대안을 마련했다. 리치몬드 연방준비은행 수석 이코노미스트 로버트 헤첼Robert Hetzel은 "볼커가 FOMC 표결이 필요한 연방기금(Fed Fund) 금리(현재 기준금리) 대신 통화량 공급을 조절하는 방식으로 물가를 잡기로 했다"고 설명했다.[16] 정치적 조직인 FOMC를 거치지 않고 통화정책을 결정하기로 한 것이다.

볼커의 조치는 역사적 전환이었다. 돈의 시계추가 대공황 이후 양을 중시하던 시대에서 질을 중시하던 시대로 전환되는 것이었다. 공격적인 돈줄 죄기가 뒤따랐다. 금리가 치솟으면서 물가 오름세가 꺾이기 시작했다. 대가는 1980년대 초 잇따라 발생한 더블딥(Double

---

15 로버트 헤첼, 《Fed의 통화정책 : 역사(The Monetary Policy of The Federal Reserve : A History)》, p.152.
16 위의 책, p.155.

Dip, 이중 침체)이었다. 수많은 사람들이 일자리를 잃었다. 저성장 고물가(스태그플레이션) 시대에 염증을 느낀 미국인들은 볼커가 고금리 정책으로 야기한 침체를 견뎌냈다. 영국과 유럽 등이 Fed를 뒤따랐다. 인플레이션이 죄악시됐다. 통화주의자들이 대세가 됐다. 기준금리 결정 과정에서 정치적 입김을 최소화하려는 움직임이 본격화되었다. 탈정치화의 시작이었다. 중앙은행의 독립이 유달리 강조됐다. 기준금리 결정이 정치적 영향으로부터 분리되어야 한다는 얘기였다. 통화정책 패러다임이 영란은행이 돈 가치만을 고려하며 돈줄을 쥐었다 폈다 했던 1870~1914년으로 되돌아갔다. 그 시절 금리는 일자리 등을 전혀 고려하지 않고 조정됐다.

시계추가 질을 강조하는 쪽으로 이동했을 때 등장한 2가지 정책 논리가 있다. 하나는 인플레이션 타깃팅이고 다른 하나는 기준금리 결정을 정치적 영향력이 강할 수밖에 없는 인치人治에서 룰(Rule, 준칙) 중심으로 바꾸자는 주장이었다. 인플레이션 타깃팅은 1991년 뉴질랜드 중앙은행이 가장 먼저 선택했다. 인플레이션 타깃팅은 소비자물가지수(CPI)로 잰 물가를 연 2% 내에서 억제하는 것을 통화정책 목표로 삼는 것이다. 이것은 중앙은행의 존재 목적을 일자리 창출과 통화가치 안정에서 통화가치 안정만으로 축소된 뒤에야 가능했다. 1997년 아시아 금융위기 이후 한국은행도 인플레이션 타깃팅을 채택했다.

준칙(룰)주의의 대표적인 모델은 테일러Tayler 준칙이다. 성장률과 실업률, 물가상승률을 바탕으로 적정 기준금리를 산출하는 수식이다. 하지만 현실 중앙은행 가운데 테일러 준칙 등에 따라 기준금리를 결정하는 곳은 없었다. 기준금리 자체가 베버가 말한 대로 사회 각

세력이 경제적 생존을 위해 투쟁한 결과이기 때문이다.

머니 트라이앵글에서 중앙은행은 타협의 산물이라고 했다. 실제 중앙은행을 독립국가의 상징으로 알고 무작정 설치한 신흥국을 제외하고 영국이나 미국 등의 중앙은행은 정부와 시중은행(금융회사) 간의 정치적 타협의 결과로 탄생했다. 중앙은행의 기능도 상당히 타협적이다. 다른 말로 최대 채무자인 정부와 최대 채권자인 금융회사 사이에서 뱀처럼 움직인다(Snake Movement). 한때는 채권자 쪽으로, 한때는 채무자 쪽으로 유리한 결정을 한다. 전체적인 움직임을 보면 뱀이 구불구불 기어가는 모양새다. 이때 중앙은행이 쓰는 지렛대는 기준금리 말고도 지급준비율이 있다. 시중은행이 예금 가운데 몇 %를 예금을 찾으러 오는 사람을 위해 비축해둬야 하는지를 정한 비율이다. 기준금리 등은 돈 창출 엔진의 출력을 제어하는 지렛대인 셈이다.

○──── 신분을 나누는 새로운 척도

돈의 영토 안에는 신분제도가 있다. 신용점수(Credit Score) 또는 신용등급으로 분류되는 신분질서이다. 우리가 은행 등 금융회사를 찾아가 대출 상담을 하면 담당 직원이 신용정보 활용 동의서를 내민다. 대출받아야 하는 상황에서 별다른 고민 없이 우리는 이름을 쓰고 서명한다. 그 순간 내 신용등급과 관련된 정보가 대출 담당 직원의 모니터에 뜬다. 이 신용정보를 바탕으로 금융회사는 대출해줄지 말지, 그리고 대출해준다면 이자를 얼마나 받을지 등을 결정한다. 많은 경제 전문가는 신용정보를 1차원적으로 인식한다. 금융회사가 귀중한 자산을 빌려주는 데 필요한 판단 자료라는 말이다.

그런데 미국 UC버클리의 경제사회학과 메리언 포케이드Marion Fourcade 교수는 2013년에 발표한 논문[17]에서 신용점수는 또 하나의 신분질서라는 분석을 제시했다. 그에 따르면 대부분의 경제분석가들은 '생산 편향(Production Bias)'을 갖고 있다. 경제적 계층이나 계급을 나눌 때 회사, 공장, 노동조합 등 경제의 생산을 기준으로 삼는다는 얘기다. 이때 중요한 변수가 소득이다. 봉건시대에 계층 분류의 기준은 토지와 가문이었다. 그런데 포케이드는 현대인들을 생산활동이 아닌 소비활동을 중심으로 분류하는 방식을 제안했다. 소비를 중심으로 계층이나 계급을 분류할 때 가장 중요한 요소가 바로 신용시장에서 차지하는 위치(Position in the credit market)이다. 신용점수가 현재 돈의 영토 안에서 신분 기준이 될 수 있다는 얘기다.

신용점수는 소득 수준에 의해 주로 결정된다. 하지만 행적 점수도 무시할 수 없는 요소다. 돈을 빌려 제때 갚았는지, 각종 공과금은 잘 냈는지 등도 반영된다. 포케이드 교수에 따르면 디지털 기술 덕분에 아주 방대한 자료가 신용점수 계산에 입력된다. 의지만 있다면 인터넷 쇼핑몰에서 구매한 물품을 바탕으로 소비행동을 판단할 수도 있다. 한 개인의 거의 모든 행적이 포착돼 신용점수에 반영될 수 있다는 얘기다.

신용점수의 위력은 막강하다. 일반 대출뿐 아니라 신용카드 발급과 사용 한도 결정, 자동차 할부 대출, 주택매입자금 조달 등에 영향을 준다. 영향력은 나날이 커지고 있다. 자동차 등 내구재를 구입할

---

17 메리언 포케이드 외, 〈신자유주의 시대 분류와 인생 기회(Classification situations : Life-chances in the neoliberal era)〉, 《회계, 조직 그리고 사회(Accounting, Organization and Society)》, 2013년 8월호.

때 일정 비용을 내고 사용하는 구독(subscription) 경제가 일상화하고 있다. 이때 신용점수에 따라 월 사용료가 책정되곤 한다. 현대 소비 활동의 대부분이 신용점수에 의해 결정된다. 돈의 영토 내에서 우리는 과거와는 전혀 다른 신분질서 안에 갇혀 있다. 그것도 이웃과 소통과 연대가 쉽지 않은 신분질서 속에 놓여 있다.

5

그 많은 돈은 누가 가져가는가?

돈의 배분, 양극화와 그 해결사들

잠시 미국 뉴욕 맨해튼의 월스트리트로 여행을 떠나본다. 맨해튼
에서 가장 믿을 만한 교통수단은 지하철이다. 가끔 쥐가 돌아다닐 정
도로 지저분하다. 지하철을 타고 월스트리트 역에서 내려 윌리엄스
트리트 쪽으로 방향을 잡고 북쪽으로 두 블록 정도 가면 리버티스트
리트가 나온다. 이곳 리버티스트리트 33번지가 바로 뉴욕 연방준비
은행(Federal Reserve Bank of New York)이다.

뉴욕 연방준비은행 건물은 르네상스 초기 이탈리아 양식이라고
한다. 노르스름한 돌과 흰색 대리석을 벽돌 쌓듯이 번갈아놓은 건물
이다. 월스트리트 취재차 방문한 2000년 연방준비은행 빌딩은 영국
런던에서 흔해 빠진 건물 가운데 하나로 비췄다(더욱이 1층에 아치형 문이
여러 개 있어 출입문을 찾지 못해 10여 분 동안 헤맸다).

이곳 경비는 삼엄하다. 안전요원은 글록Glock22 권총과 정규군
소총으로 무장하고 있다. 방문객은 공항 검색대 같은 곳을 통과해야

맨해튼에 있는 뉴욕 연방준비은행 빌딩(가운데 앞 건물)

한다. 뉴욕 연방준비은행 건물은 지상 18층이다. 우리의 목적지는 트레이딩 데스크Trading Desk가 있는 9층이었다. 주식과 채권, 선물 등의 가격 정보와 실시간 뉴스뿐 아니라 매매 주문까지 가능한 블룸버그 단말기가 수십 대 자리 잡고 있었다. 글로벌 금융시장이 열리는 시간에는 항상 이곳에 근무자가 나와 있다.

트레이딩 데스크는 뉴욕 연방준비은행의 마켓그룹 내에 있다. 2022년에 앤 봄Anne Baum 수석 부총재가 지휘했다. 앤 봄은 '양적 완화(QE)의 야전 지휘관'이었다. 그는 연방준비제도 제롬 파월 의장과 연방준비은행 존 윌리엄스 총재가 각각 의장과 부의장을 맡고 있는 연방공개시장정책위원회(FOMC)의 지침(결정)에 따라 미국 국채와 주택담보증권(MBS) 등을 사들인다. 워싱턴에 있는 FOMC가 결정하면 뉴욕에 있는 봄이 지휘하는 트레이딩 팀이 매매하는 방식이다. 사실

봄은 QE 명령만 집행하는 것이 아니었다. 기준금리가 정해지면 국채 등을 사고팔아 시장금리가 기준금리에 근접하도록 유도한다. 기준금리를 내리면 국채 등을 사들이는 방식으로 달러를 금융시장에 뿌린다. 트레이딩 데스크는 달러 공급이나 흡수의 창구이고, 봄은 '통화정책 집행자'인 셈이다.

봄이 이끄는 팀은 2020년 3월 4차 QE(이른바 QE4)가 시작된 이후 국채와 MBS를 사들이는 방식으로 매달 1200억 달러(약 142조 8천억 원)를 시장에 투척했다. 2022년 1월 현재는 투척하는 규모가 절반으로 줄었다. 600억 달러 정도다. 매입 규모가 줄기는 했지만 풀려나간 달러 양이 줄지는 않았다. 그렇다면 얼마나 많은 달러가 시장에 풀려나갔을까?

세계 '중앙은행의 중앙은행'인 Fed가 2008년 미국발 금융위기와 2020년 팬데믹 사태를 계기로 모두 네 차례 양적 완화(QE)를 실시했다. 금융시장에 직접 뛰어들어 사들인 미국 국채 등이 8조 달러(약 9440조 원) 이상이었다. 여기에다 미국 연방정부가 2020~2021년 재난지원금과 일자리 안정자금 등으로 1조 7천억 달러를 뿌렸다. 얼추 10조 달러에 가까운 돈이 미국에 뿌려졌다. 이쯤 되면 근원적인 의문이 떠오르기 마련이다. '그 많은 달러가 다 어디로 갔지?' 바로 돈의 영토 안에서 돈이 어떻게 배분되는지에 관한 궁금증이다.

돈은 청구권과 같다. 한 사회에 공급된 재화와 서비스 가운데 돈의 실질가치만큼 차지할 수 있기 때문이다. 돈을 많이 가지고 있으면 더 좋은 제품과 서비스를 더 많이 소비할 수 있다. 돈의 액수에 따라 개인은 입에 풀칠할 정도만 챙기거나 제왕만큼 사치를 즐길 수 있다. 이런 현실을 체득한 개인은 본능적으로 돈을 밝힌다. 시장경제에서 경제활동의 1차 목표가 돈 버는 것인 이유다.

○──── 코인주의자의 복음성가

돈은 영토 안에 살고 있는 사람들에게 골고루 분배되지 않는다. 경제 전문가들이 말하는 불평등이다. 요즘은 불평등 정도가 심해졌다. 중간층이 극단적으로 줄어들어 '경제 양극화'라는 말이 경제 불평등보다 더 많이 쓰일 정도다.

경제분석가가 양극화를 설명할 때 '소득 상위 10%의 평균 재산이 ○○○달러인 반면 하위 20% 평균은 ○○달러'라는 표현을 즐겨 사용한다. '상위 10%의 재산이 집 ○○채와 주식 ○○주인 반면 하위 20%의 재산은 집 ○채와 주식 ○주'라고 말하는 경우는 거의 없다. 경제 불평등 또는 양극화마저 돈의 단위로 표현되는 셈이다. 이를 위해서는 모든 재산의 가격을 알아야 한다. 쉬운 일은 아니다. 하지만 하나의 화폐단위로 환산하면 가격이 제각각인 집이나 주식을 수량으로 비교하는 것보다 정확하고 간편하다.

바로 '재화와 서비스가 화폐단위로 표현된 것(money of account)'은 경제학자 존 메이너드 케인스가 말한 '화폐이론의 기초 또는 출발점'이다.[1] 이때 개별 상품이나 서비스 가격이 가치를 제대로 반영한 것인지는 일단 접어둔다. 세상 모든 것이 화폐단위를 바탕으로 가격표가 붙어 있다는 사실 자체를 주목할 필요가 있다. 그만큼 화폐경제가 숙성됐다는 얘기다. 심지어 불평등 상태마저도 '상위 10%의 평균 재산 ○○달러'처럼 화폐단위로 표현된다. 순간 '당연한 것 아닌가?'

---

1 존 메이너드 케인스, 《화폐론》 1권, p.3.

라고 되묻는 독자가 적지 않을 듯하다. 맞다. 21세기 현재 인간이 생산하고 공급하는 모든 것에 화폐단위로 표현된 가격표가 붙어 있는 상황에서 불평등마저 화폐단위로 표현하는 게 자연스러워 보인다.

그 바람에 '모든 경제 문제의 원인은 돈'이라고 믿는 이들이 적지 않다. 이런 접근법이 작가의 상상력과 결합하면 놀라운 묘사가 나온다.

러시아 작가 표도르 도스토옙스키Fyodor Dostoevskii는 "돈은 주조된 자유다(Money is coined liberty)!"라고 말했다. 우리말로 직역한 듯하다. 나는 '돈은 표면에 찍힌 액수만큼 자유를 누리게 한다'는 번역이 더 좋다. 돈이 한 시점의 재화와 서비스 가운데 금액만큼 누릴 수 있는 청구권이라는 의미와 사실상 같다. 도스토옙스키 말고도 수많은 작가와 사상가, 혁명가들이 돈과 금융이 인간 위에 군림하는 현상을 질타했다. 카를 마르크스는 《자본론(Capital)》 1권의 화폐를 다룬 장에서 각주에 돈의 위력을 실감나게 보여주는 글을 인용한다.

"황금을 말하는 건가? 노랗고 반짝거리며 값진 황금?…… 많은 금은 검은 것을 희게 만들 수 있고, 반칙을 정당한 것으로, 잘못된 일을 올바른 것으로, 천한 것을 고귀하게, 늙은이를 젊게, 바보를 용감하게."[2]

마르크스가 이 대목을 인용한 이유는 돈을 대하는 인간의 통념을 극적으로 보여주기 위해서다. 이쯤 되면 돈을 움직이면 모든 경제 현

2 카를 마르크스, 《자본론(Capital)》 1권 영문판, 펭귄북스, p.229.

상을 좌우할 수 있다는 믿음이 싹틀 만하다. 실제로 그랬다. '기존 돈이 불평등을 낳는다'며 '새로운 돈을 채택하면 불평등을 완화하거나 해결할 수 있다'고 주장하는 이들이 있다. 2022년 현재 그런 주장을 외치는 가장 대표적인 그룹이 바로 코인 지지자들이다. 비트코인 등이 단순한 자산을 뛰어넘어 보편적인 돈으로 발전할 수 있다고 믿는 사람들이다. 코인주의자들은 현재 화폐 시스템에서는 '돈에 대한 접근권(access to money)'이 제한된다고 비판한다. 중앙은행 – 시중은행으로 이뤄진 금융 시스템이 중앙집권적이고 폐쇄적인 네트워크여서다. 이런 주장을 체계적으로 제기한 대표적인 인물이 폴 비냐Paul Vigna와 마이클 케이시Michael J. Casey다. 비냐는 미국 〈월스트리트저널(WSJ)〉의 기자다. 그는 금융시장의 동향을 잘 귀띔해주기로 유명한 칼럼 코너 '마켓 토크Market Talk'의 대표 필진이다. 그가 케이시와 손잡고 암호화폐에 관한 책을 썼다. 케이시는 미국 MIT의 유명한 미디어랩Media Lab의 어드바이저로 활동했다. 디지털 세계에서 '꿈의 연구소'라 불리는 곳이다. 이곳 사람들은 전자종이, 모션 캡처, 입는 컴퓨터 등 상상을 기술로 바꿔놓았다. 현재 케이시는 암호화폐 회사인 코인데스크의 핵심 이론가다.

폴 비냐와 마이클 케이시는 《비트코인 현상, 블록체인 2.0》에서 돈을 보는 시각이 어떻게 진화했는지를 가장 짜임새 있게 정리했다. 그들은 '돈에 접근을 제한하는' 기존 화폐 시스템을 이렇게 비판한다.

"래리 서머스Larry Summers 전 미국 재무장관이 말한 관습적으로 배제된(traditionally excluded) 사람들은 애매모호하지만 은행 서비스를 이용하지 못하는 사람들(unbanked)을 의미한다. 바로 아프리카와 아프가니스탄, 심지어 미국에도 금융에 배제된 사람들이 많다. 전체적으로 25억 명이 현대 금융에서 배제돼 있다. 이들은 적은 돈이라도 있는 은행계좌를 전혀 갖고 있지 않다. 신용 기록도 없다. 은행을 통해 상거래를 하기 위해 필수적인 조건 가운데 어느 하나도 만족시킬 수 없다. 은행 접근이 차단돼 있기 때문에 그들은 현대 경제생활 자체를 할 수 없다."[3]

왜 25억 명이나 돈에 접근할 수 없었을까. 비냐와 케이시는 현대 법정화폐 시스템이 지닌 중앙집권적이고 배타적인 네트워크 속성을 원인으로 지목했다. 이 논리를 위해 은행 시스템의 기원에 대해 스토리텔링한다.

"현재 우리가 통화와 자산을 거래·관리하는 시스템의 뿌리를 거슬러 올라가면 르네상스 시대 이탈리아 피렌체의 부호 메디치Medici 가문이 나온다. 이때 처음 유럽의 화폐경제에서 지배적인 지위를 차지했다. (요즘 말로 설명하면) 메디치 가문 사람들은 기술적인 현상 타파 세력이었다. 급진적인 아이디어 소유자들이기도 했다. 그들은 그 시절 사회가 무엇을 간절히 원하는지를 간파해 충족시켰다. 기본적으로 그들은 예금자와 대출자 사이를 어떻게 중개하는지를 알아챘다. 예금자의 돈을 받아들여 목돈을 조성한 뒤 필요한 사람들에게 빌려줬다. 이 모든 거래는 수수료(예금과 대출이자 차이)를 위해서였다. 예금과 대출의 중개는 요즘 실리콘밸리 투자자들이 말하는 네트워크 효율

---

3 폴 비냐·마이클 케이시, 《비트코인 현상, 블록체인 2.0》 영문판, p.8.

성[4]의 전형적인 예다."[5]

요즘 유행하는 말로 하면 메디치 가문은 근대적인 금융 플랫폼을
개척한 사람들이다. 아마존Amazon이나 알리바바Alibaba 같은 플랫폼
을 만든 혁신가와 비슷하다는 얘기다. 메디치 사람들은 요즘 제프 베
이조스Jeff Bezos나 마윈Ma Yun처럼 그 시절 '사회가 간절히 원하는 무
엇을 간파해 채워준 사람들'인 셈이다.

"은행가들은 한 사회의 수많은 받을 권리(채권)와 갚을 의무(채무)를
한 은행의 중앙 원장에 담는 방식으로 강력하고 새롭고 중앙집권화
한 신뢰(trust) 시스템을 창조했다. (중략) 그러나 은행은 신용을 중앙집
권화해 권한이 너무나 막강해졌다. 낯선 사람들끼리 은행을 끼지 않
고는 비즈니스할 수 없을 정도가 됐다. 나날이 복잡해지고 연관성이
커진 경제는 완전히 은행가의 중개(intermediation)에 기대게 됐다. 은행
가들이 소유한 원장(장부)은 시민들 사이에 형성된 채권-채무 관계를
기록하고 있기에 생명처럼 소중한 수단이 됐다. 결국 은행은 거래 당
사자들 사이에 끼어들어 수수료를 챙기는 바람에 지대(rent) 수익자가
됐다. 금융 거래 흐름을 조율할 수 있는 위치를 차지하기도 했다."[6]

이쯤 되면 성격 급한 독자는 궁금해진다. '돈이 문제라는 얘기인
가? 아니면 현대 금융 시스템이 문제라는 얘긴가?' 두 사람은 책에

---

4 얼마나 낮은 비용으로 정보를 신속하고 폭넓게 전달할 수 있는지를 보여주는 지표.
5 폴 비냐·마이클 케이시, 《비트코인 현상, 블록체인 2.0》 영문판, p.4.
6 위의 책, pp.4~5.

서 분명하게 밝히지는 않지만, 현대 법정화폐를 '중앙은행-시중은행을 중심으로 한 네트워크'의 피조물쯤으로 여긴다. 네트워크를 흔들면 법정화폐도 위협받을 수 있다는 얘기다. 어떻게 흔들까. 비냐와 케이시는 공동체의 신뢰를 얻는 일부터 시작된다고 말한다.

"분산 암호화폐든 전통적인 법정화폐이든 지속할 수 있기 위해서는 공동체의 신뢰를 얻어야 한다."[7]

"신뢰는 어떤 화폐 시스템의 핵심이다. 화폐 시스템이 작동하기 위해서는 내가 가지고 있는 돈이 다른 사람도 가치를 인정할 것이라는 확신을 가져야 한다."[8]

두 사람은 블록체인을 바탕으로 한 분산원장 시스템을 통해 모든 사람들이 온라인에서 믿고 거래할 수 있는 세상을 이야기한다. 중앙집권적인 금융 시스템이 아니라 완전히 분산되고 수평적인 네트워크다. 이런 세상에서는 금융 거간꾼(금융회사와 금융인)이 쓸모없다.

"거간꾼들이 현재 하고 있는 일을 멈추는 순간 고도로 집중화하고 거대해진 글로벌 금융 시스템이 무너질 수 있다."[9]

현실을 혁명적으로 바꿔야 한다고 주장하는 사람의 말과 글은 사뭇 예언적이다. 비냐와 케이시의 문장도 그렇다.

---

7 앞의 책, p.15.
8 앞의 책, p.15.
9 앞의 책, p.4.

"(거간꾼 자리에) 비트코인을 포함한 암호화폐를 넣어보자! 이 단순하고 천재적인 기술은 거간꾼들을 제거하지만 낯선 사람들이 서로 믿고 거래할 수 있는 인프라(infrastructure)를 그대로 유지한다. 암호화폐가 중앙집권화한 금융기관에서 장부 작성의 중요한 업무를 독립적인 컴퓨터 네트워크에 넘겨주기 때문이다. 바로 어떤 기관의 통제에서 벗어나 있는 분산된 신뢰 시스템을 창조하는 것이다."[10]

그리고 유토피아적인 세상을 제시한다.

"암호화폐는 거간꾼과 수수료(지대)를 없애 비즈니스 비용을 줄여준다. 자금 중개기관과 이들에 의해 부자의 반열에 오른 정치인들의 부패를 줄여준다. 공개된 장부(원장)는 아무나 접근할 수 없고 중앙집권화한 기관의 깊숙한 곳에서 작동하던 정치 경제적 시스템을 햇볕 아래로 끌어낸다. 암호화폐는 투명성과 책임성을 강화하는 힘이기도 하다. 이 잠재력 때문에 암호화폐는 단순히 화폐나 지불수단의 기능을 뛰어넘는다. 상거래뿐 아니라 다른 형태의 교환의 장에서 정보를 통제하는 거간꾼을 제거한다. 예를 들어 투표 부정을 막을 수도 있다."[11]

비냐와 케이시가 제시한 블록체인 세상에서는 누구나 돈에 접근할 수 있다. 히말라야의 가난한 소녀가 근사한 아이디어 하나만 있으면 돈에 접근해 꿈을 이룰 수 있다. 말만 들어도 가슴이 설렌다. 심장

10 앞의 책, p.5.
11 앞의 책, p.6.

이 뛴다. 비아냥거리는 게 아니다. 한 사람의 생활인으로서 나도 하루하루의 삶 속에서 허우적대지만 피안의 세계를 꿈꾼다. 암호화폐 혁명가들의 계시록을 읽다 보면 자연스럽게 희망이 마음속에서 일렁인다. 언제 우리가 운명처럼 다가오는 돈을 의심하고 곱씹어보며 비판해봤던가.

○——— 배분의 불평등과 경제 불평등

그런데 희망과 열망은 냉정한 현실 앞에서 빛을 잃어버리곤 한다. '돈 또는 화폐·금융 시스템을 바꾸면 경제 질서가 바뀐다'는 새로운 접근법이 아니다. 나와 인연이 있는 경제학자 베르나르 리에테르는 돈에 대한 인간의 탐욕이 모든 문제의 원인이라고 믿는다. 그는 2016년 전화 인터뷰에서 "가치가 형편없는 돈을 공급하면 돈에 대한 인간의 탐욕이 거의 대부분 사라진다"며, "그러면 개인이나 기업은 움켜쥐는 행동(hoarding이나 saving)보다는 하루라도 빨리 투자하거나 소비해 실직 등 경제적 어려움이 제거된다"고 설명했다. 사뭇 비과학적인 주장을 하는 사이비 경제학자로 비쳐질 수 있는 주장이다.

그러나 리에테르는 '유로euro의 아버지'로 불리는 벨기에 출신 경제학자다. 현재 유로화 시스템을 구축하는 데 참여한 인물 가운데 하나이다. 그는 현대 인류가 돈에 대해 보이는 탐욕의 기원을 추적한 《돈, 그 영혼과 진실(Mysterium Geld)》[12]을 썼다. 그는 나와 인터뷰에서

---

12 이 책은 내가 번역해서 2004년 국내에 출판됐다.

"불평등한 자본주의 시장경제 메커니즘이 아니라 사회적 합의를 바탕으로 돈을 배분하면 불평등이나 불공정 등 여러 문제가 해결된다"고 말했다. 그의 논리가 코인주의자와 다르다. 하지만 '돈의 배분이 불평등해서 경제 불평등이 발생한다'는 점에서는 의견 일치를 보인다.

사실 돈을 평등하게 배분하면 경제 문제가 해결될 수 있다는 접근법은 새로운 게 아니다. 영국 런던정경대 메리 모건 교수(경제사상사)[13]는 "1870년대까지 대중뿐 아니라 경제학자들 가운데 상당수가 불평등이 '게으름'이나 '신체적 장애' 등 개인적인 요인 때문이라고 믿었다"며 "이런 통념이 지배하는 시대에 일단의 이론가와 사회운동가, 혁명가 등이 불평등을 경제 시스템이 아니라 돈에서 찾으려는 움직임이 있었다"고 설명했다.

모건 교수가 말한 움직임은 바로 19세기 초 미국과 영국 등에서 발생한 노동화폐(Labor Money) 운동이다. 모든 가치가 노동에서 비롯되니 노동가치를 반영한 돈을 발행하면 착취와 불평등이 완화되거나 치유될 수 있다는 생각이다. 초기 선구자 가운데 한 명이 바로 존 프랜시스 브레이John Francis Bray다. 브레이는 미국 오리건주에서 태어난 경제학자이면서 초기 사회주의자였다. 또 프랑스 출신 낭만적인 사회주의자 피에르 조제프 프루동Pierre-Joseph Proudhon을 따르는 프루동주의자(Proudhongist)[14]등도 '돈이 모든 죄악의 근원'이라고 주장했다. 프루동주의자는 '자유 신용(Free Credit) 운동'을 주장하며 은행 개

---

13 내가 LSE에서 경제사를 공부한 때인 2016~2017년 학기에 석사과정 지도교수였다.
14 프랑스 정치학자 피에르 조제프 프루동을 따르는 반자본주의 운동세력.

혁을 외쳤다. 노동자와 중·소상공인 등이 위기의 순간 원하는 만큼 돈을 빌려 쓸 수 있도록 하자는 주장이다. 요즘 팬데믹 시기에 미국과 독일 등이 취한 금융·통화 정책이 프루동주의자의 주장을 떠올리게 한다.

프루동을 따르는 사람들은 한 술 더 떠서 모든 상품과 서비스의 가치가 노동에서 비롯되니, 노동시간을 바탕으로 화폐 시스템을 만들면 누가 누구를 착취하는 일은 사라진다고 믿었다.[15] 요즘도 일한 시간을 바탕으로 한 노동화폐를 주장하는 사람들이 있다.

정작 노동가치설을 가장 체계화한 마르크스는 상품의 가치가 노동시간에 비례한다는 노동화폐설을 주장하는 사람들을 '철학의 빈곤'에 시달리고 있다고 비판했다. 마르크스는 《정치경제학비판요강(Grundrisse)》과 《자본론》 등에서 노동화폐가 얼마나 순진한 발상인지 자세히 설명한다. 마르크스의 반박을 자세히 설명하는 게 이 책의 목적이 아니다. 다만 마르크스는 노동가치를 화폐단위로 정확하게 표현할 방법이 없다고 말했다. 노동화폐가 한 사람이 일한 시간 등을 정확하게 반영해야 하는데 그럴 수 없다는 얘기다. 더 나아가 마르크스는 불평등이 돈이 아닌 경제구조에서 비롯됐다고 봤다. 돈은 그저 경제구조를 따라 흐를 뿐이다.

그런데도 돈을 새로 개발하거나 돈을 움직여서 경제 불평등을 해결하거나 완화해보려는 시도는 프루동 이후 현재까지 이어지고 있다. 내 눈에는 이런 시도나 접근법이 '경제 천동설'로 비친다. 지구 북반구에서는 해가 동쪽에서 떠 서쪽으로 지는 게 자명해 보인다고

---

15 카를 마르크스, 《정치경제학비판요강》 영문판, 펭귄북스, pp.14~15.

'태양이 지구 둘레를 돈다'는 결론에 이른 것과 같은 오류가 경제 현상을 설명하는 데서도 나타난다. 우리 눈에 불평등이 화폐단위로 표현된다고 해서 돈이나 금융 시스템이 불평등을 일으키는 원인이 아니라는 얘기다. 정작 돈은 물과 같다. 정해진 채널을 따라 중력에 이끌려 흐른다.

구체적으로 대표적인 암호화폐를 채굴하기 위해 고가의 그래픽카드를 탑재한 컴퓨터를 수십 대 또는 수백 대 굴려야 한다. 엄청난 전기요금을 감당할 수 있어야 한다. 이런 장비와 비용을 히말라야 가난한 소녀가 채굴에 앞서 보유하고 있거나 조달 가능할지 의문이다. 물론 비트코인 말고 개인이 재능을 발휘해 만든 창작품 등을 팔아 마련할 수 있는 코인도 있다. 이렇게 시장 메커니즘을 활용해 얻은 코인은 법정화폐로 얻은 소득과 질적으로 다르다고 말하기 어려울 듯하다.

일부는 '정부가 지급보증이나 정책적 지원 차원에서 자금을 지원하면 해당 분야의 소득이 늘어난다'고 말하기도 한다. 그렇기는 하다. 하지만 정부가 특정 분야에 대출 등을 더 많이 해주도록 하는 일은 돈 자체를 바꾸는 일이 아니다. 새로운 암호화폐 등을 새로 만들어 공급하는 것이 아니라는 얘기다.

돈의 흐름과 소득 채널

기자 생활을 8년 정도 하다 화폐금융론을 더 공부하고 싶어 2003년 영국으로 떠났다. 그곳에서 만난 스승이 바로 버밍엄대학교의 피터 싱클레어 교수다. 그는 2020년 코로나19로 숨졌다. 스

● 돈의 배분

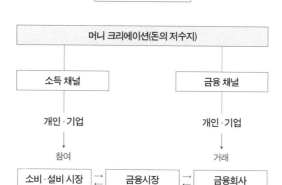

코틀랜드 출신으로 따뜻하고 열린 마음으로 대해준 그가 그립다.

싱클레어 교수가 주로 가르친 내용은 통화정책 전달 경로(Monetary Transmission Mechanism)였다. 중앙은행의 통화정책이 어떤 경로를 거쳐 한 사회의 총생산과 총수요에 영향을 끼치는지를 다루는 분야다. 그가 말한 전달 경로는 7개다. 금리 경로, 자산가격 경로, 환율 경로, 신용 경로, 기대 경로, 리스크 추구 경로, 은행자본 경로이다. 싱클레어 교수는 경로마다 사뭇 복잡한 수식을 최소 하나씩 곁들여 설명했다.

순간 한 학생이 손을 들어 질문했다.[16] "전달 경로를 돈이 배분되는 경로로 이해하면 되는 건가요?" 순간 싱클레어 교수는 숨을 깊이 들이마셨다. 그리고 서서히 내쉬며 "돈의 배분(distribution)과 흐름(circulation)을 혼동해서는 안 된다"며 "사람들이 중앙은행이 돈의 배분

---

16 2014년 11월 영국 버밍엄대학교 경제학과 '통화정책론(석사과정)' 시간에 이뤄진 문답.

까지 하는 줄 안다"고 말했다. 그리고 이렇게 설명한다.

"일반 시민은 돈의 배분을 소득분배로 이해하기 십상이지만, 이런 인식에 중앙은행가는 당황해한다. 중앙은행가들에게 한 사회의 소득분배는 자신들이 통제할 수 없는 영역으로 비친다."

실제 통화정책 전달 경로는 개인과 기업의 계좌에 소득으로 얼마를 입금해주는 것이 아니다. 싱클레어 교수는 "돈의 배분이 통화정책 전달 경로와 거의 무관한 이미 세팅된(pre-set) 방식에 의해 이뤄진다"고 말했다. 애초에 싱클레어 교수는 통화이론가이기 때문에 경제구조 등에 대해서는 말을 아꼈다. 하지만 그날 학생의 질문을 계기로 평소 생각해온 경로를 소개했다. 그의 설명이 이론으로 검증된 것은 아니다. 다만 주류 경제학자가 설명한 돈의 배분 채널 가운데 가장 체계적이라고 생각한다.

싱클레어 교수가 말한 소득은 넓은 개념이었다. 개인이 받는 월급뿐 아니라 기업이 벌어들인 영업이익(또는 순이익)도 소득이다. 그는 "금융시장에서 돈을 굴려 얻는 수익(이자 등)이 죄악시되던 시기에 소득이 가장 일반적으로 돈을 배분받는 경로였다"고 설명했다.

소득은 근로소득과 투자소득으로 나뉜다. 여기서 말하는 투자는 재테크가 아니다. 기업인이나 소상공인이 건물을 임대하고 설비를 사들여 사람을 채용하는 행위다. 이렇게 해서 산출된 상품이나 서비스를 판매해 투자된 돈에 영업이익을 붙여 회수한다. 이런 소득 경로는 오랜 기간 진화한 결과다.

인간은 구석기시대까지 상당 기간 동안 선의와 호혜를 바탕으로 먹을 것 등 경제적 가치를 나눴다. 구석기시대는 채집경제 시기였다. 다음 시기에는 제사장과 왕 등이 무력(공권력)이나 세금, 공동체 윤리 의식 등을 동원해 의식적으로 배분했다. 역사학자들은 이때부터 가치가 서서히 불평등하게 나눠지기 시작했다고 본다. 인간은 불평등하게 나눠 갖는 시스템에 아주 오랜 기간 적응해왔다. 불평등이 너무나 오래 이어져온 나머지 자연질서인 것처럼, 숙명인 것처럼 느껴질 정도다.

실제 경제학이나 사회학 이론 가운데 상당수가 불평등을 자연질서로 가정하고 논리를 전개한다. 예를 들어 각자 돈이 얼마 있는지는 일단 접어두고 '각자 갖고 있는 돈을 가장 효율적으로 사용하는 법'에 초점을 맞춘 이론이나 모델은 대부분 불평등을 기정사실화한 접근이다.

금융과 투자 이론을 배울 때 교과서는 "당신의 자산을 어떻게 배분해 투자하는 게 옳은가?"라는 질문으로 시작하곤 한다. 그 순간 '배분할 자산이 애초에 없는데……'라는 자조적인 생각이 떠오르곤 했다. 이처럼 현대 경제 교과서는 대부분 경제적 가치가 경제 사슬 어느 지점에서 어떻게 배분되는지에 대해 언급하는 것을 삼가고 있다. 경제적 가치가 어떻게 배분됐는지부터 제대로 따져보자고 달려든 이론가들은 주로 고전파 경제학자들이다. 애덤 스미스, 데이비드 리카도David Ricardo, 카를 마르스크 등이다.

경제적 가치가 누구에 의해 어떻게 창출돼 어느 지점에서 어떻게 배분되는가는 이 책의 주제가 아니다. 단지 돈은 경제적 가치가 창출되고 배분되는 채널을 따라 흐르는 물과 같다는 점만 다시 강조하고 싶다.

개인과 기업이 소득(영업이익)으로 배분받은 돈은 빚을 내서 쓸 수 있는 바탕이다. 개인이든 회사이든 대차대조표의 오른편(대변) 아래쪽이 자기 돈이다. 소득으로 배분받은 돈이 자기 돈에 가깝다. 이를 바탕으로 타인 자본(빌린 돈)을 조달할 수 있다. 이 자본은 대차대조표 오른쪽 위에 자리 잡는다. 타인 자본, 즉 빌린 돈은 자기자본만으로 할 때보다 소비의 규모나 주택·주식 등 자산 매입 규모를 키운다. 이익의 규모도 커질 수 있다(레버리징, leveraging). 이때 발생한 이익 가운데 이자를 지급하고 남은 돈이 소득이다.

간단한 산수를 예로 들면, 내가 연 1억 원을 번다고 했을 때, 이를 바탕으로 5천만 원을 빌리면 내 지출이 1억 5천만 원으로 늘어날 수 있다. 주택을 매입하면 소득에 준하는 1억 원보다 좀 더 비싼 집을 살 수 있다. 주식 매입 규모도 비슷하게 늘어난다. 삼성전자 주식 1억 원어치보다 1억 5천만 원어치의 수익이 더 크다. 개인과 펀드, 금융회사가 레버리징을 하는 이유다.

그러나 원하는 만큼 빚을 낼 수 없다는 것이 문제다. 과거에는 시계 등을 전당포에 맡기거나 집을 담보로 빌렸다. 그런데 '빚이 대중화한 지금'은 정교한 시스템에 따라 부채 한도와 금리 등이 결정된다.

○──── 소득과 금융의 이중주

《신용카드 제국(Credit Card Nation)》[17]을 쓴 로버트 D. 매닝 Robert D. Manning은 현대인들이 왜 빚을 내서 생활할 수밖에 없는지

---

17 《신용카드 제국》은 내가 번역해 2002년 국내에 출간됐다.

등을 신용카드를 중심으로 파헤쳤다. 그는 존스홉킨스대학교에서 박사학위를 받았다. 2008년까지 로체스터공과대학(RIT)에서 경영학을 가르쳤다. 《신용카드 제국》 외에도 '부채와 더불어 살기(Living with Debt)'라는 연구 보고서를 발표했다. 그는 "빚에서 자유로워지기 위해 마지막에 선택할 수 있는 길은 파산"이라고 말했다. 이 말이 옳음을 증명하고 싶었을까. 그는 2020년에 파산을 선택했다. 빚 약 50만 달러를 갚지 못해 법원에 파산을 신청해 승인받았다.

2010년 전화 인터뷰에서 그는 "현대사회에서 빚은 윤리와는 거리가 멀다"며 "이제는 경제적 효과를 극대화하기 위한 장치일 뿐"이라고 말했다. 빚이 많다고 '방탕하다', '건전하지 못하다' 등 윤리적 평가를 내릴 수 없다는 얘기다. 그 이면에는 빚의 대중화가 똬리를 틀고 있다. 현대인이 낭비벽이 심해졌다거나 일확천금을 노리는 심리가 강해져서 대중화가 이뤄진 게 아니다.

매닝 교수는 "1980년대 이전에는 기업인이나 상인 등이 이익을 올리기 위해 자본을 늘릴 목적으로 빚을 내는 경우가 대부분이었다"고 말했다. 개인이 대출받는 일은 아주 제한적이었다. 가계대출이 전혀 없지는 않았다. 미국 대부조합(S&L)과 시중은행 등에서 주택담보대출이 이뤄졌다. 금융회사로서는 리스크가 거의 없는 돈벌이였다. 소득이 낮은 사람들은 전당포 등에서 고리대금을 쓰는 게 일반적이었다.

하지만 "1980년대 이후 신용카드가 일반화했다. 시중은행도 기업대출 대신 가계대출을 돈벌이로 인식하기 시작했다"고 매닝 교수는 설명했다. 한국에서 빚의 대중화가 시작된 것은 1997년 아시아 금융위기 이후다. 나는 그때 주니어 기자로 금융 구조조정을 주도한 금융감독위원회를 취재했다. 시중은행 몇 곳이 문을 닫았다. 대기업인 대우 등이 분할돼 이곳저곳으로 매각됐다. 경제적 외과수술 시기에 시중은행은 '미래 경영전략'을 금융감독위원회에 제출해야 했다. 당시에 신한은행 등 시중은행의 경영진은 약속이나 한 듯이 '소매 금융'을 주력 비즈니스로 내세웠다. 소매 금융은 기업이 아니라 개인에게 대출(신용카드)을 해주는 것이다.

한마디로 아시아 금융위기 이후 한국의 가계부채가 늘어난 가장 큰 요인은 경제 상황과 금융회사의 전략이었다. 개인의 낭비벽 등을 가계부채의 증가 원인으로 설명하기에는 부족하다.

부채가 대중화되면서 담보대출뿐 아니라 신용대출도 불어났다. 신용대출은 금융회사에 적지 않은 리스크다. 돈을 떼일 가능성을 최소화하기 위한 시스템을 갖춰야 했다. 대표적인 예가 바로 신용보증보험 제도다. 또 다른 시스템은 신용점수 시스템이다. 내가 시중은행에서 1억 원을 빌리기 위해서는 소득을 증명하는 서류 등을 제시해야 한다. 채권자인 금융회사는 신용카드 거래 실적, 과거 대출 경력과 상환 기록, 자기 회사와 거래 실적 등을 바탕으로 신용점수를 매긴다. 이 점수가 곧 대출 한도와 금리 수준을 결정한다. 금융 접근(Access to Finance)이 정해지는 셈이다.

개인의 소득이나 기업의 순이익에 따라 금융 접근이 차별된다. 2008년 세계은행(WB)의 보고서[18]에 따르면 주요 대륙별로 돈 빌리는 데 애를 먹는 회사의 비중과 금융비용이 서로 비례했다. 아프리카의

---

18 세계은행, '모든 사람을 위한 금융이라고?'(Finance for All?), 세계은행정책리서치보고서 (World Bank Policy Research Report), 2008년.

머니니스

사하라 사막 이남 지역의 회사 50% 가까이 금융 애로를 겪고 있었다. 이자 등 자금 조달 비용이 문제라고 대답하는 회사가 70%에 달했다. 반면 고소득 국가에서는 단지 20% 정도만 금융 조달에 애를 먹고 있을 뿐이었다.

악순환이다. 불평등한 소득으로 금융 접근까지 차별받는다. 불평등이 한결 심해질 수밖에 없다. 더욱이 경제위기에 악순환은 더 심하다. 경제위기를 맞으면 실직자가 늘어난다. 실직자는 돈을 빌리기 어렵다. 문제는 이뿐만 아니다. 실직자가 고용 상태일 때 빚을 진 경우가 적지 않다. 실직하자 과거에 진 빚을 갚기 어렵다. 농경사회 시절에는 흉년이 들면 땅을 빚쟁이에게 빼앗기곤 했다. 부채 때문에 토지의 집중이 이뤄지는 메커니즘이다. 근대 자본주의 시장경제에서도 비슷했다. 실직이 채무불이행을 낳고, 채무불이행은 담보 자산 등의 차압으로 이어진다.

소득과 금융 연쇄작용이 심각한 사회적 갈등으로 번졌다. 그 절정의 시기가 1930년대 대공황이었다. 금융 세력, 구체적으로 말하면 미국에서는 월스트리트에 대한 분노가 극에 달했다. 분노가 어느 정도였는지는 1933년 프랭클린 루스벨트Franklin Roosevelt의 첫 번째 취임 연설에 잘 드러나 있다.

"양심의 가책이라곤 모르는 돈놀이꾼들의 행태가 국민의 여론 재판에서 심판받고 있다. 사람들의 마음속에서 배척되고 있다. (중략) 돈놀이꾼들이 문명의 신전에서 일탈해 있다. 이제 우리는 그 신전을 고전적인 가치 기준에 따라 복원하려고 한다."[19]

요즘 어느 나라 대통령이 금융가들을 루스벨트만큼 비판할 수 있을까? 현실적으로 어렵다. 금융이 현대사회에서는 상당히 대중화돼 있다. 계기는 대공황과 제2차세계대전이었다. 1940년대 이후 미국과 유럽 국가들은 적극적으로 소득과 금융의 악순환을 완화하는 데 뛰어들었다. 사회보장을 강화하고 고용을 늘렸다. 무엇보다 참전 군인을 중심으로 대학 교육을 확대하는 시스템을 강화했다. 학자금유동화공사 등을 설립해 낮은 금리에 학자금을 충분히 공급했다. 요즘은 대학 졸업장의 의미가 많이 퇴색했지만, 당시에는 중간 소득을 얻을 수 있는 면허로 인식됐다.

요즘 소득 양극화 또는 경제 양극화가 시대의 화두다. 그 바람에 정치적 양극화(political polarization)마저 빚어지고 있다. 정치 지형에서 중도층이 줄어들고 좌우 대립이 거세지고 있다. 양극화 문제를 해결해야 한다는 목소리가 다시 커졌다. 불행하게도 뾰족한 해결책이 제시되지 않고 있다. 부의 재분배를 시도하는 정치 세력이 존재하기는 한다. 하지만 제2차세계대전 이후처럼 대부분의 나라는 정치 지형에서 다수 세력이 아니다. 국가 정책을 통한 양극화 완화가 쉽지 않은 상황이라는 얘기다.

○─────── **양극화와 재테크 강박관념**

그 결과 각자 살아남기 위한 개인의 몸부림이 거세지고 있다. 소득보다는 재테크 수익을 올리기 위해 주식과 부동산, 코인

---

19 미국 예일대학교 법대, '미국 대통령 취임 연설문', https://avalon.law.yale.edu/20th_century/froos1.asp

시장에 뛰어드는 개인이 급증했다. '재테크 강박관념'이 일반화한 셈이다. 《행복의 역사》를 쓴 존스홉킨스대학교의 대런 맥마흔Darrin McMahon 교수는 2022년 인터뷰에서 "개인에게 돈은 안전망"이라며 "사회적·정치적 안전망이 제때 갖춰지지 못한다는 불안감 때문에 노동이나 실물경제 영역의 비즈니스 활동이 아니라 재테크를 통해 안전망을 갖추려는 사람들이 급증했다"고 말했다.[20] 실제 국내뿐 아니라 미국 증시에서는 2020년 3월 팬데믹 패닉 이후 개인투자자가 대거 등장했다. 이들은 주가가 떨어질 때마다 일생일대의 기회를 잡기라도 한 듯이 주식을 사들였다.

그런데 개인투자자들이 주로 참여하는 시장은 대체로 유통시장이다. 주식시장의 일부다. 다른 한편에는 발행시장이 있다. 주식시장의 기초를 알려주기 위해 두 시장 이야기를 꺼낸 것이 아니다. 돈이 배분되는 현장 가운데 하나를 알아보기 위해서는 반드시 주식시장이 어떻게 구분되는지 알아야 한다. 주식은 발행시장을 거쳐 유통시장에서 주로 사고팔린다. 우리가 증권사를 찾아가 계좌를 열고 주식을 사고파는 곳은 유통시장이다. 서울거래소나 뉴욕거래소 등 큰 건물 안에 자리 잡은 눈에 보이는 시장이다.

반면 발행시장은 눈에 보이지 않는다. 가장 대표적인 발행시장은 스타트업이 초기에 내놓은 주식을 알음알음 투자하는 시장이다. 스타트업 창업자, 초기 벤처 캐피털리스트, 사모펀드, 투자은행가 등이 주인공이다. 좌파 경제학자 루돌프 힐퍼딩이 말한 프로모터promotor[21]

---

20 대런 맥마흔 교수와 인터뷰는 2022년 1월 〈삼프로TV〉 채널을 통해 방영됐다(https://www.youtube.com/watch?v=_qH2s0hgWUY).
21 루돌프 힐퍼딩, 《금융자본론》 영문판, pp.128~129.

들이다. 사업을 초기에 도모하는 사람들이다. 이들은 사업 아이템의 성공 여부가 검증되기 전에 돈을 내고 스타트업의 종이쪽지(주식)를 받는다. 대단히 모험적일 수밖에 없다. 프로모터들의 이익은 투자한 회사가 어느 정도 돈을 벌어 기업공개(IPO)와 상장을 했을 때 현금화된다. 프로모터들이 사들인 주가와 상장 이후 유통시장에서 형성된 주가의 차이가 '프로모터의 이익(Promotor's Profit)'이다. 차익은 엄청나다. 정보기술(IT) 귀족들이 축적하는 재산의 원천이다.

발행시장 가운데 일부가 대중화된 것이 공모시장이다. 주식투자가 대중화하면서 나타난 시장이다. 한 회사가 요건을 갖춰 기업공개와 상장을 추진하면 일부 주식을 공모 방식으로 판매한다. 사실 유명기업의 공모주는 대부분 투자은행과 뮤추얼펀드 등에 배분된다. 개인투자자에게 돌아가는 몫은 크지 않다. 어쨌든 공모주 투자자들은 프로모터 이익 가운데 아주 작은 부분을 차지한다. 주식 공모가는 프로모터들이 해당 회사의 초기에 산 주가보다 훨씬 높기 때문이다. 반면 증권거래소를 주축으로 한 유통시장의 중심은 프로모터가 아니라 일반 대중이다. 반면 주식시장에서 얻을 수 있는 이익은 프로모터이익보다 낮다.

프로모터 이익은 전형적으로 돈 놓고 돈 먹는 메커니즘이다. 이미 상당한 돈(자본)을 가지고 있는 사람이 더 많은 수익을 챙긴다. 여기서 돈(자본)은 단순히 법정화폐나 가상화폐가 아니다. 바이러스라고 정의한 돈과는 별개의 개념이다. 상당한 수준까지 축적된 돈이다. 1억 원이나 100억 원을 모았다고 자동으로 자본이 되는 게 아니다. 이 돈으로 인력을 고용하고 설비를 사들여 제품이나 서비스를 생산하고 팔아서 원가와 이익을 현금화할 수 있는 시스템이 갖춰져야 자본이 된다. 목돈이 주식이나 부동산, 채권, 파생상품 등에 베팅되어 수익을 실현하는 시스템도 자본이 존재하기 위한 조건 가운데 하나다.

한마디로 자본은 목돈과 함께 이윤(수익)을 거둬들일 수 있는 경제 메커니즘을 전제로 하는 개념이다. 이런 메커니즘은 중세 봉건사회 말기부터 약 300여 년 동안 진화를 거친 끝에 뿌리내렸다. 단순히 노동화폐를 도입하거나 가상화폐를 일반화한다고 해체되지 않는다. 이런 경제구조에서 교환의 매개, 가치의 척도, 셈의 단위로 구실하는 장치가 돈이다. 돈은 개 꼬리인 셈이다.

이제 '미국 Fed가 팬데믹 와중에 뿌린 10조 달러가 어디로 배분됐을까?'라는 첫머리의 질문을 다시 살펴보자. Fed 등 각국 중앙은행은 돈이 소득이나 수익 등으로 배분되는 메커니즘에는 손가락 하나 건드리지 않았다. 달리 말하면 소득(수익) 경로로 돈을 지급하지 않았다. 중앙은행은 불평등한 소득(수익) 구조를 바탕으로 개인과 기업이 레버러징할 수 있는 금융 세계에 화폐단위가 마르지 않도록 했을 뿐이다.

다만 각국 재무부가 지급한 재난지원금만이 소득 형태로 배분된 돈이다. 돈의 영토 안에서 가장 신용도가 높고 경제적 영향력이 강한 정부가 과거의 소득(이미 거둬들인 세금)과 미래에 거둬들일 세금으로 빌린 돈을 개인 계좌에 입금해줬다. 정부가 국민 모두에게 일정한 금액을 지급한 일은 돈의 미래에 의미심장한 사건이다. 그 의미는 이 책의 마지막 장에서 자세히 살펴볼 예정이다.

이제 돈의 배분을 정리할 차례다. 돈의 배분은 돈 자체와는 별개인 경제 분배 메커니즘에 따라 이뤄진다. 돈을 법정화폐가 아닌 암호화폐로 정한다고 해도 경제 분배 메커니즘은 거의 바뀌지 않는다. 중앙은행이 공급한 유동성은 이미 분배가 이뤄진 각자의 주머니 사정에 따라 레버리징하는 영역에 투입된 돈일 뿐이다.

영토를 벗어난 돈은
그저 물건일 뿐이다

달러 패권주의와 글로벌 통화 서열

스티브 행키Steve Hanke 교수는 미국 존스홉킨스대학에서 응용경제학을 가르친다. 그는 백면서생이 아니다. 1980년대 로널드 레이건 대통령 시절 백악관 경제자문회의 멤버였다. 이론가로서 현실과 호흡을 해봤다.[1]

행키 교수는 '통화개혁가'로 불리기도 한다. 그는 남미의 아르헨티나와 베네수엘라를 비롯해 러시아와 보스니아-헤르체코비나 등 동유럽 국가들에 통화 체계를 조언했다. 아르헨티나 등 남미 국가는 자본주의 시스템을 채택하고 있지만 화폐 질서가 무너지거나 취약한

---

1 '트럼프 목표는 적자 감소보다 중국 활력 억제다', https://news.joins.com/article /22429811. 나와 인연은 2018년부터 시작됐다. 일면식은 없지만 전화 너머로 대화하는 사이다. 이후 그는 도널드 트럼프 미국 대통령이 중요한 정책을 결정하면 이메일을 띄워 전화 인터뷰를 요청하는 취재원이다.

나라다. 러시아와 동유럽 국가들은 과거 사회주의 경제에서 자본주의 경제로 바뀐 나라들이다. 그는 "취약한 화폐 시스템이 안정화되기 위해서는 가장 강력한 통화의 힘을 빌리는 게 빠르다"[2]고 말했다.

행키가 말한 처방은 달러화(Dollarization)다. 달러화(化)는 미국 달러를 자국의 가치 단위와 회계 단위, 세금 징수의 단위로 쓰는 것을 말한다. 푸에르토리코 등 중남미 일부 국가는 자체 통화를 정하지 않았다. 일상 상거래에서 세금 징수 단위까지 모두 달러로 이뤄진다. 독립국가가 달러화를 하기는 쉽지 않다. 초인플레이션 상황이거나 경제 자체가 미국에 거의 100% 의존하는 나라에서나 가능하다. 푸에르토리코는 사실상 미국의 51번째 주라고 할 정도다. 행키 교수는 "정치적 독립성을 유지하는 나라가 현실적으로 달러화를 하는 방법은 페그 시스템Peg System"이라고 나와 인터뷰에서 말했다. 페그 시스템은 자국 통화 단위를 갖고 있지만 달러와 환율을 고정해버리는 것이다. 홍콩은 자국 7.8달러를 미국 1달러로 고정해놓고 있다. 인플레이션이 심한 나라에서 페그 시스템을 실시하면 통화 신뢰도가 가파르게 상승한다. 인플레이션 기대심리가 떨어진다. 행키 교수는 신생국이나 경제체제를 바꾼 나라에 적극적으로 달러화를 처방했다. 어느 사이 그의 별명은 '달러화의 아버지'가 됐다.

전화 통화 도중에 교수의 입에서 흥미로운 말이 튀어나왔다. 그는 "달러화는 글로벌 통화 서열을 가장 극적으로 보여주는 사례"라고 말했다. 통화의 위계서열은 돈의 영토(Monetary 또는 Money Space) 밖

---

2 내가 행키 교수와 인터뷰할 때 통화개혁은 주요 테마가 아니었다. 다만 그는 대화 도중 무용담처럼 경험을 이야기하곤 했다.

에서 매겨지는 통화 간 서열구조이다. 각국 돈은 영토 안에서 지존의 지위에 있다. 모든 포인트, 암호화폐 등 유사 화폐단위가 원화의 영토(KRW Space)인 대한민국 안에서는 '원'에 고개를 숙인다. 비트코인이나 각종 포인트, 지역화폐 등이 일정 영역에서는 교환의 매개로 구실한다. 운명의 순간에 그들의 가치는 '원 단위'로 환산돼 교환된다. 하지만 원화가 돈의 영토를 벗어나는 순간 원의 지위는 지존에서 밀려난다.

돈의 영토가 지리적일 필요는 없다. 원화가 서울 금융시장 가운데 외환시장에 들어서는 순간 돈의 영토를 벗어났다고 봐야 한다. 외환시장은 세계 곳곳에 있다. 가장 유명한 곳이 영국 런던과 독일 프랑크푸르트, 미국 뉴욕, 일본 도쿄, 중국 상하이 등이다. 외환시장의 원화는 카를 마르크스가 말한 대로 "순환의 홈그라운드(Home Space of Circulation)를 떠난 상태"다. 그는 "(외환시장 등에서) 돈은 가격의 표준, 가치의 상징 등 지역적인 복장을 벗고 단순히 하나의 상품으로 전락한다"[3]고 말했다. 돈의 영토 안에서는 지존이지만, 영토 밖에서는 철저히 상품처럼 상대 가격으로 교환되기 때문이다. 이때 가격이 바로 환율이다. 돈의 영토 안에서 주요 가격은 금리다.

○────── **돈의 두 얼굴, 금리와 환율**

행키 교수는 독특한 존재다. 그는 돈의 영토를 넘나든다. 돈의 영토 밖의 통화 서열이 갖고 있는 힘을 빌려 영토 안에서 일

---

3 카를 마르크스, 《자본론》 영문판 제1권, p.90.

어난 돈의 위기를 진정시킨다. 터무니없는 전략이 아니다. 돈의 위기(Money Crisis, 화폐 시스템 위기)는 머니 트라이앵글이 제대로 갖춰지지 않은 나라에서 주로 발생한다. 21세기 돈의 위기를 겪었거나 시달리고 있는 나라인 아프리카 짐바브웨, 남미의 아르헨티나와 베네수엘라는 모두 트라이앵글 가운데 정부의 재정 축이 무너지거나 만성적으로 약하다. "아르헨티나 같은 나라는 자력 또는 내부의 힘으로 통화 질서를 세워 이어가기 힘들다"며 "미국 달러의 신뢰를 빌려 돈의 질서를 회복해야 한다"[4]고 주장했다. 그의 처방이 옳은지 아닌지를 두고 경제와 국제정치 학계에서는 논란이 이어지고 있다. 여기서는 그의 전략 타당성을 따지지는 않는다. 대신 그의 처방이 갖는 의미를 살펴본다.

돈은 두 얼굴을 갖고 있다. 돈의 영토 안과 밖에서 서로 다른 얼굴로 나타나는 것이다. 두 얼굴은 바로 금리와 환율이다. 시장에서 사고팔리는 것 가운데 2가지 가격이 형성되는 것은 돈밖에 없다. 예를 들어 한국 정부의 국채가 국경을 사이에 두고 2가지 가격이 형성될 수 있다. 1년 만기 한국 국채 가격이 한국에서는 낮고, 홍콩 금융시장 등에서는 높은 값에 거래된다. 가격 차이가 환율과 리스크 등을 감안해도 터무니없을 수 있다. 그러면 순식간에 투자자들이 기민하게 움직인다. 상대적으로 싼 서울에서 한국 국채를 사서 홍콩에서 팔아치운다. 아비트러지(arbitrage, 재정거래, 차익거래)다. 금융시장 플레이어들의 영어로는 '공짜점심(free lunch)'이라고 한다. 동일한 자산은 시장이 어디든 하나의 가치와 가격이어야 한다. 가격 차이가 발생하면 시

---

4 스티브 행키 교수가 나와 통화에서 했던 말이다.

간이 걸리더라도 가격이 같아질 수밖에 없다. 결국 서울에서 문제의 국채를 산 사람은 위험을 감수하지 않고 가만히 앉아서 돈을 번다. 서울에서 국채 값은 오를 수밖에 없고 홍콩에서는 떨어지는 게 자산 시장의 법칙이다.

돈의 국경은 흐릿하다. 서울은 지리적으로 원의 영토 안에 있다. 하지만 서울에는 돈의 영토 밖인 외환시장이 형성돼 작동하고 있다. 지리적으로만 겹치는 게 아니다. 돈의 두 가격을 움직이는 힘들이 중첩적으로 작용한다. 금리를 결정하는 힘이 환율에 '직간접적으로' 영향을 준다. 반대로 환율을 결정하는 요인이 금리에 충격을 주기도 한다.

한 나라의 통화정책 측면에서 보면 돈의 두 얼굴은 벗어날 수 없는 굴레다. 자본이동이 자유로운 상황에서 통화가치(환율)의 안정과 독자적 통화정책을 모두 이루기가 사실상 불가능하다. 자본이동을 억제하거나 통화정책 자율성을 포기해야 환율 안정이 가능할 수 있다는 얘기다. 이를 돈의 트릴레마Trilemma라고 한다. 영국의 경제학자 존 플레밍John Fleming과 캐나다의 경제학자 로버트 먼델Robert Mundell 이 따로 연구한 결과에서 도출된 결론이다. 미국의 UC데이비스 앨런 테일러Alan Tayler 교수 등이 '트릴레마' 또는 '불가능한 삼위일체(Impossible Trinity)' 등으로 표현해 대중화했다. 국내 경제 연구자들 가운데는 '삼중고(三重苦)'로 번역해 쓰는 사람도 있다. 무엇이라 하든 3가지를 동시에 이루기가 불가능하다는 뜻이다.

돈의 두 얼굴은 혼돈을 불러일으키기도 한다. 흔히 재정적자가 늘어나면 원화 가치가 떨어져 외국인 자금이 썰물처럼 빠져나간다고 생각하는 사람들이 적지 않다. 그럴 수도 있고, 그렇지 않을 수도 있다. 돈의 국경을 사이에 두고 있는 양쪽의 관계가 생각만큼 직접적이지 않다. 요즘 자본이동이 상당히 자유롭기는 하다. 외국인 투자자들이 한국 국채를 상당히 보유하고 있다. 재정적자가 불어나면 이들이 한국 국채를 처분해 원화 가치가 떨어질 수 있다. 눈치 빠른 독자는 '~할 수 있다'는 끝말에서 간파했으리라! 재정적자발 외국 자금 이탈은 가능성일 뿐이다. 다른 장에서 살펴봤듯이 한 나라의 산업 포트폴리오, 금융 숙성도(시중은행과 보험회사 자금력) 등이 재정적자 충격을 완화할 수 있다.

또 다른 혼돈은 미국 달러 등 기축통화에 따라 자국 화폐의 가치가 정해진다고 생각하는 것이다. 글로벌 통화 서열을 통해 한 나라의 돈의 가치 또는 안정성을 가늠할 수 있다. 그러나 1달러가 원화로는 1천 원대이고 터키 리라로는 6리라이다. 터키 리라의 가치나 안정성이 한국보다 높다고 선뜻 말하기 어렵다. 더욱이 터키가 늘 외채 위기에 시달리고 있는 점을 감안하면 더욱 그렇다. 한 나라의 돈의 가치는 글로벌 통화 서열뿐 아니라 다양한 요인에 따라 결정된다. 현대 돈의 가치가 금이나 은 등으로 정해진다고 말하기 어렵다고 했다. 마찬가지로 미국 달러에 견주어 상대적 숫자(환율)로 정해진다고 할 수 없다.

세상의 모든 돈이 허공에 떠 있지 않고 영토를 갖고 있다고 했다. 세계가 단일 정부로 이뤄졌다면 세계 화폐가 존재했을 것이다. '헤지펀드의 귀재인' 조지 소로스George Soros가 글로벌 중앙은행을 주장했다. 하지만 단일 중앙은행은 현실적으로 불가능하다. 결국 세상의 돈들은 어느 나라도 지배하고 통제하기 어려운 영토 밖(외환시장)에서 '하나의 상품으로 전락한다'고 했다. 상품과 상품은 시장에서 철저하게 상대 가격으로 평가된다. 이때 기준이 바로 기축통화 또는 국제 결제통화다. 서열의 정점에 있는 돈이다. 한 나라의 돈이 기축통화 반열에 오르면 상당 기간 머무는 경향이 있다.

○───── 서열의 꼭짓점

　　　돈의 영토 안에서는 개인이나 기업이 여윳돈을 지니고 있어야 한다. 반면 영토 밖에서는 국가가 여윳돈을 준비한다. 바로 외환보유액(Foreign Exchange Reserve)이다. 한국은 4천억 달러에 가까운 외환보유액을 갖고 있다. 적잖은 사람들은 외환보유액을 '우리가 해외에 수출해서 벌어들인 돈'이라고 생각한다. 틀린 말은 아니다. 하지만 속을 들여다보면 이야기가 조금 달라진다. 한국은행이 보유한 약 4천억 달러는 사온 돈이다. 중앙정부가 지급을 보증한 외국환평형기금채권(외평채)을 발행해 조달한 돈으로 달러와 유로, 엔화, 위안화 등을 사들인다. 이때 만성적으로 무역수지가 적자인 경우 국내 외환시장에서 달러나 유로 등이 부족해진다. 한국은행이 사고 싶어도 사지 못하는 수가 있다.

　한국은행이 외평채를 발행한 돈으로 외국 돈을 사들일 때 세상의 모든 돈이 평등하다면, 모든 나라의 통화로 구성된 외환보유액을 쥐고 있어야 한다. 하지만 현실은 그렇지 않다. 국제통화 시스템과 나라별 교역 비중 등을 고려해 10가지 이내 통화로 외환보유액을 구성하곤 한다. 세계 각국이 외환보유액으로 많이 갖고 있는 화폐를 '준비통화(Reserve Currency 또는 Anchor Currency)'라고 한다. 21세기 초반 준비통화는 미국 달러, 유로존의 유로, 일본 엔, 영국 파운드, 중국 위안 등이다.

준비통화의 위상도 균등하지 않다. 미국 달러가 60% 정도, 유로가 20%, 엔이 5%, 파운드가 4% 남짓이다. 이것이 바로 글로벌 통화 서열(Currency Hierarchy)이다. 사실 서열이 어떻게 매겨지는지는 일반인들도 짐작할 수 있다. 나라의 경제 및 국제정치적 위상에 의해서다. 미국은 제2차세계대전 이후 세계 패권국의 구실을 하고 있다. 19세기 후반에는 영국이었다. 달러와 파운드에는 '기축통화'라는 또 다른 닉네임이 붙어 있다. 파운드가 기축통화였던 시절은 1870~1914년이었다. 경제사학자들이 말하는 '고전적인 금본위제 시대(Classical Gold Standard)'이다. 영국 런던정경대학의 경제사 교수 피터 심스Peter Sims는 "21세기 사람들의 눈에 고전적인 금본위제 시절은 옛날로 비쳐질 수 있다"며, "하지만 상품과 노동의 국제 이동, 자본 거래 등을 2차 세계화 시대와 견주면 큰 차이가 없었다"고 말했다.[5] 심스 교수가 말한 2차 세계화 시대는 1980년 이후다.

영국 파운드가 기축통화로 구실하던 시대에 주요 나라의 화폐는 돈의 슈퍼 사이클을 기준으로 보면 '금속화폐-상징화폐가 공존'했다. 금화나 은화 시대가 법정화폐(Fiat Money) 시대로 바뀌던 때였다. 금은 그저 앵커(닻), 최후의 결제수단이었다. 일상은 은행권이 지배했다. 세상 사람들이 종이증서인 파운드 '배후에 금이 있다'고 생각했을 뿐이다. 그 시절 사람들은 영국 정부가 전쟁 등으로 사정이 다급해 금태환을 중단한 적이 있다는 사실을 잘 알고 있었다. 자연스럽게 영국의 경제력, 구체적으로 재정균형 등을 눈여겨보기 시작했다. 돈

---

5 피터 심스 교수는 내가 LSE 석사과정을 공부할 때(2016~2017년) '세계경제 통합'을 담당한 교수 가운데 한 명이었다.

의 국경 밖에서 서열의 정점인 파운드의 안정성을 가늠하기 위해서였다. 그런데 금화나 은화가 은행권 없이 돈으로 쓰이던 16세기 이전에도 국가의 재정 상태는 돈의 위계서열에서 중요했다. 역사를 모르거나 망각한 극단적인 메탈리스트Metallist[6]만이 금화나 은화 시대에는 귀금속 함량에 의해 서열이 매겨졌다고 믿는다. 믿음과 과학은 별개이니, 힘들여 그들이 잘못 알고 있다고 길게 설명하지 않기로 한다. 다만 그들이 왜 귀금속 함량에 목을 매는지 알아보기 위해 주화의 발명지 고대 그리스의 역사를 살펴볼 필요는 있다.

돈놀이꾼의 역사적 원형은 크게 2가지였다. 대부업자와 환전상이다. 대부업자는 대체로 돈의 영토 안 가격인 금리로 돈 번다. 반면 환전상은 영토 밖 가격인 환율을 기반으로 한다. 환전상은 대부업자만큼 오래된 직업이다. 고대 그리스의 가장 일반적인 금융업자이기도 했다. 그때 도시국가마다 주화가 제각각이었다. 주화를 사들여서 교환해주는 것이 주업이었다. 위변조 사건은 흔한 일이었다. 진짜 돈을 알아보는 그들의 안목은 뛰어났다. 환전상들은 주로 신전이나 공공기관 주변에 사다리꼴(trapezium) 테이블을 놓고 거래했다. 테이블 위에는 선이나 네모꼴 등이 그려져 있었는데, 계산을 편하게 하기 위해서였다. 그리스어로 은행을 뜻하는 '트라페지타이trapezitai'가 이 테이블 이름에서 유래했다. 영어의 은행인 '뱅크bank'가 이탈리아어로 '의자' 또는 '카운터'를 의미하는 '방카banca'에서 유래한 점도 같은 맥락이다. '환전상'이 '은행업(banking)'으로 변하는 과정은 성경에서도 확인된다. 예수가 예루살렘 성전 앞에서 돈장사꾼들의 테이블을 뒤

---

6 돈의 가치가 귀금속에서 비롯됐다고 보는 사람들.

집어버리는 장면을 기록한 〈마태복음〉 21장 12절("예수께서 성전에 들어가사 성전 안에서 매매하는 모든 자를 내쫓으시며 돈 바꾸는 자들의 상과 비둘기 파는 자들의 의자를 둘러엎으시고")은 당시 풍경을 가늠하게 한다.[7]

고대 그리스 시대에 주화가 다른 나라 주화에 견줘 구매력이 얼마나 되는지는 금속 함량을 기준으로 결정됐다. 예를 들어 아테네 주화와 스파르타 주화의 은 함량이 1 대 1.2라면 환전 트라페지움에서 형성된 두 주화의 가격도 거의 비슷했다. 인간의 영악함 탓일까. 권력자들은 얼마 지나지 않아 한 가지 비밀을 간파했다. 같은 귀금속 함량으로 더 많은 주화를 생산해낼 수 있다는 것이다. 전문가들이 말하는 '주화의 가치절하(Debasement)'다. 정상적인 권력자라면 가치절하를 함부로 쓰지 않는다. 가치절하를 함부로 이용할 만큼 사악하거나 이기적인 리더는 드물었다.

다만 가치절하는 전쟁과 기근 등으로 재정 스트레스가 극단적으로 심해질 때 동원됐다. 불행하게도 인류 역사에서 전쟁은 아주 빈번하게 일어났다. 환전상들은 귀금속 화폐 시대에도 돈 가치는 재정 상황에 달려 있음을 간파했다. 현대 경제학에서 말하는 합리적 예측 게임이 시작됐다. 아테네 은화가 아주 우량하지만, 아테네가 전쟁을 벌이는 순간 환전거래에서는 아테네 은화 가격이 은 함량이 줄지도 않았는데 가파르게 떨어졌다. 그 때문에 평화 시기 도시국가 돈의 서열도 귀금속 함량과 함께 재정 상태에 따라 매겨졌다.

고대 그리스 환전꾼들 사이에서도 한 도시국가가 패권적 지위를 차지하면 해당 국가의 돈을 중심으로 고대 그리스 지역 돈의 서열이

---

7 글린 데이비스, 《돈의 역사》, pp.71~74.

동전의 무게를 재는 환전상을 묘사한 쿠엔틴 마세이스의 그림 〈환전상과 그의 아내〉(1514년)

매겨졌다. '아틱 은본위제(Attic Silver Standard)'가 대표적인 예다. 아틱 은본위제는 아테네가 그리스 지역 패권국이었던 기원전 5세기 범그리스 지역의 통화체제(서열)다. 전면에 올빼미가 새겨진 아테네 은화가 기축통화로 구실했다. 상당수 도시국가는 상거래뿐 아니라 세금을 거둬들일 때 아테네 은화 단위를 사용했다. 심지어 페르시아와 다른 중동 지역에서도 고유 금화와 함께 아테네 은화가 쓰였다. 자연스러운 진화의 결과였다. 고대 그리스 지역에는 헤아리기 어려울 만큼 주화가 나돌았다. 환전상과 상인뿐 아니라 정치인들도 좀 더 보편적인 통화 시스템의 필요성을 절감했다. 실제 도시국가들이 통일된 시스템이 필요하다는 데 동의했다. 이들 국가에서는 자체 돈뿐 아니라 동맹국의 화폐를 정식 통화로 인정했다.

20세기 초 미국이 달러 위상을 높이기 위해 펼친 달러 외교의 원형(archetype)이 이때 등장했다. 아테네는 군사력을 활용해 기원전 456년 아이기나섬을 압박해 자체 화폐인 '거북이(turtle)' 주조를 중단했다. 대신 자국 '올빼미'를 정식 통화로 삼았다. 기원전 449년 아테네는 한 걸음 더 나갔다. 아테네로 흘러든 모든 외국 주화를 정부 조폐창에 내도록 하는 법령을 만들었다. 또 모든 동맹국에도 셈할 때 아테네 화폐단위를 채택하도록 했다.[8]

아테네의 화폐단위는 드라크마drachma였다. 곡물의 '한 움큼'을 뜻하는 부피의 단위가 돈의 단위가 됐다. 드라크마는 아테네 동맹국들의 화폐단위였다. 참고로 부피나 무게가 화폐단위가 된 사례는 많다. 성경에서도 화폐단위로 나오는 달란트Talent다. 1달란트는 노예가 짊어질 수 있는 구리의 양이었다.[9] 노예마다 제각각인 달란트가 그리스 지역에서는 27.2kg으로 표준화됐다.[10] 그런데 노예가 짊어질 수 있는 양이 서로 다르니 재능도 달랐을 수 있다. 달란트라는 무게단위가 돈의 단위로, 더 나아가 추상명사인 재능을 뜻하는 영어 단어 'talent'로 바뀌었다.

아테네의 패권이 흔들리자 동맹국들이 다시 자체 돈을 만들어냈다. 설상가상으로 기원전 407년 스파르타가 아테네 라우리온 광산

---

8 앞의 책, pp.76~78.
9 앞의 책, pp.72~77.
10 앞의 책, p.76.

사이에 진격해 광산에서 일하던 노예 2만 여 명을 풀어주고 양쪽의
교통을 막아버렸다. 아테네의 경제력과 군사력이 탄탄했다면, 라우
리온 광산을 수복했거나 다른 나라와 교역을 해서 은 공급 라인을
확보했을 것이다. 하지만 그 시절 아테네는 쇠약해 극심한 돈 품귀
현상이 발생했다. 다급해진 아테네는 승리의 여신인 니케(Nike, 나이키)
등의 상징물을 녹여 금화 8만 4천 드라크마를 만들어냈다. 돈 품귀
현상이 극심했던 기원전 406~405년에 아테네는 한 술 더 떠서 은을
얇게 입힌 동전을 만들기에 이르렀다. 질 좋은 돈이 종적을 감춰버렸
고 돈 가뭄은 더욱 심해졌다. 그레셤 법칙(악화가 양화를 구축한다)이 역사
상 처음으로 발생했다.[11] 아틱 은본위제가 무너지기 시작했다.

아틱 은본위제는 돈의 영토 밖의 위계서열, 달리 말해 국제통화
시스템의 생성과 확대, 쇠락의 모든 과정을 보여주는 원형이다. 이후
등장하는 무수한 국제통화 시스템의 현재를 진단하고 미래를 예측
하는 잣대가 될 수 있다. 일부 경제학자들은 아테네가 은화의 질을
엄격히 관리한 점을 주목했다. 이는 현재 자국의 통화가치 안정을 강
조하기 위해 편의적으로 하는 역사 인용이다. 아테네가 은화 위조범
을 엄격하게 처벌해 신뢰성을 높이기는 했다. 하지만 아테네 드라크
마 신뢰의 원천은 경제력과 군사력이었다. 좀 더 구체적으로 말하면
재정 상태였다. 신자유주의자들이 말하는 축소 지향적인 재정균형이
아니다. 경제력과 군사력이 팽창하면서 산업 생산과 교역이 활발해
져 세수가 늘어났다. 동시에 군사비 등 지출도 증가했다. 이런 선순
환이 스파르타와 패권 경쟁에서 밀려 작동하지 않았다. 더구나 라우

---

11 앞의 책, pp.77~76.

리온 은광산이 스파르타에 점령당했다. 이것은 현대의 관점에서 중요하지는 않다. 미국의 조폐공장이 테러리스트에게 점령당했다고 해서 달러 패권이 흔들리지 않는다.

돈의 영토 밖 서열은 경제력과 군사력 등 복합적인 요인으로 결정된다. 그런데 경제학자들은 아주 단순하게 설명한다. 독일 베를린 자유대학(Freie Universitat Berlin) 경제학과 바바라 프리츠Barbara Fritz 교수 등에 따르면 외환시장 참여자들이 즉시 중요 원자재나 상품을 살 수 있는 통화를 선호한다.[12] 케인스가 말한 유동성 선호 이론을 외환시장에 적용한 모델이다. 기축통화는 유동성 순위에서 가장 높다. 반면 주변부 나라들의 통화는 유동성 순위에서 바닥을 헤맨다. 경제학 교과서를 읽어본 사람에게는 익숙한 논리이지만, 기축통화가 왜 유동성이 높은지를 설명하지 못한다. 심리학적인 용어인 '신뢰성' 때문이란 말만 되풀이한다. 신뢰성은 유동성의 동의어나 마찬가지다. 같은 말만 되풀이하는 셈이다. 경제력과 군사력 등이 유동성의 원천이라고 말하는 게 차라리 나아 보인다.

○───── **달러를 향한 물신숭배**

돈은 한 사회의 부를 액면 금액이 지닌 실질 구매력만큼 차지할 수 있는 청구권이다. 내 손에 1만 원권 지폐가 있다면 이 액

---

12 바바라 프리츠 외, '글로벌 통화 서열과 개별 국가의 정책 영역(Global Currency Hierarchy and National Policy Space)', https://www.researchgate.net/publication327466931_Global_currency_hierarchy_and_national_policy_space_A_framework_for_peripheral_economies_Draft_version_accepted_for_publication_at_EJEEP

면 금액의 실질 구매력은 인플레이션에 따라 달라진다. 21세기 현재 한국에 있는 온갖 상품과 서비스, 아름다움 등을 1만 원만큼만 살 수 있다. 그래서 돈을 바라고 심지어 숭배한다. 카를 마르크스가 말한 대표적인 물신숭배의 한 예이다. 사실 1만 원권 지폐가 지닌 구매력은 종이와 잉크에서 나오지 않는다. 아주 복잡한 시스템이 1만 원권 이면에 똬리를 틀고 있다. 앞에서 '돈의 트라이앵글'과 '돈의 영토'란 개념을 통해, 누가 어떻게 어디서 '돈의 자격(Moneyness)'을 부여하는지, 실질 구매력은 어떻게 결정되는지 설명했다. 하지만 사람들은 돈의 배후에 있는 구조 등은 일단 접어둔다. 대신 돈 자체가 구매력을 지녔다고 생각한다. 돈만 내면 물건이나 서비스를 손에 넣을 수 있기 때문이다. 이는 경제적 천동설의 예 가운데 하나다.

해외여행을 해본 사람들이 항상 느끼는 것은 달러의 힘이다. 어딜 가나 달러는 환전이 가능하다. 달러 이면의 미국, 더 나아가 미국의 패권적 지위를 떠올리려면 두 번 이상 생각해야 한다. 그냥 달러를 믿어버리는 게 편할 수 있다. 이런 물신숭배 또는 천동설이 국내 경제기자나 경제분석가들 사이에서도 흔히 발견된다. 한때 미국은 경제위기를 겪지 않는다는 통념이 지배했다. 2007년 2월 미국에서 서브프라임 모기지(비우량 주택담보대출) 사태가 표면화했다. 그때 경제기자와 경제분석가들조차 "달러가 기축통화인데 어떻게 미국이 금융위기를 겪을 수 있는가"라고 생각했다.

한 나라 화폐가 기축통화이면 금융위기 면역성을 타고날까. 당시 사람들의 머릿속에는 '금융위기=외환위기'라는 등식이 각인돼 있었다. 1997년 IMF 외환위기 탓이었다. 게다가 요즘 경제기자와 경제분석가들이 추상적인 경제 모델이나 수식으로 만들어진 분석 틀에 익숙하다. 역사적 사실을 잘 알지 못하는 것이다. 19세기 영국이 세계 경제를 호령했을 때 10년마다 금융위기를 겪은 사실을 그들은 망각한 듯했다. 알고 있어도 너무 오래전이라 현대 경제와는 무관하다고 생각하는지도 모른다. 금융위기는 기축통화와는 상관없다. 경제의 불균형이 신용의 증폭과 축소를 낳아 발생한다.

○───── '영토 밖은 위험해!'

　　　　　돈을 이해하기 위해서는 영토 안과 밖을 동시에 봐야 한다. 안과 밖 사이에서 균형을 잃으면 엉뚱한 결론에 이르곤 한다. 엉뚱한 결론 가운데 하나가 바로 '한 나라의 돈 가치를 영토 밖 달러나 금에 묶어두면 안정된다'는 것이다. 대표적인 인물이 바로 행키 교수이다. 그의 달러화 처방은 통화 시스템이 흔들리는 나라에서 금방 효과를 내곤 했다.

달러화는 현실적이고 기술적인 '단기 처방'으로 효용성은 입증되었다. 하지만 대가는 혹독하다. 달러화는 중앙은행의 기능을 중단하면서 시작된다. 대신 '통화위원회(Currency Board)'가 설치된다. 통화위원회는 사실상 중앙은행이다. 고정환율제를 쓰기 때문에 독자적인 통화정책을 사실상 포기한다. 성장이나 일자리보다 통화가치와 환율 안정에 집중한다. 행키 교수는 "정치적 요인 때문에 화폐 시스템이 불안정한 신흥국에 통화위원회는 가장 바람직한 체제"[13]라고 말했다.

하지만 달러화의 효과가 오래가지 못하는 나라가 상당수다. 대표

───────────

13 전화 인터뷰에서 했던 말이다.

적인 나라가 바로 남미의 아르헨티나와 베네수엘라이다. 아르헨티나는 2001년 경제위기를 겪었다. 페소-달러를 고정환율로 묶어두었는데 위기가 발생했다. 아르헨티나는 1990년대 인플레이션(돈 가치 하락)을 막기 위해 페그제(달러-페소 고정환율제)를 채택했다. 인플레이션은 상당히 진정됐다. 여기저기서 페그제가 성공했다는 찬사가 쏟아졌다. 하지만 10여 년 만에 아르헨티나는 경제위기를 맞았다. 페그제 때문에 빈익빈 부익부가 심화했다. 경기가 나빠지는 순간에도 재정지출을 늘릴 수 없어서였다. 가난한 계층의 사정이 더욱 나빠졌다. 빈부차가 커지고 실물경제의 불균형이 심화되면서 경제위기가 나타났다. 2001년 아르헨티나 정부의 영향력이 미치지 못하는 외환시장에서 페소의 가치가 정해진 교환가치(페그) 밑으로 추락했다. 여기저기서 외환위기를 우려하는 경고와 우려가 들렸다. 페소 가치가 미국 달러에 묶여 있었지만, 실물경제가 위기를 맞는 바람에 달러화라고 만병통치약은 아니라는 것이 증명됐다.

베네수엘라는 현대 상징화폐를 지탱하는 '돈의 트라이앵글'이 제대로 갖춰지지 못했다. 베네수엘라는 역사적으로 보면 석유를 가장 먼저 국제시장에 수출한 나라다. 19세기 영국 경제학자들이 주장한 비교우위론이 현실에서 완벽하게(?) 적용된 나라가 바로 베네수엘라인 셈이다. 또 현재 석유수출국기구(OPEC)를 구성하는 데 앞장선 나라다. 그 때문에 한 나라가 대외교역을 하더라도 갖추고 있어야 할 기본적인 산업이 베네수엘라에는 거의 없다. 일부 공산품과 농수산물을 빼곤 거의 수입에 의존한다.

산업의 부재는 식민지 경험을 한 '채굴경제(Extraction Economy)'의 숙명이다. 아프리카와 남미 국가들이 적잖이 '자원채굴-국제시장 판매'라는 구조를 갖추고 있다. 원유 가격이 떨어지면 국가 재정이 흔들리기 십상이다. 베네수엘라 화폐 볼리바르를 뒷받침할 만한 재정 안정성이 갖춰지지 않은 셈이다. 이런 구조적인 문제는 하루아침에 해결되지 않는다. 반면 화폐 시스템 붕괴는 발등의 불이다.

구조적인 문제를 해결하는 것이 장기적인 대책이라면, 발등의 불을 끄기 위한 단기적인 대책도 필요하다. 이런 현실적인 상황 때문에 종종 달러화가 제시된다. 행키 교수는 2018년 4월 베네수엘라에 달러화를 제시했다. 화폐 시스템을 미국의 신뢰도에 의지해 복원해야 한다는 처방이다. 하지만 달러화가 베네수엘라에서 성공하기 위해서는 뜻밖의 힘이 작동해야 한다. 국제유가 상승이다. 기름값이 강세를 보이는 와중에 달러 등 외환보유액이 증가할 때 통화위원회를 통해 달러화를 하면 화폐 질서가 되살아날 수 있다. 주력 산업이 호황을 보일 때 달러화는 어느 정도 효과를 기대할 수 있다는 얘기다.

그러나 달러화를 통해 화폐 질서가 복원되었다고 해도 문제가 모두 해결되지는 않는다. 세계 돈의 위계서열에서 가장 높은 달러(미국)의 신뢰를 빌려 인플레이션은 일단 진정된다. 고정환율제 때문에 환율 변동 리스크가 사라진다. 해외 채권자들에겐 복음이다. 베네수엘라나 아르헨티나 채권과 주식을 살 때 현지 통화가치의 하락 때문에 돈을 잃을 일이 없다. 외국 자본이 흘러들 수 있는 여건이 마련됐다. 경제학 교과서는 외환시장에서 통화가치 안정→외국 자본 유입→경제 성장 순으로 선순환이 이뤄진다고 나와 있다. 아주 편안하게 세상을 보는 방식이다.

사실 통화가치 안정과 경제 성장 사이에는 수많은 과정과 복병이 도사리고 있다. 그 핵심이 바로 베네수엘라 등의 내부에 돈의 트라이앵글이 잘 작동하고 있는지 여부다. 베네수엘라와 아르헨티나 등 화폐 위기를 자주 겪은 나라는 일반적으로 자국 통화채권 시장이 성숙돼 있지 않다. 세금도 제대로 거둬지지 않는 경우도 많다. 이런 상황에서 중앙은행이 존재하더라도 정부의 재정이 불안하고 금융시장이 성숙하지 않은 상황에서 제 구실을 하기가 쉽지 않다. 베네수엘라나 아르헨티나를 보면 외화 표시 국채나 공공채 등이 비정상적으로 많다. 정부가 안정적인 세수를 가지고 볼리바르 등 자국 통화로 국채를 발행해 돈을 빌릴 시장이 형성되지 않는 탓이다.

금융시장의 성숙은 산업화 정도에 비례한다. 기업의 규모가 커지고 장기 투자를 하면 시중은행과 투자은행의 규모도 커진다. 자연스럽게 자국 통화를 바탕으로 한 채권과 주식, 파생상품 시장이 성숙해진다. 일본이 산업화 과정에서 금융시장이 성숙해진 대표적인 사례다. 일본 정부는 달러나 유로화 대신 엔화 표시 국채를 대량으로 발행할 수 있었다. 결국 달러화로 화폐 질서가 회복된다고 해도 산업화와 금융시장 성숙이 금방 이뤄지지는 않는다. 행키 교수가 처방하는 달러화가 단기처방으로 불리는 이유다. 달러화를 오랜 기간 이어갈 수는 없다. 달러화 과정에서 피할 수 없는 긴축 때문에 사회적·정치적 위기가 깊어진다. 저항이 불가피해진다. 달러화는 산업화와 금융시장 성숙이 어느 정도 이뤄진 나라에 맞는 처방이라는 지적이 나오는 이유다.[14] 결국 돈의 영토 내부에 상징화폐 시스템을 지탱할 조건들이 갖춰져야 달러화도 성공할 수 있는 셈이다.

---

14 '달러화 또는 탈달러화(To dollarize or To de-dollarize)', https://www.bis.org/repoffice publ/arpresearch200709.1.pdf

영토 밖 채권자와 채무자

　　돈의 영토 밖에서는 정부의 영향력이 크게 줄어든다. 영토 안에서 정부는 단위를 결정한다. 세금을 바탕으로 가장 많은 빚을 조달해 쓴다. 옛 속담인 '앉아서 빌려준 돈 서서 받는다'는 말대로 채무자의 빚이 커지면 채권자를 압도하곤 한다. 실제 영토 안에서 정부는 시중은행과 각종 증권사, 펀드 등 채권자에 영향력을 행사할 수 있다. 중앙은행을 활용해 금리를 낮추는 것이 대표적이다. 하지만 영토 밖에서 정부는 여러 채무자 가운데 하나일 뿐이다. 미국이나 유로존 회원국, 영국, 일본 등 일부 국가를 제외하고는 대부분 달러나 유로화 표시 국채를 발행한다. 외화 표시 국채는 자국 통화 표시 채권과 성격이 다르다. 국제 채권시장 금리는 정부의 통제권 밖이다. 속수무책인 영역이다. 그런데도 각국 정부는 외화 표시 채권을 발행한다. 낮은 이자의 매력을 거부하기 힘든 것이다.

　　미국과 유로존의 양적 완화로 달러와 유로화 자금의 금리가 2010년 이후 엄청 싸졌다. 터키는 2011년 이후 공격적으로 달러나 유로 표시 국채를 발행했다. 그 때문에 터키의 외채 비중은 2011년 국내총생산(GDP)의 36% 수준에서 2018년 57% 이상으로 불어났다.[15] 터키가 2018년 외환위기를 겪은 이유다. 미국이 기준금리를 꾸준히 인상했고, 그해 달러 금리가 눈에 띄게 올랐다. 터키의 외환보유액이 빠르게 증발했다. 다행히 미국이 2019년 금리 인상을 중단했다. 미국의 긴축이 계속됐다면 적지 않은 나라들이 외환위기를 겪었을 것

---

15 '터키의 외채(Turkey External Debt)', https://www.ceicdata.com/en/indicator/turkey/external-debt-of-nominal-gdp).

이다. 아르헨티나와 인도네시아 등이 위기 가능성이 큰 나라였다.

반면 일본 정부는 엄청난 부채를 짊어지고 있다. 1994년 이후 경기침체에 대응하기 위해 국채를 발행해 재정지출을 늘렸기 때문이다. 하지만 일본은 외환위기를 겪지 않았다. 그런데 유로존 회원국 가운데 이탈리아, 스페인, 그리스 등 재정 건전성이 떨어지는 나라는 독특하다. 유로화는 단일 화폐다. 재정 통합이 제대로 이뤄지지 않은 채 '정치적 합의'에 의해 창조됐다. 재정 통합 가운데 가장 중요한 요소는 조세 효율이다. 독일 등은 세금을 잘 걷는 나라다. 반면 그리스나 스페인, 이탈리아 등은 탈세가 심한 나라다. 세계적인 브랜드를 자랑하는 자국 기업도 많지 않다. 유로존은 세수보다는 세출(씀씀이)을 통제하는 데 초점을 맞추고 있다. 사회안전망을 유지하는 비용과 경기 부양, 산업 진흥 등에 들어가는 돈을 줄이고 재정적자를 GDP의 3% 이내에서 유지하는 것을 원칙으로 하고 있다. 전형적인 신자유주의 시대 축소 지향형 재정균형이다.

무엇보다 유로존의 중앙은행인 유럽중앙은행(ECB)은 신자유주의 교리가 체현된 조직이다. 미국 연방준비제도(Fed)와는 달리 ECB의 유일한 법적 의무(Mandate)는 통화가치 안정이다. 통화정책 최고 결정기구 멤버들은 회원국 중앙은행 총재들이다. 여기에 ECB 최고 임원들이 가세한다. 2019년 현재 25명이 통화정책을 결정한다.[16] 회원국 정치 리더들이 자국 중앙은행 총재를 통해 ECB 통화정책에 영향력을 행사할 수는 있다. 하지만 회원국의 경제 사정이 제각각이다. 정

---

16 'ECB 정책위원회(Governing Council)', https://www.ecb.europa.eu/ecb/orga/
decisions/govc/html/index.en.html).

치적 입김이 견제와 균형의 원리에 따라 중화된다. 탈정치적으로 통화정책이 결정되기에 딱 맞는 조건이다. 실제 ECB 탄생 초기 글로벌 채권 투자자들이 환호성을 질렀다. 유로화 도입 이전까지 금융회사들은 이탈리아나 스페인, 그리스 국채를 살 때마다 환차손을 걱정해야 했다. 이들 나라의 중앙은행이 정치적으로 통화를 완화하고 외환시장에 개입해 자국 통화가치를 떨어뜨리는 일이 빈번했다. 단일화폐인 유로 덕분에 환차손 우려를 없앨 수 있었다. 게다가 ECB의 통화정책이 100%는 아니지만 상당한 수준의 탈정치화가 가능했다.

그러나 글로벌 채권자들은 2011년 그리스 국채의 이자를 상당 부분 탕감해줘야 했다. 이른바 '헤어 컷Hair Cut'이다. 채권 금융회사들은 그리스가 재정위기에 빠지는 바람에 빚을 완전히 돌려받지 못하는 지경에 이르자 일부를 깎아줬다. 유로 시스템을 믿고 빌려줬다가 호되게 당한 셈이었다. 아무리 통화 시스템이 채권자에게 유리하다 해도 경제의 근본인 갚을 능력이 흔들리면 소용없다. 그 덕분에 국제 채권시장의 고전적인 진리가 하나 재확인됐다. 글로벌 시장에서 국채를 발행한 나라도 속수무책이지만, 채권자도 최악의 경우 속수무책으로 당할 수 있다는 사실이다. 해외 채권자가 멀리 떨어진 채무국을 상대로 소송을 걸기는 사실상 불가능하다. 그 결과 채권자들은 몇 가지 지표에 민감하다. 주요 신용평가회사의 국가 신용등급과 재정 건전성 지표 등이다. 바다 건너편에 있는 채무국 속사정을 실시간 알아채기는 불가능하다. 해외 채권자들이 스탠더드앤드푸어스(S&P) 등 신용평가회사들의 의견에 촉각을 곤두세우는 이유다. 세상에 완벽한 시스템은 없듯이, 신용평가도 위기가 본격화한 뒤에야 하향 조정되는 경우가 잦았다. 정부의 영향력이 상대적으로 약한 글로벌 채권시장에서 채권자들도 전전긍긍해야 할 리스크가 적지 않은 셈이다.

그래서인가. 1971년 달러의 금태환 폐지 이후 국경 밖에 대한 두려움이 유달리 커졌다. 돈의 영토 밖에는 글로벌 정부와 글로벌 중앙은행이 없을 뿐만 아니라 여차하면 채무자를 닦달할 수 있는 글로벌 사법기구도 없다. 오직 기축통화를 중심으로 상대적인 국력의 차이가 돈의 서열과 가치를 결정한다. 더구나 유일한 안전판인 달러-금의 태환마저 폐지됐다. 죽음과 같은 종말론이 주기적으로 부상하기 딱 좋은 조건이다. 실제로 최강국 미국의 국제정치적 위상이 흔들리거나 경제위기를 겪으면 '달러 종말론'이 기승을 부린다. 동시에 금의 부활을 예언하는 사람들이 주목받는다. 이런 상황을 예견하고 대안을 제시한 인물이 있다. 바로 존 메이너드 케인스다.

그는 제2차 세계대전이 끝날 무렵 글로벌 셈의 단위(Money of Account)로 방코Bancor를 제안했다. 케인스는 상징화폐주의자답게 방코를 국제 결제단위로 상정했다. 국가 간 경상 흑자나 적자를 '국제정산연맹(International Clearing Union)'을 통해 방코 단위로 계산하고 정산하자는 것이다. 방코는 금태환되지 않는다. 어느 나라가 국제정산연맹에 방코를 제시한다고 반드시 금을 내줘야 하는 것은 아니다. 다만 금을 주고 방코를 살 수는 있다. 케인스의 제안은 실현되지 않았다. 미국이 달러를 영국 파운드처럼 세계 기축통화로 만들려고 했다. 달러-금 태환을 중심으로 다른 나라 통화가 달러와 고정환율제로 교환되는 브레튼우즈 체제(금태환)가 채택됐다. 당시 미국과 주요 나라들은 금이 뒷받침하는 달러가 글로벌 돈의 세계에 뿌리 깊은 불안감을 없애줄 것으로 생각했다. 메탈리스트의 시각을 좇은 셈이다. 하지만 브레튼우즈 체제는 등장 이후 한 세대 정도밖에 유지되지 못했다. 금태환이 중단되고 끊임없이 유동하는 환율 체제가 더 오래 유지되고 있다. 돈의 영토 밖에서도 상징화폐 체제가 정착된 듯하다. 무수한 문제점이 있기는 하지만 말이다.

머니니스

CHAPTER 2

돈과 위기

종이돈을 위기의 원흉으로 꼽는 논리가 금본위제 부활론으로 이어지는 경우가 종종 있다. 이들의 생각도 소박하다. '돈이 금이란 닻을 달고 있으면, 종이돈 남발 등 유동성 과잉으로 이어지지 않는다'는 주장이다. 하지만 역사를 보면 금이 돈이던 시대에도 위기는 발생했다.

7

돈이 경제위기를 일으키는가?

돈과 경제위기, 진실과 오해

글로벌 컨설팅 회사 맥킨지의 전 회장이며 《위험한 시장(Dangerous Market : Managing in Financial Crises)》[1]의 저자인 도미니크 바튼Dominic Barton은 1997년 아시아 금융위기를 예견했다. 사실 1997년 위기를 예측한 인물은 바튼뿐이 아니다. 마크 파버 등 수없이 많다. 바튼이 남달리 위기의 냄새를 잘 맡는다고 말하려는 게 아니다. 2007년 바튼은 인터뷰하는 동안 살가움을 내비치곤 했다.[2] 특히 그는 오프 더 레코드off-the-record를 전제로 속내를 털어놓기도 했다.

---

1 도미니크 바튼 외에 로베르토 뉴웰과 그레고리 윌슨이 같이 썼다.
2 유명인사 인터뷰가 늘 그렇듯이 홍보 담당자가 적잖이 끼어들기 마련이다. 오해나 오류를 막기 위해서라고 한다. 취재기자의 입장에서는 달갑지 않은 일이다. 바튼과 인터뷰에서는 그렇지 않았다. 홍보 담당자의 개입을 어렵지 않게 넘어설 수 있었다. 그가 쓴 책을 내가 번역한 인연 때문이다. 바튼이 공동 저자인 《위험한 시장(Dangerous Market)》이다. 2003년 국내에 번역·출판됐다. 비즈니스 리더가 금융위기를 조기에 포착해 대응하는 방법을 담고 있다.

"위기를 겪은 비즈니스 리더는
죽음의 공포를 느낀다."

바튼이 말한 죽음의 공포는 생
물학적인 죽음의 공포가 아니다.
경제적인 죽음의 공포다. 앞의 '돈
의 종말론'에서 그 두려움을 '죽음
의 춤'이라는 메타포로 표현했다.
월급쟁이들은 선뜻 공감하기 어려
운 심리 현상이다. 이럴 때는 경험
담이 간접체험으로 제격이다.
조지 피바디[George Peabody][3]는
미국인으로서는 처음으로 19세기
세계 금융의 중심지 영국 런던의

미국 최초의 투자은행가 조지 피바디

더 시티[The City]에서 투자은행가로 성공한 인물이다. 신생국 미국 출
신으로 자신만만함을 넘어 오만하기까지 한 영국 투자은행가들 사이
에서 승승장구했다. 비즈니스맨, 특히 은행가에게 위기는 늘 있기 마
련이다. 그도 1857년 위기에 빠졌다. 미국의 증권을 인수해 런던 시
장에 넘긴 게 화근이었다. 영란은행의 긴급자금 80만 파운드(1850년대
에는 거액)를 지원받아 겨우 살아났다. 피바디는 영란은행 구제금융을
받은 일을 인격적인 모멸로 여기기도 했다. 이후 피바디는 극단적인
악몽에 시달렸다. 그는 평생 결혼하지 않았고, 평소 구두쇠로 유명했

---

3 방송 분야 퓰리처상으로 통하는 피바디상도 그의 이름을 딴 것이다.

머니니스

다. 위기 이후 그의 구두쇠 성향은 더욱 강화됐다. 그의 동업자 주니어스 모건Junius Morgan[4]은 피바디가 차비마저 아끼기 위해 걸어서 귀가하는 모습에 놀라기도 했다.

한국 경제인들도 피바디와 비슷한 트라우마를 갖고 있다. 1997년 경제위기를 '환란'이라고 부른다. 마치 임진왜란, 정묘호란 같은 전쟁을 떠올리게 하는 이름이다. 사실 환란 이전에 한국 비즈니스 리더들이 위기를 경험하지 않은 것은 아니다. 1970년대 초에는 석유파동을 계기로 경제위기가 발생했다. 1970년대 말에는 중화학공업 과잉 투자로 상당한 위기가 엄습했다. 1980년대 중반에는 부실기업 정리를 대대적으로 해야 했다. 다른 나라만큼 위기를 겪었는데도 1997년 환란은 비즈니스맨들에게 지울 수 없는 트라우마로 남아 있다. 도대체 정신적 상흔마저 남기는 경제위기(Economic Crisis)의 원인은 무엇인가? 이번 장과 다음 장의 핵심 테마다. 지금부터 '돈' 하면 떠오르는 위기를 본격적으로 살펴본다는 얘기다. 우선 위기의 변죽(outline)을 먼저 울려볼 예정이다. 역사적인 에피소드를 통해 우리가 알고 있는 위기의 개념이 얼마나 엉성한지를 되돌아보기 위해서다. 위기의 정확한 뜻과 구조 등은 다음의 장에서 정리할 예정이다.

○──── 종이돈, 은행권의 시작

화폐경제에서 생산-유통-소비 전 과정의 마침표는 돈이다. 일반인뿐 아니라 경제연구자들도 돈에 대한 숭배, 착시 현상에

---

4 미국 금융황제 존 피어폰트 모건의 아버지.

쉽게 빠지는 이유다. 많은 사람들이 위기의 원인을 돈에서 찾는다. 논리의 모양새는 여러 가지다. 최신형이 바로 유동성(넓은 의미의 돈) 과잉이다. 2008년 위기는 대안정기(Great Moderation)니 골디락스Goldilocks[5]니 하던 시기(2001~2007년) 직후에 덮쳤다. 앨런 그린스펀Alan Greenspan 전 연방준비제도 의장이 9·11테러 이후 퍼부은 유동성이 자산 거품을 낳았다는 주장이다. 거품은 끝내 무너져 내렸다. 너무나 자명해 보이는 원인이다. 자연스럽게 모든 버블은 종이돈 때문이라는 설명이 뒤따른다.

종이돈 하면 인쇄기가 연상된다. 영국 통화이론가인 피터 싱클레어 교수는 "구텐베르크의 인쇄기 개발은 판도라 상자를 연 것과 같다"[6]고 했을 정도다. 요하네스 구텐베르크Johannes Gutenberg는 중국보다는 한참 뒤였지만 유럽에서는 최초로 인쇄기를 개발했다. 순간 유럽의 왕과 정부들은 돈을 찍어내고 싶은 욕망이 불타올랐다.

그러나 구텐베르크 인쇄기가 초기에 찍어낸 돈은 종이돈이 아니었다. 그는 인쇄기 개발을 위해 1450년쯤에 지역 은행가 요한 푸스트Johan Fust한테 1600길더Guilder를 빌렸다. 발명가들은 기술 개발에는 능하지만 수익을 내는 데는 익숙하지 않은 존재들이다. 구텐베르크도 예외는 아니었다. 그의 채권자 푸스트는 피도 눈물도 없는 돈놀이꾼이었다. 푸스트는 구텐베르크의 발명품에서 돈 냄새를 맡았다. 그는 더 많은 돈을 챙기기 위해 1455년 원금과 이자를 합한 2026길

---

5 경제성장률이 안정적으로 이어지는데 인플레이션이 낮게 유지되는 단계. 대안정기의 또 다른 표현이기도 하다.
6 그는 경제학뿐 아니라 역사와 문학에 해박한 사람이다. 2003년 나의 지도교수였던 그가 통화이론 시간에 했던 말이다.

더를 갚으라며 구텐베르크를 상대로 소송을 제기했다. 재판 결과는 푸스트의 승리였다. 그는 인쇄기를 가압류하고 사위인 페터 쇠퍼Peter Schoeffer에게 구텐베르크 대신 인쇄기로 사업을 하라고 했다. 그 결과 근대적인 인쇄기로 처음 찍어낸 책이 1457년 8월 14일에 나왔다. 또한 2가지 이상의 색상으로 찍은 《대찬송가(Great Psalter)》가 처음 나온 때는 1457년이었다. 이 책은 푸스트와 사위 쇠퍼가 찍어냈다.[7]

비즈니스는 냉정하다. 누가 인쇄기를 발명했는지는 중요하지 않다. 인쇄기는 날개 돋친 듯 팔려나갔다. 40여 년이 흐른 뒤 1500년에 구텐베르크형 인쇄기는 독일의 60개 도시에 설치됐다. 러시아를 제외한 유럽 전역에 확산됐다. 15세기 말에는 가동 중인 인쇄기가 무려 1700대에 이르렀다. 잉글랜드에서는 윌리엄 캑스턴에 의해 웨스터민스터에서 영어 저작물 100편이 인쇄됐다. 권수로 따지면 1500~2000만 권이었다.

구텐베르크의 인쇄기는 르네상스 시대 한 천재에게 특별한 영감을 줬다. 레오나르도 다빈치Leonardo da Vinci다. 그는 인쇄기의 메커니즘을 활용해 주화를 대량생산할 수 있는 기계를 개발하는 데 적극적이었다. 다빈치는 회계사이면서 수학자이자 복식부기 개발자인 루카 파치올리Luca Pacioli의 친구다. 두 사람은 주화를 빠르게 생산할 수 있는 인쇄기를 개발하는 데 의기투합했다. 그 시절에는 그러한 기계 장치가 절실했다. 중부 유럽 티롤 지역에서 새로 개발된 광산뿐 아니라 신대륙에서 약탈하거나 수입한 귀금속이 엄청났는데, 이를 하루 빨리 돈으로 찍어내야 했다.

---

7 글린 데이비스, 《돈의 역사》, pp.178~184.

다빈치가 주화 발행과 인쇄기 혁신에 기여한 공로는 거의 알려지지 않은 사실이다. 미국의 경제사학자 애봇 P. 어셔Abott p.Usher는 《기계적 혁신의 역사(History of Mechanical Innovation)》에서 다빈치의 공로를 재발견했다. 어셔는 다빈치의 설계도를 상세하게 설명하며 "정확하게 주화를 발행할 수 있는 메커니즘을 다빈치가 고안했다"고 평가했다. 다빈치 인쇄기는 하나의 축에 압착기가 7개 달리고 물의 힘으로 금이나 은을

이탈리아의 천재 예술가 레오나르도 다빈치

둘러 빠르게 돈을 찍어내는 방식이었다. 다빈치의 발명 덕분에 압연 주화(Milled Coin)의 개념이 탄생했다. 어셔는 "근대 주화를 생산하는 기술이 아주 먼 옛날 금세공 기술자와 독일 아우크스부르크와 뉘른베르크 주화 기술자에 의해 개발된 것으로 알려졌다. 하지만 근대적인 기법은 이탈리아에서 발명됐다는 사실이 확인됐다. 다빈치가 교황의 조폐청과 관련 있었다는 점은 이미 알려져 있다. 그의 지휘 감독 아래 주화가 생산됐다는 기록이나 물증은 남아 있지 않다. 하지만 그가 그린 설계도는 아주 선진적이었다. 근대적인 주화 발행기의 개념을 가장 먼저 제시했다고 봐야 한다"고 설명했다.[8]

---

8 애봇 P. 어셔, 《기계적 혁신의 역사》. pp.212~239.

그런데 유럽에서 주화 대신 은행권(지폐)을 찍어낸 것은 인쇄기 발명 이후 2세기가 흐른 뒤였다. 인쇄기로 찍은 돈이 인플레이션을 유발한 시기는 지폐 인쇄기 등장 이후 1세기가 더 흐른 뒤였다.

○──── 경제위기의 정체

종이돈을 위기의 원흉으로 꼽는 논리가 금본위제 부활론으로 이어지는 경우가 종종 있다. 이들의 생각도 소박하다. '돈이 금이란 닻을 달고 있으면, 종이돈 남발 등 유동성 과잉으로 이어지지 않는다'는 주장이다. 하지만 역사를 보면 금이 돈이던 시대에도 위기는 발생했다. 굳이 멀리 거슬러 올라갈 필요도 없다. 서유럽은 17세기 이후 느리지만 꾸준히 자본주의로 바뀌었다. 17세기부터 19세기 초 산업혁명까지를 이행기라고 부르는 이유다. 금융위기의 역사가 찰스 킨들버거에 따르면 17세기부터 최근까지 400여 년 사이에 40여 차례 주요 경제위기가 발생했다.[9] 얼추 10년마다 위기에 시달렸다. 주기성은 19세기 후반 들어 더욱 또렷해졌다. 1873년에는 산업화한 주요 나라가 거의 동시에 위기에 빠졌다. 경제위기의 세계화의 시작이다. 이때가 바로 미국 등 주요 국가들의 통화와 금융이 영국을 중심으로 한 금본위제 아래 재편된 시기였다. 경제역사가들이 말하는 '고전적인 금본위제(Classical Gold Standard) 시기다. 돈의 국경 내에서는 각국 중앙은행이 보유한 금을 바탕으로 종이돈을 유통했다. 국경 너머로는 영국 파운드화와 미국 달러화가 '1파운드 대 4.86달러'

---

9 찰스 킨들버거, 《광기, 패닉, 붕괴 : 금융위기의 역사》 영문판, pp. 256~265.

비율로 고정됐다. 미국 금융 황제 존 피어폰트 모건John Pierpont Morgan 등이 "자연의 섭리와 인간의 최고 미덕에 부합하는 제도"라고 했다. 《화폐전쟁(Currency War)》를 쓴 제임스 리카즈는 "금만이 진짜 돈"이라며 "금본위제야말로 시대와 국가, 인종을 뛰어넘는 보편적인 시스템"[10]이라고 힘줘 말했다.

그런데 고전적인 금본위제 시기에 얼추 10년마다 경제위기가 발생했다. 심지어 1873년 위기에는 영국과 미국 등이 장기 디플레이션에 빠졌다. 일본식 '잃어버린 20년'과 닮은 디플레이션 사태였다.

금본위제 시대에도 버블은 어김없이 발생했다. 1870년대 아르헨티나 철도 마니아(투기 열풍)가 일었다. 영국 런던 금융가를 중심으로 막대한 자금을 아르헨티나 철도 건설에 베팅했다. 이곳 철도회사 채권과 주식을 유럽 금융시장에 중개한 회사가 바로 투자은행 베어링은행(Baring Bank)이었다. 1995년 파생상품 게임으로 파산한 베어링 브라더스의 모태가 바로 베어링은행이다. 베어링은행은 1890년 파산을 선언했다. 아르헨티나 정부와 철도의 채권이 무더기로 부도났다. 밀과 쇠고기 등 농산물과 원자재 가격이 선진국 경기 둔화를 계기로 폭락한 탓이었다. 베어링은행은 영란은행의 구제금융을 받고 겨우 되살아났다. 또 다른 금본위제 시대의 위기는 1907년 사태이다. 그해 미국 월스트리트의 투자신탁은행들이 줄줄이 파산했다. 발단은 철도회사와 광산회사 등에 퍼준 뭉칫돈이었다. 이처럼 "자연의 섭리와 인간의 최고 미덕"에 부합하는 금본위제 아래서도 버블과 위기는 주기적으로 발생했다. 경제위기가 종이돈의 원죄 탓은 아니라

---

10 2017년 나와 인터뷰에서 했던 말이다.

는 것이 역사적으로 증명된 셈이다.

경제위기를 보는 시각 가운데는 자본주의 이전의 흔적이 엿보이는 것도 있다. 경제학 교과서에 상투적으로 나오는 자연재해발 위기론이다. 자본주의 이전 실물경제 위기는 주로 전쟁과 홍수, 가뭄 등으로 시작된 공급 쇼크(흉작 등)가 대부분이었다. 예를 들어 조선시대 임진왜란 직후 발생한 자연재해다. 1592년 임진왜란이 벌어졌다. 조선과 명나라, 일본이 벌인 16세기 최대 국제전이었다. 전투와 학살 등으로 수많은 사람들이 숨졌다. 하지만 계갑대기근(1593~1594년)이 낳은 희생은 잘 알려지지 않았다. 임진왜란 사망자 100만 명 가운데 70만 명이 굶어 죽은 것으로 집계됐다. 대기근은 한국환경산업기술연구원(KEITI) 등에 따르면 소빙하기(Little Ice Age, LIA)와 관련이 크다.

"중세 소빙하기(LIA)는 1300년에서 1850년 사이 비교적 추운 시기였다. 한편 인류 역사상 가장 많은 사건과 큰 변화가 발생한 시기였다. 소빙하기는 기후학자들의 용어로서 지구의 대빙하기(大氷河期)에 비해 극히 짧은 기간이라는 뜻이다. 소빙하기는 기후학적으로 두 단계로 나눠진다. 첫 기간은 1290년경에 시작하여 1400년대 후반까지 계속되었다. 1500년대 약간 온난한 시기가 계속되었고, 그 후 1645년에서 1715년 사이에 가장 추웠다. 가장 추운 시기의 유럽과 북아메리카의 겨울 평균기온이 현재보다 2도 정도 낮았다. (중략) LIA 기간 발트해부터 시작해 유럽의 강과 호수가 상당 부분 얼었다. 유빙 때문에 대서양에서 먼 아이슬란드와 그린란드로 배송이 몇 달 동안 불가능했다. 겨울은 몹시 춥고 여름은 서늘했다. 이상기후로 가뭄과 농작물의 흉작, 기근과 인구 감소가 광범위하게 나타났다."[11]

자본주의 시장경제 이전에는 자연재해로 시작된 공급 쇼크는 살인적이었다. 기후학자들은 전쟁이나 민족 대이동 등이 기후 변화로 시작됐다고 설명한다. 그럴 수 있다. 다만 산업화 이전의 자연재해 모델로 현대 경제위기를 모두 설명할 수는 없다. 현대사회는 생산이전 지구화돼 있다. 북유럽에 밀 부족 사태가 발생하면 남아메리카의 아르헨티나에서 긴급 수송된다. 한국에서 신발 공급이 달리면 방글라데시 공장에서 항공기로 공수될 수 있다. 발달한 교통과 통신을 바탕으로 한 글로벌 공급망의 위력이다.

그렇다고 자연재해를 무시해도 되는 것은 아니다. 요즘에도 아프리카 일부 나라에서 자연재해가 낳은 대기근이 발생하곤 한다. 2020년 글로벌 경제는 신종 코로나바이러스 감염증(코로나19) 위기에 빠져들었다. 중앙과 지방정부의 이동과 접촉 금지(lockdown) 명령으로 경제의 순환(circulation)이 사실상 멈췄다. 21세기에 익숙한 경제위기에 흔히 볼 수 있는 수준이 아니었다. 말 그대로 경제활동 중단이었다. 그 바람에 실직자가 급증했다. 경제뿐 아니라 정치적 위기로 이어지기 십상이었다. 이처럼 산업화를 넘어 정보화 시대에도 경제 외적인 변수에 의해 경제위기가 발생하곤 한다. 다만 경제 내적인 변수보다 발생 빈도가 낮고 규칙적인 패턴도 아니었다. 경제 전문가들이 경제 내적인 요인에 주목하는 이유다. 경제 내적인 요인이 낳은 위기는 자연재해가 낳은 쇼크와 구분하기 위해 2차 위기라고 부른다. 자연이 아닌 인간이 만든 시스템 문제인 것이다. 자본주의 생산과 유통, 소비의 연쇄 사슬 구조에서 비롯된다.

---

11 환경부 & KEITI, '중세 소빙하기(LIA) 기후변화의 영향과 산업혁명(https://docviewer. nanet.go.kr/)', p.3.

자본주의 생산-유통-소비 사이에 여러 시장이 작동한다. 노동시장, 원자재 시장, 도매시장, 소매시장 등이다. 시장은 우연성을 바탕으로 한다. 교환은 일반경제학에서 말하는 파는 쪽과 사는 쪽의 효용이 일치해야 한다. 현대 경제학에서 효용은 이런저런 수식으로 계산 가능한 것으로 가정하고 있다. 하지만 효용을 바탕으로 한 교환 성립은 영미권 학자들이 즐겨 쓰는 '불안정한 역동성(unstable dynamics)'의 세계다. 시장에서 교환이 활발하게 이뤄지고 있지만 언제든지 교환이 중단될 수 있는 곳이 바로 시장이다. 공급과 수요의 균형(balance)은 우연이고, 반대로 불균형(imbalance)이 일상이라고 할 수 있다. 그만큼 위기가 일어날 구석이 산업혁명 이전보다 많아졌다.

○———— 고대 금융위기의 그림자

돈은 자본주의가 출현하기 이전부터 존재했다. 금융도 자본주의보다 훨씬 이전에 등장했다. 몇몇 경제학자들은 금융시장이 고대 그리스나 고대 중국에도 존재했다는 이유를 들어 자본주의가 고대부터 싹트기 시작했다고 주장한다. 이들의 주장을 길게 따져보는 일은 이 책의 범위를 넘어선다. 다만 이것은 현재 자본주의 부품 가운데 일부가 고대 그리스나 고대 중국 사회에서도 발견된다고 해서 자본주의가 그 시절부터 존재했다고 결론 내리는 것이나 마찬가지다. 심지어 일부 경제학자들은 '자본주의를 어떻게 정의하느냐에 따라 고대 그리스나 고대 중국도 자본주의로 정의할 수 있다'고 말하기도 한다. 그들은 경제구조나 시스템을 언어로 정의하는 문제로 축소해버린다. 이것은 17세기형 소박한 경험주의에 가깝다. 그 시절 경험주의자들은 동일한 사건이나 비슷한 요소가 몇 가지 나타나면 일반화할 수 있다고 주장했다.

여기서 자본주의는 기업인이 생산설비를 사들이고 임금노동자를 고용해 제품과 서비스를 생산하고 판매하는 체제이다. 임금노동자는 고대 노예나 중세 농노와 달리 자유로운 존재이다. 기업인은 자신이 생산한 제품이나 서비스가 시장에 팔릴지 알 수 없다. 이 불확실성(리스크)을 감수하는 대신 이익이 나면 거의 다 차지한다. 이런 자본주의와 고대부터 존재한 시장과 돈놀이(금융) 등의 관계를 어떻게 봐야 할까?

영국의 경제학자 모리스 돕Maurice Dobb은 "철기시대에도 돌로 만들어진 도구가 두루 쓰였다"며 "마찬가지로 자본주의 시대에도 이전 시대 시스템들이 재활용되고 있다"고 말했다. 그는 "돈과 금융, 시장 등이 대표적인 예"라며 "자본주의는 돈과 금융, 시장 등을 재활용하고 있다"고 설명했다.[12] 돈과 금융은 노동의 사회적 분업이 이뤄진 이후 등장한 사회적 시스템이다. 시장도 마찬가지였다. 금융위기가 자본주의 이전부터 발생한 까닭이다. 단지 자본주의 시대 금융위기는 이전 시대와 다른 맥락에서 일어나고 있을 뿐이다. 맥락의 차이를 무시하고 모든 금융위기가 같다고 말하는 것은 지나친 단순화이다. 이는 인간과 원숭이의 유전자가 90% 이상 일치한다고 인간과 원숭이는 같다고 말하는 것과 같다.

금융위기는 자본주의 탄생 이전에도 벌어지곤 했다. 고대 금융위기 패턴은 현대와 너무나 닮았다. 현대 금융위기의 원형이라고 해도 될 정도다. 역사적으로 기록된 금융위기는 기원전 49년에 일어났다.

---

12 모리스 돕,《경제발전의 몇 가지 측면(Some Aspects of Economic Development)》, p.43.

장소는 고대 로마였다. 그해 가장 유명한 사건은 율리우스 카이사르Julius Caesar의 쿠데타이다. 카이사르는 그해 1월 군대를 몰아 루비콘강을 건넜다. 쿠데타의 시작이다. 로마의 정치 상황이 극도로 불확실해졌다. 누가 로마의 지배자가 될지 아무도 가늠할 수 없었다. 21세기 최고 부채 역사가인 LSE의 데이비드 그

율리우스 카이사르의 초상

레이버David Graeber 교수에 따르면 율리우스 카이사르 시대 로마는 대단한 신용사회였다. 돈놀이를 전문적으로 하는 사람들이 있었는데, 바로 고대 로마의 지배자들인 원로원(Senate)이었다.

원로원 의원이 되는 방법은 크게 3가지였다. 첫째는 혈통(가문)의 힘이었다. 제국 이전부터 귀족인 경우이다. 이들의 후손은 원로원에 입성하기가 수월했다. 둘째는 재산이었다. 원로원 의원이 되기 위해서는 25만 데나리denarii[13] 정도는 있어야 했다. 일반적으로 젊은 노예 1명이 600데나리 정도였다. 노예 410여 명 정도를 살 수 있는 재산이 있어야 하는 것이다. 셋째는 전장에서 기사로 활약해 부를 축적하

---

13 데나리우스의 복수. 데나리우스는 로마가 포에니전쟁 시기인 기원전 3세기에 원로원이 발행한 은화.

는 길이었다. 현대로 치면 장교가 전쟁에 나가 약탈 등으로 전리품을 챙겨 10만 데나리 정도 갖게 되면 원로원 문을 두드릴 수 있었다. 원로원 가운데 전사 출신을 따로 부르는 용어가 있다. 말을 타는 사람을 뜻하는 이퀘스트리언equestrian이다. 고대 전쟁에서 장비는 개인의 책임이었다. 요즘처럼 국가가 공급해주지 않았다. 고대 전쟁 장비 가운데 가장 비싼 것이 말이었다. 이런 고가 장비를 스스로 조달해 전쟁에 참여할 수 있다는 사실 자체가 부의 과시였다.

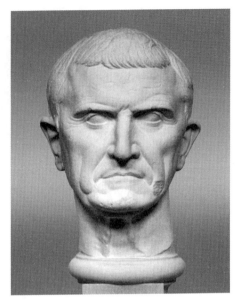

마르쿠스 크라수스의 조각상

그레이버 교수에 따르면 로마제국 절정기에 지배계급은 1만 명 정도였다. 반면 피지배계급은 제국의 전성기에 6천만 명에 달했다. 부를 기준으로 지배자와 피지배자의 차이가 고대 아테네와 바빌론보다 심했다. 원로원 의원들이 대부분의 부를 거머쥐고 있음을 스스로 인정해서였을까. 그들은 장사와 같은 실물경제 활동을 할 수 없었다. 돈놀이를 할 수밖에 없었던 것이다. 금융거래의 규모가 얼마나 컸는지는 정확히 알 수 없다. 다만, 한 사람의 부채 규모를 바탕으로 가늠해볼 수 있다. 율리우스 카이사르는 기원전 1세기 최대 채무자였다. 그의 주요 채권자는 원로원 의원 마르쿠스 크라수스Marcus Crassus였다. 카이사르의 빚은 천문학적인 규모였다. 한때 10개 군단을 1년간

먹여 살릴 수 있는 빚을 지고 있었다. 카이사르가 진 빚의 규모가 어마어마하다는 사실은 재미있는 에피소드다. 하지만 한 걸음 더 들어갈 필요가 있다. 10개 군단을 1년 동안 먹이고 입힐 수 있는 자금을 빌려줄 정도의 신용이 있었다는 사실이 더 놀랍다.

기원전 1세기에 로마에서 그 정도 신용을 얻으려면 몇 가지 전제조건이 필요하다. 신용거래가 가능한 기준, 즉 국가 또는 공통 화폐단위가 존재해야 한다. 만기까지 화폐의 질에 대한 믿음도 어느 정도 유지되어야 한다. 채무자가 갚을 수 있을 것이라는 합리적 예상을 할 수 있어야 한다. 간단히 말해 기원전 1세기 로마는 상당한 화폐와 신용(돈놀이) 시스템이 작동했다. 그 믿음의 사슬 정점에 로마라는 국가가 자리했다. 그 시절 로마는 당연히 어느 개인보다 막강한 권력과 자원 동원력을 갖고 있었다. 로마는 권력과 자원 동원력을 바탕으로 데나리우스라는 돈을 찍어냈다. 개인은 데나리우스란 단위와 가치를 바탕으로 어음이나 수표 등을 발행했다. 돈을 빌려주고 빌리면서 여러 층으로 이뤄진 거미줄 같은 채권-채무 사슬이 무수히 형성돼 있었다는 얘기다. 부채 급증은 현대 종이돈 시대만의 문제가 아님이 여기서 드러난다. 데나리우스라는 귀금속 화폐 체제에서도 부채가 급증했다. 더 나아가 정치적 갈등의 원인이 되었다.

카이사르가 병력을 이끌고 루비콘강을 건넜다는 소식이 로마에 전해졌다. 모든 신용의 정점에 있는 로마라는 국가 또는 공권력의 미래가 극도로 불확실해졌다. 게다가 최대 채무자가 바로 쿠데타의 주인공 카이사르였다. 현대 금융용어로 말한다면 정치 불안에 따른 통화위기(money crisis)에다 최대 채무자의 채무불이행 가능성이 동시에 작용했다. 카이사르가 이길 것인가 아니면 폼페이우스^{Pompeius}가

이길 것인가? 카이사르가 루비콘강을 건넌 것은 기원전 49년 1월 10일이었다. 그 사실이 로마에 알려진 것은 나흘 뒤였다. 로마 원로원 의원들이 줄행랑을 놓았다. 카이사르가 지금의 프랑스 지역을 점령하면서 보여준 용병술과 작전 능력이 두려움을 증폭시켰다. 순식간에 신용을 공급하는 사람들이 사라졌다. 신용이 증발했다. 피신하지 않은 원로원 의원들이 시장을 알 턱이 없었다. 그들은 금리가 치솟자 금리를 12%로 제한했다. 돈 가뭄이 더 심해졌다.

카이사르는 긴급 조치를 내렸다. 채무자가 위기 전 땅값을 기준으로 빚을 갚을 수 있도록 했다. 금융위기 때문에 땅값은 추락한 반면 빚은 그대로였다. 채무자는 동일한 빚을 갚기 위해 더 많은 땅을 넘겨줘야 했다. 카이사르가 자산 가격 폭락과 연쇄적인 채무불이행 상황에서 땅값을 인위적으로 설정했다. 채권자가 현금 대신 땅을 거부하지 못하도록 재산의 일정 비율을 땅으로 보유하도록 강제했다. 그는 토지담보대출 이자도 탕감해줬다. 데나리우스를 비축하는 것도 금지했다. 금융시장에 돈이 흐르도록 강제하는 조치다. 그 시절에는 중앙은행이 없었다. 은행권이나 신용수단도 변변찮았다. 위기의 순간 카이사르가 긴급 유동성을 시장에 주입할 방법이 없었다. 시중에 퍼져 있는 은화 데나리우스가 채권자의 금고에 잠자지 않도록 하는 수밖에 없었다. 현대적인 용어로 말하면 공권력을 동원해 자산 가격을 동결하고 돈줄이 마르지 않도록 한 조치였다. 자산 가격 동결은 현대 시장경제에서는 사실상 불가능하다.

고대 로마의 위기 대응은 기원후 33년 위기에서 한 단계 업그레이드되었다. 위기 시작 두 해 전인 31년 티베리우스 황제가 역모를 적발했다. 친위대장 세야누스Sejanus가 꾸민 반란이었다. 티베리우스는 무자비하게 진압해 세이아누스의 목을 치고 그의 잔당들을 테베레강에 처넣어 죽였다. 《돈이 모든 것을 바꿔놓았다(Money Changes Everything : How Finance Made Civilization Possible)》의 저자인 미국 예일대학교 윌리엄 고츠먼William N. Goetzmann 교수에 따르면 세이아누스의 역모와 티베리우스의 진압은 기원후 33년 금융위기로 이어졌다. 모든 개인 간 금융거래 표준(데나리우스)을 제공하는 권력의 향배가 채권-채무 네트워크를 흔들어놓았다. 돈을 빌려주려는 사람들이 종적을 감췄고, 금리가 치솟았다. 티베리우스 황제는 카이사르와는 달리 포고령으로 응수했다. 금리를 연 5%로 제한했다. 돈줄이 더욱 말랐다. 고츠먼 교수가 인용한 고대 역사가 타키투스의 기록에는 당시 상황이 생생하게 묘사되었다.

"많은 사람들이 경제적으로 몰락했다. 결국 황제가 나섰다. 은행을 통해 100만 데나리우스를 긴급 투입했다. 3년 동안 무이자로 쓸 수 있는 조건이었다. 빌려 쓰는 사람은 빌린 돈의 2배에 해당하는 땅을 담보로 맡겼다. 믿음이 회복됐고 민간 대부자(주로 원로원 의원)들이 서서히 돈을 꿔주기 시작했다."[14]

고대 로마 시대 금융위기는 실물경제의 불균형에서 비롯된 것이 아니었다. 원로원 의원들이 실물경제에 참여하는 것이 금지되었다. 실물경제와 금융 사이에 직접적인 연결고리가 없었던 것이다. 정치불안이 금융위기의 방아쇠였다. 카이사르가 공권력을 동원해 땅값을

---

14 윌리엄 고츠먼, 《돈이 모든 것을 바꿔놓았다(Money Changes Everything : How Finance Made Civilization Possible)》, p.109.

위기 전 가격으로 동결하고 채권자 수용을 강제했다.

반면 타키투스 시대에는 당대 최대 부호인 황제가 은행을 통해 긴급자금(유동성)을 투입했다. 당시는 황제가 곧 로마이고 국가인 시절이었다. 황제의 머니 파워money power가 곧 국가의 재정이었다. 고츠먼 교수에 따르면 티베리우스 황제가 숨지면서 남긴 재산은 6750만 데나리우스에 달했다. 원로원 의원 수백 명의 재산을 합한 것보다 많았다. 이런 자금력과 무력을 바탕으로 한 공권력으로 위기를 진화했다. 현대 중앙은행과 재무부가 위기에 빠진 금융회사에 긴급자금을 주입하는 대응을 고대 로마 황제가 한 셈이다.

◦─── 패닉 1825, 위기의 변곡점

근대 들어 사람들의 통념을 뒤흔들어놓은 사건이 발생했다. 1825년 영국 런던에서다. 은행들이 줄줄이 파산해 70여 개가 무너져 내렸다. 이렇다 할 정치적 불안도 없었다. 영국을 위협하던 프랑스 나폴레옹은 제거된 지 오래였다. 흉년이 들거나 지진이 발생하지도 않았다. 돌연 돈줄이 마르며 은행들이 분해됐다. 이스라엘 벤구리온대학교 경제학과 아리 아논[15] 교수 등이 말한 '사상 최초의 자본주의적(근대적) 위기'는 이렇게 시작됐다.

아논 교수 등에 따르면 1825년 위기의 발단은 남미였다. 직전 런던에는 컬트cult적인 바람이 불었다. 남미를 '낡은 스페인 압제에서 구해내야 한다'는 근거 없는 논리가 퍼졌다. 《금융투기의 역사》의 저

---

15 아리 아논 교수는 《흄과 스미스에서 빅셀까지 통화이론과 정책》의 저자이다.

자인 에드워드 챈슬러는 "영국 상공인들이 한창 진행 중인 산업혁명으로 자신감을 갖게 됐다"며, "그들은 자신들의 자본과 경영 기법으로 자원이 풍부한 남미를 시장경제적으로 개발하면 풍요의 대륙이 될 것으로 믿었다"고 말했다. 믿음은 곧 열풍(mania)으로 이어졌다. 남미 채권투자 붐이 일었다. 남미 국가들이 신흥국이기는 하지만 금과 구리 등 풍요로운 자원이 있으니 안전자산이라는 믿음이 퍼졌다. 니카라과 변방의 포야이스Poyais란 부족국가가 찍어낸 채권마저 선풍적으로 팔려나갔다.

결국 사달이 났다. 남미 채권이 부도가 났다. 이들을 대거 사들인 은행들이 아우성쳤다. 위기의 순간 옛날이나 지금이나 서툰 대응이 늘 화를 키운다. 영란은행이 돈줄을 죄었다. 그때는 중앙은행이 아니었다. 그저 대형 시중은행이었다. 영란은행도 살기 위한 대응이었다. 은행이 돈 가뭄에 더욱 깊이 빠져 줄줄이 무너졌다. 영란은행마저 흔들렸다. 위기의 충격파가 유럽 대륙뿐 아니라 대서양 건너 미국까지 퍼졌다. 프랑스가 구원투수로 나섰다. 프랑스은행이 긴급자금(金)을 지원했다. 요즘 국제통화기금(IMF)이 달러나 유로 등으로 지원하는 긴급자금의 원형이었다.

첫손에 꼽히는 위기의 원인은 본격화한 산업혁명이었다. 경제가 급격히 팽창했다. 마침 영국 정부도 직전 나폴레옹 전쟁 시기에 시작된 재정 팽창을 유지했다. 금태환을 재개했는데도 시중은행의 은행권 발행이 급증했다. 금본위제에서도 유동성 과잉은 일어날 수 있음이 증명된 셈이다. 주로 런던 밖의 시골 은행이 은행권을 마구 찍어냈다. 유동성 풍년이었다. 버블의 요건이 다 갖춰진 셈이다. 남은 순서는 파열이었다. 끝내 패닉이 엄습했다.

다른 장에서 자세히 살펴보겠지만, 패닉 1825는 인간의 돈에 대한 이해를 넓혀주기도 했다. 나폴레옹 군대가 도버해협을 건너온다는 두려움 탓에 영국은 1797년 금이 유출되는 사태를 겪었다. 금태환이 중단되어 시중은행이 찍어낸 은행권과 금을 바꿔주는 체제가 일시 정지됐다. 은행권이 닻에서 풀려 제멋대로 돌아다녔다. 신용화폐 시스템을 경험하지 못한 그 시절 사람들에게는 재앙이었다. 물가가 불안했다. 나중에 전문가들이 따져보니 그렇게 많이 오르지는 않았다. 그런데도 그 시절 영국인들에게는 금태환 중단 이후 물가 오름세가 불안으로 비쳤다.

영국에서 금태환 재개를 놓고 대논쟁이 벌어졌다. 금융 중심지 더 시티 오브 런던(The City of London, 더시티, 채권자)은 하루라도 빨리 금태환이 재개되기를 원했다. 반면 산업자본가(채무자)들이 모여 있던 잉글랜드 중부 지역에서는 반대가 우세했다. 자본주의 돈의 역사에서 돈을 중심으로 한 오랜 갈등의 축인 채권자-채권자 관계가 이때 드러났다. 승리는 더 시티 사람들에게 돌아갔다. 1821년 금태환이 부활했다. 많은 영국인들이 안정감을 느꼈다. 종이돈이 멋대로 떠다니는 게 아니라 닻(금)을 중심으로 움직일 것이라는 기대였다.

그러나 영국인들의 기대는 물거품이 됐다. 런던 밖 산업자본가(채무자)들의 주요 자금 창구인 지방은행들이 마구 은행권을 찍어 대출해줬다. 금과 종이돈을 묶어놓았지만 유동성 과잉을 예방할 수 없었다. 그런데도 21세기 현재 골드버그(gold bug, 금본위제주의자)들은 금만이 유동성 거품과 인플레이션을 막을 수 있다는 주장을 내려놓지 않고 있다. 골드버그들도 할 말이 없지는 않다. 대표적인 골드버그 제임스 리카즈는 "1825년 패닉은 금의 한계가 아니라 은행 건전성 감독이 이뤄지지 않아서"라고 말했다.[16] 이 말에서 추론할 수 있는 점은 바로 금본위제도 현대적인 은행 건전성 감독이 갖춰지지 않으면 불안하다는 사실이다. 은행 감독 시스템은 사실 상징화폐(신용화폐) 체제의 구성 요건이다. 감독 시스템을 갖춰야 한다면 금본위제를 굳이 할 필요가 있을까?

'패닉 1825'은 자연재해나 정치적 불안 없이 발생했다. 시장 참여자의 판단과 욕망이 어우러져 발생한 거품의 후폭풍이었다. 중앙은행과 예금보험공사(구제금융), 금융감독 시스템이 전혀 없는 상황이었다. 자유방임 시대에 순수하게 경제적으로 발생해 경제 메커니즘에 따라 파열했다. 또 경제 자생력 덕분에 회복되었다. 이후 발생한 위기는 모두 패닉 1825의 변주곡에 지나지 않는다. 다만 애덤 스미스의 그림자 탓일까. 경제학자들은 자유방임과 보이지 않는 손, 균형론 등을 확신해 위기를 예외적인 사건으로 봤다. 19세기 내내 주류 경제학자들은 위기에 관심을 거의 두지 않았다. 카를 마르크스만이 위기 자체는 자본주의 시스템의 고유 현상 가운데 하나라는 사실을 처음으로 알아챘다. 일반경제학자들이 위기 연구를 본격화한 시기는 1930년대 대공황 이후다.

○———— 경제위기와 돈의 문제

요즘 일반경제학자들이 위기를 어떻게 인식하는지는 국

---

16 2017년 12월 인터뷰에서 했던 말이다. 제임스 리카즈는 《화폐몰락》과 《화폐전쟁》 등을 쓴 베스트셀러 작가이다.

제통화기금의 위기 분류에서 잘 드러난다. IMF는 경제위기 대응 사령부다. 회원국이 경제위기를 맞으면 급전을 제공하고 위기 진단도 해준다. 재발 방지를 위한 처방까지 제시한다. 위기 당사국은 급전을 쓰는 순간 IMF의 처방을 받아들여야 한다. IMF가 1970년대 중반부터 위기 대응을 본격화했다. IMF는 지구상 어떤 개인이나 조직보다 위기의 현장감을 잘 아는 셈이다. 이런 그들이 위기를 분류했다.

IMF는 상아탑이라기보다는 관료조직에 가깝다. 관료의 언어는 단순하고 명쾌하다. 개념과 기준이 명쾌해야 정책적 대응이 가능하기 때문이다. IMF의 정의와 기준은 시험 답안지처럼 명쾌하다. '위기란 무엇인가?'란 원초적인 의문을 푸는 출발점으로 삼을 만하다.

IMF는 위기 종류를 4가지로 나눴다. 주로 금융 영역에서 발생한 위기들이다. 실물경제의 위기는 없다. IMF 조직의 특성상 논의할 대상이 아닐 수 있다. IMF는 태생이 실물에서 빚어진 불균형이 금융에서 불거졌을 때 대응하는 조직이다. 경상수지 적자가 누적돼 외환보유액이 부족할 때 일시적으로 연명할 자금(Stand-by loan)을 제공한다. 또 다른 약점은 IMF가 외환위기와 금융위기, 외채위기가 사뭇 별개인 듯 정의했다는 점이다. 1997년 한국의 환란을 돌이켜보면 외환위기이면서 금융위기였다. 또 실물 부문에서는 일선 기업이 이익을 제대로 내지 못해 은행권 등에서 빌린 돈을 갚을 수 없었다. 기업이 무너지면서 실업률이 급증하고 생산과 소비의 균형이 깨졌다.

IMF와 달리 경제학자들이 경제위기를 보는 시각은 대체로 2가지다.[17] 첫째는 돈을 중심으로 경제위기를 보는 접근법이다. 밀튼 프리드먼Milton Friedman과 안나 슈워츠Anna Schwartz 등이다. 두 사람은 통화론자들 사이에 걸작으로 통하는 《미국 통화사(A Monetary History of

종류	기준
외환위기(Currency Crisis)	특정 통화에 대한 투기적 공격으로 통화가치 급락(전년 대비 25% 이상 하락)
좁은 의미의 금융위기(Banking Crisis)	실제적 혹은 잠재적 은행 파산으로 은행들이 예금 인출 요구에 응하지 못해 정부가 이를 막기 위해 대규모로 개입하는 상태
체계적 금융위기(Systemic Financial Crisis)	금융시장이 심각한 붕괴에 있는 상태 위기 확산으로 금융시장의 효율적인 중개 기능이 손상되어 실물경제에 대규모 부정적 파급 효과
외채위기(Foreign Debt Crisis)	특정국이 공공부문 또는 민간부문의 대외채무에 대한 지급 의무를 이행하지 못하는 채무 불이행 상태

자료 : IMF

the United States, 1867~1960)》를 썼다. 방법론은 단순하다. 통화 공급량과 경기변동이나 경제위기를 단순한 통계 기법으로 견주어 보는 방식이다. 두 사람은 대공황 등 경제위기를 통화량 조절의 실패 탓으로 봤다. 몇몇 암호화폐 전문가들은 프리드먼의 명성에 취한 탓인지 경제위기를 중앙은행의 자의적인 통화량 조절 탓이라고 주장한다. 위기가 금융시장 자체에서 발생한다고 믿는 것이다. 말 자체가 아주 낯선 '자성예언(자기실현적) 효과(Self-Fulfilling Prophecy Effect)'다. '피그말리온 효과(Pygmalion Effect)'와 비슷하다. 다수가 그렇다고 생각하면 그런 일이 생긴다는 이론이다.

---

17 런던정경대학 석사과정에서 경제사를 공부할 때 필수 과목으로 '경제 변화의 역사적 분석 (Historical Analysis of Economic Change)'이 있었다. 여기에서 금융위기를 다루는 내용이 있었는데, 주로 '경제위기가 어디에서 비롯되는가'를 다룬다.

자성예언 효과를 가장 먼저 내세운 인물은 UC버클리 모리스 옵스트펠트Maurice Obstfeld 교수이다. 한국의 1997년 위기를 설명하는 예가 대표적이다. 당시 정부는 태국이나 말레이시아 등 위기 진앙에 견줘 기초 여건(fundamentals)은 괜찮았다고 봤다. 수입이 수출보다 많아 경상수지 적자가 상당한 수준에 이르렀지만 경제성장률이나 경제 규모가 건실했다는 얘기다. 하지만 금융시장 참여자, 특히 해외투자자들은 한국도 위기에 빠진다고 믿었다. 그러면서 빠르게 돈을 회수했다. 외환보유액이 하루가 다르게 줄었고, 결국 한국은 위기를 맞았다. 상당히 그럴듯하게 들리지 않는가. 한국인의 자존감에 덜 상처를 주는 접근법으로 비친다. 한국의 경제 체력은 괜찮았는데, 시장 참여자들의 조급증과 패닉이 환란의 원인이라는 얘기다.

경제학자들 사이에서 자성예언 효과는 2세대 이론으로 불린다. 반면 1세대 이론은 기초 여건을 중시한다. 경상수지 적자와 외환보유액, 기업의 재무 상태 등이다. 다시 1997년 한국의 위기를 기초 여건을 중심으로 재구성해본다. 한국은 1994~1996년 경상수지 적자가 누적됐다. 원화의 통화가치는 고평가 상태였다. 변동환율제에 따라 결정되지도 않았다. 시장참여자들이 고평가된 원화 가치에 의문을 품기 시작했다. 한국의 재벌들은 회계 조작 등 경영과 지배 구조가 투명하지 않았다. 재벌들의 부채 비율도 상당히 높았다. 이 접근법에는 이후 한국 경제를 비판하는 사람들이 늘 입에 올리는 재벌 시스템의 문제점이 빠짐없이 들어 있다.

양쪽 모두 '돈이 문제'라는 주장이지만, 곧 다룰 '자연재해를 바탕으로 한 위기'보다는 설명이 한결 정교하다. 위기에 대한 연구가 20세기, 특히 1930년대 대공황 이후 활발해졌다. 하지만 2가지 접근법 모두 동일한 문제를 두고 서로 다른 원인을 제시한다. 원인이 다른 만큼 처방도 다르다. 경제학의 고질병이다. 이쪽 말을 들으면 이것 같고 저쪽 말을 들으면 저것 같다. '경제학이 원래 그러려니' 하고 넘어가야 할까. 아니면 '한 사건의 서로 다른 측면을 강조한 것이니 둘 다 맞다'고 인정해버릴까. 논리적 한계 상황이다. 경제위기의 형태만을 보면 순환 논리에서 벗어나기 어렵다. 위기의 여러 가지 겉모습을 포괄하는 접근법이 필요하다. 브루스 커밍스Bruce Cumming는 《한국전쟁의 기원》에서 '논리적 큰 그물'[18]을 소개했다. 최대한 많은 변수나 요인을 포괄해야 실상을 제대로 발견할 수 있기 때문이다. IMF처럼 여러 요인을 평면적으로 나열하는 것도 아니다. 다양한 위기 형태 사이에 분명한 서열을 매긴다.

서열에서 경제위기는 최상위 개념이다. 경제위기 속에 실물경제 위기(공황이나 침체), 외환위기, 좁은 의미의 금융위기(은행 위기), 재정위기, 통화위기 등이 있다. 경제위기가 최상위 개념이지만 모든 위기의 어머니라는 뜻은 아니다. 위기의 어머니는 실물경제 위기다. 실물경제의 불균형이 누적되자 금융 영역에서 파열음이 울리기 시작한다. 여기서 균형(balance)은 일반경제학에서 말하는 등가성(equivalence)의 의미와 조금 다르다. 등가성은 경제학 교과서에 등장하는 수많은 수식에서 '='과 같다. 정태적인 의미가 강하다. 양이나 질이 일치한다는 뜻이 강하다. 반면 균형은 양이나 질이 동등하다는 의미가 아니다. 생산재와 소비재의 공급과 수요가 일치하지 않을 수 있다. 하지만 비례적으로 또는 비율적으로 균형적일 수는 있다. 생산재와 소비

---

18 브루스 커밍스, 《한국전쟁의 기원(The Origins of Korean War)》 영문판.

재의 수급이 일치하는 게 현실적으로는 불가능하다. 양쪽이 비율적으로 균형 상태일 수는 있다. 말장난처럼 들일 수 있다. 하지만 경제위기의 원인을 이야기할 때 균형의 의미가 중요하다. 이런 점을 기억하며, 자본주의 시장경제의 위기가 어디서 싹터 어떻게 불거지는지를 다음 장에서 살펴본다.

돈의 위기, 승자는 누구인가?

위기의 시그널과 엔딩크레딧

미국의 디스멀 사이언티스트Dismal Scientists와 S&P글로벌마켓인텔리전스, 영국 캐피털 이코노믹스Capital Economics. 모두 실시간 거시경제를 분석한 결과나 코멘트를 글로벌 시장과 미디어에 뿌린다. 주요 고객은 기업인과 펀드매니저, 각국 경제정책 담당자들이다. 그들 사이에 경쟁도 치열해 분석과 예측의 적중 여부가 성패를 가른다. 일선 이코노미스트들의 스트레스가 만만찮다. S&P글로벌마켓인텔리전스의 아시아–태평양 수석 이코노미스트 라지브 비스워스Rajiv Biswas는 "세계 경제 상황이 요동하고 있는데 경제학자들은 한 시점에 입수한 정보를 바탕으로 미래를 예측한다"며 "경제 자체와 내기를 하고 있다는 느낌마저 든다"[1]고 토로했다.

비스워스 같은 이코노미스트들은 뉴욕의 월스트리트나 영국 런

---

1 2018년 추석 무렵 나와 만난 자리에서 했던 말이다.

던의 더 시티 등 세계 머니센터의 핵심 구성원들이다. 그들의 실시간 경제 분석은 없어서는 안 되는 서비스이다. 글로벌 금융시장이 24시간 작동하고 있기 때문이다. 이런 곳에서 정보 불평등(비대칭)은 누가 정보를 얼마나 빨리 입수했는가 하는 문제가 아니다. 얼마나 정확하게 이해하고 있는가도 머니게임의 성패를 가른다. 그들은 계량경제학적인 도구로 시시각각 경제 데이터를 분석한다. 미국 연방준비제도나 유럽중앙은행 등이 기준금리를 올릴지 내릴지 등을 정확하게 예측하면 명성을 얻는다. 그 대가는 고액 연봉이다.

실시간 경제 분석은 속성상 단기 분석이다. 좌파 경제학자들에게는 어울리지 않는 일이다. 좌파들은 주로 구조적인 이야기를 한다. 그들 가운데 혁명의 꿈을 품은 쪽은 정치 변수까지 종합한다. 자연스럽게 그들의 말이 거대 담론으로 흐르기 십상이다. 그들 가운데 적잖은 사람들이 "국가 정책으로 자본주의 시장경제가 안고 있는 문제를 해결하기는 불가능하다"며 "혁명만이 최종 해결책"이라고 목소리를 높인다. 이런 그들에게 미국 Fed의 내부자들이 보름 뒤에 열릴 통화정책회의에서 기준금리를 올릴지는 하찮은 주제일 수 있다. 미국 3분기 성장률이 2.4%일지 2.6%일지도 그들에게는 중요하지 않을 수 있다는 얘기다.

그런데 예외적인 인물이 있다. 영국 좌파 경제분석가 마이클 로버츠Michael Roberts이다. 그는 마이클 로버츠 블로그Michael Roberts Blog[2]를 운영하며, 각국의 성장률, 물가상승률, 실업률, 임금 상승률, 기업의 부채 규모, 가계부채 총액 등 다양한 경제 데이터를 바탕으로 실

---

2 마이클 로버츠의 블로그는 https://thenextrecession.wordpress.com

시간 경제 분석을 해서 서비스한다. 그가 런던 금융회사에서 경제분석가로 활동한 경력이 작용한 탓으로 보인다. 그는 "2008년 미국발 경제위기가 낳은 파장 가운데 흥미로운 게 하나 있다"며 "미국 월스트리트 경제학자들이 서고에 먼지를 뒤집어쓰고 잠자고 있던 경제학 고전들을 다시 꺼내 읽기 시작한 사실"이라고 말했다.[3] "그들이 꺼내 읽기 시작한 고전 가운데는 정통 경제학자로 인정받은 사람들의 책만이 있는 게 아니다"며 "우파 비주류뿐 아니라 카를 마르크스 등 좌파 경제학자의 책도 읽고 있다"고 했다. 그 바람에 "경제위기 원인과 전개 과정, 결과 등에 대한 경제학자들의 언어가 좌우 융합적"이라고 말하며 그는 웃음을 터뜨렸다.

로버츠의 말은 과장이 아니다. 씨티그룹의 채권투자 부문 글로벌 헤드인 매튜 킹Mathew King은 글로벌 채권시장을 분석하는 최고 전문가다. 그가 한참 채권시장 상황을 설명하는 중 그의 입에서 마르크스라는 이름이 갑자기 튀어나왔다.[4] "좌파 경제학자인 카를 마르크스가 말한 자본주의 시장경제의 고유 리듬이 경제위기를 야기한다"고 말했다. 사실 마르크스 이전까지 체계적으로 위기를 설명한 경제이론가는 거의 없었다. 그들은 애덤 스미스의 세계관을 맹신하다시피 했다. 자본주의는 하느님의 나라처럼 완벽한 균형이라고 믿었다. 위기가 시스템 자체에서 비롯된다는 주장은 불경스러운 입방아쯤으로 생각했다. 19세기 내내 거의 10년마다 위기가 엄습했다. 하지만 그

---

3 내가 외눈박이 경제 분석에 심드렁해질 즈음 그를 알게 됐다. 게다가 런던정경대학에서 석사과정을 공부할 때 런던대학의 SOAS(The School of Oriental and African Studies)에서 열린 컨퍼런스에서 그의 강연을 들었다. 당시 그는 자신의 블로그 부제처럼 '마르크스 경제학분석가 관점(from a Marxist Economist)에서' 세계 경제 현안을 설명했다.
4 2018년 9월 나와 인터뷰에서 했던 말이다.

들은 비이성적인 행동 탓이라고 봤다. 이런 사고방식은 일부 전업 연구자들 사이에서 지금도 남아 있다. 경제학자들 가운데 일부가 생각을 고쳐먹기 시작한 사건이 발생했다. 1929년 시작된 대공황이었다. 존 메이너드 케인스 같은 사람들이 나타나기 시작했다. 이처럼 마르크스 학파 밖에서 위기 연구는 제2차세계대전까지 소수에 의해 이뤄졌다.

킹은 영국 케임브리지대학교에서 일반경제학을 공부했다. 이어 그는 "위기를 중앙은행의 통화정책 때문이라고 하는 해석은 마차를 말 앞에 놓은 격(putting a cart before the horse)"이라고 비판했다. 결과를 원인이라고 주장한다는 얘기다. 논리적 오류다. 어떻게 하면 논리적 오류를 범하지 않을까? 우선 원인과 결과를 혼돈하는 실수를 범하지 않기 위해서는 단계론적 접근법이 필요하다. 단순한 단계에서 현실처럼 복잡한 단계로 진화하는 논리구조가 적절하다는 얘기다. 이를 위해 이번 장에서는 경제위기와 관련된 이론을 살펴본다.

∘──── 위기란 무엇인가?

큰 사건은 담론의 지형도 뒤흔들어놓는다. 1929년 세계 경제는 대참화를 겪었다. 대공황(Great Depression)이 시작된 것이다. 공황은 이전까지 경제학자들 사이에서 흔히 쓰이던 말이었다. 주식을 비롯한 자산 가격이 폭락한 뒤 실물경제가 둔화하는 현상을 모두 공황이라고 했다. 대공황이란 그런 공황들 가운데 가장 심하다는 뜻이다. 사실 '가장 심하다'는 말은 상대적이다. 1929년 이전까지 대공황은 1873년의 공황이었다. 그해 미국과 영국, 독일, 프랑스, 일본 등 주요 국가뿐 아니라 이들의 식민지 전체가 디플레이션deflation에 빠졌다. 당시 디플레이션은 1896년까지 23년 동안 이어졌다. 주식과 채권 가격만 떨어진 것이 아니었다. 농산물과 각종 원자재 가격이 추락했다. 1990년대 일본이 '잃어버린 20년'에 빠지기 이전까지 역사상 가장 긴 디플레이션 기록이다.

그러나 1873년 공황은 '대공황'에서 강등됐다. 1929년 공황의 후유증이 너무나 크고 깊어서 제2차세계대전으로 이어지기까지 했다. 1873년의 공황은 '장기 공황(Long Depression)'으로 개명됐다. 그런데 "1929년 이후 경제학자들이 공황이란 말 자체를 쓰기를 두려워했다"[5]고 《월스트리트 제국》의 저자 존 스틸 고든John Steele Gordon은 말했다. 대공황의 상흔이 너무 크고 깊은 나머지 경제학자들이 이후 발생한 자산 가격 추락과 경기 둔화를 공황 대신 '침체(recession)'라고 부르기 시작했다. 미국과 유럽 경제는 1936~1937년 다시 활력을 잃기 시작했다. 기업들이 줄줄이 파산하고 실업자가 급속도로 늘었다. 대공황 이전이었다면 공황으로 부를 만한 사건이었다. 하지만 "경제학자들이 1936~1937년 사건을 침체라고 불렀다"고 고든은 말했다.

그렇다면 위기(crisis)란 무엇일까?

국내 경제학자들은 개념을 설명할 때 어원을 추적한다. 하지만 경제사상사 전문가 로저 백하우스Roger Backhouse는 "경제 용어 가운데 위기(crisis)만큼 가장 폭넓고 애매모호한 단어를 본 적이 없다"고 말하곤 했다.[6] 언제 누가 어떤 맥락에서 위기란 말을 경제 용어로 쓰

---

5 나와 인터뷰에서 했던 말이다.
6 로저 백하우스는 내가 영국 버밍엄대학교에서 경제학 석사 과정을 공부할 때(2003~2005년) 경제학설사 교수였다.

기 시작했는지를 추적하기가 사실상 불가능하다는 말을 에둘러 표현했다. 《세계 금융시장을 뒤흔든 투자 아이디어(Capital Ideas)》를 쓴 피터 번스타인Peter L. Bernstein은 위기란 말을 경제학자들이 아닌 금융인들이 '예측하지 못한 급변'을 표현하는 말로 쓰기 시작했다고 설명했다. 하지만 이 설명으로는 리스크risk의 의미와 구분되지 않는다. 이처럼 불분명한 위기라는 말을 가장 그럴듯하게 설명한 사람이 있다. 좌파 경제이론가 루돌프 힐퍼딩이다. 그는 "자본주의 생산은 호황 뒤에 불황을 겪는다는 것이 경험적으로 증명됐다"며 "경제가 호황에서 불황으로 바뀌는 순간이 위기로 나타난다"고 말했다.[7] 우리가 알고 있는 위기와 사뭇 다른 느낌이다. 우리 기억에 위기는 환란 같은 고통스런 사건이다.

사실 경제가 호황에서 둔화로 바뀌는 순간은 아주 복잡한 사태의 일부다. 초기 자본주의 단계에서는 파산이 속출했다. 급전을 구할 수 있거나 위험을 헤지할 수 있는 각종 보험 장치 등 금융 시스템이 숙성되지 않아서다. 거래 상대가 외상을 제때 갚지 못하면 연쇄 부도가 속출했다. 여러 보완 장치가 갖춰진 21세기 시각으로 19세기를 보면 안 되는 이유다. 요즘은 경기가 호황에서 둔화로 바뀌는 일을 단순 경기변동으로 치부하는 경향이 있다. 하지만 그 순간은 아주 역동적 모멘트다.

참고로 중세 영어에서 'crisis(위기)'는 '병세의 중대 고비'를 뜻했다. 경기가 호황에서 둔화로 바뀌는 순간은 경제의 중요한 고비라고 할 수 있다. 이런 시기에 기업의 매출이 줄어든다. 외상(신용판매)값이 제

---

7 루돌프 힐퍼딩, 《금융자본론》 영문판, p.239.

머니니스

때 결제되지 않는다. 채무자의 부채 상환이 순조롭지 않다. 서서히 실직자가 늘어난다. 주식과 채권 등 자산 가격이 하락한다. 돈 가뭄이 시작된다. 어느 정도 상황이 악화하면 파산 사태가 일어난다. 부실 자산이 늘어나면서 금융회사들이 흔들린다. 일반적으로 위기라고 할 만한 사건이 터진다. 한마디로 경제가 호황에서 불황으로 바뀌는 순간을 위기라고 한 힐퍼딩의 정의가 정확한 셈이다. 위기는 격렬한 통증기다. 경제는 통증을 겪고 나면 활력이 뚝 떨어진 단계에 진입한다. 1929년 이전에 공황으로 부른 국면이다. 요즘 유행하는 말로는 침체다.

◦─────── 돈이란 바이러스 속 위기의 단서

'7. 돈이 경제위기를 일으키는가?'에서 종이돈이나 중앙은행의 무능 또는 실수가 경제위기의 원인이 될 수 없는 이유를 역사적으로 살펴봤다. 그렇다고 돈과 위기가 아무런 상관이 없다는 얘기는 아니다. 위기의 원인을 찾아 경제의 가장 깊은 곳을 파고들면 돈이란 바이러스 속에 위기의 단서가 엿보인다. 시장경제의 가장 근원적인 행위 속에 위기의 유전자가 숨어 있다는 얘기다. 분업화한 경제에서 교환은 피할 수 없는 일이다. 시장 내 교환 과정을 찬찬히 들여다보면 '판매(sales)'와 '구매(purchase)'라는 행위가 눈에 띈다.

분업이 시작된 이후 사람들은 자신이 생산한 물건을 팔아야 필요한 물건을 사들여 생존할 수 있다. 팔고 사는 행위가 이뤄져야 개인은 생존 가능하고 한 사회의 경제가 작동한다. 물물교환에서는 판매 자체가 구매였다. 물물교환 성사 자체가 어렵기는 하지만 일단 이뤄지면 판매가 곧 구매였다. 불균형의 싹이 틀 틈이 없다. 문제는 돈이 발명된 이후부터다. 판매와 구매가 분리되기 시작했다. 달리 말해 시간 차가 벌어지기 시작했다. 쌀을 판 사람이 당장 옷을 사지 않아도 되었다. 시간 차가 길어지면 심상찮은 일이 벌어진다.

카를 마르크스는 "판매와 구매는 따로 존재할 수 없다(누구는 팔기만 하고 누구는 사기만 할 수 없다는 뜻이다). 그런데 누구는 팔기만 하고 누구는 사기만 하는 일이 어느 단계에 이르면 '위기'가 발생한다"고 말했다.[8] 경제 전체가 작동 중단 사태에 빠진다는 얘기다. 한 사회의 경제주체들이 자신이 생산한 물건을 내다 팔기만 하고 사지 않으면 끝내 자신의 물건을 팔 수도 없는 사태에 이른다. 그렇다고 경제 붕괴는 아니다. 한 사회의 아주 필수적인 물품의 판매와 구매는 위기의 순간 규모가 줄어들기는 해도 거래는 이뤄진다. 대신 사치품이나 당장 생존과 직결되지 않는 물품의 판매와 구매는 거의 중단된다. 교환 규모가 눈에 띄게 줄어들고, 시장 활력이 뚝 떨어진다. 이것이 바로 경제의 가장 깊은 단계에서 확인된 위기의 싹이다.

판매와 구매가 분리되는 현상을 다른 말로 하면 '돈이 돌지 않는 사태'다. 농사꾼이 쌀을 팔아 쥔 돈을 가능한 한 빨리 옷을 사는 데 지출해야(구매) 경제 순환구조가 부드럽게 작동한다. 그런데 농사꾼이 쌀을 팔아 쥔 돈을 계속 쥐고 있으려 한다. 경제학자들이 말하는 축장(hoarding)이다. 모든 축장이 곧장 위기로 이어지지는 않는다. 4~5세기 영국에서는 돈의 축장이 여기저기서 일어났다. 서로마가 붕괴하면서 말 그대로 암흑시대가 영국에서 시작됐다. 중앙권력이 사라졌

---

8 카를 마르크스, 《자본론》 1권 영문판, p.209.

다. 사회가 극도로 불안해지고 안전성이 깨졌다. 상거래와 사회관계 네트워크가 무너져 내렸다. 안전을 이유로 귀금속 등을 땅에 묻어 보관하는 관행이 퍼져나갔다.

그런데도 당시 근대적인 위기가 발생하지 않았다. 사람들은 물물교환에 의존해 나름대로 경제생활을 이어갔다. 이 시기에는 주로 자연재해로 인한 위기만 나타났다. 반면 16세기 중엽 이후 유럽 상황이 바뀌었다. 모리스 돕 등 경제학자들이 말하는 자본주의 이행기가 시작됐다. 19세기 초까지 경제가 봉건 시스템에서 자본주의 시스템으로 이행했다. 산업혁명이 이행기의 마침표나 마찬가지였다.

중세 초기 축장이 경제위기로 이어지지 않은 까닭은 무엇일까? 힐퍼딩은 "돈의 추가적인 기능이 발달해야 위기가 발생한다"며 "지불수단(means of payment)과 상거래 신용의 발달"이라고 말했다.[9] 흥미로운 설명이다. 경제학 교과서는 돈의 기능을 병렬적으로 설명한다. 돈의 기능이란 항목 아래 지불수단, 가치 척도, 가치 저장 수단 등으로 나열한다. 한 기능이 어떤 조건에서 어떻게 작용하는지 등에 대한 설명은 거의 없다. 그저 '돈의 3가지 또는 4가지 기능을 쓰시오!'라는 시험문제에 답으로 쓸 만한 설명만이 있을 뿐이다. 이런 식의 설명은 돈의 정체를 이해하는 데 별 도움이 되지 않는다. 좀 더 맥락 속에서 돈의 기능을 살펴볼 필요가 있다. 돈이 생겨나자마자 교과서에서 말하는 기능을 한 것이 아니다. 경제 상황과 시스템의 변화에 따라 기능이 하나씩 추가됐다.

지불수단으로서 돈은 상품의 성격과 관련이 크다. 어떤 상품은

---

9 루돌프 힐퍼딩, 《금융자본론》, p.239.

생산하는 데 긴 시간이 필요하다. 반면 상대적으로 짧은 상품도 있다. 또 어떤 상품은 생산된 곳에서 멀지 않은 곳에서 소비된다. 반면 아주 먼 곳으로 수출하는 상품도 있다. 이런 특징 때문에 소비자가 살 준비가 안 되었는데도 생산자가 상품을 팔려고 내놓을 수밖에 없는 경우가 있다. 이런저런 이유로 외상(신용)거래가 활성화된다. 사는 쪽은 채무자, 파는 쪽은 채권자가 된다. 채무자는 빚을 갚기 위해 돈을 마련해야 한다. 이때 돈의 기능이 지불수단이다. 지불수단으로서 돈의 탄생이다.

○───── 신용, 깨지기 쉬운 그 무엇

지불수단은 신용(credit)의 탄생을 뜻하기도 한다. 단순히 돈을 빌리고 빌려준다는 의미에서 채권-채무 관계가 아니다. 상인 사이, 상인-소비자 사이, 생산자-상인 사이에서 외상거래가 활발하게 이뤄지기 시작했다. 서로 잘 아는 사이라면 서류를 주고받지 않아도 된다. 실제 중세 유럽의 한자동맹 등 상인 그룹 내에서는 별다른 증서(어음 등)를 주고받지 않았다. 서로 믿고 거래하곤 했다. 약속을 어긴 자는 평판이 나빠지는 사태를 감수해야 했다. 평판은 상인 동맹 내에서 생존할 수 있는 바탕이다. 믿을 수 없는 사람으로 찍히는 순간 상인으로서 생명도 끝난다.

외상(신용)은 새로운 가치를 늘리지 않는다. 상품의 생산-유통-소비의 속도를 높여준다. 신용거래 혜택은 상인들만 보는 것이 아니다. 생산자도 누린다. 자기자본에 더해 다른 사람의 돈을 동원할 수 있으면 노동력과 생산설비, 원자재 등을 더 많이 사들여 제품 생산

머니니스

을 늘릴 수 있다. 자연스럽게 여윳돈을 가진 사람들이 돈을 생산자와 상인들에게 빌려주기 시작했다. 근대적 금융인의 탄생이다. 이들은 고대 로마나 중세 초기 돈놀이꾼들과 성격이 다르다. 고대 로마 등의 돈놀이꾼은 주로 귀족 정치인들이었다. 그들이 돈을 빌려준 대상도 상인이 아니었다. 다른 정치인들이나 평민들이었다. 돈을 갚지 못하면 평민들이 지닌 땅은 순식간에 귀족에게 넘어갔다. 독립 자영농의 몰락이다.

근대 금융은 여윳돈을 빌려주고 이자를 받는 형태에서 고대 금융과 같다. 하지만 금리 수준이 눈에 띄게 낮아졌다. 이자율이 상공인이 버는 평균 수익률보다 낮게 형성되기 시작했다. 여유 자금 공급이 늘어난 결과였다. 이른바 신용 공급의 증가다. 여기에다 결제 시스템도 확충됐다. 상공인들이 시중은행을 통해 거래 상대에게 돈을 보내는 일이 일반화되었다. 신용 공급이 증가하고 결제 시스템이 확충됨과 동시에 시중은행 등 금융회사 이용이 늘어났다. 이것은 21세기 사람들이 선뜻 감을 잡지 못하는 대목이다. 현재 월급 수령에서 일상생활 지출까지 거의 모든 돈 거래가 시중은행과 신용카드 회사를 통해 이뤄지고 있기 때문이다. 하지만 잠시 한국의 1970년대로 돌아가보면, 당시 대도시의 상인이나 기업만이 은행 거래를 했다. 일반 시민은 은행에 맡길 돈도 많지 않았다. 은행 송금을 할 만큼 금융 거래도 활발하지 않았다. 심지어 은행을 믿지 못해 집 안 깊숙이 여윳돈을 숨겨놓기도 했다.

여윳돈과 금융 서비스 증가는 현금이 아닌 신용거래 급증으로 이어진다. 이것은 근대 금융의 진화 과정과 거의 일치한다. 금융 부호의 등장이나 활약을 이야기하는 것이 아니다. 르네상스 시대 이탈리아 피렌체를 중심으로 활동한 메디치 가문이나 19세기 영국 투자은행 업계를 주도한 로스차일드Rothschild 가문의 무용담이 근대 금융의 발전으로 회자된다. 하지만 중요한 것은 특정 가문이나 개인의 무용담이 아니라 자본주의 시장경제 태동과 발전에 맞춘 금융 시스템의 진화이다.

유럽에서는 14세기 이후 상거래 규모가 급증했다. 상업혁명으로 불릴 만한 규모였다. 더욱이 자본주의 이행기가 시작된 16세기 이후에는 상거래 규모가 더욱 커졌다. 앞서 말한 자금 조달과 청산결제 서비스 수요가 급증했다. 무역대금을 은행을 통해 건네주는 일이 일반화하기 시작했다. 은행들이 모여 서로 줄 돈과 받을 돈을 정리하고 잔금만 현금으로 주고받을 곳이 절실해졌다. 청산결제소(Clearing-house)의 등장이다.

중세 말 유럽에서 청산결제가 대규모로 이뤄진 지역이 스위스 제네바와 프랑스 리옹이었다. 경제역사가 에드윈 헌트Edwin S. Hunt는 "유럽 초기 청산결제소는 재래시장 규모와 관련이 컸다"고 말했다.[10] 실제 제네바는 서부 알프스 교통의 허브로 베네치아에서 독일 남부로 가는 상인들이 거쳐야 하는 곳이었다. 제네바가 중요 상업 허브로 떠오른 시기는 13세기 말이었다. 14세기에는 독일 남부와 스위스 사람들이 의류와 금속, 무기류를 제네바에서 대규모로 거래했다. 무기류는 대부분 이탈리아 밀라노 지역에서 생산됐다.

리옹은 서유럽 남북을 잇는 교통로의 중요 허브였다. 프랑스 지중

---

10 에드윈 헌트·제임스 머레이(James Murray), 《중세 유럽의 비즈니스 역사(A History of Business in Medieval Europe, 1200~1550), p.194.

해 지역과 내륙을 주로 연결했다. 제네바와는 달리 리옹의 성장에는 프랑스 왕실의 노력이 한몫했다. 15세기에 루이 11세는 리옹을 제2의 제네바로 키우기 위해 자국 상인들이 제네바 시장을 활용하는 것을 제한하기도 했다. 거대 시장이 형성된 곳에 상인들이 모여들기 마련이다. 미리 정해진 시간과 장소에 모여 주고받을 외상을 정산하면 매매 속도와 규모가 늘어날 수 있었다. 이때 중요한 요소가 바로 청산결제의 집중도이다. 마르크스는 "청산결제의 집중이 이뤄질수록 결제 규모가 커진다. 결제 규모가 증가할수록 상인들이 마지막 순간에 주고받아야 할 현금은 적어진다. 돈의 규모가 크지 않아도 거대한 상거래가 가능해진다"고 말했다.[11] 현금 의존도가 감소하는 것이다.

찰스 굿하트[12] 교수는 "현금 거래는 미사일 발사 뒤 망각(fire and forget) 기능과 닮았다"고 말했다. 물건을 받고 현금을 건네면 상대가 믿을 만한 사람인지 믿지 못할 사람인지 따질 필요가 없다. 현금을 건네는 순간 상대를 잊을 수 있다. 마치 전투기 조종사가 미사일을 쏜 뒤 전파나 레이저를 타깃에 비추지 않고 바로 현장을 이탈할 수 있는 것처럼.

반대로 신용거래는 거래 이전부터 상대가 누구인지 믿을 만한지를 따져야 한다. 거래 성사 이후에도 상대가 약속을 잘 지킬 것인지, 상대가 평소 믿을 만해도 돌발 상황이 발생해 약속을 지키지 못하는 것은 아닌지 노심초사해야 한다. 굿하트 교수는 "경제활동이 현금이 아닌 신용 시스템을 바탕으로 이뤄진다는 이면에는 '믿음이 불신으

---

11 카를 마르크스, 《자본론》, p.235.
12 찰스 굿하트 교수는 2007년 처음 인터뷰했다. 내가 LSE에서 석사과정으로 경제사를 공부할 때(2016~2017년) 경제학과 석좌교수로 금융시장과 통화정책 등을 가르쳤다.

로 언제든지 바뀔 수 있다'는 리스크가 똬리를 틀고 있다"고 말했다. 믿음이 흔들리지 않을 때는 생산-유통-소비가 현금 거래보다 빠르고 많이 이뤄진다. 어떤 사건에 의해 믿음이 흔들리는 순간 생산-유통-소비의 속도가 급감한다. 규모도 눈에 띄게 줄어들어 현금 거래 수준으로 감소한다. 때로는 현금을 움켜쥐려는 심리가 팽배할 때 현금 거래 수준 이하로 곤두박질하기도 한다. 이런 때가 바로 위기다.

신용은 현실 경제에서 사실상 금융이다. 자금 조달(주식이나 채권 발행), 외상거래(어음, 신용카드, 신용장 할인, 보증 등), 결제(이체나 송금 등)가 모두 신용을 전제로 이뤄진다. 이 가운데 가장 민감한 금융 활동이 바로 자금 조달이다. 외상거래나 결제는 실물거래와 직접적으로 연결돼 있다. 이 영역에서 발행된 어음이나 환어음 등 각종 증서가 바로 애덤 스미스 등 고전파 경제학자가 말한 진성어음(Real Bill)이다. 그러나 현실은 이론가들의 상상을 뛰어넘는 법이다. 신용이 일반화하면서 자금 조달을 위한 금융이 실물과 고리를 끊고 팽창하기 시작했다. 돈 벌기 위해 빚을 끌어다 베팅하는 현상이 나타났다. 역사적으로 보면 19세기 초반에 본격화한 현상이다. 바로 앞선 장에서 말한 '패닉 1825'라는 최초의 자본주의적 버블이 그때 일어난 이유다.

○──── 금융은 증폭기

1820년대부터 현실 경제에서 금융이 실물에서 이탈해 버블과 위기로 이어지는 현상이 본격화되었다. 그런데 놀랍게도 이를 이론화하는 작업은 마르크스를 제외하면 20세기 중반에야 이뤄졌다. 주류 이론 지체 현상이다. 주인공은 바로 미국 경제학자 하이

먼 민스키Hyman Minsky다.

민스키는 1996년 숨졌다. 그의 이론이 2008년 금융위기를 거치며 월스트리트에서 재조명됐다. 하지만 생전에 그는 소외된 경제학자였다. 그의 지도 아래 박사학위를 받은 조엘 프래컨Joel Prakken S&P글로벌마켓인텔리전스 미국 담당 수석 경제학자는 2022년 7

미국의 경제학자 하이먼 민스키

월 인터뷰에서 "워싱턴 대학 학생 가운데 민스키 교수의 이론을 주목한 경우는 아주 드물었다"며 "내가 학교를 졸업한 뒤에야 민스키 교수한테서 실제 경제가 어떻게 작동하는지를 배웠다는 점을 깨달았다"고 말했다.

민스키는 실물경제가 침체 또는 공황 단계에서 회복해 확장 국면에 들어서거나 신기술의 등장 등으로 평균 이상의 수익이 기대될 때 금융 활동이 급증한 점을 간파했다. 금융이 실물경제 규모보다 웃자란 현상(오버슈팅)이 발생하는 것이다. 금융거래는 순식간에 투기 단계를 넘어 폰지Ponzi 파이낸스 단계에 들어선다. 폰지는 영업이익 등으로 갚을 능력이 없는데도 빚을 내 빚을 갚는 행위다. 이 단계 이르면 금융은 실물경제보다 눈에 띄게 웃자란다. 그 정점이 바로 민스키 모멘트Minsky Moment다.

● 민스키 모멘트

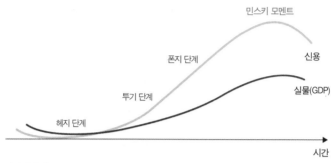

자료:블룸버그

민스키 모멘트에 금융 버블이 붕괴한다. 금융이 실물보다 웃자란
만큼 금융자산 가격이 가파르게 떨어진다. 신용경색과 금융 버블 붕
괴 때문에 실물경제 활동도 위축된다. 금융과 실물의 간격이 좁아지
는 거품 붕괴 과정이 파괴적이면서 연쇄적인 까닭이다.

교환 과정에서 판매와 구매의 분리가 위기의 씨앗이라고 했다.
하지만 그 분리가 위기의 원인이란 뜻은 아니다. 마르크스는 "(판매와
구매 분리 이후에 등장한) 지불수단이라는 돈의 기능에는 모순이 있다. 받
을 돈과 줄 돈을 서로 비교하는 순간 돈은 가치척도 또는 화폐단위
로만 기능한다. 그런데 차액을 결제하는 순간 돈은 교환의 매개 수단
이 아니라 가치 저장 수단으로 기능한다"고 말했다.[13]

그런데 실물경제가 나빠져 장사가 시원찮으면 채무를 이행하지
못하는 사람들이 늘어난다. 이것이 어느 수준에 이르면 "파열음을

13 카를 마르크스, 《자본론》, p.235.

낸다"며 "산업과 상거래의 위기가 금융위기 양상을 띤다"고 마르크스는 설명했다.[14] 요즘 수학 개념으로 가득한 경제 용어에 익숙한 사람들에게는 낯선 표현 방식이다. 마르크스의 말을 일상용어로 바꾸면, 돈은 교환의 매개, 가치 저장, 가치 척도, 지불수단 등 여러 기능이 하나로 통합된 사회적 장치다. 각 기능이 상황에 따라 서로 다르게 부각된다. 실물경제에서 문제가 발생하면 돈의 기능 가운데 가치 저장 수단 같은 하나의 기능만 한다. 경제주체들이 돈을 돌리지 않고 움켜쥐려고만 한다. 갑자기 현금거래와 매매가 전혀 이뤄지지 않는 상황이 벌어진다. 이것이 바로 위기 순간 많이 듣는 '돈이 돌지 않는다'의 진짜 의미다.

돈은 경제 장치 가운데 가장 눈에 잘 띈다. 위기 순간 가장 극적으로 드러나는 곳이 바로 주식시장과 채권시장, 기타 금융시장이다. 주가가 추락하고 금리가 치솟는다. 위기가 금융시장에서 시작됐다고 착각하기 딱 좋다. 실제 '경제위기=금융위기'라고 생각하는 대중과 전문가들이 적지 않다. 하지만 금융은 위기의 여러 잠재 요인 가운데 일부다.

○──── **돈이 아니라 소비가 문제?**

좌파 경제학자 루돌프 힐퍼딩은 "위기의 일반적 조건(잠재성)은 위기가 발생할 여러 조건 가운데 하나일 뿐이다. 잠재성 또는 가능성이 실제 위기로 이어지기까지는 갈 길이 멀다"고 말했다.[15] 사

---

14 앞의 책, p.235.

실 잠재성 가운데 하나가 바로 실물경제의 생산과 소비의 분리다. 사회적 분업이 이뤄지지 않았던 원시시대에는 내가 생산한 물건을 우리 가족이 소비했다. 하지만 분업으로 인해 내가 생산한 물건을 다른 사람이 생산한 물건과 교환해야 한다. 그래야 생존할 수 있다.

생산자가 내놓은 재화나 서비스가 모두 팔린다는 보장이 없다는 것이 시장경제 시스템이다. 생산자가 중앙정부의 계획이나 통제가 아니라 '알아서' 생산하기 때문이다.

기업이 담합 또는 합병으로 특정 제품의 생산량을 어느 정도 조절할 수는 있다. 하지만 시장경제는 생산 자체가 무정부적으로 이뤄져 공급자 간 경쟁이 벌어질 수밖에 없다. 생산과 공급 자체가 과잉으로 치닫기 십상이다. 그래서 위기의 원인을 설명하면서 생산 과잉을 주목한 경제학자들이 있다. 존 메이너드 케인스다. 그는 세계가 대공황에서 헤어났다가 다시 침체 증상을 보인 1936년 《고용·이자 및 화폐의 일반이론(The General Theory of Employment, Interest and Money)》을 펴냈다. 이 책에서 그는 대공황의 원인으로 유효 수요가 부족한 점을 꼽았다(과소소비설).

과소소비설을 역사적으로 추적하면 프랑스 초기 사회주의자 시몽드 드 시스몽디Simmond de Sismondi가 나온다. 그는 1819년에 노동자들이 제 몫을 받지 못하기 때문에 한 사회의 소비가 총생산에 미치지 못한다는 주장을 폈다. 한때 국내 좌파 이론가들과 사회개혁가들을 매료시킨 주장이다. 영국에서는 토머스 맬서스Thomas Malthus가 1820년에, 존 스튜어트 밀John Stuart Mill이 1840년에 과소소비설 주

---

15 루돌프 힐퍼딩, 《금융자본론》, p.240.

장자에 이름을 올렸다. 하지만 가장 현대적인 과소소비설을 내놓은 인물은 따로 있다. 바로 존 홉슨John A. Hobson이다.

영국의 경제학자 존 홉슨

홉슨은 1910년에 발표한 《산업 시스템(Industrial System)》에서 케인스의 등장을 예언하는 듯한 이론을 제시했다. 홉슨은 호황기에 개인의 소득이 증가하지만 저축 때문에 소비는 소득 증가분만큼 늘어나지 않는다는 점을 주목했다. 호황기에 늘어난 저축은 투자로 이어진다. 투자는 다시 과잉생산으로 비화한다. 저축 때문에 소비 증가 속도가 생산 증가 속도에 미치지 못해 불균형이 발생하고 끝내 공황이 엄습한다. 그는 "개인의 부적절한 저축이 공동체를 빈곤에 빠뜨린다. 동시에 임대료 수입과 기업의 이익, 이자소득, 임금 등을 떨어뜨린다. 이쯤 되면 우리는 개인이 효용을 극대화하기 위한 저축이 공동체에도 도움이 된다는 통념을 비판해야 한다"고 말했다.[16] 어디서 많이 듣던 말 같지 않은가. 바로 20여 년 뒤인 1930년대에 케인스가 목 놓아 주장한 이론과 아주 닮았다.

---

16 존 홉슨, 《산업 시스템(Industrial System)》, p.viii.

● 경제위기 시작은 실물

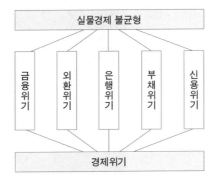

과소소비설은 상당히 매력적인 이론이다. 과소소비(과잉생산)가 노동자들이 제 몫을 배분받지 못했기 때문이라는 주장이 상당수 진보주의자들을 과소소비 진영으로 끌어들였다. 그러나 정치적으로 매력적이라고 해서 경제적으로 팩트라고 말할 수는 없다. 역사적 경험은 과소소비설에 고개를 갸우뚱하게 한다. 자본주의는 산업혁명 이후 상당 기간 과잉생산 상태였다. 반면 요즘 기업은 재고관리를 귀신처럼 하고 있다. 기업은 온갖 사회 간접자본과 컴퓨터, 인터넷, 모바일 기기를 이용해 재고관리를 첨단화했다. 현대 기업의 재고는 산업혁명 이후 최저 수준이다. 그런데도 경제위기는 거의 10년마다 발생한다. 그 충격이 대공황만큼은 아니지만 여전히 힘겨울 정도다. 이는 위기의 요인이 따로 있다는 방증일 수 있다. 과소소비(과잉생산)가 일어나는 원인을 다시 찾아야 한다.

생산재와 소비재 생산이 중앙정부의 통제에 따라 이뤄지는 게 아니다. 일반경제학 교과서에 나온 대로 각자 이익을 극대화하기 위해 셈에 능한 개인(합리적인 개인)이 알아서 생산하고 판매하는 시스템이다. 이런 시스템에서 생산재이든 소비재이든 팔리지 않을 수 있다. 반대로 수요만큼 생산하지 못하는 상황이 벌어지곤 한다. 생산과 소비 사이, 생산재와 소비재 사이의 균형이 지속되지 않는다. 과소소비는 시장경제 불균형의 한 단면이자 또 다른 표현일 뿐이다. 철학적으로 말하면 동어반복(tautology)이다. 균형이 맞지 않아 위태위태하다는 말의 의미가 사실상 과소소비(과잉생산)나 다름없다. 문제는 '경제가 왜 호황-둔화-침체-회복-호황으로 이어지는 사이클을 이루는가'이다. 과소소비론은 이런 주기적 운동성을 명쾌하게 설명하지 못한다.

○───── '문제는 가격이야!'

왜 자본주의 시장경제는 부문 간 균형을 어느 정도 회복하며 성장하다가 어느 날 갑자기 다시 균형이 깨질까? 이 의문을 풀기 위해서는 시장경제의 가장 핵심 장치부터 살펴봐야 한다. 바로 가격이다. 시장경제에서 가격은 세속의 신이다. 투자와 고용, 생산, 소비 등 거의 모든 경제행위를 지휘한다. 오죽하면 애덤 스미스가 자원 배분을 규제하는 '보이지 않는 손'이라고 했을까. 가격이 너무 중요한 기능을 하는 바람에 경제주체와 학자들이 가격을 사실상 우상화한다. 가격이 지시하는 대로 투자하고 고용하고 생산하고 소비하면 문제가 발생하지 않는다고 믿어버린다. 심지어 '가격이 곧 가치'라고 주장하기도 한다. 기업의 가치가 주가의 합(시가총액)이라는 얘기다. 이는 1980년대 세계 경제계의 주류 이론으로 자리 잡은 신자유주의 논리이기도 하다. 그들은 시장, 달리 말해 가격이 제 기능을 할 수 있도록 규제를 최소화해야 한다고 주장한다. 경쟁을 부활해야 한다는 주장도 빼놓지 않는다.

주요 나라의 경제정책 담당자들이 신자유주의 교리를 비교적 충실하게 따라 시장의 기능을 되살리는 작업이 활발하게 이뤄졌다. 각종 규제 가운데 금융규제가 상대적으로 많이 풀렸다. 하지만 되살아난 가격 기능은 신자유주의자들이 생각지 못한 결과를 낳았다. 바로 위기의 증가이다. 미국 하버드대학교 케네스 로고프Kenneth S. Rogoff와 카르멘 라인하트Carmen Reinhart 교수가 최근 8세기 동안 금융위기를 추적 조사했다.[17] 두 사람의 분석에 따르면 신자유주의 시대인 1980년대 이후 위기를 겪은 나라들이 증가한 것은 사실로 드러났다. 규제완화 등으로 되살아난 가격 기능이 위기의 빈도와 관련이 있다. 달리말해 시장의 통제장치 또는 보이지 않는 손이 정확한 신호를 생산자에게 보내지 못한 방증이다.

● **금융위기의 빈도**

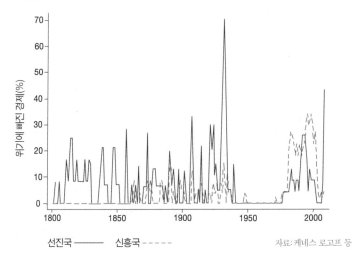

선진국 ——— 　신흥국 - - - - -　　　　　　자료: 케네스 로고프 등

시장경제에 익숙한 현대인들에게 가격은 마치 자연의 일부로 느껴진다. 하지만 가격은 상품 가치의 화폐적 표현이다. 이 말을 좀 실감하기 위해서는 유럽의 중세 어느 마을로 돌아갈 필요가 있다. 카를 마르크스의 친구 프리드리히 엥겔스Frederick Engels는 "농부와 소읍의 대장장이가 생산물을 거래할 때 그들은 상대가 물건을 만드는 데 얼마나 긴 시간을 일했는지 잘 알았다. 소읍의 대장장이도 절반은 농사꾼이었다. 농부의 농산물과 대장장이의 연장의 가치 비율을 경험으로 결정할 수 있었다"고 설명했다.[18] 이때만 해도 물물교환 방식으로 상품의 가치가 '밀 2리터 대 낫 1개' 식으로 결정되는 경우가 많았다. 두 재화 사이에 돈이 끼어든 경우가 드물었다. 그 시절 돈은 주로 은화나 금화였다. 대부분 벌크 결제에 쓰였다. 큰 상인들이나 제후끼리, 국가 간의 결제에 쓰였다. 일상 거래에서 고액권인 은화나 금화가 쓰일 리가 없었다. 시간이 흐르면서 돈이 일상 상거래에 등장한다. 이때도 은화나 금화가 아니었다. 구리를 바탕으로 한 합금으로 만들어졌다. 이것마저도 귀했다. 글린 데이비스의 《돈의 역사》에 따르면 상품과 상품의 가치 비교가 화폐단위로 이뤄졌다. '밀 2리터 대 낫 1개'가 '밀 2리터=3페니' 그리고 '낫 1개=3페니' 식으로 진화했다. 상품 가치가 돈의 단위로 표현되면서 뜻밖의 교란이 발생했다. '밀 2리터=낫 1개'의 교환에서는 가치 비교가 직접적이다. 교환 비율이 바뀌기 위해서는 밀이나 낫의 가치가 변해야 한다. 여기에 화폐단위가 개입하면 변수가 하나 더 늘어난다. 돈의 가치가 변하면 상품

---

17 케네스 로고프·카르멘 라인하트,《지금은 다르다 : 8세기 동안 금융위기 파노라마적 분석 (This Time is Different : A Panoramic View of Eight Centuries of Financial Crises)》.
18 카를 마르크스,《자본론》 3권, p.1035.

가치의 비율도 바뀐다.

게다가 화폐단위가 은이나 금의 무게 단위에서 멀어지기 시작했다. 영국 화폐단위 파운드pound는 애초에 금이나 은의 무게 단위였다. 화폐와 무게 단위 사이에 거리가 생기기 시작했다. 금본위제 시절에도 파운드의 가치가 실제 금 1파운드와 거리가 멀었다. 현대에 와서는 아예 관련이 사라졌다. 요즘 영국 동전 1파운드는 상당히 묵직하다. 그렇다고 금이나 은 1파운드와 재질이나 무게가 같지 않다. 마르크스는 "한 물건의 명칭은 물건의 재질이나 속성과는 별개"라며 "어떤 사람의 이름이 제이콥Jacob임을 알았다고 해서 그 사람의 인성을 알았다고 할 수는 없다"고 했다.[19] 상품의 가격(명칭)이 2만 원이라고 해서 실제 가치가 2만 원이라고 할 수 없다는 얘기다. 이것은 가장 근원적인 단계에서 확인된 버블의 가능성이다. 어디까지나 가능성일 뿐이다. 버블이 현실화하기 위해서는 많은 연결고리가 필요하다.

가치와 가격의 분리는 귀금속 화폐 시절부터 시작됐다. 영국 화폐 역사가 글린 데이비스는 귀금속 화폐 공급량이 충분하지 않은 점을 이유로 꼽았다. 유럽의 중세시대 상거래가 확산되는 속도를 은화나 금화의 공급이 따라가지 못했다. 그래서 질 낮은 잔돈(small changes)이 일상 상거래에 주요 통화로 구실했다. 노벨 경제학상 수상자 토머스 사전트 뉴욕대학교 교수와 프랑수아 벨드 시카고 연방준비은행 수석 경제학자는 2002년 발표한 《잔돈의 큰 문제》에서 "(800년 이후) 중세 유럽 왕국에서는 통화량을 적절히 공급할 시스템을 갖추지 못했다. (중략) 수세기 동안 잔돈 부족 사태가 끊이지 않았다"고 지적했다.[20] 일상

---

19 카를 마르크스, 《자본론》 1권, p.195.

　　　　　　　　　　　　　머니니스

상거래에서 돈은 단위로만 쓰이는 경우가 많았다. 물물교환을 하더라도 이전처럼 '밀 2리터 대 낫 1개' 대신 '밀 2리터=3파운드'이니 '3파운드짜리 낫 1개와 교환하면 됐다.' 경제학자들이 말하는 '화폐단위가 귀금속으로부터 독립하는 현상'이 본격화한 셈이다.

이쯤에서 근대 최초의 자산 버블이 발생한 시기가 17세기인 점을 떠올릴 필요가 있다. 1630년대 네덜란드 암스테르담을 중심으로 튤립 가격이 급등하기 시작했다. 당시 화폐단위는 길더였다. 그때 튤립, 좀 더 구체적으로 말해 튤립 뿌리가 최고 2400길더까지 치솟았다. 버블이 시작된 시점에 길더는 은화였다. 은화 공급이 많지 않았다. 그런데도 튤립 가격이 하늘까지 치솟았다. 당시 네덜란드 왕실이 공급한 길더를 총동원하더라도 튤립 전체 가격(시가총액)을 결제할 수 없었다. 현금 결제 없이 가격만 치솟는 현상이다. 그 순간 튤립의 가치는 버블 이전과 변함이 없었다. 은화라는 귀금속 화폐 시스템 속에서도 가격이 치솟는 버블이 가능하다는 점이 역사적으로 증명된 셈이다.

여기서 잠시 암호화폐 전문가들의 주장을 되돌아본다. 그들은 암호화폐 시대에는 버블이나 인플레이션이 사라질 수 있다고 주장한다. 근거는 암호화폐 공급의 제한이다. 비트코인은 발행 총량이 정해져 있다. 암호의 난이도가 상향 조정된다. 기술적인 공급 제한이 설정돼 있는 셈이다. 통화량 증가=물가 상승(버블 발생)이란 등식을 철석같이 믿는 사람들에게는 솔깃한 주장이다. 하지만 1630년대 네덜란드 암스테르담 주변에는 통화 공급이 암호화폐보다 제한적이었다.

---

20 토머스 사전트·프랑수아 벨드, 《잔돈의 큰 문제》 영문판, pp.4~5.

그래도 버블은 달아올랐다. 가치 측면에서 인류 역사상 가장 형편없는 튤립 뿌리의 가격이 천문학적인 수준에 이르렀다. 가격이 가치에서 이처럼 크게 벗어난 적이 있었던가. 암호화폐 시대에도 버블이나 인플레이션이 충분히 가능하다는 방증이다. 가격이 가치를 정확하게 보여주는 시그널이 아니기 때문이다.

가격의 불완전성은 실물경제 위기의 발단이기도 하다. 경기가 침체에서 벗어나 회복되기 시작하면 시장가격도 침체 수준에서 회복한다. 경기가 팽창 국면에 들어서면 시장가격도 오르기 시작한다. 판매가 증가하면 기업의 투자금과 이익을 현금화하는 기간도 단축된다. 투자금과 이익의 현금화(실현)는 모든 기업의 목적이다. 장부상 이익은 사실상 무의미하다. 시장에서 제품이 팔려 현금이 들어와야 기업인은 행복하다. 시장가격 상승은 기업인에게 투자를 늘려도 된다는 시그널이나 마찬가지다. 실제 경기 팽창 초기에 기업의 설비투자가 증가하기 시작한다.

현대 기업은 거대한 설비를 자랑한다. 반도체 공장을 하나 짓는 데 수조 원이 투입되고 몇 년이 걸린다. 호황의 가격 상승은 기존 회사의 투자만 부추기는 것이 아니다. 호시탐탐 노리던 기업이 업종에 진입한다. 경쟁이 치열해진다. 공급이 늘어난다. 기업의 이익률이 떨어지기 좋은 조건이다. 게다가 호황에는 숙련 기술자의 임금도 오른다. 기업의 이익에 부담이 된다. 호황기에는 금리도 오른다. 20세기 중반 이후에 중앙은행은 호황기를 진정시키기 위해 선제적으로 기준금리를 올린다. 이전에는 기업이 투자를 늘리기 위해 은행 자금을 빌리거나 채권을 발행했다. 자연스럽게 호황기에 자금 수요가 증가했고 금리가 올랐다. 여기까지는 일상적인 상황에서 위기의 조건이다.

좀 더 특별한 일이 벌어질 수도 있다. 기업인뿐 아니라 동시대 사람들을 들뜨게 하는 사건이 발생한다. 바로 신대륙 발견 같은 새로운 시장이 개척되는 경우다. 인터넷을 중심으로 한 정보기술(IT) 산업이 열리듯 새로운 업종이 탄생하기도 한다. 요즘 들어 더 중시되는 사건이 있다. 바로 신기술의 등장이다. 때로는 인구의 증가도 수요의 급격한 증가로 이어져 사람들의 마음을 들뜨게 한다. 금융 버블 전문가 하이먼 민스키는 전쟁 발발이나 종전, 전혀 예상치 못한 금리 인하 등도 가슴을 뜨겁게 하는 사건일 수 있다고 했다. 산업혁명 이전에 발생한 남미의 은과 금의 대량 유입도 들뜨게 한 사건이었다. 민스키와 찰스 킨들버거는 '가슴을 들뜨게 하는 사건'을 '디스플레이스먼트Displacement'라고 불렀다. 국내 전문가들이 '대체' 또는 '변위' 같은 한 자어로 번역하는 말이다. 민스키 등이 강조한 느낌이 잘 드러나지 않는다. 원래는 '익숙한' 또는 '늘 있던 자리'에서 새로운 곳으로 '갑자기 이동하는 것'을 표현할 때 쓰는 말이다. 전쟁 발발이나 종전, 신기술 개발 등은 모두 기존의 익숙한 것이 갑자기 바뀌는 현상이다. 세상 사람들에게 '이번은 다르다'는 느낌을 준다. 버블의 시작이다.

일상적인 호황이든 버블이든 가격 상승이 과잉 중복 투자를 일으킨다. 중앙은행이 종이돈을 마구 찍어내면 가격 상승은 심해진다. 금본위제 등 통화 공급이 제한적일 때도 가격은 뛰었다. 가격 자체가 가치에서 벗어날 수 있다. 또 시장가격은 제품 값을 전액 현금으로 지급하지 않고 계약 체결만으로도 형성된다. 통화량 공급이 제한돼도 언제든지 급등할 수 있다. 돈이 낳은 그림자다. 어느 순간에 이르면 공급 과잉이 더욱 심해진다. 일상적인 호황기 신기술로 만들어진 장비로 새로 증설된 생산라인에서 쏟아져 나온 메모리반도체나, 고

유가 시대에나 채굴할 수 있었던 심해 유전에서 나온 원유가 시장에 공급된다. 마침 시장가격이 정점에 이른 순간 신규 물량이 시장에 쏟아져 나온다. 가격이 떨어지기 시작한다. 이익률이 하락한다.

힐퍼딩은 "이익률이 하락하기 시작한 순간"을 위기의 시작이라고 규정했다.[21] 그 순간 흔히 보이는 비극이 시작되기 때문이다. 원가 경쟁력이 약한 기업부터 빚을 이기지 못하거나 원자재 대금을 지급하지 못한다. 상거래에서는 외상(신용)거래가 어려워지다 어느 순간 중단된다. 금융시장에서는 돈 가뭄(신용경색)이 심해진다. 국제 교역이 활발한 경우에는 해외 자금 조달이 어려워진다. 외국인들이 자금을 빼내기 시작한다. 달러 등 외환보유액이 줄어든다. 실물경제 위기가 금융과 외환 위기 양상을 띤다. 온갖 형태의 위기가 앞서거나 뒤서거니 나타난다. 위기의 소용돌이가 완전체가 된다. 그 싹은 자본주의 시장경제의 아주 깊은 곳, 바로 상품-돈의 관계에서 시작된다. 하지만 최종 순간에는 한 나라 또는 글로벌 경제를 뒤흔든다. 거품이나 위기는 인간의 탐욕이나 중앙은행가의 무능과 정책 실패, 종이돈의 태생적 특징과는 거리가 멀다. 대신 자본주의 고유 맥박이라고 할 수 있다. 위기 이후 새로운 승자가 탄생한다. 승자가 바로 새로운 경제 엘리트다.

---

21 루돌프 힐퍼딩, 《금융자본론》, p.257.

3

돈의 과거

근대경제학자들은 돈을 그림자 또는 베일(veil)쯤으로 본다. 돈은 적극적인 기능을 하지 않는다는 접근법
이다. 이른바 화폐중립설이다. 돈이 실물경제의 생산과 소비에 그다지 영향을 주지 못한다는 믿음이다. 이
믿음은 돈의 역사를 이해하지 못한 탓이다.

돈은 세기의 발명품이다

돈의 창세기와 역사성

영국 런던정경대학(LSE)의 메리 모건 교수는 철학적인 용어를 자주 쓴다.

"경제학자와 정치학자의 이론이 맞든 틀리든 우리가 생각하는 것보다 훨씬 영향력이 크다. 실용적인 사람들은 어떤 지적 영향을 받지 않았다고 믿고 있지만 죽은 경제학자의 노예일 때가 많다."[1]

모건 교수의 이 말은 사실 경제학자 존 메이너드 케인스의 말이다. 케인스는 독설로 유명하다. 반어법을 즐겨 썼고 때로는 상대를 비꼬는 말도 서슴치 않았다. 이런 케인스가 평소대로 말했다면 '죽은 경제학자'가 아니라 '한물간 경제학자'라고 했을 법하다. 실제로 현재 우리가 알고 있는 경제 상식의 기원을 거슬러 올라가면 '한물간' 정도가 아니라 고대 유물 같은 논리가 튀어나올 때가 있다. 돈의

---

1 내가 그의 강의를 수강하던 2017년 초봄 그가 경제학자 존 메이너드 케인스의 한마디를 소개했다.

역사성(Historicity of Money)에 관한 상식이 그렇다. 돈의 역사성은 한마디로 '돈이 어떻게 어떤 과정을 거쳐 현재에 이르렀는가'이다. 한마디로 돈의 창세기다. 이번 장에서는 돈의 원형이라고 하는 점토 토큰(token)이 어떤 과정을 거쳐 등장했는지를 살펴본다.

현대인들은 돈이 '물물교환→물품화폐→금속화폐→상징(신용) 화폐'로 진화했다고 믿고 있다. 자명한 말로 들릴 정도다. 일반인들만 그 단계설을 믿는 게 아니다. 근대경제학의 아버지 애덤 스미스뿐 아니라 좌파 경제학자 카를 마르크스도 이 단계설을 바탕으로 화폐 이론을 전개했다. 대다수 암호화폐 이론가의 출발점이기도 하다. 그러다 보니 고등학교나 대학에서 화폐를 가르치는 사람의 절대 다수가 그 단계설을 출발점으로 삼는다. 암호화폐 이론가들 대부분이 단계설을 근거로 논리를 전개하는 게 낯설지 않다.

단, 암호화폐 이론가 가운데 〈월스트리트저널〉의 기자인 폴 비냐 등은 예외다. 그들은 단계설을 출발점으로 삼지 않았다. 그들은 《비트코인 현상, 블록체인 2.0》[2]에서 흥미로운 두 학파를 소개한다. 메탈리스트(metallist, 가치주의)와 차탈리스트(chartalist, 국정주의)[3]다. 화폐이론가의 양대 산맥이다. 학술 개념이 늘 그렇듯이 두 학파의 우리말 번역은 원문보다 더 어렵다. 메탈리스트는 돈의 가치가 실물, 특히 금이나 은 같은 금속(metal)을 바탕으로 한다고 믿는다. 돈의 자궁이 시장이라고 본다. 상거래 방식이 물물교환에서 진화하는 과정에서 화

---

2 마이클 케이시·폴 비냐, 《비트코인 현상, 블록체인 2.0》 영문판, 2017.
3 국내에서 메탈리스트는 가치주의, 차탈리스트는 국정주의로 번역돼 있다. 하지만 가치나 국정 등 우리말의 어감이 메탈리스트나 차탈리스트란 말과 어울리지 않아 여기서는 메탈리즘과 차탈리즘란 말을 그대로 쓴다.

폐가 태어났다는 쪽이다. 상식화한 단계론을 인정한다.

반면 차탈리스트는 토큰token 또는 증표를 의미하는 고대 그리스어 차타charta라는 말에서 짐작할 수 있듯이 돈의 자궁은 지불 의무와 받을 권리로 이뤄진 연쇄 사슬이라고 본다. 물물교환은 신화로 치부한다. 비냐가 저널리스트여서 그랬을까. 그는 두 학파의 주장을 공평하게 소개하는 데 치중했다. 자신이 논리를 전개하는 데 필요한 대목만을 끌어다 쓴 것이다.

저널리스트의 균형이 늘 미덕은 아니다. 양쪽의 주의나 주장을 평면적으로 비교해놓으면 독자의 혼란이 더욱 심해질 때도 있다. 특히 돈의 기원 또는 돈의 역사성에 대한 주의나 주장을 단순 비교하면 혼돈은 더욱 심해진다. 여기서는 케인스의 말대로 과거 한 이론가의 말을 출발점으로 삼아 돈이 어디서 어떻게 탄생해 어떤 과정을 거쳐 지금에 이르렀는지를 추적해보려 한다. 바로 케인스의 말이다.

"돈은 문명의 아주 중요한 요소 가운데 하나다. 우리가 생각했던 것 이상으로 오래전에 탄생한 제도(시스템)이다. 빙하가 녹아내리는 바람에 돈의 기원은 베일에 가려졌다. 인류가 살았던 간빙기 시대까지 기원을 쫓아가야 할지 모른다. 간빙기 시대의 온화한 날씨 덕분에 인간은 새로운 것을 상상할 수 있을 만큼 여유로웠다. 그리스신화에서 세상 저쪽 끝에 있는 낙원인 헤스페리데스 동산이나 아틀란티스 대륙, 에덴동산에서 돈이 탄생했을 수 있다."[4]

---

4 존 메이너드 케인스, 《화폐론》, p.13 .

역사의 증거를 찾는 사람들은 이론가들과는 달리 "빙하가 녹아내려 돈의 기원이 베일에 가려졌기" 때문에 상당한 애를 먹었다. 그들은 지금의 터키나 그리스, 이집트, 이스라엘, 시리아의 사막을 파며 돈의 기원을 추적했다. 고고학적 증거들이 상당히 발굴됐다. 인간의 머릿속 추정이 아니라 유물과 기록 등을 바탕으로 돈의 기원을 상당히 밝혀냈다. 하지만 케인스 이후 세대의 경제학자들은 고고학이나 인류학이 밝혀낸 사실에 별다른 관심을 기울이지 않았다. 현재 돈의 바다(금융시장)에서 어떻게 하면 더 많은 돈을 수확할 수 있을지에 더 집중한다. 돈의 기원은 그저 지적 호기심으로 치부한다. '재미있는 이야기네!'라는 한마디와 함께.

○── ── 아리스토텔레스의 창세기

알프레드 화이트헤드Alfred Whitehead는 영국의 수학자이자 철학자였다. 그가 생전에 했던 말 한마디가 아직도 날카롭게 들린다.

"유럽 철학의 전통(역사)을 가장 안전하게 일반화한다면, 플라톤과 아리스토텔레스에 대한 주석 시리즈라고 할 수 있다." 처음 이 말을 들었을 때는 유럽 철학이 아직도 플라톤과 아리스토텔레스의 영향에서 벗어나지 못하고 있다는 뜻으로 이해했다. 실제 그런지는 모르겠다. 다만 21세기 경제학자들마저 믿고 있는 화폐의 기원과 진화 과정은 아리스토텔레스의 주석인 것만은 분명하다. 다음은 아리스토텔레스가 기원전 4세기에 쓴 《정치학(Politics)》의 일부다.

고대 그리스의 철학자 아리스토텔레스의 조각상

"사회의 최초 형태는 가정이다. 태초의 가정은 교환의 기술에 의존할 필요가 없었다는 점은 분명하다. 교환의 목적은 사회가 어느 정도 확대됐을 때 나타난다. 이전까지 모든 가정은 모든 것을 공유했다. 서로 떨어져 사는 사람들은 마음대로 처분할 수 있는 많은 것들을 소유했다. 그들은 필요하면 각자 소유한 것들을 물물교환 방식으로 주고받았다. 지금도 많은 야만인들은 물물교환을 하고 있다. 물물교환을 바탕으로 쓸모 있는 물건은 물건과 교환된다. 하지만 거래는 더 이상 확대되지 않는다. 예를 들어 포도주는 밀과 맞바꾼다. 다른 물건은 또 다른 물건과 교환된다. 이런 식의 물물교환 단계에서 교환의 기술은 자연과 배치되지 않는다. 필요한 물건을 얻는 방법도 아니다. 교환은 필요를 충족하려는 자연스러운 욕망을 간단하게 채워준다. 교환을 통해 무엇을 얻는 방법이 자연스럽게 발달한다. 날이 갈수록 인간의 필요를 채우기 위한 공급을 해외(공동체 밖)에 의존한다. 사람들은 부족한 부분을 채우기 위해 수입하고 넘쳐나는 것은 수출한다. 이 과정에서 자연스럽게 돈이 제도화한다. 필요한 모든 것들이 이동 가능하지 않은 탓이다. 그래서 사람들이 교환을 위해 쉽게 이동 가능하고 삶에 필요한 물건을 얻는 데 손쉽게 건넬 수 있는 물건을 주고받기로 합의했다. 그런 상품이 바로 철, 은 등과 같은 금속이다. 이런 금속의 가치는 초기에 크기와 무게에 의해 결정됐다. 시간이 흐른 뒤 마침내 문장이 금속 위에 찍혔다. 양을 분명히 표시하기 위한 조치였다. 덕분에 사람들은 철이나 은의 양을 거래할 때마다 일일이 확인할 필요가 없어졌다."[5]

'아리스토텔레스의 돈 창세기'다. 사뭇 정교하다. 그는 현대적인 용어로 말하면 '원시 공산사회'를 설정한다. 그때 "모든 가정은 모든 것을 공유했다." 당연히 교환이 필요하지 않았다. 하지만 어느 순간 "서로 떨어져 사는 사람들은 마음대로 처분할 수 있는 많은 것들을 소유했다"고 말했다. 분업이 시작됐고 사유재산제가 싹튼 것으로 볼 수 있는 대목이다. 분업과 사유재산은 교환의 필요조건이다. 그는 "날이 갈수록 인간의 필요를 채우기 위한 공급을 해외(공동체 밖)에 의존한다"며 "이 과정에서 자연스럽게 돈이 제도화한다"고 했다.

아리스토텔레스는 사뭇 귀족주의적인 철학사상을 발전시켰다. 이런 그가 천한 돈 문제에 천착했다는 게 흥미롭다. 그 계기를 추정해볼 수 있는 단서가 있다. 바로 그의 고향과 혼맥이다. 그는 인류 역

---

5 아리스토텔레스, 《정치학(Politics)》 영문판, 옥스퍼드대학교 출판부, pp. 25~26.

사에서 주화(coin)의 고향 리디아[6]에서 멀지 않은 곳 출신이다. 또 그의 장인은 기원전 4세기 지배자이면서 대부업자였다.

영국 웨일스 출신 화폐역사가 글린 데이비스가 쓴《돈의 역사》에 따르면 리디아(오늘날 튀르키예 서부)의 물길은 산악지대에서 발원해 마이안드로스Maiandros강으로 합쳐진 뒤 평원을 구불구불 지나간다. 리디아와 이오니아 사람들은 마이안드로스강에서 연한 누런빛을 내는 금속(금과 은의 합금)을 얻었다. 리디아인들은 누런 금속을 녹여 덩어리로 만든 뒤 망치로 두드려 세계 최초의 주화를 만들었다. 리디아는 그리스신화 속 미다스 왕이 지배했던 곳이다. 그가 손을 대기만 하면 음식마저 금으로 변해버렸다고 한다. 그는 자신의 능력을 없애려고 몸을 거칠게 씻는 바람에 팍톨로스Pactolus강 주변에 금이 많았다고 한다.

미다스의 스토리가 진짜인지 허구인지는 일단 접어두고, 리디아 지역은 아리스토텔레스의 처가인 아타르네우스Atarneus와 멀지 않은 곳이다. 기원전 4세기 아타르네우스의 통치자는 헤르미아스Hermias였다. 헤르미아스의 양녀 피티아스Pythias가 바로 아리스토텔레스의 아내다. 고대 금융의 중심은 제사장이나 지배자가 살던 신전과 왕궁이었다. 아리스토텔레스의 장인 헤르미아스는 아타르네우스의 지배자이면서 동시에 돈놀이꾼이었다. 이런 인연 때문이었는지 소크라테스나 플라톤과는 달리 '세속의 철학자(Worldly Philosopher)'[7]의 풍모를 드러낸다. 그는 돈의 창세기를 제시했을 뿐만 아니라 경제학과 이재

---

6 흑해가 지중해로 흘러드는 보스포루스해협 동쪽 지역이다. 이스탄불에서 이즈미르까지 이어지는 곳으로 옛날 트로이가 자리 잡았던 지역이기도 하다.
7 경제학자의 별명.

학(Chrematistics)을 구분해 설명하기까지 한다. 아리스토텔레스에 따르면 경제학은 인간이 자연과 상호작용하면서 만들어낸 생산물을 사회적으로 어떻게 교환(또는 배분) 소비하는가를 따져보는 것이다. 반면 이재학은 돈을 어떻게 불릴 것인가를 다룬다. 현대적으로 말하면 재테크인 셈이다.

아리스토텔레스의 경제학과 돈의 창세기에는 중세 사상가들에 의해 주석이 달렸다. 중세에 화폐수량설(MV=PT)을 제기한 니콜 오렘Nicole Oresme은 아리스토

중세 프랑스의 철학자 니콜 오렘의 초상

텔레스의 저작을 번역하는 과정에서 자신만의 돈과 경제에 관한 사상을 접했다. 화폐수량설은 '다른 조건이 일정할 때 물가는 돈의 양에 따라 결정된다'는 이론이다. 이것은 아리스토텔레스가 말한 돈의 창세기와 군주의 전횡으로 돈의 가치가 춤을 췄던 시대 상황이 만나 탄생했다.

근대 들어 가장 먼저 아리스토텔레스 이론에 주석을 단 인물은 애덤 스미스다. 그는 《국부론(The Wealth of Nations)》에서 인간은 재능에 따라 분업하기 시작했다고 주장했다. 노동의 사회적 분업에 대한 설명이다. 그에 따르면 분업은 생산성 증가로 이어졌다. 개인이 한 업종에 천착한 덕분에 스스로 소비하고 남는 것(잉여)이 생겼다. 분업

화한 사회에서 교환은 생존을 위해 반드시 해야 할 일이다.

하지만 스미스는 물물교환은 "내가 원하는 물건을 상대가 갖고 있어야 하고, 상대가 원하는 물건을 내가 갖고 있어야 이뤄지는 한계가 있다"고 지적했다. 이런 물물교환의 불편함 때문에 돈이 탄생했다는 것이다. 아리스토텔레스가 말한 돈의 창세기를 근대적인 언어로 바꿔놓은 듯하다. 스미스가 말한 물물교환의 조건을 좀 더 세련된 경제학 개념으로 만든 인물이 있다. 영국의 경제학자 윌리엄 제본스William Jevons다. 그는 스미스가 말한 물물교환의 조건을 '필요의 이중일치(Double Coincidence of Wants)'라고 표현했다.[8] 그에 따르면 돈은 필요 또는 부족함의 이중일치가 필요 없다. 내가 필요한 물건을 상대가 갖고 있지 않고 돈만 있어도 교환이 가능하다. 돈이 매개하면서 교환의 속도가 빨라진다.

○──── 돈의 탄생 vs 발명

아리스토텔레스는 화폐역사가들에게도 영향을 미쳤다. 역사가들은 기원전 7세기 주화의 등장을 출발점으로 삼는다. 글린 데이비스도 방대한 책의 1장에서 '어떤 것이 돈이 되는 요인(moneyness)'[9]에 대해 누가 어떤 주장을 했는지 간단하게 정리하는 데

---

8 윌리엄 제본스, 《돈과 교환의 메커니즘(Money and the Mechanism of Exchange)》, pp.3~5.

9 '머니니스(Moneyness)'는 금이나 은, 종이쪽지, 메소포타미아 지역에서 발굴된 점토 토큰 등이 돈으로 기능하게 된 요인을 뜻한다. 우리말로는 돈의 본질, 또는 돈의 정체 등 다양한 표현으로 번역돼 있다. 하지만 여기서는 '어떤 것이 돈이 되는 요인' 또는 '어떤 것이 돈이 되도록 하는 시스템' 등으로도 표현한다.

그친다. '그래서 종이쪽지나 금, 은이 왜, 어떻게 돈의 구실을 하게 됐다는 거야?'라는 의문이 머리를 떠나지 않았다. 전문가들이 말한 '화폐성(moneyness)' 또는 '돈의 정체'에 대한 궁금증이다. 그 궁금증을 좇는 과정에서 알게 된 인물이 영국 경제학자이자 언론인 제프리 크라우더Jeoffrey Crowther이다.

그는 1938부터 1956년까지 《이코노미스트(The Economists)》 편집장을 지냈고, 1940년 《돈의 윤곽(An Outline of Money)》을 펴냈다. 경제학자나 경제기자들이 한 번쯤 도전해보고 싶은 주제인 '돈이란 무엇인가'에 대해 그도 책을 한 권 써보고 싶었던 듯하다. 그런데 흥미롭게도 크라우더의 책 첫 장의 제목은 '돈의 발명(Invention of Money)'이다. 그는 "돈은 인간이 의지를 갖고 만들어낸 발명품"이라고 정의한다. 여기서 가장 중요한 대목이 '의지를 갖고'란 말이다. 경제학 강의실에서는 물물교환 경제의 불편함 때문에 화폐경제로 이행했다고 간단하게 가르친다. 돈이 시장에서 탄생한 것처럼 들리는 말이다. 하지만 크라우더는 "인간의 의식적인 사유의 노력에 의해 돈이 발명되었다"고 말했다.[10] 물물교환을 하다 불편함을 느껴 시행착오 끝에 자연스럽게 돈이 등장했다는 아리스토텔레스의 가설과 사뭇 다른 뉘앙스다. 인간이 의식적으로 사유하기 위해서는 해결해야 할 과제들(challenges)이 있어야 한다. 인류가 태초에 해결해야 할 과제들은 무엇이었을까?

아주 오래전 인간은 원시공동체 사회에서 벗어났다. 에덴동산을 떠나야 했다. 에덴동산 또는 원시공동체는 예일대학교의 금융학자

---

10 제프리 크라우더, 《돈의 윤곽》, p.18.

윌리엄 고츠먼 교수가 말한 "경제적 순수(Economic Innocence)"[11] 상태였다. 에덴동산의 인간들은 사냥과 채집으로 긴 세월을 보냈다. 영겁에 가까운 세월이었다. 현대인들이 말하는 구석기시대이다. 그들은 사냥과 채집을 하며 공동체를 유지했다. 현대 아프리카 몇몇 부족사회에 구석기시대 흔적이 남아 있다. 구석기인들은 하루하루 생존을 위해 투쟁해야 했다. 그들은 사냥감과 과일 등을 호혜원칙에 따라 배분했다. 미래 세대(어린이)와 약자에 이어 맨 나중에 부족의 강자들인 사냥꾼이 자원을 배분받았다. 잉여 물자는 얼마 안 됐다. 오래가지도 못했다. 생산과 소비 사이에 시간 차가 길지 않았다.

○───── 돈은 그림자가 아니라 방아쇠

공동체가 붕괴하면서 모든 게 바뀌었다. 불평등 사회가 시작됐다. 순수함은 사라지고 인간은 셈을 하고 이재에 눈을 뜨기 시작했다. 왜, 어떻게 누구는 지배자가 되고 누구는 피지배가 되었는지는 이 책의 주제가 아니다. 무슨 이유와 메커니즘 때문인지 인간은 더불어 채집하고 사냥해 공동체가 정한 우선순위에 따라 나눠 먹던 원시공동체 대신 불평등을 바탕으로 한 사회에서 살게 되었다. 불평등해진 사회의 지배자는 제사장이면서 세속의 군주였다. 역사가들이 말하는 제정일치 구조이다. 지배자는 영적 세계와 통한다고 주장하면서 세속을 지배했다. 그들은 막대한 인적·물적 자원을 동원할 수 있었다. 공동체의 핵심 지역에 거대한 신전과 궁궐을 지었다. 신전의

---

11 윌리엄 고츠먼, 《돈이 모든 것을 바꿔놓았다》, p.15.

고대 수메르인들의 도시였던 우루크 유적지(지금의 이라크 와르카)

사제 등과 궁궐을 지키는 무사, 일반 잡무를 처리하는 인력이 지배자의 궁궐 주변에 모여 살기 위해 우선 농촌을 떠나야 했다. 도시화의 시작이다. 생산지와 소비지가 지리적으로 그리고 시간적으로 분리되기 시작했다. 도시화가 이뤄질수록 생산지와 소비지 사이의 거리는 더욱 멀어졌다.

고츠먼 교수는 《문명을 위한 금융(Financing Civilization)》에서 "진정한 도시화의 주인공들은 기원전 4000년쯤 수메르인들이었다. 그들은 티그리스강과 유프라테스강 사이의 비옥한 땅에 우루크Uruk라는 도시를 건설했다."[12] 영국 케임브리지대학교 사회학과 제프리 잉엄 교수가 쓴 《돈의 본성》에 따르면 사회적 계급이 지리적 차이로 드러

---

12 http://viking.som.yale.edu/will/finciv/chapter1.htm.

났다. 수메르인들이 건설한 사회는 제정일치 사회였다. 신석기 혁명(농업의 시작)으로 생산하는 대중과 엘리트(지배계급)의 분화가 이뤄졌다. 여기에 도시화의 변수가 끼어들었다. 생산하는 대중은 주로 농촌 지역에, 엘리트는 주로 도시에 모여 살았다. 도시에는 엘리트만 사는 게 아니었다. 엘리트들을 수발할 인력이 필요했다. 수메르 지배자들은 많은 백성들이 도시에 모여 살게 했다. 우루크 문명의 전성기인 기원전 2900년 즈음에 5만~8만 명 정도가 도시에 모여 살았다. 청동기 시절로서는 메트로폴리스다.

수메르의 지배자들은 농촌과 도시 사이에 존재하는 공간과 시간의 간극을 극복하고 자신과 도시인들의 생존을 위해 재화와 서비스를 이동하고 재분배해야 했다. 사회질서를 유지하고 외적을 막는 데 재화와 서비스의 이동은 필수였다. 교통과 통신이 발달하지 않은 당시로서는 버겁기 짝이 없는 일이었다. 더욱이 수메르는 자급자족 경제(Autarchy)와 거리가 멀었다. 생활필수품을 역내 또는 원격지 교역에 의존할 수밖에 없었다. 원목과 구리, 아연 등 청동기 무기를 만드는 전략 물자를 해외에 의존해야 했다. 재화와 서비스를 이동하고 재분배하는 일은 진부하지만 영국 역사학자 아널드 토인비Arnold Joseph Toynbee가 말한 도전이었다. 수메르 지배자들은 응전해야 했다.

수메르인들은 돈이란 장치를 발명했다. 농촌에서 생산된 밀 등 식량을 제사장이나 왕, 그의 식솔들이 살고 있는 도시로 이동시키기 위해서다. 재화와 서비스에는 발이 없다. 스스로 이동할 수 없다. 제사장이나 왕은 돈이란 장치를 활용해 물질적 대사(재화와 서비스의 순환)가 이뤄지도록 했다. 이는 근대경제학자들의 믿음과 다른 사실이다.

근대경제학자들은 돈을 그림자 또는 베일veil쯤으로 본다. 돈은 적극적인 기능을 하지 않는다는 접근법이다. 이른바 화폐중립설이다. 돈이 실물경제의 생산과 소비에 그다지 영향을 주지 못한다는 믿음이다. 이 믿음의 결론은 돈을 많이 풀어봐야 결국 물가 상승만 일으킨다는 주장이다.

○──── 방아쇠, 그리고 코로나 사태

돈은 발명과 함께 그림자가 아니라 무엇인가를 촉발하는 방아쇠 같은 유전자(DNA)를 갖고 등장했다. 방아쇠 기능은 현대에도 주기적으로 드러난다. 바로 경제위기 순간이다. 2020년 세계 경제는 신종 코로나바이러스 감염증(코로나19) 사태로 순환이 사실상 멈췄다. 사회적 거리두기로 인해 생산-유통-소비로 이어지는 순환 과정이 제대로 이뤄지지 않았다. 순환이 이뤄진다고 해도 속도가 급격히 줄었다. 그만큼 기업의 순이익이 가파르게 줄었다. 심지어 파산이 속출했다. 사실상 경제가 멈췄다.

멈춘 경제를 재가동할 때 현대 정부가 첫 번째로 하는 일이 바로 돈을 주입하는 것이다. 교환의 매개를 국민들의 계좌에 써 넣어주었다. 중앙은행은 위기를 맞은 기업에 직접 돈을 빌려주었다. 중앙과 지방정부는 세금이나 빌린 돈으로 사업을 벌인다. 2020년 미국과 한국 정부 등이 10조 달러가 넘는 돈을 쏟아부었다. 경제가 하강하는 폭을 줄이고 되살리기 위해서였다.

무엇보다 코로나 사태 직후 각국 정부가 한 일은 일반경제학에서 말하는 금융시장에 유동성을 공급하는 수준이 아니었다. 국민 한 사람 한 사람에게 일정 액수를 배분했다. 돈의 배분을 소득 채널 등 기존 경로에 의존하지 않은 셈이다. 정부가 직접 액수를 통장이나 신용카드 계정에 넣어주었다.

정부와 중앙은행이 돈을 꿔주는 방법도 기존의 금융시장 메커니즘에 따르지 않았다. 금융시장 메커니즘에 따르면 돈을 빌리는 쪽의 신용도를 꼼꼼하게 따지지만 독일 정부 등은 직접 보증하고 나섰다. 금융시장 메커니즘에서 중요한 신용평가 과정을 없애버린 것이다.

미국 연방준비제도는 임금마저 지급하고 나섰다. 중소기업청(SBA)이 운영하는 급여보장프로그램(PPP)에 달러를 직접 지원했다. PPP는 직원 500명 이하 중소기업이 어려움에 빠지면 임금과 부동산 임대료 등에 지급할 돈을 빌릴 수 있는 장치다.

위기 순간에 돈의 가장 원초적인 성격이 드러난다고 했다. 글로벌 경제가 전염병과 같은 원초적 두려움을 불러일으키는 위기에 빠지자 돈의 유전자 가운데 가장 오래된 부분이 발현된 셈이다.

공동체 의식 대신 부채 의식

다시 고대로 돌아가보자. 수메르인들의 도시 우루크는 오늘날 와르카Warka이다. 쿠웨이트와 이라크 수도 바그다드의 중간쯤에 있는 도시다. 2003년 와르카에서 토기 조각들이 발굴됐다. 깨진 물병이었다. 고고학자들이 늘 하던 대로 발굴지인 와르카의 이름을 따서 '와르카 물병(Warka Vase)'이라고 이름 지었다. 역사학자 베스 해리스Beth Harris와 스티븐 저커Steven Zucker가 운영하는 '스마트 히스토리Smart History[13]에 따르면 와르카 물병의 재료는 석고의 일종이다. 무게가 무려 270킬로그램 정도 나간다. 바닥부터 주둥이 사이에 3개

층으로 이뤄진 조각이 새겨져 있다. 조각에서 수메르인들의 우주관과 세계관, 사회구조, 경제 시스템을 짐작할 수 있다.

물병 맨 아래는 자연을 상징하는 그림이 그려져 있다. 식물로 가득하다. 중간은 가정을 이루고 생산하는 대중을 담고 있다. 맨 위층, 즉 주둥이 바로 아래에 신 또는 신의 대리자가 묘사돼 있다. 그 시절 계급 또는 계층의 분화가 상당히 이뤄졌음을 짐작할 수 있는 대목이다. 신전이 생산과 분배를 통제하는 행정기구로 구실했음도 알 수 있다.

물병에 투영된 고대 수메르 사회는 분업화가 상당 수준에 이르렀다. 하루 종일 신과 교신하거나 임금 노릇을 하는 사람들도 있었

우루크 유적지에서 발굴된 와르카 물병

다. 직접 생산하지 않는 지배계급은 밀을 받는 대가로 내놓을 물건이 사실상 없었다. '생산하는 대중과는 다른 능력을 갖춰' 신을 대리하고 공공의 질서를 유지한다는 명분만 있을 뿐이다. 생산하는 대중은

---

13 https://smarthistory.org/warka-vase.

하루하루 생존이 다급하다. 그들의 눈에 '성스러운 일(제사장 업무)'이나 '위대한 일(정무)'은 부차적으로 비치기 십상이다. 생산하는 대중의 선의에만 의존한다면 도시에 살고 있는 지배계급과 이들의 수족들은 굶어 죽을 수밖에 없다.

이미 세상이 변했다. 원시공동체 시절의 경제적 순수 또는 호혜를 바탕으로 한 나눔은 더 이상 존재하지 않는다. 권력의 무자비한 폭력만으로는 생산물의 교환이 지속되지 않는다. 사회구성원의 자발적인 동의가 있어야 한다. 자발적 동의의 뿌리는 바로 부채 의식이다. 개인이 사회구성원으로서 사회에 빚을 지고 있다는 관념이다. 영국 LSE의 데이비드 그레이버David Graeber 교수의 《부채, 첫 5,000년의 역사(Debt : The First 5,000 Years)》에 따르면 지배자들은 백성들에게 종교적인 언어로 부채 의식, 달리 말하면 부채 이데올로기를 심어줬다. 그레이버 교수가 소개한 힌두교 경전(Satapatha Brahmana)은 고대인들의 의식 속에 뿌리내린 부채 이데올로기의 형태를 생생하게 보여준다.

"모든 존재는 신들과 성자, 성직자들, 사람들에게 빚을 진 채로 태어났다."[14]

흥미로운 점은 채권자가 신만이 아니라는 것이다. 성자와 성직자, 사람들이 고루 포함돼 있다. 사실상 사회구성원 전체가 받을 권리를 지닌 존재로 설정된 셈이다. 그렇다면 채무자, 달리 말해 줄 의무를 지닌 존재도 사회구성원 모두이다. 이쯤 되면 사회구성원 모두

---

14 데이비드 그레이버, 《부채, 첫 5,000년의 역사》 영문판, p.43.

가 채권자이면서 채무자다. 사회 자체가 분업 때문에 '채권–채무 네트워크(Debt-Credit Network)'로 바뀌었다. 모든 채권–채무 관계가 수평적이지는 않았다. 분업화와 함께 이뤄진 도시화 과정에서 생산지인 농촌과 거리를 두고 살아야 했던 제사장은 신에게 진 빚을 죽은 뒤에야 벗어날 수 있는 의무로 규정했다. 제사장은 수동적으로 백성들이 제물을 바칠 때까지 기다리지 않았다.

○──── 돈의 원초적 기능

수메르인들이 남긴 와르카 물병의 맨 위에는 신들의 대리인들이 새겨져 있다. 그레이버 교수는 "메소포타미아 도시국가에는 거대한 신전이 들어서 있었다. 신전은 대규모 산업 시설이었다. 양치기와 바지선을 끄는 인부, 천을 짜는 인력, 무용수, 신전의 일상 업무를 처리하는 사람 등 수천 명이 머물며 일했다"고 설명했다. 재정일치 시대에 신전은 생산 허브였다. 그 시대에 가장 중요한 생산수단은 토지와 농기구였다. 이것들 대부분이 신전의 소유였다. 신전은 거대한 순환 고리의 중심이었다. 종교적 언어로 채색된 의무를 바탕으로 세금을 징수하고 징발하는 것이 신전을 중심으로 이뤄졌다. 신전이 물류를 순환하는 장치였다.

제사장과 사제들은 치밀했다. 그들은 불완전한 기억에만 의존하지 않았다. 누가 얼마를 신에게 바쳐야 하는지 꼼꼼하게 기록했다. 인류 최초의 채무 기록은 신전에 보리를 바치는 것이었다. 그들은 한술 더 떴다. 자신들 권력의 원천인 신을 기쁘게 하기 위해 원격지 무역까지 했다. 상인들에게 먼 나라에 가서 물건을 사오라고 주문했다.

이 모든 과정은 기록이 없으면 불가능했다. 자연스럽게 문자와 숫자가 발명됐다. 윌리엄 고츠먼 교수의 《문명을 위한 금융》에 따르면 인간은 사랑하는 마음을 연인에게 전하려고 문자를 발명하지 않았다. 숫자도 고대 그리스의 철학자 피타고라스 학파들이 생각하는 것처럼 순수한 정신적인 작용을 촉진하기 위해 발명한 것이 아니다. 개인 또는 집단의 생존과 직결된 생산-분배-소비 과정에서 문자와 숫자가 개발됐다.

제프리 잉엄 교수에 따르면 초기에 곡물의 낱알을 세는 방법이 개발됐다. 추상화 능력이 필요한 무게란 개념은 아직 탄생하지 않았다. 가축이나 농작물을 단순히 세는 단계였다. 개수를 세는 것만으로도 신전에 빚을 갚는 데 충분했을 수 있다. 하지만 생산물이 다양해졌다. 노동도 셈을 해야 했다. 이 모든 문제는 서로 다른 생산물과 서비스를 비교 평가하고, 받을 권리와 줘야 할 의무를 청산하는 일이다. 단일한 기준이 있어야 가능한 일이다. 경제학적으로 말하면 한 사회뿐 아니라 이웃 나라에서 생산되는 재화와 서비스의 가치를 비교해 '질적 비율이 아닌 양적 비율로 이뤄진 메트릭스'를 만들어야 하는 일이다. 복잡하고 현기증 나는 작업이다.

잉엄 교수에 따르면 가치는 다름을 전제로 한다. 근대경제학자들은 다름을 개인의 선호 차이라고 본다. 개인이 선호하는 것이 다르려면 재화와 서비스를 고를 수 있을 만큼 공급되어야 한다. 미국 유타 대학교 E. K. 헌트Hunt 교수가 쓴 《경제학설사(History of Economic Thought : A Critical Perspective)》에 따르면 경제이론 가운데 효용이론이 등장한 시점은 19세기 후반이었다. 영국 등이 산업혁명을 거치면서 시장에 다양한 물건이 가득 쌓였다. 인류가 경제역사가들이 말하는 생존 단계에서 벗어났다. 개인이 돈만 있으면 고를 수 있는 시대가 열렸다. 하지만 시계를 돌려 기원전 3000년 전후로 돌아가 보자. 말 그대로 원시적인 수준으로 노동 생산성이라고 할 게 없었다. 소수의 지배계급 외에는 개인의 선호를 운운할 형편이 아니었다. 눈에 보이는 족족 확보해야 했다.

더욱이 기원전 3000년 인간은 경제적 순수 상태에서 갓 벗어났다. 서로 돕고 힘을 모아야 했던 호혜의 시대가 저물었다. 사회적으로 서로 다른 신분, 즉 계급이 탄생했다. 인간이 가치의 많고 적음을 인식하기 시작했다. 바로 가치의 탄생이다. 잉엄 교수는 '가치의 서열(hierarchy of value)'이 형성됐다고 말했다.[15] 가치를 숫자로 표현하는 기능, 즉 셈의 단위(Money of Account)로서 돈이 탄생했다.

○─────── **점토, 돈의 첫 번째 숙주**

역사 연구에서 유물의 의미가 뒤늦게 밝혀지는 경우가 종종 있다. 앞서 밝혔듯이 1929년 독일의 고고학자 율리우스 요르단이 이난나 사원의 주변을 발굴했다. 모계사회 영향이 여전히 강했던 메소포타미아 지역에서 이난나는 다산을 상징하는 여신이자 경제의 상징이었다. 여신의 집과 창고는 여러 색깔의 돌기둥으로 장식되어 있었다. 요르단은 점토 재질의 조약돌처럼 보이는 것들을 대량으로 발굴했다. 발굴 당시 그는 점토 조약돌의 의미를 이해하지 못했다. 그저 우루크 거주자들의 생필품인 물병이나 가축을 숫자로 표시하

---

15 제프리 잉엄, 《돈의 본성》, p.90.

기 위한 것이라 여겼다. 진흙 조약돌의 의미가 밝혀지기까지 60여 년이 흘렀다. 텍사스 오스틴대학교의 고고학자 데니스 슈만트 베세라트 교수가 1990년대 요르단이 발굴한 진흙 조약돌의 정체를 밝혀 냈는데, 그것은 토큰이었다. 메소포타미아 지역 생필품의 수량을 적은 기록이다.

권력자가 징수와 탕감 등을 위해 꼭 해야 일이 바로 기록하는 것이다. 빌려줬다는 기록이 없으면 돌려받을 수 없다. 메소포타미아 신전은 누가 얼마를 내야 하고 얼마를 냈는지 기록했다. 그런데 지금처럼 종이를 바탕으로 하지 않았다. 당시 기술력에 맞춰 점토로 만들었다. 점토 토큰은 곡물의 양을 표시하고 일한 시간을 기록하는 수단이었다. 글자가 발명되기 이전에 오랜 세월 장부로 사용되었다.

자연과 당시 사회의 여러 가지 대상을 소재로 다양한 모양과 문양의 점토 토큰을 만들었다. 그림은 상당히 추상적이다. 양과 염소, 소, 개, 단지 등을 상징하는 그림이었다. 잉엄 교수가 말하는 '상징화폐'의 탄생이다. 인류 최초의 돈이다. 데이비스의 《돈의 역사》에 따르면 초기 점토 토큰은 아주 다양했다. 종류별로 사용하고 교환할 수 있는 대상이 한정돼 있었다. 여전히 보편적인 돈은 아니었다.

어느 순간부터 점토 토큰이 지배자와 성직자에게 진 빛(세금)을 갚는 수단이 됐다. 죽어야만 벗어날 수 있는 빛인 세금을 납부하기 위해 점토 토큰을 사들여야 했다. 힘들여 생산한 물건 등을 그 대가로 내놓아야 했다. 제사장, 나중에는 왕이 점토 토큰을 발행해 필요한 물건을 사들이고, 백성들은 곡물 등을 내놓고 점토 토큰을 사들여 세금을 납부하는 순환 구조가 자리 잡았다. 마침내 돈이란 바이러스가 점토 토큰이라는 '첫 번째 숙주'에 기생해 생명력을 발휘하기 시작했다.

○──────── 금은이 아니어도 가치 저장 기능

   기원전 3000년 점토 토큰은 단순히 곡물이나 양, 염소 등을 상징한 게 아니었다. 눈에 보이지 않는 당시 사회관계를 상징했다. 바로 사회적 분업이 낳은 채권-채무 네트워크다. 또 점토 토큰은 가치의 서열을 양적으로 표현했다.

  점토라는 재료 자체는 그때나 지금이나 흔했다. 희소성이라고는 전혀 없는 재료다. 하지만 사회적 분업이 낳은 채권-채무 네트워크, 줘야 하는 의무와 받을 권리에 대한 기록과 가치의 비교, 신의 권위와 무시무시한 공권력을 바탕으로 한 중앙권력이 강제하는 세금 납부 등이 하나의 생태계(시스템)로 작용해 보잘것없는 진흙으로 만들어진 토큰이 돈으로 구실했다. 금이나 은처럼 내재가치가 있어야 미래의 어느 시점에 가치를 이전할 수 있다는 주장과 다른 대목이다. 고대 메소포타미아 왕국의 시스템 덕분에 아무런 내재가치가 없는 점토만으로도 가치를 저장할 수 있었다.

  예를 들어 바빌로니아 왕국의 농부가 올해 풍년이 들어 밀을 예년보다 더 팔아서 점토 토큰을 많이 마련했다. 지엄한 왕이 매기는 세금을 내기 위해서다. 그가 마련한 토큰은 그해 세금을 내고도 남았다. 그는 토큰을 잘 보관했다. 그런데 이듬해 밀농사가 잘되지 않았다. 흉년 정도는 아니었지만 평년작 수준이었다. 그는 작년에 마련해 놓은 점토 토큰을 더해 세금을 냈다. 세금을 걷는 관리들은 토큰의 연도를 따지지 않았다. 모두 동등한 가치로 인정했다. 점토가 훌륭하

278   머니니스

게 가치를 저장한 셈이다.

일반경제학에서 물물교환 다음 단계는 현물화폐다. 아리스토텔레스의 가설에 따르면 상징화폐 단계는 1970년대 이후 신용화폐 시대에서나 본격화했다. 그런데 벨기에의 화폐이론가 베르나르 리에테르Bernard Lietaer는 흥미로운 말을 했다. "현대인들은 고대인들의 상상력을 우습게 보는 경향이 있다"[16]고 꼬집었다. 그는 "그리스 로마 신화뿐 아니라 메소포타미아 지역의 그림과 문자를 보면 그들은 아주 추상적인 생각까지 했다"며 "고대인들이 상상력이 부족해서 물물교환 뒤에 현물화폐로 넘어갔다고 여기는 시각은 현대인들의 오만"이라고 지적했다.

요즘 경제학자들은 교도소를 이용해 돈의 탄생을 설명한다. 교도소에서 죄수들이 물물교환을 한다. 생태계의 비오톱biotope처럼 화폐경제가 지배하는 시대에 교도소는 아주 특수한 공간이다. 죄수들 사이의 필요(또는 욕망)와 부족함의 이중일치가 좀체 이뤄지지 않는다. 죄수 A는 노트를 갖고 있지만 휴지가 필요한데, 휴지를 들고 있는 죄수 B는 과자를 원한다. 이런 불일치 때문에 노트와 휴지의 교환이 이뤄지지 않는다. 결국 죄수들은 담배를 교환의 매개로 사용한다. 수감자 A는 남는 노트를 담배와 교환한다. 그리고 받은 담배로 휴지 여분을 갖고 있는 수감자 B를 찾아가 교환한다. 마르크스의 표현을 빌리면 담배가 교도소라는 곳에서 '보편적인 등가물' 구실을 하는 셈이다.

신고전파 경제학자들은 담배의 시장가치 때문에 안정적인 단위

---

16 2016년 나와 인터뷰에서 했던 말이다.

의 구실을 하듯이 귀금속도 시장가치가 있기 때문에 안정적인 단위가 되었다고 주장한다. 반면 잉엄 교수는 보편적 등가물에서 돈이 탄생했다는 설명은 터무니없다는 쪽이다. 그는 담배의 갑 또는 개비라는 단위가 이미 존재했기 때문에 담배가 교환의 매개로 구실했다고 설명했다. 돈의 역사를 보면 시장이 본격화하기 전에 국가가 이미 도량형을 통일했다. 셈의 단위가 먼저 정해지고 나서 돈이 발명됐다. 사실 시장에서 물물교환을 하는 모습은 근대인의 상상일 수 있다. 100개의 상품이 물물교환된다면, 4950개의 교환 비율이 만들어질 수 있다. 담배 1갑=쌀 2kg, 쌀 2kg=맥주 2병 식으로 단위가 서로 다른 교환 비율이 난립한다. 무수한 교환 비율이 세월이 흘러 하나의 화폐단위로 통일되기란 쉽지 않다.

상징화폐 시스템의 중요한 필요조건 가운데 하나가 평화다. 돈의 영토 안에서 중앙권력 아래 유지되는 평화를 의미한다. 중앙권력이 민주적일 필요는 없다. 그런데 어느 순간 평화가 깨졌다. 갈등과 전쟁으로 얼룩진 세계의 돈 이야기는 고대 그리스에서 펼쳐진다. 돈이란 바이러스가 아무런 가치 없는 진흙에 깃들어 돈의 구실을 하기 어려운 상황이 되었다. 이제 새로운 숙주를 찾아 나서야 한다.

돈은 물류의 엔진이다

전쟁과 불신의 시대에 돈의 구실

고대 그리스는 서구 사람들에게 문명의 고향이다. 철학뿐 아니라 현대 과학의 바탕인 수학을 발명한 곳이다. 영국의 철학자 버트런드 러셀Bertrand Russell은 "귀납적인 주장을 하는 방법으로서 수학은 피타고라스와 함께 시작됐다"고 말했다.[1] 피타고라스는 그 유명한 '피타고라스 정리'를 발견한 고대 그리스 철학자이다. 그래서인가? 우리의 머릿속에 고대 그리스는 '찬란한 문화'와 동의어다. 그런데 러셀이 쓴 《서양 철학사(History of Western Philosophy)》를 읽다 보면 뜻밖의 사실을 알 수 있는 대목이 나온다.

"(고대) 그리스는 도시국가로 이뤄져 있었다. 도시는 농촌 지역으로 둘러싸여 있었다. 그리스의 문명화 수준은 장소에 따라 천차만별

---

1 버트런드 러셀, 《서양 철학사(A History of Western Philosophy)》, p.49.

이었다. 소수의 도시국가만이 고대 그리스 문명에 기여했다. (중략) 그 시절 그리스 농촌 지역은 도시 사람들이 목가적이라고 상상할 수 있지만, 실제로는 야만적인 공포로 가득했다. 시골 사람들은 헤르메스와 야성의 신 판Pan을 숭배했다. 다산을 기원하는 다양한 의식을 벌였다. (중략) 몇몇 부족은 인신공양을 한 것으로 알려져 있다. 그들은 신에게 바친 인간의 죽은 살을 먹으면 부족의 상징인 늑대로 환생한다는 믿음을 갖고 있었다."[2]

그리스의 찬란한 문명과는 거리가 먼 풍경이다. 특히 아리스토텔레스의 시대인 기원전 4세기는 혼돈 그 자체였다. 그리스 도시국가들은 서로 치열하게 경쟁했다. 지역 패권을 차지하기 위해 전쟁도 불사했다. 잉엄 교수의 표현을 빌리면《돈의 본성》 아리스토텔레스 시대 그리스 사회는 구성원들이 호혜원칙에 따라 자원을 나눠 갖던 단계가 아니었다. 또 평화를 바탕으로 국가 권력자, 달리 말하면 제사상이나 왕이 세금을 거둬 재분배할 수 있는 상황도 아니었다. 생존을 위한 식량이 부족했다. 영국 옥스퍼드대학교 역사학자 알폰소 모레노Alfonso Moreno[3]에 따르면 기원전 5~4세기 아테네의 식량 자급률은 70%가 채 되지 않았다. 아테네는 해마다 밀 1만 3천 톤가량을 흑해 연안에서 수입했다. 전체 인구의 30% 정도가 수입 식량에 의존한다는 점은 현대의 관점에서는 큰 문제가 아니다. 하지만 국제질서가 불안하고 교통통신도 발달하지 않은 상황에서는 엄청난 사회적인 스

---

2 앞의 책, p.34.
3 알폰소 모레노,《민주주의 먹여 살리기 : 기원전 5세기와 4세기 아테네 곡물 공급(Feeding the Democracy : The Athenian Grain Supply in the Fifth and Fourth Centuries B.C.)》.

트레스일 수 있다.

앞선 장에서 신용화폐나 상징화폐는 평화를 먹고 자란다고 했다. 툭하면 전쟁을 벌이고 다른 나라에서 식량을 들여와야 하는 고대 그리스에서 돈이란 바이러스는 진흙이나 종이 같은 숙주에 깃들 수 없다. 금이나 은 등 일단 지불하고 나면 두 번 다시 거래 상대를 보지 않고도 정산이 다 끝나는 귀금속에 깃든다. 이런 시대를 살았던 아리스토텔레스의 눈에 돈은 물물교환과 귀금속 화폐(금이나 은) 단계를 지나 주화 순으로 진화한 것으로 비칠 수밖에 없었다.

그러나 눈을 돌려 이집트나 메소포타미아 지역을 봤더라면 달리 생각했을 수도 있다. 그곳은 그리스와 사정이 달랐다. 이스라엘 바르일란Bar Ilan대학교의 데이비드 샤프스David Schaps 교수[4]에 따르면 고대 그리스가 주화를 만들고 있을 때 메소포타미아와 이집트 제국은 아주 정교한 물류망을 갖추고 있었다. 경제 규모가 상당했지만 중앙권력이 재화와 서비스가 지역과 계층 간 이동을 할 수 있게 했다. 경제적 질서와 평화가 유지되고 있었다. 귀금속과는 달리 아무런 가치가 없는 진흙 토큰이나 양가죽에 받을 권리와 줘야 할 의무를 기록한 증서만으로 거래가 이뤄졌다. 아리스토텔레스가 경험하지 못한 시스템이다. 결국 그가 제시한 돈의 창세기는 지극히 제한적인 경험을 바탕으로 한 셈이다. 그 제한적인 경험의 원인이 무엇인지를 살펴보는 것이 이 장의 주제이다.

---

4 데이비드 샤프스, 《전쟁과 평화, 모방 그리고 혁신, 후진과 발전 : 고대 그리스와 리디아의 주화의 시작(War and Peace, Imitation and Innovation, Backwardness and Development : the Beginnings of Coinage in Ancient Greece and Lydia)》.

코인(주화)의 고향 그리스

　역사에서 결핍이 낳은 스트레스는 발명의 어머니였다. 고대 그리스 도시국가 사람들은 밥만 먹으면 싸웠다. 전쟁에 지친 아테네 여성들이 남편과 동침을 거부하고 나설 정도였다. 전쟁이 잦은 지역은 평화가 이어지는 곳과는 다른 방식으로 재화와 서비스가 교환되었다. 신용을 바탕으로 한 상징화폐로는 갈등(전쟁)이 낳은 불신의 강을 건널 수 없었다. 금이나 은으로 만든 주화가 고대 그리스 지역에서 탄생한 이유다.

　글린 데이비스는 그의 책 《돈의 역사》에서 종이돈은 분명 중국인의 발명이지만, 주화는 그리스인들의 작품이라고 했다. 세계 최초의 주화는 기원전 640년 리디아 지역에서 발명됐다. 이름은 '데트라드라크마', '올빼미 주화'라고 불리는데 1억 2천만 개 정도 만들어졌다고 한다.

　주화는 탄생 순간부터 현대인들의 상식과 거리가 멀었다. 현대인들은 고대에는 돈의 가치가 귀금속이나 재질의 가치에서 비롯됐다고 보는 경향이 있다. 실상은 아니었다. 올빼미 주화에는 단위를 의미하는 숫자가 새겨져 있지만 귀금속 함량은 제각각이다. 데이비스는 "주화의 역사 초기부터 귀금속 함량은 중요한 의미가 아니었음을 짐작할 수 있다"며 "주화의 구매력과 귀금속 함량에는 직접적인 관련이 없었다"고 말했다.[5]

　기원전 7세기 리디아의 제련 기술은 상당한 수준이었다. 리디아인들은 금과 은의 합금인 일렉트럼에서 금을 분리해내기 시작했다.

---

5 글린 데이비스, 《돈의 역사》, p.63.

올빼미 문양이 새겨져 있는 그리스 데트라드라크마 주화

두 금속이 분리되면서 자연스럽게 금화와 은화가 탄생했다. 초기 주화는 콩 모양이었다. 이것이 오늘날 코인처럼 둥근 모양을 갖추기 시작한 것은 7세기 후반부터였다. 이것이 올빼미 주화이다. 시간이 어느 정도 흘러 리디아의 돈에는 양면에 무늬 또는 문양이 들어갔다. 도장 같은 것을 대고 망치를 때리는 방식으로 그림을 넣었다. 초기 문양은 음각이 깊지 않아 스크래치 수준이었다. 무늬는 무게가 아니라 순도를 표시한 것일 가능성이 크다.

리디아 돈의 모습과 무게는 점점 표준화했다. 순도와 무게를 보증하는 정부 인증이 이뤄지는 단계에 이르자 돈의 진화 과정이 빨라졌다. 7세기 후반에 리디아의 돈은 둥글게 변했고 양쪽 면에 깊은 문양이 들어갔다. 그리고 기원전 6세기 중반 리디아의 왕 크로이소스가 금과 은으로 만든 돈을 인증하기 시작했다. 권력자의 인증이 시작됐다.

고대 그리스는 전쟁이 끊이지 않는 곳이었다. 아테네가 곧 '전쟁의 여신'의 이름이다. 주화의 탄생과 발전 배후에는 정치적 소용돌이가 똬리를 틀고 있다. 기원전 마지막 1천 년(기원전 1세기) 오늘날 고대 그리스 지역(지금의 그리스와 터키)에서는 중앙권력이 붕괴했다. 메소포타미아 지역과는 달리 권력 통제 속에 재화와 서비스가 지역과 계층 사이를 이동할 수 없었다.

고대 그리스는 중앙권력이 무너진 이후 혼돈과 전쟁의 연속이었다. 다시 말하자면 영국 금융통화이론가 찰스 굿하트는 돈의 기능을 정보의 한계와 관련 지어 설명했다.[6] 시장에서 돈(현금)을 지불하면 거래 상대의 신용 상태를 알 필요가 없다. 거래 상대에 대한 정보 부족, 계약을 하거나 물건을 건넨 직후부터 무슨 일이 일어날지 알 수 없는 상황(불확실성)을 걱정하지 않아도 된다. 그리스처럼 불확실성으로 가득한 곳에서는 주화가 안성맞춤이지 않았을까. 다만 고대 그리스는 중앙권력이 붕괴했다고 해도 극단적인 상황은 아니었다. 아테네와 스파르타 등 수많은 도시국가들이 나름 질서를 유지했다. 아테네는 기원전 7세기부터 페리클레스(Pericles, 기원전 494~기원전 429) 시대인 5세기 사이에 민주주의 시스템이 발전했다.

민주주의! 이 시스템에서 모든 관계는 전통적인 가족이나 부족, 왕국의 패턴과는 완전히 다를 수밖에 없다. 통제가 아니라 공유한 약속(법규)에 의해 경제활동이 규제된다.

고대 그리스가 호혜와 통제로 작동하던 시대에서 주화를 바탕으로 교환하는 시대로 바뀌는 과정을 극적으로 보여주는 책이 2022년 출간됐다. 바로 미국 조지타운대학교 슈테판 아이히Stefan Eich 교수가 쓴 《정치학 관점에서 본 통화(The Currency of Politics)》이다. 아이히 교수

---

6 찰스 굿하트, 《돈, 정보 그리고 불확실성(Money, Information and Uncertainty)》, MIT 출판부.

는 인터뷰에서 "고대 그리스의 초기 주화는 액수만큼 내주는 것(희생)을 의미했다"며 "주화 탄생 이전에는 인정에 의존해 교환했다면 주화 등장 이후엔 공식적이고 법률적인 관계로 바뀌었다"고 말했다.

고대 그리스 도시국가의 경제 규모는 작은 데다 메소포타미아와 같은 자립경제도 아니었다. 종교의 힘도 약화됐다. 정교일치 사회처럼 제사장이 권력을 가지고 신전을 중심으로 재화나 서비스를 유통할 수도 없었다. 더욱이 아리스토텔레스가 살았던 기원전 300년대에 도시화가 더 진행됐다. 아테네나 스파르타 인근 농촌에서 생산되는 농산물로는 도저히 먹고살 수 없었다. 외국과 교역을 피할 수 없는 순간 서로 잘 알지 못하는 사람들이 단번에 인정하는 물건(주화)으로 교역하는 일이 자연스럽게 발전했다.

아테네 지도자들은 주화 만드는 데 필요한 조건들을 상당한 기간 동안 하나씩 마련해갔다. 솔론(Solon, 기원전 640~기원전 558)이 세금 제도를 확립했다. 국가가 돈을 발행해 통용하려면 돈의 가치를 암묵적으로 지지해줄 재정이 튼튼해야 한다. 페이시스트라토스(Peisistratos, 기원전 561~기원전 527 재위)는 키프로스와 시리아 등과 교역 루트를 강화했다. 그 시절 아테네는 추첨으로 뽑은 사람들에게 공직을 맡겼다. 페이시스트라토스는 이들에게 월급을 주기 위해 주화 제작을 제안했다. 주화가 신용(신뢰)증서가 통하기 어려운 해외 교역에서 탄생했음을 시사하는 대목이다.

○─── 군대-주화 복합체 I : 그리스 버전

주화는 순식간에 사유재산이 되었다. 등기나 공시, 상속

절차 없이도 필요한 물건을 사들일 수 있다. 한 사회가 분업의 방식으로 생산한 모든 생산물을 주화로 살 수 있었다. 이런 마력 때문에 고대 그리스 사람들은 주화를 환영하지 않은 듯하다.

"이 노란 노예는 종교를 만들기도, 무너뜨리기도 한다. 저주받은 인간을 축복한다. (중략) 인간사회의 매춘부다."[7]

그리스 사람들이 전통 윤리를 바탕으로 주화에 적잖이 저항한 흔적이다. 이런 저항을 이겨내고 주화가 확산된 계기는 따로 있었다. 바로 전쟁이다. 옛날이나 지금이나 전쟁은 비상 상황이다. 전쟁만큼 빠르게 재화나 서비스를 소비하는 경우가 없다. 게다가 전쟁은 주로 국경을 사이에 두고 벌어진다. 여차하면 수많은 병사를 지리적으로 나 문화적으로 아주 낯선 지역에 보내야 한다. 굿하트 교수의 말대로 거래 상대의 신용을 전혀 알 수 없는 지역으로. 솔론 등 아테네 지도자들은 대안을 마련해야 했다. 최악의 방법은 군대가 먹고 쓸 용품을 아테네에서 전장으로 수송하는 것이었다. 교통과 통신이 원시적인 시절 현물 수송은 거의 불가능했다. '어렵지 않게 옮길 수 있고' 외국에서도 '즉시 현물과 교환할 수 있는' 수단이 필요했다. 달리 말하면 무게가 아주 중요한 요소였다. 크고 무거운 물건은 전쟁이 잦은 고대 그리스에서 저주받은 물건이나 다름없었다. 금화나 은화가 제격이었다. 금과 은은 점령지에서도 조달할 수 있었다. 아테네 사람들은 전쟁에 참여한 병사들에게 올빼미 동전으로 급여를 주고 전투 지역에

---

7 윌리엄 셰익스피어, 《아테네의 티몬((Timon of Athenes)》, 4막 3장.

서 물자를 조달했다. 이들은 급여로 가족을 먹여살려야 했다.

　제프리 잉엄 교수는 돈의 탄생, 특히 주화의 등장에서 기묘한 시스템이 작동했다고 한다.[8] 전쟁이 잦았던 시절, 병참을 위해 주화가 절실했다. 사실상 주화 없이는 전쟁이 불가능했을 정도였다. 주화를 충분히 공급하기 위해서는 금이나 은 광산을 확보하는 게 필수였다. 따라서 전쟁을 할수록 약탈로 금이나 은을 더 많이 확보할 수 있었다. 그만큼 병사들에게 지급되는 주화의 양도 늘어났다. 병사들의 약탈 대상이 단순 물품과 사람에서 금이나 은 등 귀금속으로 자연스럽게 바뀌었다. 군인들은 모국이나 점령지에서 경제의 중심이었다. 그들이 지급받은 주화나 약탈한 금과 은이 지역경제를 활성화했다. 심지어 시장이 없던 곳에 시장이 등장하기도 했다. 이를 잉엄 교수는 '군대-주화 복합체(Military-coinage complex)'라고 불렀다. 복합체는 여러 가지 요소들이 한 체제 내에서 밀접하게 서로 의존하는 양상을 이른다. 어느 순간 어느 요소가 먼저인지 또는 독립변수인지를 구분하기조차 불가능하다. 군대-주화 복합체는 2천여 년이 흘러 제2차 세계대전 직후 미국 달러가 정부 차원이 아니라 일반 시민들 사이에 기축통화로 자리 잡는 과정을 설명하는 데도 요긴하다. 제2차세계대전 직후 미군은 한반도와 독일, 일본, 이탈리아 등 거의 50여 개국에 주둔했다. 미국은 이들에게 달러로 월급을 지급했다. 미군 부대 주변에는 달러로 작동하는 지역경제가 형성됐다. 나라 경제의 상당 부분이 주둔 중인 미군의 달러 지출에 의존한 곳도 있었다.

　고대 그리스와 지금의 터키 지역 도시국가 등은 전쟁에 대비해

---

8 제프리 잉엄, 《돈의 본성(Nature of Money)》.

따로따로 주화를 만들었다. 돈도 제각각이었고 화폐단위도 다양했다. 여기에서 필연적으로 출현하는 것이 환전상이다. 한 걸음 더 나아가 도시국가들 모두에서 통용되는 보편적인 통화 시스템이 필요했다. 실제로 군사동맹을 맺은 곳들은 단일 통화를 썼다. 자기들 돈뿐 아니라 동맹국의 화폐도 정식 통화로 인정했다. 아테네는 한 술 더 떠 자기네 돈을 쓰도록 강제했다. 기원전 456년 아테네는 아이기나섬을 압박해 자체 화폐 '거북이' 주조를 중단하고 '올빼미'를 정식 통화로 삼도록 했다. 기원전 449년에는 모든 외국 주화를 정부 조폐창에 내는 법령을 만들었다. 모든 동맹국이 아테네 시스템으로 돈을 계산했다. 영국 화폐역사가 글린 데이비스가 말한 '아틱 은화 본위제(Attic Silver Standard)'의 등장이다.[9] 이것은 인류 최초의 국제통화 시스템이다. 금융위기 때마다 달러 체제 붕괴를 이야기하는 사람들이 한 번쯤 살펴볼 필요가 있다.

∘——— 군대-주화 복합체 Ⅱ : 조선 버전

임진왜란과 정유재란, 병자호란 분야 최고의 전문가로 꼽히는 명지대학교 역사학과 한명기 교수는 "전쟁이 일어나면 전쟁터에 맨 먼저 가는 것은 군인이지만, 두 번째로 빨리 가는 것은 상인이다"고 말했다.[10] 군대-주화 복합체의 또 다른 풍경이다.

16세기가 저물어갈 무렵인 1592년 5월 왜군이 부산에 상륙했다.

---

9 글린 데이비스, 《돈의 역사》.
10 도올 김용옥 교수의 학당에서 '임진왜란 얼마나 아십니까?'라는 주제로 했던 강연에서 나온 말이다.

한명기 교수는 "임진왜란은 조선과 일본, 명나라가 뒤섞여 싸운 국제전 성격이 강하다"고 말했다. 국제전은 다양한 사회, 문화, 경제, 정치 요소들이 뒤섞이는 장이다. 전염병까지 확산되는 채널이다. 조선은 임진왜란을 거치며 많은 변화를 겪었다. 특히 그는 "임진왜란을 계기로 조선이 화폐경제 단계에 진입했다"고 말했다.

여기에 반론을 제기하는 사람도 있을 것이다. 고려시대에도 화폐가 등장하지 않았는가라고 말이다. 화폐 등장과 화폐경제는 같은 말이 아니다. 조선 선조 시대에는 화폐의 주조와 유통이 거의 이루어지지 않았다. 미곡과 면포가 그것을 대신했다. 상업활동도 지지부진했다. 농업과 국가(왕실) 중심의 유통(조세)이었다. 이런 상황에서 임진왜란이 터졌다.

한명기 교수는 "1592년 12월 명나라 군대 5만 1천 명이 조선반도에 들어온 이후 8년 넘게 주둔했다"고 설명했다. 이후로 얼마나 많은 명나라 병사가 들어왔을까? "전쟁 막바지인 1598년에 명나라 병사 수가 10만 명을 넘어섰다"고 말했다. 고등학교 국사책에 나오는 숫자보다 훨씬 많다. 그 많은 병사를 먹이고 입히는 일은 조선뿐 아니라 명나라에도 엄청난 일이었다.

명나라는 병사들에게 식량과 각종 군수품을 직접 제공하지 않았다. 그러려고 했다면 수나라가 고구려를 치려고 100만 대군을 보낼 때 거의 비슷한 수준의 보급 인력을 파견해야 했다. '보급 인력이 싸우는 병사보다 더 많은 식량을 소비한다'는 말은 동서를 막론하고 전쟁의 역사에서 검증된 사실이다. 이런 비효율을 해결하는 데는 돈이 제격이다. 각종 군수품과 수송 인력보다 돈을 수송하는 게 수월하다. 문제는 '어떤 돈인가?'이다. 전쟁은 불신의 바다다. 국제적 전쟁은 더 불신으로 가득하다. 전문적인 말로 하면 신용거래, 종이돈 시스템 자체가 작동하지 않는다.

마침 명나라에는 막대한 은이 들어와 있었다. 놀랍게도 스페인이 신대륙 남미에서 캐낸 은이었다. 스페인은 신대륙 은으로 16세기 '아이폰'이라고 할 수 있는 명나라 비단과 도자기를 사들여 유럽에 팔았다. 막대한 무역흑자로 쌓인 은 덕분에 명나라 조정은 조선에 파견한 병사들에게 은덩어리로 급여를 지급했다. 주화 모양이 아니라 말발굽 모양의 은이었다. 병사는 저울을 함께 가지고 다니면서 쌀을 살 때 은을 한 조각 떼어 무게를 달아 건넸다(측량화폐).

한명기 교수는 "명나라 조정이 병사들에게 은 1냥씩만 지급해도 조선에 10만 냥 이상 풀린 셈"이라며, "조선의 경제 시스템을 뒤흔들어놓을 만했다"고 했다.

○──── 알렉산드로스 시대의 화폐경제

철학자 버트런드 러셀은 그리스 도시국가와 알렉산드로스 제국, 로마제국을 아주 독특한 방식으로 정리했다.

"그리스는 자유와 무질서의 시대, 알렉산드로스 제국은 속박과 무질서의 시대, 로마는 속박과 질서의 시대로 분류할 수 있다."[11]

그리스 시대는 사람들이 자유로웠지만 평화롭지는 않았다. 갈등

---

11 버트런드 러셀, 《서양철학사》, p.229.

과 전쟁으로 얼룩졌다. 개인은 노동자이면서 동시에 시민 주권자로 정치에 참여하며 철학이 만개했다.

알렉산드로스 대왕이 등장하면서 그리스 지역은 제국의 일부가 되었고 자유를 잃었다. 그렇다고 평화나 안정이 이뤄지지는 않았다. 안정은 권력이 오래 유지되어야 가능하다. 불행하게도 알렉산드로스 대왕이 죽은 이후 제국은 삼국으로 쪼개졌다. 절대 권력자가 사라진 공백기에는 내전이 엄습한다.

생전의 알렉산드로스는 정복 전쟁의 중독자나 마찬가지였다. 그의 원정은 병사를 먹이고 입히고 무장시키는 문제와 끊임없는 투쟁이었다. 군수는 군-주화 복합체가 아니면 해결되지 않는 과제였다. 글린 데이비스는 《돈의 역사》에서 그리스인이 발명한 주화가 알렉산드로스의 정복 루트를 타고 메소포타미아, 인도, 심지어 중국으로 전래됐을 수 있다고 했다.

고대 전쟁은 원가가 많이 드는 비즈니스였다. 알렉산드로스 군대에서 최정예 기마병은 하루 2드라크마를 받았다. 보병의 일당은 1드라크마였고, 용병은 2/3드라크마 또는 노역꾼 일당의 2배를 받았다. 모든 병사에게 식사는 무료로 제공했다. 이들이 소아시아 지역에 진군했을 때 들어간 비용은 하루 20달란트였다. 은으로 0.5톤, 즉 12만 드라크마 정도였다.[12]

정복 초기의 비용은 대부분 마케도니아와 그리스 자원(자기자본)이었다. 하지만 그보다 몇 곱절 더 많은 전리품을 확보했다. 은화 5만 달란트에 더해 죽어가던 다리우스 3세가 생포된 기원전 330년에 7

---

12 글린 데이비스, 《돈의 역사》, p.82.

알렉산드로스 대왕의 얼굴이 새겨진 기원전 322년에 제작된 황금 주화

천 달란트를 추가로 얻었다.[13] 현지에서 조달한 금과 은은 마케도니아로 이송되지 않았다. 알렉산드로스가 그리스에서 데리고 간 화폐 주조공들이 주화로 만들었다.

알렉산드로스는 바빌론 지역에도 조폐창을 설치했다. 마케도니아의 암피폴리스Amphipolis에 있는 조폐창에 이어 두 번째로 컸다. 이 밖에 점령지에는 많은 군소 조폐창이 있었다. 여기에서 만들어진 주화 규모는 마케도니아와 그리스의 규모를 능가했다.[14]

알렉산드로스는 원정을 단순히 군사적 정복이 아니라 선진 문명을 전파하는 일이라고 여겼다. 그래서 과학자, 엔지니어, 조사관, 몸종 등 지원 인력이 어마어마했다. 이들을 먹여 살릴 돈을 만드느라 조폐창은 쉼 없이 가동됐다. 알렉산드로스의 신전이나 왕실 금고에 잠든

13 앞의 책, p.83.
14 앞의 책, pp.83~84.

머니니스

금과 은을 꺼내 동전으로 만들었다. 양질의 돈이 급증했고 유통 속도도 비약적으로 빨라졌다. 제국 곳곳에 설치된 조폐창에서 나온 돈이 각 지역에 배분되는 방식은 아주 효율적이었다. 돈을 유통하는 주요 채널은 병사와 용병들이었다. 현대 경제 용어로 말하면 병사들이 화폐경제화의 첨병이었던 셈이다.

∘──── 무게와 화폐단위의 이별, 그 첫걸음

고대 그리스와 알렉산드로스 제국, 삼국 내전 시기는 귀금속 무게가 곧 화폐단위였다. 국가가 임의로 화폐단위를 정한 것이 아니라 금과 은의 무게와 화폐단위가 일치했다. 주화 1드라크마 속에 금 1드라크마가 들어 있었다. 그런데 국가 또는 제왕에 의해 양쪽의 이별이 시작된다. 주화 1드라크마에 들어 있는 금이나 은의 양이 줄어들었다.

일반경제학에서는 권력자가 돈의 실제 가치(귀금속 함량)를 줄여 같은 금이나 은으로 더 많은 돈을 찍어내는 일(시뇨리지, Seigniorage)을 죄악시한다. 시뇨리지는 '화폐 주조 차익'이라는 뜻이다. 권력자가 백성의 부를 간접적으로 강탈한다는 것인데, 터무니없는 말은 아니다. 권력자가 전쟁과 사치 등으로 재정난에 빠지면 코인 속의 금이나 은 함량을 줄이는 방식으로 백성의 자원을 동원했다.

그러나 제왕의 시뇨리지를 겉모습대로 이해하는 데 반기를 들고 싶다. 시뇨리지가 신민의 자원을 강탈하는 측면이 있는 것은 분명하다. 하지만 자원의 동원 또는 강탈은 고대 메소포타미아 지역의 점토 토큰으로도 이뤄졌다. 백성의 자원을 세금 등으로 거둬간 것이다.

한 걸음 더 나아가 나는 시뇨리지가 돈이란 바이러스가 금이나 은의 숙주에서 벗어나는 과정의 일부라고 생각한다. 백성은 제왕의 경제 능력(재정 상태)을 믿기에 일정 기간 귀금속 함량이 줄어든 주화를 인정한다. 어쨌든 교환이 이루어지면 돈의 구실을 하는 것이다. 물론 시간이 흐르면서 돈의 시장가치가 떨어질 수 있다. 하지만 제왕의 재정 상태에 대한 믿음이나 전망이 악화하지 않는 한 돈으로 기능한다.

역사적 문헌을 보면 돈의 단위가 귀금속의 무게와 달라지기 시작한 사건이 알렉산드로스 시절에 처음 나타났다. 알렉산드로스가 페르시아를 점령했을 때 주화는 크게 금화와 은화, 2가지였다. 2가지가 돈 구실을 하면서 필연적으로 둘 사이의 교환 비율이 형성되었다. 글린 데이비스에 따르면 알렉산드로스 점령 초기 은화-금화 교환 비율은 13.333 대 1이었다. 금화 한 단위를 얻기 위해서는 은화 13.333단위를 줘야 했다.

주화 자체가 커뮤니케이션의 핵심 장치였다. 돈의 단위는 순간 암산이 가능해야 한다. 전자계산기가 없던 시절 소수점까지 즉시 계산하기가 쉽지 않았다. 알렉산드로스는 금화-은화 교환 비율 같은 거추장스러운 문제를 해결해야 했다. 이런 문제로 오래 부심할 그가 아니었다. 그는 복잡하게 얽힌 '고르디우스의 매듭(Gordian knot)'을 단칼에 잘라버렸듯이, 돈의 교환 비율도 '10 대 1'로 정해버렸다. 아주 상식적이고 계산하기 편리하며 명확한 비율이었다. 귀금속 함량이나 시장가치와는 무관한 인위적인 교환 비율이다.

시장에서 은화나 금화 양이 줄어 10 대 1 비율이 깨지더라도 문제되지 않았다. 알렉산드로스는 금과 은을 대량 보유하고 있었다. 부족한 쪽을 더 만들어 임금의 형태로 지급하는 방식으로 주화를 시장

머니니스

에 풀면 됐다.[15] 대중은 알렉산드로스의 재정 능력을 의심하지 않았다. 사실 현대 금융시장처럼 정부의 재정 상태나 경제성장률이 시시각각 전달될 수 있는 시대도 아니었다. 군사력과 호사스러운 의복으로 표현된 '대왕의 위엄'이 곧 주화에 대한 믿음이었을 가능성이 크다. 어쨌든 돈의 단위가 귀금속 함량에서 벗어났다. 이런 독립성은 로마 시대에 한 걸음 더 진행되었다.

귀금속으로부터 해방

버트런트 러셀이 말한 대로 고대 로마는 속박과 질서의 시대였다. 그가 말한 속박은 일상의 자유가 제한된다는 의미가 아니다. 공화정의 주인으로서 자유인이 재판에도 참여하고, 공직도 맡으며, 병사로서 전투도 하는 적극적인 자유가 제한됐다는 의미다. 로마제국의 정치는 원로원 등 엘리트가 주도했다. 최고통치자는 황제라 불리는 사람이었다.

대신 질서와 평화가 도래했다. 속박의 반대급부가 질서이고 평화였던 셈이다. 돈의 역사에서 로마제국의 평화는 특별한 의미를 갖는다. 돈이란 바이러스가 금이나 은 등 귀금속 숙주에서 상당히 자유로워졌다.

로마제국의 주화 발행권은 황제에게 집중돼 있었다. 금과 은을 조달해 주화를 만들고 군대와 정부의 재정이 모두 황제 한 사람의 책임이었다. 로마제국의 머니 시스템은 아우구스투스Augustus 황제

---

15 앞의 책, pp.83~86.

시절에 확립됐다. 그는 기원전 30년부터 기원후 14년까지 로마제국을 통치했다. 그는 금화 아우레우스aureus를 만들었다. 여기에는 금 1파운드(453.59그램)의 42% 정도인 190.5그램이 들어갔다. 아우레우스의 절반 크기인 금화 퀴나리우스quinarius도 발행했다. 그는 은화 데나리우스denarius를 찍어내면서 은 1파운드의 84%를 넣었다. 은화 25데나리우스는 금화 1아우레우스나 100세스테르티우스sestertius의 가치가 있었다. 공공과 민간 부문의 회계 단위는 데나리우스와 세스테르티우스였다. 돈의 원초적인 기능은 회계 단위이다. 황제가 회계 단위를 정하는 권리를 충분히 행사한 셈이다.

로마의 상거래 대부분은 황제가 정한 회계(셈) 단위로 이뤄졌지만, 대부분 구리나 청동으로 만든 동전으로 결제됐다. 시간이 흐르면서 돈이란 바이러스가 금이나 은이란 숙주에서 벗어나 별 볼일 없는 쇠붙이에 깃들기 시작한 것이다. 로마 황제의 재정 상태가 악화하자 주화의 질이 떨어졌다. 구리나 청동 합금으로 만든 주화가 제작됐다. 구리나 청동의 함량이 극도로 줄어들어 나중에는 토큰 수준이 돼버렸다.[16] 후세 사람들이 로마의 돈이 쇠붙이로 만들어졌다고 기억하는 이유다.

돈이라는 숙주가 상징화폐로 되돌아가는 긴 여정이 로마제국 시절부터 시작됐다. 러셀이 말한 속박 대신 얻은 평화가 가장 중요한 계기였다. 돈이 귀금속이 아닌 쇠붙이라는 숙주에 의존한다는 것은 곧 돈의 가치가 귀금속이 아니라 황제 또는 정부의 재정 상태에 따라 아주 민감하게 출렁거리기 시작했다는 의미다. 현대의 돈이 내재

---

16 앞의 책, pp.87~91.

가치가 거의 없는 종이로 이뤄져 정부의 재정과 실물경제 상황에 따라 출렁거리는 것과 비슷하다. 그나마 현대 정부는 행정과 재정 시스템을 동원해 경제를 관리할 수 있다. 정보기술도 발달돼 중요한 데이터와 명령 등이 실시간 돈의 영토 구석구석에 전달되었다.

고대 로마의 영토는 방대했다. 하지만 행정 시스템과 경제 운영 능력은 현대 국가만 못했다. 돈이란 바이러스가 금이나 은에서 해방돼 종이 같은 내재가치 없는 숙주에 의탁할 여건이 마련되지 않았던 셈이다. 결국 로마 황제들은 재정을 개혁하고 끊임없이 돈 가치를 금에 묶어두려고 노력했다. 그렇지 않으면 화폐 시스템 자체가 제대로 작동하지 않았다.

○─────── **기독교 국교화와 돈**

고대 로마의 경제 성장은 영토 확장에 비례했다. 영토 팽창기 로마 경제는 선순환했다. 영토 확장→약탈과 조공 증가→부의 증가 순이었다. 하지만 로마의 정복 전쟁은 하드리아누스Hadrianus 황제 시대를 기점으로 중단됐다. 정복 전쟁에 들인 비용 증가 대비 순이익 증가가 별 볼일 없었기 때문이다. 성장 엔진이 멈추고 현상 유지 단계에 들어선 셈이다. 황제의 곳간이 부실해졌다. 권력을 유지하기 위한 각종 복지 지출은 그대로이거나 증가했다. 반면 새로운 정복지에서 얻은 수익은 거의 없었다. 살림이 궁해지자 황제들은 자연스럽게 귀금속 함량을 줄여 같은 양의 금은으로 더 많은 주화를 생산하는 방법에 눈을 돌렸다. 통화가치를 떨어뜨려 재정난을 해결하는 방법이었다.

그나마 황제의 권위가 살아 있던 시절에는 재정 악화가 인플레이션으로 이어지지는 않았다. 황제의 권위는 기원후 244년 갑작스러운 사건에 의해 추락했다. 고르디아누스Gordianus 3세가 메소포타미아에서 병사들에게 살해됐다. 이로부터 디오클레티아누스Diocletianus 황제가 즉위한 284년까지 40년 동안 57명의 황제가 등장했다 사라졌다.

로마제국은 그야말로 난장판이었다. 경제, 행정, 재정의 모든 면이 아수라장이었다. 질 나쁜 주화가 마구 발행된 부작용이 본격화했다. 인플레이션이 나날이 심해졌다. 여기서 다시 주목해야 할 점은 바로 질 나쁜 주화 증가(통화량 증가)가 곧바로 물가 급등으로 이어지지 않는다는 사실이다. 국가 시스템에 대한 불신이 더해져야 인플레이션으로 이어진다.

물가 급등에 가난한 로마 사람들이 더 큰 피해를 봤다. 부자와 권력자들은 인플레이션의 불이익을 적당히 피해갔다. 제국 내에서 계급적 갈등이 다시 표면화했다. 이런 혼란의 시기에 두 제왕이 탄생했다. 강력한 통치를 실시했던 디오클레티아누스(284~305년 재위)와 콘스탄티누스Constantinus 1세(306~337년 재위)이다.

디오클레티아누스 황제는 3가지 조치를 취했다. 화폐를 개혁하고, 양질의 금화를 다시 발행했으며, 칙령을 내려 물가를 직접적으로 통제했다. 세 번째 조치는 센서스(인구총조사)를 바탕으로 한 예산 편성이었다. 제국의 경제·인구 실태를 샅샅이 조사해서 연간 예산을 편성했다. 우리는 앞으로 센서스와 돈의 관계를 몇 차례 더 경험하게 된다. 하지만 인플레이션은 해결되지 않았다.

디오클레티아누스 황제 이후 콘스탄티누스 황제가 집권했다. 그는 기원후 313년 기독교를 국교로 정했다. 급증한 기독교인들의 지지를 얻기 위해서라는 게 전통 학설이다. 하지만 돈의 역사로 보면 이야기가 좀 달라진다. 기독교 국교화로 제우스 등을 섬기는 로마의 전통종교는 잡스런 종교가 됐다. 제우스 신전 등에 쌓인 금과 은을 꺼내 쓸 수 있게 되었다. 콘스탄티누스 황제는 약탈하다시피 신전에서 귀금속을 꺼내 금화를 발행했다. 재정난 해결에 적잖이 도움이 됐다. 새로 발행된 솔리두스Solidus 덕분에 돈에 대한 신뢰도 복원됐다. 동로마제국이 이후 1천 년 정도 이어질 수 있는 토대가 마련된 셈이었다. 그러나 디오클레티아누스와 콘스탄티누스의 개혁은 돈의 진화에서 반동일 수 있다. 귀금속에 다시 의존하는 방식으로 돈 가치를 안정시켰기 때문이다. 그럴 수밖에 없는 상황이기는 했다. 그때 로마는 소란스러웠다. 동서 로마로 갈라서는 시기이기도 했다. 돈이란 바이러스가 귀금속에서 벗어나기 위해 필수적인 질서와 평화를 오래 유지하기 어려웠다.

돈이란 바이러스가 금이나 은이란 숙주에서 벗어나는 일은 이후 약 1500년에 걸쳐 서서히 진행된다. 이제 그 긴 여정을 따라가 볼 차례다. 다음 장에서는 돈의 역사뿐 아니라 화폐이론이 어떻게 진화되었는지를 함께 살펴본다. 돈의 미래를 제대로 조망하기 위해 필요하다는 믿음에서다.

11

돈의 주인은 누구인가?

돈 창출 시스템의 태동

고대 로마제국에 규율과 평화가 이어졌다면 돈이란 바이러스는 귀금속이란 숙주에서 좀 더 빠르게 벗어날 수 있었다. 귀금속은 존 메이너드 케인스가 "야만시대의 유물(barbarous relic)"이라고 꼬집었던 대상이다.[1] 하지만 로마제국의 평화는 오래가지 못했다. 내전과 전쟁, 민족 대이동 등으로 가득한 시대가 이어졌다. 중세 전체가 암흑시대였던 건 아니다. 12세기 전후는 황금기였다. 서유럽의 농업 생산량이 급증했다. 옥스퍼드대학교와 케임브리지대학교가 세워질 정도였다. 불행히도 이런 부흥기 역시 오래가지 못했다. 페스트 등의 역병이 엄습했다. 중세 말기에 서유럽은 전쟁으로 여념이 없기도 했다. 이 모든 사건은 돈이란 숙주가 야만시대 유물에서 벗어나는 데 걸림돌이었다. 그런데 걸림돌은 돈의 진화를 가로막지는 못했다. 역사가

---

1 케인스는 1944년 5월 23일 영국 하원에서 한 연설에서 "야만시대의 유물"이란 표현을 썼다. 그해 케인스는 제2차세계대전 이후를 대비한 국제통화 질서를 마련하기 위해 미국과 치열하게 협상하고 있었다.

중세를 거쳐 근대에 들어서면서 '현대적 머니 트라이앵글'이 서서히 모습을 드러냈다. 국가-중앙은행-시중은행(금융시장)으로 이뤄진 트라이앵글 시스템은 돈을 유지하는 거푸집과 같다. 거푸집이 제 모습을 드러내기까지는 전쟁, 경제위기, 산업혁명 등이 발생했다. 이런 충격과 위기를 거치면서 돈은 21세기 우리 눈앞에 있는 그 모습으로 진화했다. 근대 정치사와 경제사의 중요한 사건들이 현대 머니 트라이앵글이 형성되는 데 어떤 의미가 있는지 살펴보는 게 이 장의 목적이다.

아리스토텔레스 후예들은 '돈=금화 또는 은화'라고 믿었다. 금속화폐만을 진정한 돈으로 본 그들을 메탈리스트Metallist라고 부르기도 했다. 그들의 믿음은 오랜 역사를 바탕으로 한다. 기원전 7세기 주화가 발명된 이후부터 중세 말기까지 돈은 금이나 은으로 만들어졌다. 물건을 주고 금이나 은을 건네받으면 상대가 믿을 만한 사람인지 따질 필요가 없었다.

그런 메탈리스트들에게 시련이 다가왔다. 그들의 눈앞에 변종들이 나타난 것이다. 마치 변이 바이러스처럼. 환어음, 탤리tally, 수표, 어음…… 17세기 본격화한 은행권 등 돈인지 아닌지 구분하기 힘든 수단이 등장했다. 이스라엘의 경제학자 아리 아논 교수는 "지불수단이 새로 등장할 때마다 이론적인 혼돈이 발생했다"고 말했다.[2]

혼돈은 은행권 등장 이후 더 심해졌다. 처음에 은행권은 금으로 전량 태환됐다. 전쟁 등으로 재정 위기가 발생하면 일시적으로 태환이 중단되는 사태가 벌어졌다. 평화가 도래하면 태환이 재개되기는

---

2 아리 아논, 《흄과 스미스에서 빅셀까지 통화이론과 정책》, p.51.

했다. 하지만 어느 순간부터 은행이 보유한 금보다 더 많은 은행권이 발행되었다. 은행권의 가치는 100% 태환 시기와 별 차이가 없었다. 이럴 때마다 메탈리스트들은 이론을 수정해야 했다. 그들은 돈의 범위를 확대하는 방법으로 이론적 위기를 벗어났다. 순수하게 금화나 은화만을 돈으로 인정하다 나중에는 '돈에 준하는 지불수단(near money)'이라는 말을 만들어내기에 이르렀다. 시간이 흐를수록 메탈리스트라는 이름에 걸맞지 않게 되었다.

돈의 본성은 경제위기 과정에서 더욱 뚜렷이 드러났다. 그때마다 인간은 돈에 대한 정의를 바꿔야 했다. 위기 이전에 믿었던 돈의 정체가 위기를 통해 깨지는 과정이 되풀이됐다. 통념의 붕괴다. 그 과정에서 논쟁과 갈등이 이어졌다. 먼저 메탈리스트의 시조라고 할 수 있는 영국 데이비드 흄의 시대부터 살펴보자.

○——— 돈의 몰락 그리고 부활

흄은 백지 상태에서 근대 화폐이론을 구축하지 않았다. 서로마제국 이후 돈은 상당히 진화했다. 과정은 순탄하지 않았다. 영국은 200여 년에 걸친 화폐 암흑기를 거쳤다. 중앙권력의 붕괴 이후 자급자족과 물물교환 단계로 퇴화했다.

경제적 퇴행기는 영원히 이어지지 않았다. 6세기 후반 페니가 그 모습을 드러냈다. 영국과 프랑스는 금이 조금밖에 나오지 않는 곳이다. 화폐경제의 빠른 확산에 맞춰 금화를 생산할 만큼의 금을 조달할 수 없었다. 통치, 종교활동, 무역 등에 필요한 돈을 찍어낼 금이 없었다. 비잔틴제국과는 다른 점이다.

영국에서는 금 대신 은으로 돈을 만들 수밖에 없었다. 구멍가게 거래에 알맞은 소액 주화를 금으로 만드는 일은 적절하지 않았다. 그래서 앵글로색슨족이 만들어낸 금화는 70여 년밖에 지속되지 않았다. 글린 데이비스는 "675년 이후 영국의 금화에 은이 섞이기 시작했다. 8세기 초에 금 대신 은이 주화 재료로 쓰였다. 은화는 구리와 청동으로 만든 동전과 함께 잠시 보조 주화로 쓰이다가 마침내 돈의 주인공이 됐다"고 설명했다.[3]

영국의 화폐 시스템은 기원후 7~8세기에도 여전히 후진적이었다. 유럽 대륙이 훨씬 뛰어났다. 다만 현대 화폐 시스템에 아주 상징적인 사건이 일어났다. 당시 영국은 통일국가가 아니었다. 지역마다 왕을 자처한 인물들이 활개를 치고 있었다. 군웅할거 시대는 11세기 초까지 이어졌다. 역사의 물줄기는 1060년대 노르망디공국의 윌리엄 1세에 의해 바뀌었다. 윌리엄 1세가 영국을 새로운 단계로 진입시켰다. 그는 1069~1071년에 바이킹들이 점유하던 잉글랜드 북부 지역을 완전히 초토화하고 지배력을 확장했다. 경제구조는 봉건적이었다.

윌리엄 1세는 한 걸음 더 나아갔다. 그는 1085년 서로마 붕괴 이후 한 번도 시행되지 않았던 인구센서스를 시작했다. 샘플 조사가 아니라 모든 지역과 전 인구를 대상으로 한 전수 조사였다. 1085년에 시작돼 한 해 뒤인 1086년 말에야 끝났다. 방대하면서도 철저한 조사였지만 전체 분량은 책 서너 권에 지나지 않는다. 본책 두 권과 엑스터와 케임브리지, 엘리Ely 지역에 대한 별책으로 구성되었다. 데이비

스는 "조사 과정은 강압적이었고 철저했으며 숨김과 보탬을 용인하지 않아 하나님 앞에서 평생의 공과를 낱낱이 고백하는 것이나 다름없었다"고 했다.[4] '최후의 날 책(Domesdays Book)'이라고 불릴 정도였다.

윌리엄 1세의 '최후의 날 책'은 현대 머니 시스템이 탄생하는 데 중요한 주춧돌이다. 현대 돈은 넓은 의미에서 정부의 신용을 바탕으로 한다. 시장에서 처음 만난 A와 B는 서로의 신용을 알 수 없다. 서로를 믿기도 힘들다. 두 사람이 공통적으로 믿을 만하다고 인정하는 제3의 사람이나 기관이 발행한 어음이나 수표 등으로 대금을 지불하고 거래를 마감해야 한다. 영토 안에서 모든 사람이 인정할 만한 존재는 정부다. 정부는 '죽어서야 벗어날 수 있는' 빚(세금)을 받아낼 수 있는 기관이다. 영토 안에서 어떤 개인들이 보유한 무기를 합한 것보다 월등한 공권력[5]마저 쥐고 있다.

정부가 세금을 제대로 받아내려면 누구한테 얼마를 받아내야 할지를 정확하게 알아야 한다. 이를 위해 공권력은 센서스란 방법을 개발해 사용해왔다. 3세기에 고대 로마 디오클레티아누스 황제는 세금을 얼마나 거둘 수 있는지 가늠하기 위해 제대로 된 센서스를 실시했다. 로마는 그것을 바탕으로 처음 예산을 편성했다.

윌리엄 1세의 센서스 덕분에 영국은 유럽 대륙의 어느 나라보다 세원을 잘 포착할 수 있었다. 영국이 중세 말기부터 징세 대행업자(Tax Farmers)에 의존하지 않고 정부가 직접 세리(세무 공무원)를 임명했

---

4 앞의 책, p.137.
5 국내 국세청과 관세청은 검찰이나 경찰처럼 법원의 압수수색 영장을 발급받아 개인 가정집이나 기업의 사무실을 수색할 수 있다. 2018년 관세청이 관세를 내지 않은 혐의로 대한항공을 압수수색했다.

다. 유럽 역사에서 가장 빠른 조세의 중앙집권화였다. 현대 재정학 용어로 조세 효율성이 한결 높아졌다. 이것은 파운드가 국제무역에서 결제통화로 사랑받은 요인 가운데 하나였다.

흄이 근대 화폐이론을 제시할 수 있었던 배경 가운데 빼놓을 수 없는 또 다른 사건이 바로 대항해시대다. 유럽인들은 새 항로를 개척해 교역하면 큰돈을 벌 수 있다는 욕망으로 들떴다. 15~16세기 부유한 유럽인들은 최고급 면화와 비단, 카페트, 도자기, 향료, 염료, 노예, 진주, 보석뿐만이 아니라 무엇보다 귀금속을 원했다. 황금을 향한 욕망이 대항해의 결정적인 동인이었다. 유럽인들은 남미 등 신대륙에서 귀금속을 사실상 강탈했다. 스페인에 이어 이탈리아와 프랑스, 베네룩스 3국, 그리고 16~17세기에는 영국의 금융 상황이 크게 변했다.

왜 그들은 귀금속에 집착했을까. 유럽에서 채굴하고 아프리카와 중동 지역에서 수입한 귀금속으로는 급증하는 돈의 수요를 채우기 힘들었다. 귀금속 화폐 수요는 유럽 내 상거래보다 주로 중국과 인도 교역에서 비롯됐다. 유럽 상인들은 중국과 인도에서 비단과 향료를 수입했다. 지리적으로 먼 중국과 인도의 거래 상대가 유럽의 신용수단을 받아줄 리 만무했다. 은이나 금을 물건 대금으로 받아줬을 뿐이다. 카를 마르크스가 금을 '세계의 돈(World Money)'이라고 부른 이유다.[6]

대항해가 시작되면서 유럽 내의 교역도 확대됐다. 대규모 시장을 겨냥해 생산하기 시작했다. 생산과 소비의 지역 간 거리가 빠르게 넓어졌다. 물건을 만들어 먼 거리를 싣고 가서 팔아 다시 현금화

---

6 카를 마르크스, 《자본론》 1권, p.240.

하는 주기가 시간적으로 길어지고 공간적으로 멀어졌다(상품 순환의 장기화). 데이비스는 "상품 생산과 교역 단계마다 발생하는 리스크(위험)를 관리하는 금융 수단과 메커니즘이 필요했다"고 말했다.[7] 그런데 신대륙의 금과 은은 대부분 중국과 인도로 흘러 들어갔다. 유럽 내부에서는 현금(은화나 금화)을 대신하는 수단(신용수단 또는 은행권 이전 수단)이 발전했다.

일반인뿐 아니라 적잖은 경제학자들은 대항해시대의 은과 금을 주목한다. 그러나 당시 귀금속은 일상 상거래에 거의 쓰이지 않았다. 국제 결제통화였던 셈이다. 돈 또는 머니 시스템의 참모습은 한 국가 안에서 실제 셈의 단위와 교환의 매개, 지불수단을 뒷받침하는 장치나 요소들을 분석해야 드러난다. '최후의 날 책'이 중요한 이유다. 머니 시스템을 뒷받침하는 장치가 무더기로 등장한 17세기 영국에서 발생한 변화를 곱씹어보는 이유다.

○──── 근대 금융의 주인공 등장

그 시기 잉글랜드 실물경제의 규모가 비약적으로 커졌다. 이전까지 잉글랜드는 네덜란드 등 유럽 대륙 국가들을 따라 하기 급급했다. 하지만 17세기 중반 이후 잉글랜드 경제는 유럽의 리더로 발돋움했다. 경제 규모가 커지자 돈의 수요도 커졌다. 돈의 수요를 채워주기 위한 새로운 금융회사들이 탄생했다. 금세공업자(Gold Smith)들이 은행가로 변신했다. 이들은 은행권(Note)과 어음(Bill), 수표

---

7 글린 데이비스, 《돈의 역사》, p.177.

등 새로운 형태의 돈을 활용해 민간 여윳돈을 모아 시장에 공급하기 시작했다. 민간 부문의 채권과 채무 거래가 활발해졌다는 의미다. 왕실이나 특정 개인이 주로 조달했던 자금도 국가 차원으로 질적인 변화를 거쳤다. 해외 교역에 필요한 자금도 런던에서 발행된 환어음을 이용해 조달했다. 잉글랜드 내부 자금 수요가 커지면서 환어음을 국내용으로 바꾼 어음 거래도 활발하게 이뤄졌다. 국내용 어음 덕분에 잉글랜드 산업이 급속히 발전할 수 있었다.

● 1698년 잉글랜드, 웨일스에는 어떤 돈이 얼마나 있었을까?[8]

은화	560(21.1%)
금화	600(22.5%)
전체 주화	1160(43.6%)
탤리·은행권·어음 등	1500(56.4%)
전체 통화량	2660(100%)
토지증권 등	2000(75.2%)

단위:만 파운드(비중)

금세공업자에서 출발한 시중은행은 단일 점포였다. 여러 지점을 갖춘 '주식회사 형태의 시중은행'이 아니었다. 17세기 후반에는 여러 사람의 자본을 모아 대출 여력이 한결 커진 주식회사 형태 시중은행들도 등장했다. 근대 은행의 본고장인 이탈리아 은행이나 잉글랜드가 금융을 배운 네덜란드 은행들과 비슷한 은행을 세워야 한다는 요구가 커진 탓이었다. 마침 영국에 좀 더 저렴한 돈(cheap money, 이자가 낮은 자금. 이자는 돈의 값을 의미한다)을 공급해야 한다는 필요성이 제기됐다. 금세

8 앞의 책, p.280.

공업자의 개별 은행으로는 한층 커진 돈의 수요를 감당할 수 없었다. 주식회사 형태의 대형은행을 세워야 한다는 필요성이 커졌다. 대표적인 주식회사 형태의 시중은행은 1694년에 세워진 영란은행(The Bank of England)이었다. 한 해 뒤에는 스코틀랜드은행(The Bank of Scotland)도 등장한다. 주식회사 형태의 대형 은행을 설립하기 위한 기업가 정신 덕분에 17세기 말에는 이들 은행이 공급한 신용(대출 등)이 왕실 조폐창이 찍어낸 주화를 보완하기에 이른다. 더 나아가 애덤 스미스의 《국부론》이 발표된 1776년에는 은행이 공급한 각종 돈(bank money)이 주화의 양을 능가하기에 이르렀다. 이는 세계 돈의 진화에서 중요한 분수령이다.

∘──── 새로운 돈이 나타났다

은행돈(bank money)은 '모든 돈은 중앙은행이 공급한다'고 믿는 사람에게는 낯선 개념이다. 고대-중세 시대에 모든 돈은 왕이나 제후가 찍어낸 주화였다. 하지만 대항해시대가 본격화하면서 서유럽에 돈의 수요가 급증했다. 왕이 찍어낸 주화만으로는 감당할 수 없었다. 이런 공백을 메운 주역이 바로 시중은행이었다. 시중은행이 처음에는 어음 등 신용수단으로, 나중에는 은행권(bank note)을 발행해 왕의 주화가 감당하지 못한 공간을 채웠다.

은행돈을 부르는 말은 다양하다. 왕이 찍어낸 금화나 은화를 국가의 돈(state money)이라고 부르며 은행이 공급한 돈을 민간 돈(private money)으로 구별했다. 일부 경제학자들은 국가의 돈을 상품을 바탕으로 한 돈(commodity based money), 은행돈을 명목 단위를 바탕으로 한 돈(nominalist money)이라고 부르기도 한다.

　미국의 조지타운대학교 슈테판 아이히 교수는 《정치학 관점에서 본 통화》에서 "중세 대부분의 시기는 2가지 통화 시스템이 작동했다. 금화나 은화 등 귀금속 화폐는 외국과 교역에, 반면 화폐의 명목 단위만을 바탕으로 한 돈은 영토 내 상거래에 쓰이는 방식이었다"고 설명했다.[9]

　슈테판 아이히 교수가 말한 명목 단위만을 바탕으로 한 돈이 바로 은행돈이다. 이 돈의 양은 18세기 후반 왕의 돈보다 많아졌다. 돈이란 바이러스의 진화 과정에서 중대한 변화이다. 새로운 숙주의 탄생이다. 정부-중앙은행-시중은행(금융회사)으로 이뤄진 머니 트라이앵글의 싹이 튼 셈이다. 머니 트라이앵글은 은행돈이 없으면 작동하지 못하는 구조다.

　은행돈이 거시경제에 미치는 영향은 17세기 중반에 이미 분석됐다. 분석가들 가운데 중요한 인물이 바로 윌리엄 페티William Petty다. 박학다식을 자랑하는 그는 옥스퍼드대학교 해부학 교수이면서 작곡가였고 발명가였다. 영국 과학아카데미 로열 소사이어티Royal Society의 창립 멤버였으며 정치경제학의 개척자였다. 그의 수많은 저술 가운데 1682년에 나온 《화폐론(Quantulumcunque concerning Money)》은 우리가 관심을 가질 만한 책이다. 그는 잘 조직된 은행을 설립해 정부가 공급하는 주화의 효과를 극대화해야 한다고 주장했다. 그는 은행이 활성화하면 생산과 상거래가 더욱 늘어 왕국이 부유해진다고도 했다. 당시 잉글랜드의 일반 시민들은 민간 업자들이 돈 대용으로 만

---

9 슈테판 아이히, 《정치학 관점에서 본 통화》, p.14.

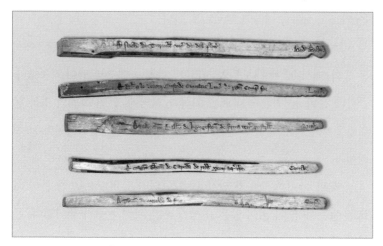

버드나무로 만든 탤리(영국 과학박물관 소장)

들어 유통한 '토큰'을 주로 사용했다. 또 시중은행이 공급한 수표와 어음 등 새로운 돈은 금화와 은화의 속성상 벗어나기 힘든 족쇄(공급의 한계)를 풀어버렸다. 왕실 조폐창이 제공하지 못했던 새로운 금융 서비스를 개발한 것은 말할 것도 없다. 물론 은행이 건전하게 발전하기 위해서는 전통적이고 공식적인 주화의 질과 양에 의존할 수밖에 없었다.

국채의 싹

또 하나의 장치는 국채 원형(archetype)인 탤리Tally 활용의 본격화다. 윌리엄 1세의 센서스를 바탕으로 영국 왕실은 세수의 효율성을 높일 수 있었다. 현대 국가의 완벽한 중앙집권적 조세 시스템을 갖춘 것은 아니다. 프랑스 등 유럽 대륙 국가와 견줘 상대적으로 세금을 잘 거뒀다는 얘기다. 여기에는 탤리도 한몫했다. 탤리는 버드나무로 만든 채권-채무 증서였다. 탤리에는 왕실 인장이 찍혀 있다. 메소포타미아 왕국이 발행한 점토 토큰만큼이나 재질이 소박하다. 사실 기능은 거의 같았다. 영국 왕실은 세금 고지서로 탤리를 썼다. 세금 내용을 적은 탤리를 절반으로 나눠 한쪽은 왕실이 보유하고 다른 한쪽은 세금을 내는 쪽이 보관했다. 자연스럽게 받을 권리와 줘야 할 의무를 상징했다. 중세 영국에서 돈은 곧 은화나 금화였다. 탤리는 돈으로 태환되지 않았다.

그런데 놀라운 변화가 일어났다. 영국 왕이 전쟁 등 급전이 필요하게 되었다.

돈의 진화에서 전쟁은 변곡점 구실을 하곤 했다. 17세기 유럽은 루이 14세 등 절대군주가 지배하는 시대였다. 예외적으로 1690년대 영국이 명예혁명을 거치며 입헌군주제를 채택했을 뿐이다. 어쨌든 17세기 유럽 권력자들은 30년전쟁 등으로 여념이 없었다. 전쟁이 일상이 되던 시대였다. 거대한 상비군은 힘의 상징이었다. 프랑스는 40만 명이 넘는 상비군을 보유했다. 영국도 대규모 용병에다 성인 7명 가운데 1명을 징발해 전쟁을 벌이곤 했다. 다시 말하지만 인류의 행위 가운데 가장 소모적인 것이 바로 전쟁이다. 1690년대 중반 영국 세수의 80%가 전쟁에 소모됐다.

17세기 영국에서는 주화 대란(coinage crisis)이 상당 기간 이어졌다. 은화 공급이 부족했다. 은화는 일상 상거래에 금화보다 많이 쓰였다. 이런 은화가 부족했다. 그 시절 돈(money)으로 여겨진 금화나 은화를 대신할 것이 절실했다. 바로 탤리와 은행권이 자금 조달과 결제수단으로 쓰이기 시작했다.

국가는 눈덩이처럼 불어난 전쟁 비용을 금화나 은화를 찍어내는 정도로는 감당하지 못했다. 민간 자금을 끌어들여야 했다. 영란은행이 1694년에 설립된 이유다. 영란은행 설립은 국가가 민간 돈에 본격적으로 의지하기 시작했음을 보여주는 상징적인 사건이다. 돈이 국가의 돈에서 민간 돈으로 바뀌기 시작한 셈이다. 그 대가는 돈을 공급하는 권력을 시중은행(채권자)과의 분점이었다. 머니 트라이앵글이 싹트기 시작했다.

세금 내역이 적힌 탤리를 돈 가진 사람(moneyed man)들에게 내놓고 전쟁 자금을 빌렸다. 왕이 내놓은 1만 파운드짜리 탤리를 담보로 잡고 선이자 100파운드를 뗀 나머지 9900파운드를 빌려주는 식이었다. 돈 가진 사람들은 왕실에 자금을 빌려주고 받은 탤리를 시중에 되팔았다. 9900파운드짜리 탤리를 9800파운드에 다른 사람에게 팔아 빌려준 돈의 상당 부분을 회수했다. 탤리를 살 사람은 차고 넘쳤다. 아리 아논 교수는 "영국인들은 세금을 내기 위해 탤리를 구입해야 했다"고 설명했다.[10] 흥미로운 순환구조다. 정부가 국채를 발행하고, 그 국채가 돈으로 구실하면서 세금 납부 수단으로 쓰였다.

탤리의 등장·할인·유통 등은 20세기 중반에 본격화할 현대 머니 트라이앵글의 한 단면을 보여준다. 21세기 현재 우리가 쓰는 돈은 은행 예금과 대출을 바탕으로 창출된다. 그렇다고 완전히 민간 돈은 아니다. 최후의 순간 중앙은행이 보증한다. 정부는 민간 돈이지만 중앙은행이 보증하는 돈을 세금이나 국채를 발행해 조달한다. 한마디로 현대 돈은 정부나 중앙은행이 찍어낸 증서가 아니다. 시중은행

---

10 아리 아논, 《흄과 스미스에서 빅셀까지 통화이론과 정책》, p.27.

시스템에서 민간의 빚이 화폐화한 것이다. 이를 중앙은행이 보증하고 있을 뿐이다.

○──── 흄, 중상주의 저격수

흄이 살았던 18세기는 여전히 중상주의가 강했다. '금이 곧 국력'이라는 '경제적 천동설'이 맹위를 떨쳤다. 그 시절 왕이나 재정 담당 대신, 상인 등은 국가의 경제력을 높이려면 외국과 교역에서 수출을 최대한 늘리고 수입은 최소화해야 한다고 믿었다. 그럴 만했다. 14세기 이후 유럽은 전쟁으로 영토를 넓혀나가던 시기였다. 전비 지출은 빛의 속도로 증가했다. 반면 세금 걷는 일은 그때나 지금이나 느렸다. 런던정경대학 경제사 전문가인 더들리 베인스Dudley Baines 교수는 강의 시간에 "전쟁 시기에 유럽의 왕과 제후들은 왕실에 비축한 금이나 은으로 전비를 지불했고, 부족한 돈은 상인들한테 조달한 급전으로 채웠다"며 "왕실 곳간이나 상인 금고에 쌓여 있는 금과 은이 많은 나라가 전쟁에서 승리할 가능성이 클 수밖에 없었다"고 말했다. 이런 시대에 사는 사람들은 비축한 금이나 은이 경제력이자 국력이라고 믿기 십상이다. 오늘날에도 외환보유액을 국력이라고 믿는 사람이 적지 않다.

중상주의 시각은 데이비드 흄이 이겨내야 할 장벽과 같았다. 장벽이 또 하나 있었다. 한 세대 정도 앞선 존 로John Law가 제시한 화폐 이론이다. 그는 "한 나라의 경제활동은 돈의 양에 달렸다"고 말했다.[11] 흄은 1750년 《돈에 대하여(Of Money)》라는 책을 발표했다. 1980년대 세계 경제학계를 지배한 통화주의자들이 성전으로 여기는 책이다. 21세기 사람들에게도 상당히 귀에 익은 논리들로 가득하다. 우선 흄은 메탈주의자(가치주의자)로 분류된다. 금이나 은 등 귀금속의 내재가치가 돈의 원천이라고 믿는 쪽이다. 그는 "금과 은이 교환의 일반적인 단위가 됐고, 금과 은의 가치보다 수백 배 더 큰 대상을 위해 지불하는 수단으로 인정됐다"고 말했다.[12] 여기에 반론이 있기는 하다. 아논 교수는 "흄의 다른 저작에는 '물물교환 단계에서 벗어나기 위해 거래 당사자의

스코틀랜드의 경제학자 존 로의 초상

합의를 바탕으로 한 상징이 약속 이행의 증표로 쓰였다'는 구절 등을 근거로 몇몇 전문가들은 흄을 메탈주의자로 분류하는 것은 잘못이라고 말한다"고 했다.[13] 거래 당사자의 합의, 범위를 넓히면 한 사회에서 합의한 상징(증서 등)이 돈으로 쓰일 수 있다는 얘기다. 상징은 굳이 금이나 은처럼 가치를 지니지 않아도 된다.

---

11 존 로, 《화폐와 교역에 대하여(Money and Trade Considered)》, p.5.
12 아리 아논, 《흄과 스미스에서 빅셀까지 통화이론과 정책》, p.11, 흄의 《인성론(A Treatise of Human Nature)》의 인용 부분.
13 앞의 책, p.12.

실제 흄이 살았던 시대에는 새로운 증서가 돈의 구실을 하기 시작했다. 시중은행들이 신뢰를 바탕으로 내놓은 은행권이다. 은행권이 돈인지 아닌지는 흄의 시대인 18세기에 뜨거운 논쟁 거리였다. 마치 블록체인을 바탕으로 한 암호화폐가 돈인지 아닌지를 두고 일어난 논란과 닮은꼴이다. 흄은 내재가치가 없는 은행권을 사용하면 상거래가 위태로워질 수 있음을 지적했다. 다만 종이돈이 상거래에서 긍정적으로 작용해 경제에 도움이 될 수 있다고 봤다. 또 흄은 은행권 발행 등으로 영역을 확대해나가던 시중은행을 자금 중개자로 본 최초의 경제학자였다.[14]

흄이 메탈주의자이든 상징화폐를 지지했든 그의 이론적 업적은 다른 데 있다. 바로 '돈이 곧 경제력'이라는 중상주의 논리를 부숴버린 점이다. 흄은 "돈은 상거래의 목적이 아니다. 교환을 촉진하기 위해 사람들이 합의한 도구일 뿐이다. 돈은 상거래의 바퀴가 아니다. 상거래의 바퀴가 잘 굴러가도록 해주는 오일과 같다. 왕국들의 사례를 보면 잘 알 수 있듯이, 돈이 많고 적음 자체로는 어떤 결과도 낳지 않는다. 상품의 가격은 늘 돈의 양에 비례하기 때문이다"라고 말했다.[15] 돈의 양이 늘어나 봐야 물가만 오를 뿐이라는 주장이다. 한 나라의 부가 늘어나지 않는다는 지적이다.

역사적인 분리의 시작이다. 기원전 3000년 전 메소포타미아 왕국의 지배자들이나 기원전 4세기 알렉산드로스 대왕, 고대 로마의 황제, 중세 유럽의 제후와 왕들이 돈을 지렛대로 물류를 일으키고 병

---

14 앞의 책 p.22.
15 앞의 책, p.10, 흄의 〈돈에 대하여〉 인용 부분.

참을 조달했으며, 경제를 움직이며 뿌리 깊게 자리 잡은 '돈과 실물 경제의 통일성'이 흄에 의해 해체되기 시작했다. 그리고 애덤 스미스를 거쳐 일반경제학의 뿌리 깊은 이론 체계로 자리 잡았다. 사실 금융과 실물경제라는 용어 자체도 흄의 역사적 해체 이후 자리 잡은 경제 용어다. 이전에는 금융과 실물로 양분하는 것 자체가 사람들의 뇌에 입력되어 있지 않았다.

흄의 화폐론에는 다른 혁명적인 이론이 있다. 바로 '물가-금화 흐름의 메커니즘(The Price-Specie-Flow Mechanism)'이다. 그런데 여기서 잠시 낱말 풀이를 하나 하고 넘어가는 것이 좋을 듯하다. 국내 학자들은 'Specie'를 정화(正貨)라고 번역한다. '올바른' 또는 '진짜' 돈이라는 의미다. 라틴어 어원을 보면 '현물(kind)'이란 뜻이 강하다. 금이나 은, 구리 등 현물로 만든 돈이란 얘기다. 은행권이나 어음 같은 종이증서와 대칭되는 개념이다. 현물화폐를 '올바른 돈' 또는 '진짜 돈'으로 번역했다. 사실 이것도 다른 경제 용어처럼 일본 학자들이 번역했을 법하다. 어쨌든 '정화'란 말 자체에 돈의 가치가 쇠붙이에서 나온다는 메탈리즘 사고방식이 물씬 풍긴다. 여기서는 정화라는 말 대신 금화란 말을 쓰기로 한다.

물가-금화 흐름의 메커니즘의 또 다른 이름은 '물가-금화 흐름의 메커니즘에 대한 화폐수량이론(QTPSM, Quantity Theory Price-Specie-Flow Mechanism)'이다.

예를 들어 A와 B라는 두 나라가 교역을 한다. A나라는 무역적자를 거둬 국제적인 결제수단으로 인정받은 금화가 B나라로 흘러든다. B나라의 화폐 양이 증가하고 물가가 오른다. 수입이 늘어난다. A와 B국의 무역 균형이 달성된다. 흄은 A나 B의 정책 의지나 국민의 희망 등과는 무관하게 국제 균형과 물가 변동 메커니즘을 제시했다. 그의 메커니즘은 민족 대이동기에 거의 무너진 유럽 국가 간 교역이 되살아났고, 더 나아가 대항해시대 대양을 가로지르는 무역이 본격화한 현실을 반영했다. 흄이 중상주의와 존 로의 화폐이론을 반박하면서 교역의 변수를 화폐이론에 반영한 셈이다. 또 흄의 화폐수량이론은 개인이나 집단의 희망 또는 욕망, 의지 등과는 무관하게 작동하는 물리학 메커니즘을 떠올리게 한다.

돈을 실물경제와 별개의 것으로 보는 시각과 경제이론을 물리학처럼 표현하는 방식은 '돈의 탈정치화'와 관련이 있다. 탈정치화는 1870년대 이후 거의 한 세대 동안, 그리고 1980년대 이후 한 세대 넘게 지배했던 경제 교리다. 달리 말해 현대 머니 트라이앵글이 어떤 시대에 보여주는 작동 교리다. 이런 시기 중앙은행의 존재 이유는 '통화가치 안정(인플레이션 억제)'으로 단순화된다. 이를 위해서는 중앙은행이 정치권력(대중의 영향력)으로부터 자유로워야 한다. 이런 탈정치화가 경제학자로는 흄이, 정치학자로는 존 로크가 살았던 18세기 영국에서 시작됐다.

어쨌든 흄은 금이나 은을 많이 보유하면 좋다는 중상주의와 돈의 양에 따라 경제활동이 달라진다는 존 로의 이론을 대신할 수 있는 논거를 제공했다. 바로 뒤에 나올 애덤 스미스 이후 많은 주류 경제학자들이 그의 이론을 출발점으로 삼았다.

흄은 돈과 관련된 또 하나의 이론을 제시한다. 바로 금리다. 흄이 보기에 금리에 영향을 주는 요소는 한 사회 전체의 돈이 아니다. 전체 돈은 물가 수준을 결정한다. 대신 빌려주기 위해 시장에 나온 돈, 달리 말하면 금융시장에 나온 자금을 둘러싼 수요와 공급이 금리를 결정한다. 금리는 개인이나 회사의 이익률과 관련이 있다.[16] 예를 들어 개인이나 회사의 장사가 잘되면 사업을 확장하기 위해 금융시장에 나가 돈을 빌린다. 자금 수요가 늘어나면 공급이 빠르게 늘지 않으면서 금리가 오른다. 중세 이후 중상주의 시대까지 이자는 떼일 가능성에 대한 보상이라는 게 정설이었다. 상당히 윤리적인 접근이다. 채무자에 대한 징벌적 논리다. 반면 흄은 금융시장의 수요-공급과 실물경제 영역의 이익률 등 비인격적인 요소들을 바탕으로 금리가 결정된다고 했다. 근대성이 엿보이는 대목이다.

○──── 애덤 스미스, 머니 크리에이션을 발견하다

영국 통화이론가 피터 싱클레어 교수는 "근대 화폐이론은 우리 스코틀랜드인들에게 빚지고 있다"[17]고 말했다. '종이돈의 아버지' 존 로와 데이비드 흄, 그리고 애덤 스미스를 두고 한 말이다. 스코틀랜드 출신인 세 사람이 화폐이론에서 의미 있는 흔적을 남긴 것은 우연일까. 아닌 듯하다. 금융 역사에서 스코틀랜드는 잉글랜드와 다른 진화 과정을 보였다. 잉글랜드는 단일 점포 방식의 소형 시중은행 중심이었다. 반면 스코틀랜드는 다수의 자본을 끌어 모은 주식회사형 시중은행을 발전시켰다. 대출해줄 수 있는 규모가 잉글랜드의 작은 은행들보다 월등히 컸다. 돈 창출(money creation)[18] 규모가

---

16 앞의 책, p.23.
17 그는 강의 중 쉬는 시간에 학생들과 담배를 피우며 잡담하곤 했는데, 어느 날 근대경제학의 아버지 애덤 스미스가 화제에 올랐다. 어느 학생이 그가 스코틀랜드 출신이라고 말했다. 순간 싱클레어 교수의 눈이 반짝이며 입꼬리가 올라가며 자랑스럽게 했던 말이다.

월등했던 셈이다. 현대 시중은행은 주식을 발행해 조성한 거대 자본을 바탕으로 하고 있다. 스코틀랜드 시중은행의 후손들인 셈이다. 애덤 스미스가 《국부론》을 펴낸 18세기 후반 스코틀랜드에서는 주식회사형 대규모 시중은행이 본격화하고 있었다. 스미스가 돈 이야기를 하면서 은행에 집중한 까닭을 짐작해볼 수 있는 대목이다.

사실 스미스의 화폐이론은 거의 동시대인인 흄보다 체계적이지 않다. 흄은 불완전하지만, 돈이란 무엇인가를 나름대로 정의했다. 반면 스미스는 한 사회의 분업 구조에서 교환은 피할 수 없고, 당연히 돈이 탄생했다는 수준에서 멈췄다. 돈과 자본을 구분하지도 못했다. 이는 나중에 카를 마르크스가 매섭게 비판한다. 다만 스미스는 시중은행의 혁명적 기능 하나를 포착했다. '부분 태환' 현상이다. 그에 따르면 은행들이 보유한 금 이상으로 은행권을 찍어내 '경쟁적으로' 고객들에게 대출해주는 바람에 금화나 은화가 국내에서는 남아돈다. 그는 "남아도는 금과 은은 해외로 흘러나가고, 국내는 은행권으로 채워진다"고 말했다.[19]

스미스는 한 걸음 더 나갔다. 어떤 나라가 태환 가능하지만 국제 결제수단으로 쓰이지 못하는 은행권만을 사용하더라도 은행이 책임감 있게 행동하기만 하면 문제되지 않을 수 있다고 봤다. 여기에서도 스미스의 '보이지 않는 손'이 중요한 구실을 한다. 시중은행들이 이익을 극대화하기 위해 치열하게 경쟁하기 때문에 책임감 있게 행동

---

18 국내에서는 머니 크리에이션(money creation)이 '신용 창출'로 번역되고 있다. 하지만 내용을 보면 말 그대로 시중은행의 대출과 지급준비금 제도는 돈을 창출하는 과정이다. 이런 실상을 좀 더 정확하게 표현하기 위해 임의로 '돈 창출' 또는 '화폐 창출' 등으로 문맥에 따라 쓴다.

19 애덤 스미스, 《국부론》 영문판, 1994, p.319.

하고, 한 나라의 은행권 총량이 적절한 수준에서 유지된다고 여겼다. 여기에는 조건이 하나 있다. 스미스는 은행이 진성어음(Real Bill)을 기준으로 대출해주면 은행권이 남발되는 사태가 일어나지 않는다고 봤다. 그가 말한 진성어음은 상거래를 바탕으로 한 어음이나 채권이다. 돈을 융통하기 위해 발행된 어음이나 채권은 은행이 할인해줘야 할 대상이 아니다. 빌려준 돈이 투기 자금으로 쓰일 수 있어서다. 바로 진성어음주의(Real Bills Doctrine)의 탄생이다.

스미스의 생각이 얼마나 순진한지는 이후 400여 년 사이에 일어난 금융위기를 보면 잘 알 수 있다. 은행들은 '책임감 있게' 행동하기보다 부적절하게 투기적 대출을 일삼는 경우가 더 많았다. 더욱이 고수익이 예상되는 시기에 은행가들은 진성어음보다 주식담보대출을 해주며 투기화한 시장에 기름을 붓는 일이 허다했다.

하지만 이론적 순진함은 중요한 대목이 아니다. 스미스가 의미있는 이유는 메탈리스트이면서도 한 나라가 종이 증서인 은행권만으로 굴러갈 수 있다는 것을 누구보다 빨리 감지했다는 점이다. 또 중앙은행 없이 시중은행만으로도 돈 창출이 가능하다는 사실을 포착했다. 현실은 스미스의 사후에 은행권이 대세인 시대로 서서히 이동했다. 변화가 순탄하거나 빠르지는 않았다.

그 결과는 혁명적이었다. 시중은행 경영자들이 스미스 시대에 들어 부분지급준비금의 효과를 본격적으로 활용하기 시작했다. 고객이 맡긴 돈 가운데 일부만을 준비금으로 돌려놓고 나머지를 대출해주면 더 많은 수익을 거둘 수 있는 메커니즘을 활발하게 이용했다. 여기에 종이돈은 보유한 금화나 은화보다 더 많이 대출해줄 수 있는 수단이었다. 그만큼 국가가 직접 나서지 않았는데도, 돈의 공급이 폭

발적으로 늘어날 수 있었다. 비극의 씨앗이 뿌려졌다. 과잉과 위기의
씨앗이다. 다만 은행권이 완벽한 상징(신용)화폐가 된 것은 아니었다.
금이란 닻에 묶여 있었다(금태환). 종이돈이 신용화폐로 홀로서기까지
시간이 더 필요했다. 1970년대 초 미국의 금태환 중단까지 200여 년
이란 세월이 흘렀다. 그사이 영국과 프랑스, 미국, 독일 등은 금태환
중단과 재개를 되풀이했다. 이론가들 사이에서도 치열한 논쟁이 벌
어졌다. 가장 치열한 논쟁이 바로 은행학파(Banking School)와 통화학
파(Currency School)의 입씨름이었다.

글린 데이비스에 따르면 애덤 스미스 시대에 영국 은행권은 이중
구조로 발행되었다. 스코틀랜드를 제외한 잉글랜드와 웨일스 지역에
서 유일한 주식회사형 은행인 영란은행이 민간 시중은행으로 은행
권을 발행했다. 런던의 다른 은행들은 영란은행 은행권을 결제수단
으로 사용했다. 런던 외곽에서는 지방은행들이 발행한 은행권이 결
제수단으로 쓰였다. 근대 시중은행은 이탈리아 북부 지역에서 15세
기 전후에 등장했다. 하지만 은행권을 바탕으로 한 '돈 창출' 과정이
본격화한 곳은 영국이었다.

○──── 나폴레옹과 위기

18세기 영국인들은 은행이 보유한 금의 양과 은행권의
금액이 일치한다고 믿었다. 하지만 나중에 밝혀진 사실이지만, 영란
은행이 보유한 금의 양은 은행권 발행 규모보다 훨씬 적었다. 아리
아논 교수에 따르면 18세기 후반 영란은행의 금 보유량이 가장 많았
을 때가 800만 파운드 남짓이었다. 그즈음 은행권 발행 규모는 약

1200만 파운드 정도였다. 대부분의 시기 금과 은행권 비율이 얼추 1
대 2 정도였다.[20] 절반 정도 은행권은 허공에 떠 있는 셈이었다. 하지
만 그 당시에는 영란은행이 정보를 공개하지 않아 영국인들은 진실
을 알 수 없었다.

영란은행의 금 보유량이 부족했지만 은행권에 대한 믿음은 흔들
리지 않았다. 예금인출 사태가 발생한 것은 1780년대와 1790년대에
잉글랜드 지방은행들이었다. 그 시기 빠르게 늘어난 지방은행은 경
쟁적으로 대출을 해줬다. 그 바람에 1783년과 1793년에 금융위기가
잉글랜드를 뒤흔들었다. 애덤 스미스가 말한 경쟁이 낳은 '책임감 있
는 행동'이 허구였음이 드러난 셈이다.

이때 금융위기는 금과 종이돈의 불안정한 공존을 위협하지 않았
다. 위협적인 사건은 도버해협 건너 프랑스에서 시작됐다. 바로
1789년에 프랑스대혁명이 일어났다. 영국은 이미 시민혁명을 경험
했다. 혁명 자체가 영국의 지배체제를 위협하지 않았다. 프랑스혁명
의 충격은 뜻밖의 방향으로 전달됐다. 혁명정부는 곳간이 텅텅 비자
아시냐Assignat라는 지폐를 발행했다. 가톨릭 교회와 쫓겨난 왕실이
보유한 농지 등을 담보로 발행한 종이돈이었다. 아시냐는 정치적·경
제적 요인 때문에 가치가 추락했다. 물가가 살인적으로 올랐다. 다시
금이 교환의 매개와 지불수단으로 등장했다. 프랑스 금 수요가 급증
했다. 영국보다 금값이 비쌌다. 자연스럽게 금이 영국에서 빠져나와
프랑스로 흘러들었다.

게다가 나폴레옹 등장 이후 프랑스가 영국을 침공할 것이라는 루

---

20 아리 아논, 《흄과 스미스에서 빅셀까지 통화이론과 정책》, pp.65~66.

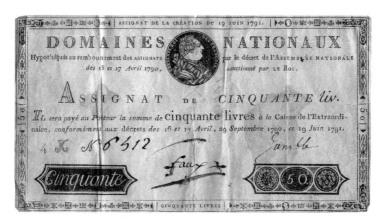

1790년에 발행된 프랑스의 종이화폐 아시냐

머가 퍼졌다. 영국 사람들이 은행권보다 금을 보유하려고 했다. 그 바람에 영란은행과 지방은행이 보유하고 있던 금이 빠르게 줄었다. 급기야 일부 은행에서는 예금 인출 사태(bank run)까지 벌어졌다. 1797년 2월 25일 영란은행의 지급준비금용 지금(bullion)은 설립 이후 가장 적은 127만 2천 파운드까지 줄어들었다. 프리비Privy 위원회가 일요일인 2월 26일에 긴급 소집됐다. 위원회는 영란은행이 "현금(금화 등) 지급을 중단해야 한다"고 결정했다. 은행권을 금화로 바꿔주는 태환 금지 조처였다. 두 달 정도 뒤인 1797년 5월 3일 은행제한법이 제정되면서 금태환 중단이 추인됐다. 그 순간 사람들은 은행권 발행 제한이 일시적인 조처라고 생각했다. 하지만 그 조처는 1821년 5월 1일까지 약 25년 동안 이어졌다.[21]

영란은행은 면허를 받은 대가로 정부에 돈을 빌려줘야 하는 의무

---

21 글린 데이비스, 《돈의 역사》, p.299.

가 있었다. 당시 영국 정부는 나폴레옹에 대항하는 연합세력의 병참 기지나 마찬가지였다. 영국은 자체 전비를 지출해야 했다. 동시에 러시아 등 동맹국에도 전비를 지원했다. 금태환 중지 이전부터 영국 정부는 막대한 돈을 영란은행에서 빌려 썼다. 세금을 더 거두기 위해서는 의회의 동의가 필요했다. 하지만 세금을 더 거둬들이는 데는 상당한 시간이 걸렸다. 전쟁이란 돈 먹는 하마는 기다려주지 않았다. 영국 정부가 영란은행의 자금 지원에 더욱 기댈 수밖에 없었다. 그 바람에 금태환 이전과 이후에 영란은행의 은행권 발행이 가파르게 늘었다. 아논 교수는 "금태환 중단 전후 은행권은 1천만 파운드 수준이었다. 13년 정도 흐른 뒤인 1809년 은행권 규모는 2천만 파운드에 이르렀다"고 설명했다.[22]

화폐수량설에 따르면 은행권 규모가 급증한 만큼 물가가 올라야 했다. 하지만 금태환 중단 시기인 1797년에서 1821년까지 약 25년 동안 은행권 증가만큼 물가는 오르지 않았다. 금융위기가 발생한 1809년 이후 한때 금값이 최고 20%(금태환이 중단된 1797년을 기준) 정도 올랐다. 그런데 그 시절 영국인들은 그 정도 물가 상승도 충격적인 듯하다. 데이비스는 "화폐가치가 아주 평온한 정도로 안정적이어야 한다고 봤던 당시 영국인들에게는, 완만하기는 했지만 꾸준히 오르는 인플레이션은 당혹스럽기 짝이 없는 현상이었다"고 설명했다.[23] 금값이 은행권과 견줘 눈에 띄게 오른 1800~1801년과 1809~1810년 사이에 영국인의 물가 걱정은 극에 달했다. 유권자의 우려는 당시 정치

---

22 아리 아논, 《흄과 스미스에서 빅셀까지 통화이론과 정책》, p.69.
23 글린 데이비스, 《돈의 역사》, p.300.

인들에게도 상당한 압박이었다. 영국 의회가 '고물가소위원회'를 구성했다. 1810년 6월에 보고서를 내놓기도 했다.

◦———— 금과 종이돈 사이 게임의 룰

　　　　근대 은행권은 17세기 어느 시점에 탄생했다. 시중은행이 자본금과 고객 예금을 바탕으로 상징(종이로 만든 은행권)을 내놓기 시작하면서 금 또는 은만이 돈이라고 믿은 통념이 파열음을 내기 시작했다. 은행권 발행은 시중은행의 획기적인 비즈니스 모델이기도 했다. 보유한 금보다 많은 은행권을 찍어내 대출해주고 이자를 받을 수 있었다. 은행권 장사가 돈이 되자 시중은행 설립이 붐을 이뤘다. 특히 18세기 후반 산업혁명의 기운이 싹트면서 자금 수요가 급증했다. 시중은행이 금화나 은화가 아니라 은행권을 빌려주면 더 많은 돈을 벌 수 있었다. 그 바람에 18세기 후반 '대출 부실화-은행 파산' 형태를 띤 근대 초기 금융위기가 주기적으로 발생했다. 은행권이 사실상 무분별하게 발행됐지만 등장 이후 200년 가까이 방치됐다.[24] 영국 정부의 어느 기관이나 영란은행도 은행권을 관리 감독할 생각을 하지 못했다.

　　그런데 1797년 금태환이 중단됐다. 당시 영국인들에게는 놀랄 만한 수준의, 하지만 현재의 관점에서 보면 완만하게 물가가 올랐다. 금의 뒷받침 없이도 은행권은 훌륭하게 돈으로 구실을 했다는 방증이다. 전통적인 이론의 위기가 발생했다. 논쟁이 벌어졌다. 경제학

---

24 앞의 책, p.292.

교과서에 '지금(bullion) 논쟁'으로 기록된 사건이다. 돈과 인플레이션의 관계를 어떻게 이해하고 금태환 중단 이후에도 돈으로 훌륭하게 구실한 은행권을 어떻게 관리해야 하는지가 논점이었다.

좀 더 직설적으로 말하면, 지금 논쟁은 왕이나 정부가 독점한 돈의 공급권을 사실상 침해한 민간 돈(종이돈)을 법규라는 장치로 제어하려는 첫 번째 시도였다. 이를 계기로 자유방임 상태인 시중은행이 법규의 틀 속에 놓이기 시작했다. 당시에는 대형 시중은행에 지나지 않던 영란은행에 공적인 의무가 부여되기 시작했다. 머니 트라이앵글의 두 꼭짓점이 모습을 드러내기 시작한 셈이다. 동시에 이후 통화학파–은행학파 논쟁, 월터 베지헛의 중앙은행론 등은 머니 트라이앵글의 핵심인 중앙은행을 뒷받침하는 논리가 탄생·진화하는 과정이기도 하다.

논쟁의 시기는 두 단계로 이뤄졌다. 1차는 1800~1802년, 2차는 1809~1811년이었다. 두 시기 모두 은행권과 견줘 금값이 눈에 띄게 오른 때였다. 논쟁의 진영은 당장 금태환을 부활해야 한다는 쪽(Bullionist)과 금태환을 서두르면 안 된다는 쪽(Anti-Bullionist)이었다. 양쪽의 대진표는 오른쪽 도표와 같다.

양쪽은 치열하게 논쟁했다. 논점은 얼추 4가지였다. 첫째, 돈이란 무엇인가? 둘째, 돈은 실물경제에 어떻게 영향을 미치는가? 셋째, 실물경제에 돈의 양을 정확하게 공급할 수 있는 최선의 방법은 무엇인가? 넷째, 금융 시스템은 무엇이고, 실물경제에서 신용의 역할은 무엇인가?

● 통화 논쟁 계보

금태환 부활 지지(Bullionist)		금태환 부활 반대 (Anti Bullionist)
강경	온건	
	월터 보이드 (Walter Boyd)	프랜시스 베어링 (Francis Baring)
	피터 킹(Peter King)	영란은행 총재 등 은행가들
	프랜시스 오너 (Francis Horner)	헨리 손튼 (Henry Thornton)
데이비드 리카도 (David Ricardo)		찰스 보즌켓 (Charles Bosanquet)
존 위틀리(John Wheatley)		

자료 : 아리 아논, 《흄과 스미스에서 빅셀까지 통화이론과 정책》

　　금태환 지지자라고 다 같지는 않았다. 강경파와 온건파가 있었다. 1차 논쟁의 주역인 월터 보이드와 2차 논쟁의 주인공이면서 흄에 이어 근대 통화이론의 개척자인 헨리 손튼Henry Thornton은 온건파에 속했다. 반면 '노동가치설' 등을 주창한 데이비드 리카도는 강경파였다. 흥미로운 사실은 당시 영란은행 총재와 시중은행가들은 대부분 금본위제 복귀에 반대했다는 것이다. 은행가들은 한 사회의 대표적인 채권자들이다. 현대에도 은행 등 주요 채권자들은 통화가치 안정을 최우선시한다. 인플레이션이 심하면 시간이 흐르는 것만으로도 채권의 실질적 가치가 떨어지기 때문이다. 하지만 영국이 금태환을 중단한 1797년 이후 25년 동안 주요 은행가들은 금태환 재개에 반대했다. 1차 지금 논쟁에서 반대 진영의 대표가 전설적인 투자은행인 베어링 브라더스Baring Bothers의 설립자 프랜시스 베어링Francis Baring이다.

금이란 닻이 사라졌다. 은행권의 가치는 순전히 애덤 스미스가 말한 '은행가들의 책임의식'에 의존하게 됐다. 당시 영국에서 가장 큰 은행권 발행자는 영란은행이었다. 은행권을 많이 발행해 최대한 대출해주면 영란은행의 이자 수입이 늘어나는 구조였다. 현대인들이 선뜻 이해할 수 없는 대목이다. 영란은행은 제2차세계대전까지 민간은행이었다. 이익을 추구하는 주식회사였다. 그 시절 중앙은행이란 개념도 없었다. 금이란 닻이 없어졌으니 당연히 영란은행과 지방은행 경영자들의 책임감이 쟁점으로 떠올랐다. 먼저 문제를 제기한 쪽은 금태환 부활을 주장한 월터 보이드였다. 그는 흄과 스미스에 이어 스코틀랜드 출신 은행가였다. 애초 프랑스 등 대륙에서 활동했다. 프랑스대혁명으로 대륙이 불안해지자 그는 영국행 귀국선에 올라탔다. 보이드는 1797년 금태환 이후 상승한 물가는 은행권 증가 탓이라고 주장했다.

당시 영란은행은 은행권 발행 규모를 공개하지 않았다. 보이드는 영란은행의 대차대조표를 바탕으로 은행권이 금태환 중단 이후 증가했음을 간접적으로 입증하려고 했다. 그의 눈에 은행권 증가는 영란은행의 사익과 공익 사이의 충돌로 비쳤다.[25] 주식회사인 영란은행이 은행권을 발행해 대출해줘야 이익을 챙기는 구조와 은행권 가치를 건전하게 유지해야 하는 공익이 충돌하기 때문에 균형을 잡기 어렵다는 게 그의 주장이다.

보이드의 주장은 아리스토텔레스 이후 질긴 생명력을 자랑하는

---

25 아리 아논, 《흄과 스미스에서 빅셀까지 통화이론과 정책》, pp.75~77.

화폐수량설(MV=PT)을 바탕으로 한다. 돈의 양이 증가하면 물가가 오를 수밖에 없다는 것이다. 화폐수량설에는 돈의 유통 속도와 재화-서비스의 총량이라는 변수가 있지만 시시각각 증가하거나 감소하지 않는다는 것이 지지자들의 주장이다. 게다가 보이드는 오직 금화만이 돈(money)이라고 믿었다. 은행권은 통용 수단, 즉 통화(currency)라고 불렸다. 그렇다면 보이드는 은행권을 없애야 한다는 쪽이었을까? 아니다. 당시는 막 산업혁명이 시작된 때였다. 회사들이 증기 엔진과 방직기 등을 공격적으로 사들였다. 목돈이 절실했다. 산업혁명 시기 자본가들의 자금 출처는 크게 두 곳이었다. 첫 번째는 개인의 저축과 친인척 자금이었다. 두 번째는 잉글랜드의 지방은행들이었다. 채권이나 주식을 발행해 자금을 조달한 경우는 드물었다. 이는 1719년 프랑스에서 일어난 미시시피 버블과 이듬해 1720년 영국을 뒤흔든 사우스 시South Sea 버블의 후유증이라는 게 정설이다. 영국 의회가 두 버블 이후 발생한 금융위기를 정리하는 과정에서 버블 법(Bubble Act)을 제정했다. 주식이나 채권 등 증서를 발행할 수 있는 조건을 엄격히 제한했다. 그 바람에 산업혁명은 요즘 디지털 벤처시대와는 달리 개인 자금과 소형 은행의 대출에 의존했다.[26] 은행가 출신인 보이드가 이런 현실을 외면하기는 어려웠다. 그는 자금 수요에 대응하기 위해 시중은행이 은행권을 발행할 수 있다고 봤다. 대신 완벽한 금태환으로 은행권 남발을 제어해야 한다고 믿었다. 보이드가 금태환 지지자 가운데 온건파로 불리는 이유다.

보이드에 맞선 인물은 투자은행가(영국식 용어로는 머천트 뱅커, merchant

---

26 글린 데이비스, 《돈의 역사》, pp. 284~289.

banker) 프랜시스 베어링이었다. 베어링은 영란은행 임원들이 아주 높은 책임감을 보였다고 평가했다. 그는 은행권 발행 증가는 은행가들의 무책임이나 사익 추구 탓이 아니라고 봤다. 또 은행권 발행이 규제되지 않은 상태에서 단행된 1797년 금태환 중단이 혼란을 야기했다고 했다. 이런 사태는 시스템이 제대로 갖춰지지 않은 탓으로 풀이했다. 베어링은 은행가들이 진성어음만을 할인해 돈을 대출해주고 있다고 주장했다. 애덤 스미스의 진성어음 이론을 계승한 셈이다. 스미스는 은행가들이 (은행권을 발행해 대출해주는) 경쟁을 치열하게 벌이더라도 상거래를 바탕으로 발행된 어음(진성어음)만을 할인해주면 보이지 않는 손에 의해 지나친 대출은 이뤄지지 않는다고 주장했다. 이런 스미스의 논리를 받아들인 베어링은 은행권 발행을 법적으로 제한하고 법정화폐로 지정할 것을 주장했다. 게다가 산업혁명으로 자금 수요가 급증하고, 프랑스와 전쟁을 벌이고 있는 상황에서 금태환 부활은 엄청난 혼란을 야기할 수 있다고 우려했다.

1차 지금 논쟁의 주요 화두는 돈에 대한 정부의 지배권에 대항세력으로 떠오른 영란은행과 지방은행 등 은행권을 발행하는 시중은행을 어떻게 통제할 것인지였다. 금태환 부활을 지지하는 쪽은 은행가들이 사익과 공익 사이에서 갈등한다고 보았다. 사익과 공익이 충돌하는 상황에서 금태환을 부활하는 것이 인플레이션을 막는 유일한 길이라고 생각했다. 반면 자금 수요가 급증하는 현실에서 금태환 부활은 혼란의 방아쇠라고 생각했다.

사익과 공익의 충돌은 머니 트라이앵글의 고질적인 내부 문제를 보여주는 단서다. 돈을 창출하는 공적인 일을 하는 시중은행은 사익을 추구한다. 중앙은행이 공적인 목적을 위해 각종 법규로 시중은행을 제어한다. 돈이란 공공의 장치를 민간-공공의 파트너십 형태로 제어하는 셈이다. 불안정한 역동성이다. 이 역동성이 사적 이익을 추구하는 과정에서 발생하는 과잉-위기를 설명해준다.

1차 논쟁에서 '어떤 조건이 갖춰져야 돈이 되는가' 등 근원적인 논쟁은 없었다. 은행권이 화폐인지 여부를 놓고 정교한 논쟁은 하지 않았다. 대신 눈앞에 보이는 물가 상승의 원인과 대책 등 아주 실용적인 주제를 놓고 입씨름을 벌였다. 하지만 역사적인 의미는 있었다. 유럽, 특히 영국은 극단적인 경험을 했다. 민족 대이동기에 중앙권력이 종적을 감추면서 화폐가 사라졌다. 돈이 부활한 뒤 약 1천 년 동안 금화나 은화만이 돈인 세상이었다. 하지만 17세기 갑자기 새로운 물건이 등장했다. 은행권이다. 금화를 바탕으로 한 은행권 발행이 본격화했다. 영국인들은 모든 시중은행이 발행한 은행권을 어떻게 관리해야 하는지를 거의 200년 동안 알지 못했다. 하지만 은행권이 금이란 닻에서 벗어났다. 물가가 현대인의 눈에는 완만하지만, 당시 영국인들의 눈에는 가파르게 올랐다.

1차 지금 논쟁은 금태환 중단을 계기로 은행권을 어떻게 관리해야 할 것인가를 유럽 역사상 처음으로 고민한 사건이었다. 이후 돈에 관한 이해와 이론이 빠르게 발전했다. 그 발전의 중심에 있는 인물이 바로 헨리 손튼이다. 이어지는 장에서는 손튼 이후 돈 이야기가 펼쳐진다.

12

돈을 누가 관리하는가?

공권력을 등에 업은 새로운 도전자

　　유럽의 금속화폐 시대 1천 년을 한마디로 정의하면 중앙권력의 부재 또는 약체이다. 서로마제국이 무너진 이후 유럽은 봉건제로 바뀌었다. 봉건제는 왕과 제후가 권력을 분점하던 시대였다. 중앙권력을 중심으로 신용화폐 시스템이 발전할 수 있는 상황이 아니었다. 게다가 유럽은 14세기 이후 긴 전쟁의 시기에 접어들었다. 100년전쟁, 30년전쟁, 왕위 계승 전쟁 등이 끊이지 않았다. 런던정경대학의 막스 슐츠 교수는 "르네상스 전후 유럽 지도를 보면 소왕국들이 전쟁으로 통합하는 모습을 어렵지 않게 볼 수 있다"[1]고 말하곤 했다. 전쟁을 밥 먹듯이 하던 시기에는 신용을 바탕으로 한 상징화폐가 발전할 수 없다. 금화나 은화를 건네주는 것만으로 모든 거래가 종료될 필요가 있었다.

　　금화나 은화의 가치는 생각만큼 안정적이지 않았다. 메탈리스트

---

1 강의에서 했던 말이다.

들의 기대와는 달리 금화와 은화의 가치는 전쟁 등 재정 압박이 커지는 순간 조작이 가능했다. 제후나 왕은 귀금속 함량을 줄이는 행위를 서슴치 않았다. 게다가 실물경제의 변화에 맞춰 금이나 은의 공급을 충분히 늘리지 못했다. 결국 도전자가 나타났다. 17세기 이후 본격화한 은행권이다. 은행권을 발행해 대출해주고 이자를 받는 비즈니스는 거부할 수 없는 유혹이었다. 자금 수요가 증가할수록 은행권 비즈니스는 돈벌이가 되는 사업이었다. 산업혁명이 시작된 18세기 끝물에 영국을 중심으로 시중은행이 줄줄이 설립됐다. 은행권은 초기 200년 동안 자유방임 상태였다. 누가 얼마를 어떤 조건으로 발행할 수 있다는 법규가 없었다. 이런 와중에 1797년 금태환이 중단됐다.

○───── 헨리 손튼, '돈은 금화'라는 전제

금의 그림자쯤으로 여겼던 은행권이 금태환 중단 이후 놀라운 안정성을 보였다. 역사가들은 이 시기 은행권을 '강제통화(Forced Paper Currency)'[2]라고 부르곤 한다. 금화의 뒷받침이 일시적으로 중단됐다. 현실적으로 금화를 산업자본이 원하는 만큼 공급하기도 어려웠다. 마침 전쟁이란 최악의 스트레스가 금융과 재정 시스템에 가해졌다. 종이돈(은행권)의 가치는 사실상 금이 아니라 공권력의 강제(force)에 의지했다. 1차 지금 논쟁은 금태환 부활을 주장하는 논리였다. 반면 2차 지금 논쟁에서 손튼은 현실을 반영한 새로운 모델을 제

---

2 샤를 리스트, 《화폐와 신용 이론의 역사》, pp. 131~135.

시했다.

현실을 반영한 새로운 게임의 룰! 달리 말하면 근본주의적인 논리와 당장의 현실 사이에 이루어진 타협이다. 이후 돈과 중앙은행, 통화정책의 진화 과정을 보면 근본주의적 접근보다 당장의 현실을 반영한 타협의 연속이었다. 머니 트라이앵글의 태동과 진화 과정이 원리에 맞춰 이뤄지기보다 현실 속에서 구불구불한 모습을 띠었다. 머니 트라이앵글의 핵심인 중앙은행의

영국의 경제학자·은행가 헨리 손튼의 초상

탄생과 정책 교리의 진화 과정 자체가 주먹구구식이었던 셈이다.

헨리 손튼은 존 로와 데이비드 흄, 애덤 스미스, 월터 보이드 등 스코틀랜드 출신과는 달리 잉글랜드 런던에서 태어났다. 신교도 복음주의를 믿는 집안 출신이다. 영국의 복음주의자들 중에는 18세기 통념과는 달리 노예제를 강력히 비판한 인물들이 많았다. 손튼의 아버지는 러시아와 무역을 했다. 손튼은 가업을 잇지 않았다. 대신 런던의 더 시티에서 은행가로 경력을 쌓았다. 손튼은 1782년부터 1815년까지 하원의원을 지냈다. 그가 주장한 화폐이론의 핵심은 금 태환 중단 이후 5년 정도 흐른 1802년에 쓴 《대영제국 종이 신용의 본성과 파장에 대한 조사(An Enquiry into the Nature and Effects of the Paper Credit of Great Britain)》[3]에 잘 나타나 있다. 이 글의 또 다른 제목은 《종

이 신용(Paper Credit)》이다. 손튼은 돈의 기원이나 본성에 대해 따로 설명하지 않았다. 책의 첫 화두는 돈이 아니라 '상거래 신용(commercial credit)'이다.[4] 금화 등 귀금속 화폐 시대가 1천 년 정도 이어졌기 때문에 손튼은 '돈=금화'라는 등식을 믿어 의심치 않는 듯했다. 후세 전문가들이 그를 메탈리스트로 분류하는 이유다.

손튼은 통상적인 메탈리스트가 아니다. 그는 금화가 일상적인 상거래에 쓰이기에는 부적절하다고 봤다. 가치의 기준 또는 종이돈의 닻으로 구실할 수는 있지만 말이다. 그는 은행권의 중요성을 본격적으로 인정한 첫 번째 인물이라고 할 수 있다. 금화나 은화를 바탕으로 하지만 '금속화폐가 아닌 관리된 통화 시스템(Non-metallic managed monetary system)'을 선호했다. 손튼은 애덤 스미스처럼 자유방임을 주장하지 않았다. 스미스는 은행가들이 서로 경쟁하고 상거래를 바탕으로 진성어음만을 할인하는 방식으로 대출해준다면 자유롭게 내버려둬도 은행권이 남발되는 사태는 없다고 봤다. 손튼은 은행가가 진성어음과 융통어음(Fictitious Bills)[5]을 구분하기는 불가능하다고 봤다. 대신 시중은행가의 '책임 있는 행동'보다는 영란은행이 은행권 발행량 등을 관리해야 한다고 생각했다.[6] 바로 이 점 때문에 손튼이 현대

---

3 손튼 등의 글은 구글 등의 검색을 통해 쉽게 다운로드할 수 있다.

4 헨리 손튼, 《증서 신용》, MISE 연구소, p.75, https://mises.org/sites/default/files/An%20Enquiry%20into%20the%20Nature%20and%20Effects%20of%20the%20Paper%20Credit%20of%20Great%20Britain_3.pdf.

5 융통어음은 단순히 돈을 빌리기 위해 발행된 신용 수단이다. 기업이 자금을 빌리기 위해 발행한 회사채가 손튼 시대에는 융통어음의 하나였다. 반면 진성어음은 상인이 제품을 건네주고 넘겨받은 각종 신용 수단을 뜻한다. 나중에 융통어음은 머니게임을 위한 자금 조달을 의미한다.

6 아리 아논, 《흄과 스미스에서 빅셀까지 통화이론과 정책》, pp.97~101.

중앙은행 이론의 기초를 놓은 사람으로 불린다. 손튼은 영란은행이 '스스로 알아서' 금보다 은행권을 많이 발행할 수 있다고 주장했다. 그의 주장과 이론은 21세기 일반적인 경제 상식에 상당히 부합하는 내용들이다. 손튼은 1809~1810년 영국 돈의 역사에서 중요한 지금위원회(Bullion Committee)에 참여했다.

이쯤에서 손튼의 시대에 영란은행 총재 등 시중은행가들이 어떤 주장을 했는지 재미 삼아 살펴볼 필요가 있다. 은행가들은 지금위원회에 출석해 믿을 수 없을 정도로 기괴한 말을 했다. 첫째, 은행권 발행량과 재할인율 등을 결정할 때 환율과 금값의 변동 상황(인플레이션)을 굳이 고려할 필요가 없다고 주장했다. 자신들이 환어음을 취급하는 것은 순전히 상업적인 목적이라는 것이다. 둘째, 은행권을 지나치게 많이 발행하거나 적게 발행하는 일은 일어날 수 없다고 말했다. 셋째, 재할인율을 인하하거나 올리더라도 일선 비즈니스에는 거의 영향을 미치지 않는다고 목소리를 높였다. 상공인들은 어음 등을 할인하는 것이 상거래에 그다지 중요하지 않다면 할인을 요구하지 않을 것이기 때문이다.

당시 영란은행장 존 휘트모어John Whitmore는 이런 괴상한 논리를 전개한 뒤 "(경제 등이) 발전하고 있는 상황에서 은행권의 금태환이 필요 없다고 생각한다"고 선언했다. 이어 금리를 연 5%에서 3~4% 수준으로 낮추면 은행권을 과도하게 발행하거나 재할인을 지나치게 많이 해주려는 유혹에 빠지는 것 아니냐는 질문에 대해서는 금리를 어떻게 조정하든 "결과는 변함없다"고 증언했다. 위원회에 출석한 영란은행 부행장은 조직의 논리에 충실하게 "내 의견도 다를 바 없다"고 대답했다.[7] 휘트모어의 발언은 손튼 시대 돈 장사꾼들이 돈을 어떻게 이해했는지 단적으로 보여준다. 미국이나 한국 금융통화 전문가들의 말을 들을 때마다 휘트모어의 발언을 떠올린다. 때로는 '당신들이 하는 말을 21세기 전문가들이 어떻게 평가할까'라고 되묻고 싶을 때도 많았다.

손튼은 금화만이 돈이란 입장을 유지하면서 은행권이란 현실을 받아들여 이론화한 인물이다. 역사상 처음으로 런던의 자금시장 메커니즘을 체계적으로 설명했다. 은행가 출신다운 이론적 기여다. 그는 지나치게 많이 발행된 은행권이 국제수지 등에 미치는 영향을 규명한 초창기 이론가 가운데 한 명으로 꼽힌다.

리카도, 화폐이론의 선동가

경제학설사를 읽다 보면 자주 접하는 영어 단어가 있다. '팸플리티어pamphleteer'다. 부드럽게 번역하면 '팸플릿 작가'쯤 된다. 역사적 맥락을 살려 옮기면 '선동가' 또는 '대자보꾼'이라고 할 수도 있다. 돈의 역사에서 이론의 위기가 나타난 19세기 초 데이비드 리카도는 기꺼이 선동가로 나섰다. 금태환 부활이 진리요 정의라고 믿은 탓이다. 팸플릿 작가로서 자질도 충분했다. "리카도의 독설은 반대편의 약점을 파고들어 독자의 뇌리에 깊이 남았다."[8] 확신범은 복잡하고 긴 말을 피하는 경향이 있다. 그는 돈의 본성(moneyness)은 제쳐뒀다. 대신 지금위원회가 추천한 금태환 부활을 방어하기 위해

---

7 글린 데이비스, 《돈의 역사》, p.302.
8 샤를 리스트, 《화폐와 신용 이론의 역사》, p.141.

1811년에 《높은 지금 가격에 대하여(On the High Price of Bullion)》를 썼다. 이어서 1816년 《경제적이고 안전한 통화를 위한 제안(Proposals for an Economical and Secure Currency)》을 발표했다. 두 글 모두 자기 목소리를 대중과 이해 당사자들에게 알리기 위한 격문이다.

리카도가 목 놓아 외친 주장은 간단하다. 그는 화폐수량설($MV = PT$)의 4가지 변수 가운데 V(화폐 유통 속도)와 T(재화의 총량)는 일단 논외로 했다. 그는 2가지

영국의 경제학자 데이비드 리카도의 초상

변수 M(화폐량)과 P(가격)만을 주시했다. '화폐량이 증가하면 물가가 오른다'는 간명한 논리였다. '태양이 동쪽에서 뜨니 해가 지구를 돈다'는 주장을 떠올리게 한다. 그 시절 금태환 부활을 주장하는 사람들이 일반적으로 공유한 사고방식이기도 하다. 문제는 리카도가 생각한 돈의 범위였다. 우선 "그는 금태환 없이 공권력이 강제 통용하는 은행권(Forced Paper Money)과 금태환이 되는 은행권은 차이가 없다고 생각했다."[9] 심지어 물가에 영향을 미치는 한에서 종이돈과 금속화폐(금화)의 차이도 의미 없다고 믿었다. 그는 한 걸음 더 나갔다. 3가지 지

---

9 앞의 책, p.142.

불수단, 즉 은행권, 불태환 지폐, 주화는 한 가지 종(species)의 3가지 형태일 뿐이라고 결론 내렸다. 3가지 형태의 기능적 차이는 무시할 수준이라는 것이다.

금태환 중지 이후 오르는 물가가 리카도에게는 재앙처럼 느껴졌다. 그는 한 나라의 화폐량에 집착했다. 어디까지 돈으로 볼지는 중요하지 않았다. 그는 흄이 개척한 근대 화폐이론대로 돈은 가치, 다른 말로 부를 창출하지 않는다고 봤다. 여기서 한 걸음 더 나아갔다. 그는 종류를 불문하고 돈의 양이 물가를 결정한다고 믿었다. 금태환 은행권이라고 해서 물가를 안정시키는 것이 아니라고 말이다. 금태환 은행권도 많으면 물가 상승의 원인이 된다고 주장했다. 이런 문제를 해결하기 위해 종류를 불문하고 돈의 총량을 제한해야 한다고 했다. 어떻게 하면 돈의 양을 조절할 수 있을까? 리카도는 영란은행 같은 은행이 은행권의 발행을 독점해야 한다고 했다.[10]

리카도의 결론은 현대 통화론자들에게 그럴듯한 근거가 된다. 통화론자들은 인플레이션은 통화량 때문이라고 본다. 물가 안정을 위해서는 돈의 양을 제한하는 것이 급선무라고 한다. 어떤 전문가는 리카도가 1990년 이후 금융통화 정책의 표준처럼 인식되는 물가 안정 목표제(인플레이션 타깃팅)의 길을 열어줬다고 본다. 돈의 종류를 구분하는 게 무의미하다고 한 그의 주장 속에서 통화량의 범위(M1, M2…M30)가 너무 넓기 때문에 차라리 소비자물가지수(CPI)의 상승률을 타깃으로 삼아야 한다는 인플레이션 타깃팅의 명분을 도출할 수 있기 때문이다. 이처럼 자연의 질서처럼 여겨졌던 금태환이 산업혁명 초기에

---

10 아리 아논,《흄과 스미스에서 빅셀까지 통화이론과 정책》, p.151.

벌어진 나폴레옹전쟁으로 중단되면서 시작된 물가 불안은 많은 이론가들에게 스트레스로 작용했다. 그 중심이 바로 지금 논쟁이었다.

지금 논쟁은 2022년 현재 벌어지는 인플레이션 논쟁의 양상을 시사하기도 한다. 손튼은 현실을 반영한 수정주의자, 리카도는 화폐수량설이라는 보수주의적 원칙을 주장하는 원리주의자와 비슷하다. 이 책의 앞부분에서 돈의 시계추는 돈의 질과 양 사이에서 오간다고 했다. 18세기 말 금태환 중단은 돈의 추가 양쪽으로 기운 사건이다. 2008년과 2020년 팬데믹 이후에도 돈의 추가 양쪽으로 기울었다. 이럴 때 부작용이 나타난다. 바로 인플레이션이다. 물가가 전반적으로 오르면 돈의 질을 중시하는 근본주의자의 목소리가 커진다. 지금 논쟁 당시 리카도가 화폐수량설이란 원리를 바탕으로 주장한 처방과 같은 목소리다.

논쟁은 1815년을 분수령으로 일단락됐다. 그해 나폴레옹이 알바섬을 탈출해 화려하게 재기했다. 그의 부활은 100일 천하로 끝났다. 이듬해인 1816년 영국은 금태환 재개를 고려하기 시작했다. 먼저 은을 돈의 지위에서 탈락시켰다. 물가가 하락하기 시작했다. 은화가 퇴장한 만큼 돈의 양이 줄어든 것이다. 그런데 물가 하락 폭이 너무 컸다. 리카도는 5% 정도 하락할 것으로 예상했는데, 50% 정도 추락했다.[11] 금태환 중단 이전의 비율대로 태환 재개를 할 수 있는 상황이 조성됐다. 의회는 금태환 재개를 최종 검토하기 위해 1819년 위원회를 만들었다. 그리고 2년 뒤 1821년 금태환 재개가 선언됐다.

---

11 앞의 책, 147.

금태환 재개, 태평성세는 오지 않았다!

승패의 기준으로 보면 지금 논쟁에서 승자는 금태환 재개론자들이었다. 보이드-손튼-리카도 등이다. 지금 논쟁으로 은행권을 발행하는(국가 외에 새롭게 돈을 공급하는) 시중은행을 관리할 새로운 체계가 세워지진 않았다. 중앙은행이 아직 탄생하지 않아서다. 이는 머니 트라이앵글이 갖춰지지 않았다는 말과 같다.

결국 영국은 금이란 익숙한 안전판에 은행을 묶어놓기로 했다. 그렇다고 완벽하게 정부(왕)가 공급한 금의 양과 은행권 발행량이 1 대 1로 묶인 것은 아니었다. 비극이 싹틀 수 있는 허점이 남아 있었던 셈이다. 불행하게도 1821년 금태환 재개 전부터 예기치 않은 조짐이 나타났다. 그 시절 영국의 최대 산업은 농업이었는데, 농산물 가격이 1819년부터 빠르게 떨어졌다. 영국 경제사가들이 말하는 '농업위기'다. 그런데 농산물 가격 하락은 '화폐량 감소=물가 하락'을 주장한 금태환 지지자들의 논리를 어느 정도 정당화해주는 듯하다.

하지만 1825년 심각한 금융위기가 발생했다. LSE의 올리버 아코미노티Oliver Accominotti 교수는 "1825년 위기는 최초의 자본주의적 금융위기"[12]라고 말하곤 했다. 전쟁이나 천재지변 등 외부 요인보다는 시장 또는 내부 요인으로 발생했다. 그해 위기는 남미 투자 붐에서 비롯됐다. 영국인들은 남미 채권을 집중적으로 사들였다. 비현실적이거나 사기적인 사업 아이템만을 믿고 남미 광산개발회사의 채권에 막대한 자금을 투자했다.

결국 사달이 났다. 은행들이 줄줄이 파산했다. 금이란 안전판을

---

12 런던정경대학(LSE) 경제사 교수로 강의 시간에 했던 말이다.

바탕으로 한 화폐 시스템에서는 '과잉'이 없다는 신화가 붕괴했다. 위기는 10여 년 뒤인 1836~1837년에도 찾아왔다. 이번에는 흉작으로 농산물 수입이 급증하면서 영란은행의 금 보유량이 급감했다. 은행권 발행량이 빠르게 줄었고, 경제가 불황에 빠졌다.

19세기 초 지금 논쟁의 방아쇠는 물가 상승이었다. 나폴레옹전쟁이 야기한 금태환 중단이 물가 상승의 직접적인 원인이라는 주장이 제기됐다. 하지만 1821년 금태환 재개 이후 디플레이션과 금융위기가 새로운 논쟁을 불러일으켰다. 금태환 지지들이 주장한 대로 태환을 재개했다. 하지만 경제와 시장은 그들이 예상한 대로 흘러가지 않았다. 새로운 이론적 틀이 필요했다. 두 학파가 나섰다. 바로 통화학파(Currency School)와 은행학파(Banking School)였다.

● 통화학파와 은행학파 진용

통화학파	은행학파
새뮤얼 존스 로이드(Samuel Jones Loyd)	토머스 투크(Thomas Tooke)
로버트 토런스(Robert Torrens)	존 풀라턴(John Fullarton)
조지 노먼(George Norman)	제임스 윌슨(James Wilson)

자료 : 아리 아논, 《흄과 스미스에서 빅셀까지 통화이론과 정책》

통화학파와 은행학파의 논쟁은 1840년대 사건이었다. 그들은 지금 논쟁의 논점을 중심으로 또다시 갑론을박하기 시작했다. 첫째, 돈이란 무엇인가? 둘째, 돈은 실물경제에 어떻게 영향을 미치는가? 셋째, 실물경제에 정확한 양을 공급할 수 있는 최선의 방법은 무엇인가? 넷째, 금융 시스템은 무엇이고, 실물경제에서 신용의 역할은 무

머니니스

엇인가? 결론부터 말하면 지금 논쟁 때와 마찬가지로 어느 쪽도 4가지 질문에 똑 부러진 답을 내놓지 못했다.

양쪽이 논쟁을 벌일 당시 영국 금융통화 시스템에 안전판이라곤 전혀 없었다. 단일 점포형 시중은행이 우후죽순처럼 생겨났다. 금융위기가 10년마다 발생했다. 은행들이 파산하기 일쑤였다. 영란은행은 금융시장 안전을 담당할 법적인 의무가 전혀 없었다. 다시 말하지만, 당시 영란은행을 지금의 중앙은행처럼 봐서는 안 된다. 그 시절 영란은행은 런던 내에서 은행권을 독점적으로 발행할 권리를 지닌 꽤 큰 시중은행이었을 뿐이다.

이런 와중에 위기가 발생했다. 기존 이론의 위기가 이어졌다. 바로 '금화만이 통화인 것처럼 금화와 은행권을 공급해야 한다'는 이론이 흔들리기 시작했다. 동시에 시중은행뿐 아니라 금융 시스템 자체가 영란은행에 의존하기 시작했다. 시중은행의 영란은행 의존 심화는 영란은행이 시중은행에서 중앙은행으로 진화하는 과정에서 반드시 거쳐야 하는 단계다. 시중은행이 다급한 순간 영란은행한테 돈을 빌려 쓰기 시작하면서, 영란은행의 '갑질(건전성 감시 등)'이 통하기 시작했다. 이처럼 머니 트라이앵글의 중요한 꼭짓점인 중앙은행은 법규가 아니라 상거래 과정에서 흔히 발생하는 갑을 관계를 바탕으로 등장했다.

○───── **통화학파, 논쟁 승리의 쓴 대가**

새뮤얼 로이드 등 통화학파는 애덤 스미스의 진성어음 논리를 인정하지 않았다. 시중은행이 자유롭게 경쟁하며 상거래 과정에서 발행된 진성어음만을 할인하는 방식으로 자금을 공급하면 시장에서 유동성 과잉은 일어나지 않는다는 스미스의 주장을 터무니없다고 봤다. 실제 은행들은 믿을 수 없는 남미 광산개발회사의 채권을 담보로 많은 돈을 대출해줬고, 유동성 과잉이 일어나 위기로 이어졌다. 이런 현실의 교훈을 받아들여 통화학파는 법적인 장치로 금화와 은행권의 총량을 규제해야 한다고 주장했다. 이들의 주장은 관철됐다. 1844년 은행법(Banking Act)이 통과되어 영란은행이 사실상 분리됐다. 발권 부문과 시중은행 부문으로 나뉘었다. 또 1844년 은행법은 다른 시중은행의 은행권 발행을 순차적으로 폐지하도록 규정했다. 영란은행의 발권 부문은 보유한 금의 한도 안에서 은행권을 발행하도록 제한했다. 위기를 야기한 과잉 유동성을 억제하기 위한 조처였다. 대신 시중은행 부문은 자유롭게 영업할 수 있었다. 금융시스템 안정성 등을 고려하는 일은 시중은행의 임무가 아니었다.

순간 근대 금융의 놀라운 기능 하나가 표면화했다. 영란은행의 시중은행 부문은 금융 시스템 안정을 고려할 필요가 없기 때문에 마음 놓고 돈 장사를 벌였다. 개인과 회사의 예금을 받아 대출해주기 시작했다. 돈 창출 메커니즘이 자유롭게 작동했다. 통화 공급이 증가했다. 발권 부문이 금화와 은행권을 공급하지 않았는데도 시중에 자금이 넘쳐나기 시작했다. '유동성 또는 통화량은 중앙은행의 일'이라고 믿는 사람들은 이 대목을 주목할 필요가 있다. 통화학파들이 '돈'이라고 본 금화와 은행권 총량은 철저히 규제됐는데도 시중에 자금이 넘쳐났다. 이 돈은 어디서 온 것일까? 시중은행이 창출한 것이다. 진정한 돈의 자궁은 시중은행권인 셈이다. 이런 사실을 통화학파는 알아채지 못했다. 대신 새뮤얼 로이드는 근대 화폐이론의 아버지 흄의 '물가-금화 흐름의 메커니즘에 대한 화폐수량이론(QTPSM : Quantity Theory Price-Specie-Flow Mechanism)'을 절대 신봉했다.[13]

다시 흄의 이론을 소개하면, A와 B 두 나라가 교역을 한다. A나라가 무역적자가 발생해 국제적인 결제수단으로 인정받은 금화로 B나라에 결제한다. 결과적으로 B나라의 화폐량이 증가하고 물가가 오르며 수입이 늘어난다. A와 B나라의 무역 균형이 달성된다. 이를 신봉한 통화학파는 금화와 은행권으로 구성된 돈의 총량만 관리하면 금융위기도 일어나지 않고, 국제무역 균형도 이룰 수 있다고 봤다.

○─── 은행학파, 시대의 통념 파괴자들

통화학파가 1844년 은행법을 관철하며 승리의 찬가를 부를 때, 토머스 투크Thomas Tooke 등 은행학파는 격문을 발표했다. 바로 '통화 원리에 대한 탐구(An Inquiry into the Currency Principle)'이다. 팸플릿 형식이다. 투크가 중심이 된 은행학파의 이론에 따르면 돈의 총량은 중앙은행이나 법령에 의해 결정할 수 있는 것이 아니다. 시중은행은 중앙은행의 통화 공급 없이도 예금을 이용해 돈을 창출할 수 있다고 봤다. 이것은 1844년 은행법 시행 이후 실제로 입증된다. 은행학파는 한 걸음 더 나아가 화폐수량설(MV=PT)을 부정했다. 각종 교환수단(돈과 신용수단 등)의 양이 물가를 결정하는 것이 아니라고 믿었다. 반대로 물가 수준이 돈과 신용수단의 수요를 결정한다고 봤다. 화폐량으로 물가 상승이 일어나지 않는다는 얘기다. 투크 등은 물가

---

13 아리 아논, 《흄과 스미스에서 빅셀까지 통화이론과 정책》, pp. 187~190.

영국의 경제학자 토머스 투크

를 결정짓는 요인은 소득 수준이라고 봤다.

사회주의 경제이론가 카를 마르크스도 화폐수량설을 정반대로 해석하는 부분에서 투크와 일치한다. 마르크스도 물가수준이 돈의 수요를 결정한다고 봤다. 다만 물가수준을 결정하는 요인은 투크와 생각이 달랐다. 마르크스는 소득수준이 아니라 일정 시점에 생산된 교환가치의 총합이라고 봤다. 교환가치는 화폐량에 의해 결정되는 것이 아니라 재화와 서비스가 생산되는 과정에서 결정된다.[14]

은행학파와 마르크스의 주장은 중앙은행이 돈의 총량을 결정하고 물가는 돈의 양에 의해 결정된다고 믿는 21세기 사람들의 귀에 당치도 않는 소리로 들릴 수 있다. 하지만 1994년 이후 일본의 잃어버린 20년을 곱씹어보면 은행학파의 주장이 다시 들릴 수 있다. 일본은행(BOJ)은 양적 완화 등으로 엄청난 돈을 시중은행에 공급했다. 하지만 중앙은행이 공급한 돈은 은행 등 금융권을 맴돌았다. 일반 소비자와 기업에 흘러 들어가는 양이 기대만큼 되지 못했다. 양적 완화

---

14 카를 마르크스, 《자본론》, pp.215~217.

의 아버지라 불리는 리하르트 베르너Richard Werner 교수는 "돈의 수요가 증가하지 않았기 때문에 통화 공급이 물가 상승으로 이어지지 않았다"며 "일본은행 핵심 인사들도 공식적으로 '돈의 수요가 (중앙은행 통화 공급보다) 더 결정적 변수'라고 인정했다"[15]고 전했다.

투크가 말한 대로 물가, 한 걸음 더 들어가 소득수준이 돈의 양을 결정한다면 통화량 조절은 헛일이다. 은행학파는 논리는 다르지만 애덤 스미스의 말대로 돈의 양을 규제할 필요가 없다고 봤다. 실물경제의 파동이나 사이클에 따라 돈의 수요가 달라진다. 수요가 증가하면 시중은행은 이익을 극대화하기 위한 셈법에 따라 돈을 대출해준다. 자연스럽게 돈의 창출 엔진이 작동하면서 수요에 걸맞은 돈의 양이 시중에 공급된다. 투크 등의 화폐이론이 '파동(Wave)' 또는 사이클 Cycle 이론'으로 불리는 이유다. 투크의 화폐이론은 앞서 말한 마르크스에 영향을 미쳤다. 화폐수량설을 거꾸로 해석하는 방식은 포스트케인지언Post-Keynesian[16]에 의해 계승된다.

○─────── **베지헛, 중앙은행의 아버지**

통화학파와 은행학파의 논쟁은 치열했다. 현실에서 승자는 통화학파였다. 1844년 은행법은 통화학파의 논리를 좇아 제정됐다. '돈은 바이러스'라는 사실을 무시한 논리가 법으로 만들어진

---

15 영국 사우샘프턴대학교 경제학 교수로 재직할 때 인터뷰에서 했던 말이다.
16 포스트케인지언은 네오케인지언(Neo-Keynesian)과 다른 그룹이다. 네오케인지언은 폴 크루그먼 등 주류 학계의 좌파 진영이다. 반면 포스트케인지언은 주류 학계에 속하지 않은 그룹이다. 이들이 주창하는 주요 이론이 현대화폐이론(MMT)이다.

것이다. 은행권 발행을 제한하기만 하면 돈의 세계는 안정적일 것으로 봤다. 근대 초기 물리학자 뉴턴이 제시한 기계적이고 정태적인 접근법이다. 하지만 돈이란 바이러스는 변신했다. 변신한 돈이 기존 체제와 갈등을 빚었다. 1847~1848년과 1857~1858년에 위기가 두 차례 영국을 엄습했다.

21세기의 관점 또는 거시 정책은 19세기 중반을 상상하면 큰 오산이다. 당시에는 정부가 작아서 경제 관료가 사실상 없었다. 세금을 거둬들이고 지출을 관리하는 정도만 했다. 경제 영역에 개입하는 훈련이 돼 있지 않았다. 경제 관리 또는 거시 정책은 제2차세계대전 이후의 일이다. 하지만 위기는 발생했다. 수많은 개인과 회사들이 경제적 위협을 받았다. 파산은 곧 죽음이다. 돈 가뭄이 그들의 목을 졸랐고, 살려달라는 아우성이 여기저기서 울렸다.

1847~1848년 위기 순간에 영란은행의 시중은행 부문은 예치한 금 이상으로 은행권을 대출해 유동성을 공급했다. 1857~1858년 위기 때는 금 보유량보다 은행권을 더 찍어 시중에 풀었다. 위기 순간 마지막 대부자 기능이 현실에서 처음 작동했다. 아논 교수는 "위기 순간 영란은행이 1844년 은행법을 따르지 않을 수도 있다는 점이 세상 사람들에게 알려졌다"고 말했다.[17] 좀 더 직설적으로 말하면 통화 학파 이론이 체계화한 은행법이 10여 년 만에 무력화한 셈이다. 동시에 영란은행이 갑질할 수 있는 근거가 처음으로 마련된 것이기도 하다. 위기의 순간 긴급자금 공급을 근거로 나중에 다른 시중은행의 일에 간섭할 수 있게 됐다. 영란은행의 갑질은 닉네임에서도 잘 드러

17 아리 아논, 《흄과 스미스에서 빅셀까지 통화이론과 정책》, p.277.

난다. 영란은행은 런던 금융시장 안팎에서 잔소리하는 '노파(The Old Lady)'로 불린다.

또다시 경제위기는 주류 이론의 위기였다. 새로운 패러다임이 탄생해야 했다. 그때 한 인물이 등장했다. 월터 베지헛이다. 그는 영국의 부유한 집에서 태어나 UCL(University College London)에서 고전과 정치경제학을 배웠다. 그는 잠시 은행에서 일했지만 지루해서 성에 차지 않았다. 그는 한 인물과 운명적으로 만났다. 제임스 윌슨James Wilson이다. 스코틀랜드 출신인 그는 현대인들에게 잘 알려진 영국의 경제 전문지 《이코노미스트》를 창간했다. 베지헛과 윌슨의 만남은 돈의 역사에서 의미 있는 사건이다. 베지헛은 윌슨의 딸과 결혼했고, 《이코노미스트》 기자로 활동하다 편집장이 됐다.

윌슨은 자유무역과 곡물법 폐지 운동에 앞장섰다. 19세기 전반기 영국 부르주아의 목소리를 대변했다. 그런데 그는 돈에 대해서는 비주류 쪽이었다. 통화학파 대신 은행학파 쪽이었다. 사실 현대의 시각에서 비주류일 뿐이다. 19세기 관점으로 은행학파가 통화학파보다 시장주의적이었다. 돈이 창출되는 곳은 정부가 아니라 시장이라고 봤다. 이런 윌슨은 베지헛의 돈에 대한 생각에 적잖은 영향을 줬다.

베지헛은 1873년 《롬바드 스트리트 : 머니마켓 묘사(Lombard Street : A Description of the Money Market)》를 펴냈다. 롬바드 스트리트는 영국 런던의 영란은행 가까이 있는 왕복 2차선 도로를 말한다. 19세기 후반 롬바드 스트리트는 대영제국의 상징적인 도매금융 거리였다. 시중은행과 각종 증권 할인업자 등이 자금을 조달하는 곳이었다. 베지헛은 학자가 아니라 저널리스트였다. 그는 이론적으로 금융통화 시스템을 설명하려고 하지 않았다. 아논 교수는 "그의 책은 아주 제한적인 목

적을 갖고 있었다. 금융 시스템의 위험한 붕괴를 가능한 막는 길을 찾으려 했다"고 설명했다.[18]

베지헛이 롬바드 스트리트를 취재하고 발견한 사실은 무엇일까. 그는 시중은행 시스템과 신용 시스템이 아주 밀접하게 연결돼 있음을 발견했다. 이와 잇몸처럼 맞물린 시중은행과 신용 시스템은 다시 영란은행의 시중은행 부문이 굴리는 여유 자금에 의존하고 있다는 사실도 밝혀냈다. 요즘은 누구나 아는 사실이지만 1870년대 이를 체계적으로 정리한 책은 《롬바드 스트리트》가 처음이었다. 베지헛이 '중앙은행론의 아버지'로 불리는 까닭이다. 베지헛은 "영란은행의 시중은행 부문이 쓰는 도구는 대출금리다. 영란은행이 대출금리를 올리면 자금이 롬바드 스트리트로 흘러드는 현상이 경험적으로 증명됐다. 이론상으로도 돈이 롬바드 스트리트로 되돌아와야 한다. (중략) 영란은행이 금리를 올리면 상거래가 둔화한다. 금리 인상이 나라의 경제활동에 영향을 미치는 것이다. 가격 수준이 떨어지고 결과적으로 수입도 줄어든다. 수출은 증가한다"고 말했다.[19]

베지헛이 《롬바드 스트리트》를 쓴 동기는 아주 실용적이었다고 했다. 그는 위기가 시작되는 순간 영란은행이 시중에 자금을 풀어야 한다는 원칙을 제시했다. 돈 가뭄(신용경색) 때문에 시중 금리가 오르는 순간 진정시켜야 한다는 주문이었다. 왜 아직 중앙은행의 지위나 역할을 맡지 않은 영란은행이 그런 일을 해야 할까? 베지헛은 다른 시중은행이 경제 상황에 맞춰 지급준비금을 갖추고 있기 힘들다는

---

18 앞의 책, p.280.
19 월터 베지헛, 《롬바드 스트리트》, p.47.

사실을 발견했다. 순식간에 자금이 빠져나가는 위기를 겪을 수 있다는 얘기다. 하지만 베지헛은 적절하게 대응하면 시중은행 시스템의 위기를 막을 수 있음을 알아챘다. 불행하게도 1840년대와 1850년대 영란은행 이사들은 위기의 순간 왜 자신들이 소방수로 나서 불안을 잠재워야 하는지를 인식하지 못했다. 단지 런던 시중은행가들이 찾아와 아우성치니 자금을 지원했을 뿐이다. 그럴 때 《롬바드 스트리트》가 위기의 순간 영란은행이 해야 할 일을 처음으로 제시했다.

　베지헛의 눈에 돈은 무엇이었을까? 그는 금이나 은이 돈 가치를 부여하는지에는 크게 관심을 기울이지 않았다. 그가 살았던 19세기 중엽에는 금본위제였지만 현실에서는 은행권이 돈으로 구실했다. 통화학파는 금본위제를 유지하면서 영란은행이 은행권 발행을 독점하면 태평성세가 이어질 것으로 기대했지만 실제로는 10년마다 위기가 발생했다. 베지헛은 영란은행을 중심으로 중앙집권화한 시스템이 위기에 봉착할 수 있음을 인정했다. 그러므로 영란은행이 아예 위기 대응 의무를 지고 능력을 갖추는 것이 현실적이라고 봤다.

　베지헛의 중앙은행론은 돈의 트라이앵글 측면에서 중요하다. 현대의 돈은 정부-중앙은행-시중은행(금융시장)이 떠받치고 있다. 돈이란 물을 담는 그릇이라고도 할 수 있다. 물은 그릇의 모양에 따라 형태가 달라진다. 금속화폐 시대가 상징화폐로 진화하기 위해 갖춰야 할 머니 트라이앵글 가운데 가장 늦게 세워진 기둥이 바로 중앙은행이다. 중세와 근세 초기 금속화폐 시대가 시중은행의 은행권 발행에 의해 상징화폐의 시대로 한 걸음 다가섰다. 시중은행의 자유로운 은행권 발행과 돈놀이가 위기로 이어졌다. 손튼에 의해 금속화폐와 은행권의 공존 틀이 제시됐고, 베지헛에 의해 중앙은행의 이론적 기초가 놓였다. 중앙은행론의 시작이다. 결코 완성은 아니었다.

○──── 21세기 Fed에 의해 부활한 빅셀

중앙은행이 위기의 순간 긴급자금을 시중은행에 넣어주는 일은 현대 중앙은행이 하나는 일 가운데 하나일 뿐이다. 월터 베지헛에 의해 중앙은행의 마지막 대부자 역할을 정당화하는 논리가 마련됐다. 그런데 중앙은행의 역할이 긴급자금 공급에 그치면 머니 트라이앵글의 핵심이라고 하기 어렵다. 좀 더 확장된 기능을 해야 한다. 완전고용 달성과 물가 안정 유지다. 거시경제 운용이다. 이런 역할을 정화하는 논리도 19세기가 저물기 전에 제시됐다. 미국과 유럽, 일본 등은 중앙은행을 활용해 경기를 조절하기 시작했다. 규모가 큰 시중은행의 임직원들처럼 일했던 사람들이 경제의 흐름까지 측정해 금리를 올려야 할지 말아야 할지, 얼마나 올리고 내려야 할지 판단해야 했다. 오랜 기간 중앙은행에서 일했던 사람은 이전 경험을 바탕으로 돈줄을 조였다 풀었다. 하지만 엄밀한 이론을 바탕으로 경험의 한계를 이겨낼 수 있다.

그런 이론을 처음으로 체계화한 사람은 영국이나 미국, 독일, 프랑스 출신이 아니다. 스웨덴 출신의 크누트 빅셀Knut Wicksell이다. 국내 독자들에게 스웨덴의 경제학 전통이 낯설 수 있다. 하지만 얀 틴베르헌Jan Tinbergen은 1969년 1회 노벨경제학상을 수상한 인물로 계량경제학의 아버지다. 경제 흐름을 실측해 정책을 수립하고 집행하는 길을 닦았다. 스웨덴 경제학 전통이 상당하다는 얘기다. 우리가 일상에서 쓰는 경제 용어 가운데 하나가 빅셀의 작품이다. 바로 '실

스웨덴의 경제학자 크누트 빅셀

물경제'과 '금융 영역'이란 말이다. 어떤 사람이 '금융시장의 불안이 실물경제 둔화를 야기하고 있다'고 말했다면, 그는 자신도 모르게 빅셀한테 이론적으로 빚진 셈이다. 실물과 금융 세계를 분리해 생각하는 이 분법이 빅셀에 의해 체계화되었기 때문이다.

빅셀은 경제를 3가지로 구분했다. 순수현금경제(Pure Cash Economy)와 단순신용경제(Simple Credit Economy), 순수신용경제(Pure Credit Economy)이다.[20] 순수현금경제는 모든 매매가 현찰로 이뤄진다. 현실적으로 존재하기 어려운 형태다. 단순신용경제는 결제가 현금과 신용으로 이뤄진다. 순수신용경제는 모든 거래가 현금 없이 이뤄진다. 지로 시스템이나 거래 장부를 교환하는 방식으로 정산된다.[21] 암호화폐 없이 블록체인이 담고 있는 줄 의무와 받을 권리를 서로 상쇄하면 빅셀이 상상한 순수신용경제일 듯하다. 빅셀은 순수신용경제를 '실물경제'로 봤다. 실물경제에서는 돈이 존재하지 않는다. 자본을 빌려 올 수 있다. 이때 자본은 일정 규모의 돈이 아니다. 노동이나 기계설비 등을 살 수 있는 권리쯤으로 상상해볼 수 있다. 빅셀이 말한

---

20 아리 아논, 《흄과 스미스에서 빅셀까지 통화이론과 정책》, p.350.
21 제프리 잉엄, 《돈의 본성》, p.26.

실물경제는 가상의 세계다. 이 세계에서 자본을 빌린 대가, 즉 금리는 자본의 한계 생산성 또는 자본의 이익률에 의해 결정된다. 빅셀의 용어로 말하면 '자연금리(Natural rate of Interest)'이다. 요즘 말로는 '중립 금리'다. 한 경제에서 생산된 재화와 서비스가 완전히 교환될 때 다른 말로 경제가 완전 균형 상태일 때 형성되는 가상금리다.

빅셀이 그린 가상세계나 실물경제와는 달리 현실에서는 돈이 존재하고 이를 빌리고 빌려주는 금융시장이 실재한다. 여기서는 자금의 수요와 공급에 의해 금리가 형성된다. 시장금리다. 또 중앙은행이 결정하는 기준금리도 있다. 개 꼬리(금융시장)가 몸통(실물경제)을 흔들수 있다. 시장금리와 기준금리가 빅셀이 상상한 자연금리와 따로 놀기 일쑤다. 빅셀은 시장금리와 기준금리가 자연금리보다 높으면 경기가 둔화한다고 했다. 긴축 모드이다. 요즘 유행하는 말로 경기 억제적(restrictive)이다. 반면 시장금리와 기준금리가 자연금리보다 낮으면 투자가 늘어 경제가 활성화한다. 상당히 그럴듯한 상상이다.

빅셀의 이론은 100여 년 동안 상아탑의 경제학자들이나 관심 대상이었다. 중앙은행가나 경제정책 담당자들 사이에서는 사실상 잊혀진 이론이었다. 망각의 그늘에 유폐된 빅셀의 자연금리가 제2차세계대전 이후 되살아났다. 중앙은행의 역할이 확대되면서였다. 이전까지 중앙은행은 위기의 순간에 마지막 대부자 구실을 하는 기관으로 인식됐다. 하지만 제2차세계대전 이후 법규가 개정 또는 제정되면서 미국 연방준비제도(Fed) 등 중앙은행에 '완전고용'이란 목표가 새로 추가됐다. 또 '물가 안정'이란 목표는 더욱 구체화했다.

더욱이 빅셀의 자연금리는 중앙은행이 '양적 완화(QE)'라는 새로운 기법을 쓰기 시작한 2008년 이후 더욱 주목받았다. Fed는 2008

년 극단적으로 기준금리를 낮추며 양적 완화를 단행했다. 기준금리가 제로 수준까지 떨어졌다. 심지어 일본과 유로존에서는 마이너스 수준까지 떨어지기도 했다. 그런데도 경제가 비실비실했다. 이유가 궁금했다. 중앙은행의 경제분석가들이 빅셀의 자연금리를 꺼낸 이유를 설명하기 시작했다. 바로 'R스타(R*)'이다. 경제학에서 *가 붙은 금리나 실업률, 성장률 등은 균형 상태에서 형성된 것을 의미한다. 기준이나 방향타를 의미하기도 한다.

제롬 파월 Fed 의장은 R*를 북극성에 비유했다. 중앙은행이 경제란 배를 몰고 바다로 나가서 방향을 잡는 기준이란 뜻이다. 그는 "2008년 위기 이후 북극성의 자리가 바뀌었다"고 말했다.[22] 자연금리가 위기 충격으로 낮아지는 바람에 기준금리를 낮춰도 경제가 좀체 회복하지 못한다는 얘기였다. 시장금리와 기준금리가 제로 수준이지만, 자연금리가 더 낮아 여전히 긴축 모드이기 때문이다. 어떤 기업인이 자본을 빌려 투자해서 얻은 이익률(자연금리)이 시중금리보다 낮은데 누가 투자하겠는가.

문제는 자연금리를 실제로 측정할 수 있는지 여부다. 미국 Fed는 2가지 방식으로 단기 자연금리를 추정하고 있다. 2003년에 처음 발표된 로박-윌리엄스Laubach-Williams 모델과 2017년에 발표된 홀스턴-로박-윌리엄스Holston-Laubach-Williams 모델로 계산한 수치다. 두 수치가 조금씩 차이를 보인다. 로박-윌리엄스 모델이 조금 높게 나온다.[23] 그런데 두 수치 모두 정확한지 어느 누구도 장담할 수 없다.

---

22 '2018년 잭슨홀 미팅 연설', https://www.Federalreserve.gov/newsevents/speech/powell20180824a.htm
23 '뉴욕연방준비은행의 측정', https://www.newyorkFed.org/research/policy/rstar

21세기 첨단 시대인데도 정확한지 여부를 알 수 없는 기준치를 따라 중앙은행이 경제 방향타를 잡고 있는 셈이다. 게다가 자연금리는 2008년 이후 양적 완화를 했는데도 물가가 디플레이션 증상을 보이는 현상을 설명하는 데 한계를 보이고 있다. 빅셀의 이론이 100여 년 만에 부활했는데 주류 이론의 위기는 여전한 셈이다.

화폐이론의 정반합

데이비드 흄에서 크누트 빅셀까지 주류 이론가들은 얼추 10년마다 되풀이되는 위기를 타고 넘으며 이론을 발전시켰다. 비록 2008년 이후 주류 이론이 다시 위기를 맞고 있지만, 역사를 돌이켜보면 그들은 경제와 이론의 위기 속에서 비판을 이겨내며 단련됐다고 할 수 있다. 그런데 주류 이론가들의 진단과 처방은 주로 물가 상승이나 금융시장의 요동을 어떻게 관리할 것인가 등 눈에 보이는 영역의 문제를 해결하는 데 집중됐다. '돈 자체'를 보는 시각은 여전히 금속화폐 접근법에서 크게 벗어나지 않았다. 돈의 가치가 금이나 은 등 쇠붙이(metal)에서 파생했다는 식이다.

여기에 의미심장한 변화가 발생했다. 바로 토머스 사전트와 프랑수아 벨드의 표준 모델(Standard Formula)이다. 사전트는 뉴욕대학교 교수로 2011년 노벨경제학상을 받았다. 벨드는 시카고 연방준비은행의 경제분석가이다. 두 사람은 2002년 흥미로운 제목의 책을 발표했다. 《잔돈의 큰 문제》이다. LSE의 데빈 마 교수(경제사)는 "사전트와 벨드에 의해 현대화폐이론이 금속화폐 단계에서 벗어나 법정화폐 수준에 어울리는 단계에 이르렀다"고 평했다.

사전트와 벨드는 주류 이론가들이 거부감 없이 받아들일 수 있는 모델을 제시했다. 중세 금화나 은화 시스템에서 현대 상징화폐 시스템이 진화했다는 설명이다. 금속화폐 시스템 안에 진화의 DNA가 존재했다는 얘기다. 책 제목이 말해주듯이 '잔돈(small change)'이 안고 있는 큰 문제이다. 무슨 문제였을까. 두 사람은 "기원후 800년 카롤링거왕조에 의해 시작된 화폐 시스템은 은화와 잔돈(페니)으로 이뤄졌다. 12세기 말 이후 유럽 왕국과 공국, 자유도시들이 고액 금화와 은화를 찍어냈다. 그 과정에서 돈의 가치가 교환의 매개에서 비롯된 게 아니라 순전히 은이나 금의 함량에 초점을 맞추게 됐다"고 말했다.[24] 돈의 가치를 금이나 은의 함량을 기준으로 보는 시각은 자연적이고 초역사적인 게 아니라 잡다한 왕국으로 난립한 중세 유럽의 산물이라는 얘기다.

돈의 가치가 귀금속 함량에서 비롯된다는 시각 때문에 중세 유럽의 왕들은 잔돈도 정식 금화나 은화에 비례해 귀금속 함량을 지녀야 한다고 믿었다. 하지만 현실은 그렇지 못했다. 잔돈은 구리나 아연 등으로 만들어졌다. 왕실이나 정부가 아닌 민간 업자들이 주로 만들어 시중에 공급했다. 일상 상거래에서 금화나 은화보다 잔돈이 더 많이 쓰였지만 잔돈의 공급이 제대로 이뤄지지 않았다. 가치도 금화나 은화에 비해 턱없이 낮았다. 가치가 낮으니 충분히 만들지 않았다. 그 바람에 일상적인 상거래가 차질을 빚었다. '큰 문제'가 발생했다. 큰 문제는 상당 기간 이어져 19세기 중반까지 계속됐다. 사전트와 벨드는 "19세기 중반이 되어서야 정부가 귀금속 함량이 아니라 금화

---

24 토머스 사전트, 프랑수아 벨드, 《잔돈의 큰 문제》, pp.4~5.

나 은화로 교환을 보증한 잔돈(잡금으로 만든 소액 동전)을 발행하는 방식을 터득했다"고 말했다.[25] 한 나라에서 가장 믿을 만한 존재인 정부가 금화나 은화로 바꿔준다는 약속을 두 사람은 '표준 모델'이라고 불렀다. '페니 동전을 100개 가져오면 금화 1파운드를 준다'는 약속을 한 나라에서 가장 믿을 만한 정부가 했다. 금속의 가치를 보면 그만한 가치가 없었다. 하지만 정부가 태환을 약속하니 시장에서 '동등 가치'로 받아들였다.

데빈 마 교수는 "사전트와 벨드가 말한 표준 모델이 나중에 법정 화폐의 바탕이 됐다"고 말했다. 100달러짜리 지폐의 종이 가치가 100달러에 훨씬 못 미치지만 정부가 가치 있다고 선언하니 시장이 인정하기 때문이다. 그는 "19세기 중반 이후 각국 정부와 대중이 표준 모델에 익숙해진 덕분에 1971년 금태환 중단 이후에도 화폐 시스템이 큰 무리 없이 작동했다"고 했다. 바야흐로 주류 이론가가 상징 화폐를 설명할 이론을 갖게 됐다. 데이비드 흄 이후 3세기에 걸친 진화의 결과이다.

---

25 앞의 책, p.5.

CHAPTER 4

돈의 현재 그리고 미래

위기가 발생하자 중앙은행의 파상적인 돈 공급은 미국에서만 일어나지 않았다. 유럽과 아시아 각국에서도 실시됐다. 게다가 각국 정부가 자국 국민의 계좌에 직접 돈을 넣어주었다. '재난지원금'으로 불리는 현찰이다. 디지털 신호로 된 금액이 시중은행 등 금융회사 계좌에만 찍힌 게 아니라 일반 회사와 개인 통장에도 찍히는 현상이 인류 역사상 처음 발생했다.

13

돈은 무한한가?

팬데믹 이후 양적 완화와 인플레이션

"돈은 스스로 움직일 수 없다(Money will not mange itself)."

'통화정책의 아버지' 월터 베지헛 《이코노미스트》 전 편집장이 《롬바드 스트리트》에 쓴 구절[1]이다. 이 문장을 읽을 때마다 카를 마르크스가 쓴 《자본론》의 한 구절이 생각난다. "상품은 스스로 움직일 수 없다"는 말이다. 돈과 상품 모두 자본주의 시장경제의 핵심 요소다. 두 사람의 말은 다양하게 해석될 수 있다. 나는 '돈이나 상품 그자체가 아니라 어떤 시스템 또는 생태계 속에서만 기능하기 때문에 그 자체만을 살펴봐서는 제대로 이해할 수 없다'는 뜻으로도 받아들였다. 지금까지 돈이 무엇으로 만들어졌는지보다 돈이란 바이러스가 숙주를 어떻게 바꿔왔고, 현대 돈의 생태계인 머니 트라이앵글이 언제 싹트기 시작해 모습을 드러냈는지를 추적해온 이유다.

---

1 월터 베지헛, 《롬바드 스트리트》, p.20.

《정치학 관점에서 본 통화》를 쓴 미국 조지타운대학교 슈테판 아이히 교수는 인터뷰에서 "돈의 정체를 추적하다 보니 역사적 웜홀(historical wormholes)을 통과할 때가 잦다"고 말했다.[2] 순간 내 가슴이 먹먹했다. 역사적 진화 과정을 통해 돈의 정체를 설명한 내 접근법이 옳다고 증언해주는 듯했다.

이제 현재를 이야기할 때가 됐다. 2008년 미국발 금융위기와 2020년 팬데믹이 낳은 돈의 변화를 살펴볼 차례다. 아주 흥미로운 사건의 연속이다. 머니 트라이앵글에 균열이 발생했다. 현대 신용화폐 시스템의 뼈대가 바뀌고 있다는 얘기다. 돈의 진자가 빠르게 스윙하고 있기도 하다. 게다가 돈의 재질에도 중대한 변화가 진행되고 있다. 종이에서 디지털 신호로 바뀌었다. 돈의 바탕인 받을 권리와 주어야 할 의무의 기록이 0과 1로 이뤄진 암호로 기록되기 시작했다(블록체인). 돈의 재질과 바탕, 돈을 지탱하는 생태계, 게임의 법칙 등이 우리 눈앞에서 바뀌는 역대급 사건이 현재 진행 중이라는 얘기다. 이런 변화의 와중에 기존 정책의 교리가 흔들리고 이단의 논리가 힘을 얻었다. 정치적 논쟁도 치열하다. 지정학적 갈등도 벌어지고 있다.

이쯤에서 진부하지만 빼먹으면 안 되는 말이 떠오른다. '현재진행형 사건의 진실은 늘 변한다'는 경고다. 석학이나 전문가 등과 인터뷰할 때 현재 이슈를 물으면 들었던 얘기다. 이 말을 들을 때마다 속으로 '알고 있으니 그만!'이란 말을 읊조렸다. 그러나 듣는 입장에

---

2 줌으로 한 인터뷰는 〈중앙일보〉 유료 서비스 '더중앙플러스(The JoongAng Plus)'와 삼프로TV의 '글로벌 머니 토크(Global Money Talks)'를 통해 방영됐다.

서 말하는 입장이 되니 그 구절을 이야기할 수밖에 없다.

○──── 위기의 데칼코마니

　　　　　　예금 인출 사태가 발생한 1907년 월스트리트 신사들이 미국 뉴욕 맨해튼에 있는 개인 도서관에 모여들었다. 예금자들의 불안을 진정시키기 위한 대책을 논의하기 위해서였다. 그들이 모인 곳은 바로 당시 월스트리트 최고 실세였던 존 피어폰트 모건의 집무실이 있는 모건 도서관이었다. 그들은 긴장과 초조함으로 가득한 침묵 끝에 긴급자금을 조성해 위기에 빠진 금융회사에 지원해주기로 했다. 나만 살기 위해 돈을 움켜쥐기보다 같이 살 길을 도모하기 시작한 셈이다.

　그리고 101년이 흘렀다.

　한 무리의 월스트리트 금융인들이 2008년 9월 한 건물에 모였다. 바로 월스트리트와 아주 가까운 리버티 스트리트Liberty Street 33번지에 있는 뉴욕 연방준비은행 대회실이었다. 시중은행뿐 아니라 중앙은행의 지원 대상이 아닌 투자은행 대표들도 모여들었다. 파산의 그림자가 엄습하고 있어서다. 뉴욕 연방준비은행은 연방준비제도의 야전 사령부다. 모여든 사람들이 원하는 것은 바로 생명의 동아줄이었다. 다른 말로 구제금융이다.

　역사는 데칼코마니처럼 되풀이됐다. 하지만 차이점은 있었다. 1907년 위기 순간에는 미국에 중앙은행이 없었다. 대서양 건너편에 영란은행이라는 마지막 대부자가 있었다. 하지만 중앙은행이 아니라 시중은행의 맏형일 뿐이었다. 미국 Fed는 위기 이후 6년이 흐른 뒤인 1913년에 출범했다. 당시 위기의 순간에 월스트리트 금융인들이 모건의 사저에 모여든 이유다. 그때 Fed가 있었다면 금융인들은 모건의 사저가 아니라 Fed 건물에 모여들었을 것이다.

두 에피소드는 위기의 순간 구원자를 갈급하는 금융가들의 행태를 그대로 보여준다. 그들은 구원받는 대가를 지불해야 했다. 1907년 위기 뒤에는 Fed라는 빅브라더(중앙은행)를 받아들여야 했다. 2008년 위기 직후엔 금융회사의 내부 자금으로 지나친 머니게임을 할 수 없게 됐다. 금융가들이 평소 주장해온 것과 상반된 결과다. 그들은 위기 전에 '자유'를 부르짖었다. 하지만 위기를 거치면서 안전을 위해 자유를 희생해야 하는 현실을 받아들여야 했다.

사실 돈의 역사에서 자유와 안전은 상쇄 관계였다. 자유가 큰 순간 안전하지 않았다. 자본주의 시장경제 최초의 위기로 불리는 1825년 영국에서 수많은 시중은행이 파산했다. 다시 강조하지만 그 시절 시중은행은 요즘처럼 대형이 아니었다. 본점과 지점 네트워크도 없었다. 그저 전당포에 가까웠다. 상점 하나를 임대해 '○○Bank'라는 간판을 달고 예금을 받고 돈을 빌려줬다. 요즘처럼 중앙은행의 긴급자금 지원이나 예금보험 시스템은 전혀 없었다. 순전히 은행가 개인의 신용만을 바탕으로 할 뿐이었다. 위기를 맞으면 순식간에 무너질 수 있었다. 반면 은행권을 마음대로 찍어 대출해주고 이자를 받을 수 있었다. 자유를 만끽할 수 있었다.

65년 정도 흐른 뒤인 1890년 위기의 순간에는 전혀 다른 풍경이 펼쳐졌다. 투자은행 베어링 브라더스가 남미 채권을 인수해 팔았다가 사달이 났다. 런던 금융가가 두려움에 떨었다. 하지만 1825년처럼 줄파산은 나타나지 않았다. 영란은행이 앞장서 조성한 긴급자금이 베어링에 주입됐다. 그 바람에 대마불사(too big to fail)란 신화가 탄생했다. 대형인 베어링이 무너지면 시장 전체가 붕괴할 수 있다는 이유로 영란은행의 긴급자금이 투입되었다.

비슷한 패턴은 20세기에도 이어졌다. 1930년 대공황 이후에는 중앙은행의 역할이 더욱 강화됐을 뿐만 아니라 예금보험공사와 증권감독기구 등 다양한 안전장치가 마련됐다. 그만큼 자유는 제한됐다. '금융 건전성 강화'라는 명분 아래!

아이히 교수는 인터뷰에서 "위기는 자유방임이 얼마나 비현실적인지를 극적으로 보여주는 사건"이라고 말했다.

○———— 돈의 빅뱅, 그 이후

2020년 3월 신종 코로나 바이러스 사태가 본격화했다. 미국뿐 아니라 유럽과 아시아 금융시장이 패닉에 빠졌다. 현재 진행이기 때문에 굳이 길게 패닉 사태를 묘사할 필요는 없으리라.

다만 흥미로운 점은 2008년 금융위기 이후 '예외적인 통화정책(양적 완화 등)'이 정상화되기 전에 또다시 위기 상황이 펼쳐졌다는 사실이다. 미국 Fed 등이 2008년 위기보다 더 예외적인 통화정책을 채택했다. 양적 완화(QE) 규모가 폭발적으로 늘어났다. 별도 법인을 통하긴 했지만 Fed가 일반 기업에 자금을 지원하고 나섰다. 2008년 위기와 팬데믹을 위기 연속 또는 이중 위기(double crisis)라고 부르는 이유다.

이중 위기가 발생하자 중앙은행의 파상적인 돈 공급은 미국에서만 일어나지 않았다. 유럽과 아시아 각국에서도 실시됐다. 게다가 각

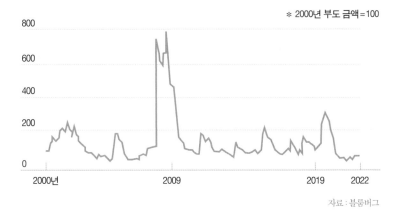

＊ 2000년 부도 금액＝100

자료 : 블룸버그

국 정부가 자국 국민의 계좌에 직접 돈을 넣어주었다. '재난지원금'
으로 불리는 현찰이다. 디지털 신호로 된 금액이 시중은행 등 금융회
사 계좌에만 찍힌 게 아니라 일반 회사와 개인 통장에도 찍히는 현
상이 인류 역사상 처음 발생했다.

　그 바람에 눈에 띄는 파산은 발생하지 않았다. 놀라운 현상이다.
팬데믹 때문에 경제활동이 사실상 중단됐다. 이 정도 충격이면 일반
회사나 중소 금융회사는 줄줄이 파산할 법했다. 하지만 그런 파산 사
태는 일어나지 않았다. 금융 안전망이 금융 영역을 넘어서 일반 재계
와 가계까지 확대됐다.

　중앙은행의 양적 완화(QE)는 파상적이었다. 이단의 처방이 위기
대응 표준이 된 듯싶었다. 실제 표준이나 다름없었다. QE가 처음 실
시된 2001년을 기준으로 하면 적어도 20년 정도 우리는 QE와 함께
했다. 시대를 구분한다면, 2001~2021년까지를 'QE 시대'라고 부를

수 있을 듯하다. 바로 직전은 대안정기(Great Moderation)다. 낮은 물가의 안정적인 성장의 시대였다. 이 이름을 붙인 사람은 하버드대학교 제임스 스톡James Stock 교수다.

그런데 양적 완화의 시대에 'QE 아버지'는 영국의 한 대학에서 사실상 쫓겨나는 수모를 당했다. 독일 출신이면서 영국 사우샘프턴대학교에서 가르친 리하르트 베르너 교수다.

일본에서 디플레이션이 시작된 1994년 베르너가 의미심장한 책을 발표했다. 《엔의 왕자들(The Princes of yen)》, 일본어판 제목은 《엔의 지배자들》이다. 한국어판 제목은 《금융의 역습, 과거로부터 미래를 배우다》로 원제와는 상당한 거리가 있다. 베르너는 일본은행에서 경제학자로 활동하다 민간 금융회사에서 경제분석가로 일하고 있었다.

베르너 교수는 서너 차례 나와 전화 인터뷰를 했다. 2009년에는 영국 런던에서 나를 포함한 한국의 경제기자들과 '미국발 금융위기와 통화정책'을 주제로 토론한 적도 있다. 이 자리에서 그는 양적 완화가 탄생한 배경을 아주 상세하게 설명했다. "1994년 일본의 한 경제신문 기자와 이야기를 하게 됐다. 일본 경제가 디플레이션에 빠질 수 있다고 경고했다. 대책을 묻자 나는 '돈의 가격이 아니라 양을 늘려야 한다'고 조언했다." 베르너 교수가 말한 돈의 대표적인 가격은 금리였다. 그 시절 중앙은행들은 돈의 가격(금리)을 올리거나 내리는 방법으로 통화정책을 펴기 시작했다. 그 이전까지는 주로 총통화(M3)라 불리는 것의 증가율을 조절하는 방식이었다. 베르너 교수는 "내 말을 들은 그 기자가 칼럼을 좀 써달라고 요청했다"며 "며칠 뒤 내가 보는 칼럼에 흥미로운 제목을 붙여 신문에 내보냈다"고 말했다. 그 제목이 바로 '료테키긴유간와(量的金融緩和)'였다. 양적 완화라는 일본

발 새로운 통화정책 용어가 탄생하는 순간이었다.

1990년대 베르너 교수는 "일본 시중은행의 돈 창출 엔진이 멈췄다"며 "버블이 무너진 뒤 기업과 가계가 돈을 빌려 쓰지 않는 게 1차 원인"이라고 진단했다. 경제 전문가들의 말로 돈의 수요(money demand)가 급감했다. 그는 이런 상황에서 중앙은행이 기준금리를 낮추고, 머니마켓의 금리가 기준금리 수준까지 떨어지도록 돈을 풀어봐야 소용없다고 보았다. 그가 제시한 대책은 아주 단순 소박한 방법으로 돈 창출 기능을 되살리는 전략이었다. 그는 "일본에서 가장 신용도가 높은 존재는 누구인가?"라고 물은 뒤 "바로 일본 정부"라고 대답했다. 일본 정부가 국채를 발행하는 대신 시중은행에 돈을 빌려 인프라 건설에 투자하면 된다는 얘기였다. 여기서 매출이 늘어난 기업과 소득이 증가한 개인이 상품과 서비스를 소비하고, 자연스럽게 물가 상승으로 이어진다. 베르너의 처방은 20세기 버전 은행학파 처방이다. MMT의 또 다른 버전이다.

일본은행이나 일본 정부 경제부처는 '료테키긴유간와'를 한동안 무시했다. 그들이 정통이라고 믿는 통화정책이 아니어서다. 하지만 베르너 교수의 원인 진단만큼은 일본은행 사람들도 인정했다. 일본은행은 금리 인하에도 디플레이션이 심해지는 바람에 의회 등에서 책임 추궁에 시달렸다. 일본은행이 내놓은 답변은 "돈의 수요가 되살아나지 않아서 공급을 늘려도 효과가 제한적"이라는 것이었다.

베르너 교수의 양적 완화는 2001년 일본은행이 정식 채택했다. 미국은 2008년 11월부터 시작해 모두 세 차례 양적 완화를 추진했다. 팬데믹 이후에는 영국과 유로존[3]도 양적 완화 대열에 뛰어들었다. 베르너 교수는 자신의 정책이 채택되는 것을 보고 행복했을까. 그의 대답은 뜻밖이었다. "일본은행과 Fed 등이 2000년 이후 실시한 양적 완화는 가짜"라고 잘라 말했다. "내가 제시한 양적 완화는 돈 수요를 자극해 돈 창출 엔진을 되살리는 정책"이라며 "일본은행과 미국 Fed의 양적 완화는 금융시장에 돈을 풀어주는 행위에 지나지 않는다"고 비판했다. 전통적인 화폐수량설에 기반한 정책이란 얘기다. '돈의 양을 늘리면 경기가 되살아난다'고 믿고 벌이는 화폐 투척이란 지적이다.

베르너 교수는 2022년 현재 영국의 다른 대학에서 강의하고 있다. QE가 현장에서 맹렬하게 쓰이고 있는 와중에 사우샘프턴대학과 갈등에 시달리다 결국 떠났다.

○──── 그림자에서 방아쇠로

팬데믹은 비경제적 사건이다. 인간이 탄생한 이후 발생한 원초적 위험의 한 종류다. 이런 사건 때문에 첨단 과학기술을 바탕으로 작동하는 21세기 경제 시스템이 2년 정도 완전하게 작동하지 못했다. 원초적 위험이 첨단 경제 시스템을 위협한 셈이다. 달리 말하면 원시적 리스크의 부활이다. 아이히 교수가 말한 '역사적 웜홀'이 나타나 돈의 창세기를 잠시나마 우리 눈앞에 펼쳐놓은 듯했다. 팬데믹을 계기로 돈이 기원전 3000년 전후 메소포타미아 왕국처럼 위기를 맞은 경제를 재가동하는 장치로 쓰였다는 얘기다.

팬데믹 이후 중앙은행과 중앙정부가 공급한 돈은 '단위'일 뿐이

---

3 유로화 사용 19개 나라.

다. 재난지원금이란 말에 돈을 의미하는 '금(金)'이라는 한자어가 붙어 있다. 하지만 지폐나 주화 뭉치는 아니다. 시중은행이나 카드회사 개인 계좌에 찍힌 숫자에 지나지 않는다. 미국 경제분석회사 디시전이코노믹스의 앨런 사이나이 대표는 나와 인터뷰에서 "중앙은행과 정부가 재난지원금으로 건넨 것은 교환의 매개"라고 표현했다.

그런데도 그 금액이 지닌 구매력만큼 물건이나 서비스를 사들일 수 있다. 파는 쪽도 숫자일 뿐이라며 받기를 거부하지 않았다. 금액만큼 고기나 세차 서비스를 제공했다. 마치 고대 메소포타미아에서 발행된 점토 토큰이 농촌에서 도시로 식량을 이동시켰던 기적이 21세기에 재연되는 듯했다. 돈이 아주 피동적인 장치, 즉 그림자가 아님이 재확인됐다.

소박한 경제 상식을 믿는 사람이라면, 중앙은행과 정부가 찍어준 금액은 '어디서 번 돈일까?'라고 의문을 품기 마련이다. 개인과 기업 차원에서 돈은 '벌어야만 생기는 것'이지만, 국가 차원에서는 '우선 쓰거나 공급할 수 있는 것'이다. 국가는 '빚(지급 의무)'으로 기록해두고 나중에 갚아나가도 될 만큼 경제 체력이 있기 때문이다. 달리 말하면 국가가 감당할 수 있는 빚의 규모와 빚진 상태로 견딜 수 있는 기간이 '돈의 영토' 내의 어떤 개인보다 크고 길다. 물론 이 한도를 넘어서면 국가도 개인처럼 파산하곤 한다. 나라마다 다른 한도 안에서 국가는 위기의 순간 모든 부담을 혼자 짊어지고 금액을 전 국민의 계좌에 찍어준다. 멈춰 선 경제가 되살아나 세금이 제대로 걷히면 그때 털어낸다는 계획이다.

새로운 돈의 현상은 늘 새로운 논리가 떠오르는 계기였다. 실제 2008년 미국발 금융위기와 팬데믹 이전에는 '악마적인 이론'으로 불렸던 현대화폐이론(MMT, Modern Monetary Theory)이 금방이라도 주류 교리가 될 듯했다.

MMT에는 '현대(Modern)'라는 꾸밈말이 들어가 있다. 그렇다고 21세기에 개발되진 않았다. 일반화폐이론이 고대 그리스 아리스토텔레스의 이론에 바탕을 두고 있다. 반면 MMT는 19세기 후반과 20세기 초에 활동한 독일 이론가의 논리를 바탕으로 하고 있다. 게오르그 프리드리히 크나프Georg Friedrich Knapp, 차탈리즘(Chartalism, 국정주의)의 아버지다. 그는 1905년 국정주의를 체계화한 《화폐국정론(State Theory of Money)》을 펴냈다. 국내 경제학자들이 추종하는 영미 경제학자들은 크나프의 이론을 무시하지 않았다. 존 메이너드 케인스와 조지프 슘페터가 국정주의의 열렬한 팬이었다. 적어도 100년의 역사를 가진 학맥인 셈이다.

MMT는 이제는 국내에서도 낯선 용어가 아니다. 2017년에 미국의 대표적인 MMT 이론가인 래리 랜덜 레이가 쓴 《현대화폐이론 (Modern Money Theory)》이 출간되었다. 한국어판 제목은 《균형재정론은 틀렸다》로 상당히 직관적이다. MMT에 대한 논의나 논쟁이 균형재정 문제를 중심으로 이뤄지고 있다. '돈이란 무엇인가'는 경제와 통화 이론에서도 상당히 추상적인 단계다. 정치권이나 경제정책 담당자들 사이에서 논쟁이 이뤄지기는 어려운 영역이다. 하지만 MMT는 '돈이란 무엇인가'를 정면으로 다룬다.

레이 교수는 나와 세 차례 정도 인터뷰했다. 2021년 인터뷰에서 농담 삼아 'MMT가 이제 주류 이론이 되는 것 아닌가?'라고 물었다. 그는 빙긋이 웃으며 대답했다. "아직 갈 길이 멀다. 이전보다 MMT에 대한 두려움은 많이 줄어든 듯하다. 그래도 오해는 여전하다."[4] 레이 교수가 말한 오해는 바로 'MMT는 돈을 찍어내도 물가가 오르지 않는다는 논리'라는 대목이다. 그는 "MMT 이론가 어느 누구도 그런 논문을 쓰거나 말을 한 적이 없다"며 "MMT는 현대 국가가 발행하는 신용화폐가 어떻게 작동하고 있는지를 묘사(설명)하고 있을 뿐"이라고 말했다. MMT 이론가들의 분석을 보면 '통화량 증가가 반드시 물가 상승으로 이어지는 경우가 드물었다'는 대목이 나온다. 이 말을 '돈을 마구 찍어내도 문제없다'는 의미로 해석하는 것은 지독한 오해라는 것이다.

미국 미주리대학교 경제학과 래리 랜덜 레이 교수

   그러나 현실에서 오해는 이미 발생했다. Fed 등의 양적 완화(QE)가 MMT 처방에서 비롯된 것으로 받아들여졌다. 레이 교수는 "QE는 MMT와 아무 관련이 없다"고 잘라 말했다. "MMT가 제시하는 정책적 처방은 고용보장제다. 그는 중앙은행이 기준금리를 조절하는 방식으로 물가와 경기를 조절하는 현재 시스템을 비인간적이라고 비판했다.

---

4 유튜브 채널 〈삼프로TV〉 이진우와 공동으로 진행하는 '글로벌 머니 토크'의 랜덜 레이 편 참조.

"물가가 오르면 중앙은행은 기준금리를 올려 기업의 투자와 가계의 소비를 위축시킨다. 그 바람에 일자리가 줄어들어 많은 사람들이 실직자로 전락한다. 현재 중앙은행의 통화정책은 실직자를 늘리거나 줄이는 방식으로 인플레이션을 억제하는 셈이다. 얼마나 비인간적인가. 우리 MMT는 정부가 민간 부문보다 적은 급여를 제공하는 일자리를 운영해 민간 부문의 실직자를 받아주는 방식으로 경기 급변동을 막아야 한다고 제안한다."

레이 교수에 따르면 일자리 보장제에서는 중앙은행이 위기의 순간에 지나치게 돈을 풀어줄 필요가 없다. 정부가 최저생계비 이상으로 제공하는 일자리가 안전판으로 작용하기 때문이다. 위기의 순간 급격한 돈 풀기가 없으니 나중에 물가나 자산가격 급등과 같은 과잉이 발생할 가능성이 크지 않다.

○────── 일그러지기 시작한 삼각동맹

정부-중앙은행-시중은행(금융시장)으로 이뤄진 현대 머니 트라이앵글은 20세기 창조물이다. 1913년 미국 Fed가 세계 최초로 국가기관의 하나인 중앙은행으로 등장했다. 마지막 대부자와 같은 중앙은행의 기능은 대서양 건너편에 있는 영국에서 19세기에 발생한 위기를 통해 하나씩 개발됐다. 다만 기능은 공적이었지만 민간 주식회사인 영란은행이 맡고 있었다. 미국은 논쟁과 정치적 변화를 겪으면서 국가 기구로서 Fed를 탄생시켰다. 그 결과가 정부-중앙은행(국가기관)-시중은행(민간)으로 구성된 현대적 머니 트라이앵글이다.

그런데 머니 트라이앵글이 2008년 위기와 팬데믹을 거치며 의미심장한 변화를 보였다. 본래 트라이앵글은 17세기 서유럽 국가의 전쟁과 재정위기 외중에 채권자로 떠오른 시중은행의 특권을 인정하는 타협 구조였다. 시중은행 경영자들이 부분지급준비금 혁명을 통해 누린 돈 창출 기능을 중앙은행이 조절한다는 얘기다. 여기서 핵심은 바로 중앙은행이 기업이나 개인과 직접 거래하지 않는다는 점이다. 시중은행이 맡고 있는 자금 중개 기능을 정부와 중앙은행이 존중한다는 암묵적 합의가 트라이앵글의 바탕이기 때문이다. 사실 정부가 그럴 수밖에 없다. 국채를 발행하면 가장 먼저 사들여주는 존재가 바로 시중은행들이다. 서로 가려운 곳을 긁어주고 공존하는 셈이다.

공존의 방정식은 자연질서가 아니다. 상황과 조건에 따라 바뀔 수 있다. 실제 위기 때마다 공존의 방정식은 바뀌었다. 위기가 크면 클수록 변화의 폭도 컸다. 2008년 위기와 팬데믹이 대표적인 사례다. 두 위기 직후 각국 중앙은행은 경제학 교과서를 벗어나 통상적이지 않은 정책을 쓰기 시작했다. QE의 규모가 상상을 초월했다. 마이너스 금리정책이 쓰이기도 했다. 고대 이집트 파라오가 거점 곳간에 곡식을 맡기면 이자를 주는 대신 보관료를 받아 소비를 자극했다는 역사 기록이 떠오른다.

돈의 양과 가격 측면에서 파격적인 것만은 아니었다. 중앙은행이 시중은행을 거치지 않고 개인과 기업에 돈을 빌려줬다. 중앙은행 곳간에서 곧바로 돈이 나가지는 않았다. 중앙은행과 정부가 별도 법인(페이퍼 컴퍼니 또는 별도 펀드)을 세우고 개인과 기업에 돈을 대출해줬다. 일시적인 비상조치라는 말이 유달리 강조되었다. 17세기 이후 머니 트라이앵글 파트너십을 유지해온 시중은행의 반발을 배려한 말인 듯했다.

그러나 우리는 돈의 역사에서 '일시적' 또는 '불가피한 기술적 조치'라는 단서를 달고 실시된 달러-금태환 중단(1971년)이 완벽한 종이돈 시스템으로 자리 잡은 사실을 이미 살펴봤다. 중앙은행-개인·기업 직거래가 하나의 시스템으로 자리 잡지 말라는 법은 어디에도 없다.

사실 시중은행의 돈 창출과 자금 중개 기능은 오랜 세월 위협받아 왔다. 과거 제2금융권으로 분류된 증권사(투자은행)와 사모펀드 등도 다양한 방식으로 자금 대출을 해주고 있다. 이들이 발행한 이런저런 증권이 은행권처럼 신용을 창출하고 있기도 하다. 한국은행(BOK)이 분류한 광의의 통화(M2)에는 실적배당형 금융상품으로 분류되는 금전신탁과 수익증권 등이 들어 있다. 금융회사들을 시중은행과 투자은행(증권사), 보험사로 분류하는 옛 기준이 무너지고 '복합 금융그룹'으로 통합되고 있기 때문이다.

○───── 돈의 시계추 이동

QE 아버지 베르너 교수는 '내 자식이 아니다'고 부정했고 MMT 대표 학자인 레이 교수는 'MMT 처방이 아니다'고 파문당한 QE가 결국 인플레이션 압력을 키웠다. 화폐단위를 증폭시킨 QE와 중앙정부의 직접 지원 등으로 침체가 제2차세계대전 이후 가장 짧게 끝났다. 지구적 차원에서 일자리 수천만 개가 사라졌는데도, 개인 소비 등 총수요는 맹렬했다. 여기에다 팬데믹이 낳은 글로벌 공급망 위기와 우크라이나 사태까지 겹쳤다. 1982년 이후 처음으로 소비자물가지수가 연 5%를 넘었다. 레이 교수가 말한 과잉 현상이다.

이 책의 'INTRODUCTION_ 돈은 바이러스다'에서 돈의 시계추 운동을 설명했다. 인플레이션 리스크가 커지면 돈의 양을 중시하는 시대가 저문다고 했다. 질을 강조하는 시대로 시계추가 움직여서다.

돈의 진자(시계추)가 이동할 때는 격렬한 논쟁이 발생한다. 경제적·정치적 논쟁이다. 논쟁은 머니 트라이앵글 가운데 정부의 성격 탓이다. 현대 정부는 대부분 민주주의를 표방하고 있다. 경제 기득권층(엘리트)보다 노동자 등이 다수인 게 현실이다. 다수결의원칙에 따라 '한 시점의 다수의 이해관계'가 반영된 정부는 엘리트들의 이해관계와 다를 때가 자주 있다.

엘리트들은 앞선 장에서 여러 차례 설명했듯이 받을 돈(채권)의 가치가 물가 상승 때문에 떨어지는 것을 아주 싫어한다. 이들은 2008년 위기와 팬데믹 이후 머니 트라이앵글 가운데 정부·중앙은행이 파상적으로 돈을 푸는 것을 두고 경악했다. 이들의 목소리를 대변한 인물이 있다. 미국 전 재무장관 래리 서머스(케인스학파)와 로널드 레이건 정부 시절 백악관 경제 자문위원이었고 존스홉킨스대학교의 스티브 행키 교수(통화론자)다. 두 사람은 나란히 "QE와 저금리 정책을 이어가면 만성적인 인플레이션 시대를 맞는다"고 경고했다. 그때 제롬 파월 의장 등 Fed 내부자들은 "물가 압력이 높아지는 일은 일시적인 현상"이라며 "인플레이션 기대심리를 자극하지는 않을 것"이라고 반박했다.

그러나 파월 등 Fed 내부자는 2022년 돈줄을 죄기 시작했다. '인플레이션은 경제적 질병이고 이를 치유하는 데 따르는 고통은 피할 수 없다'는 논리다. 터무니없는 말은 결코 아니다. 물가 상승 때문에 정액 소득자의 구매력이 줄어드는 현상은 분명 고통이다. 하지만 세상의 논리를 무비판적으로 받아들이는 태도는 순진하다. 어떤 논리든 반쪽짜리 근거라도 갖고 있어야 설득력이 있기 때문이다.

파월이 2022년 이후 줄기차게 외치는 '인플레이션 억제를 위해 고통을 감내해야 한다'는 말은, '위기의 순간에 시스템의 붕괴를 막기 위해서는 유동성 공급 등 비상대책이 불가피하다'는 논리의 반대편 목소리다. 앞의 말은 돈의 질을, 뒤의 말은 돈의 양을 강조한다. 역사 속에서 한 세대 정도 시간 차를 두고 발생하는 돈의 진자 운동이 팬데믹 이후 눈앞에 펼쳐지고 있다.

관심은 '진자가 돈의 질을 강조하는 쪽으로 얼마나 갈까?'이다. 1980년대 초반 폴 볼커 당시 Fed 의장은 기준금리를 20% 이상 끌어올렸다. 달러도 공격적으로 흡수했다. 인플레이션을 잡기 위해 돈의 질을 강조하는 쪽으로 빠르게 그리고 멀리 움직였다. 그 결과 달러 가치가 5년 새에 60% 정도 치솟았다. 파장이 만만치 않았다. 물가는 잡았으나 미국의 산업 경쟁력이 추락했다. 재정적자와 무역적자(쌍둥이 적자)가 불어났다. 결국 미국은 일본과 당시 서독 등을 불러 엔화와 마르크화 가치를 떨어뜨리도록 압박했다(플라자 합의). 이런 역사적 경험은 2022년 현재 인플레이션 파이팅의 한계가 어디쯤일지를 시사한다. 바로 미국 실물경제가 침체에 빠지는 순간까지다.

그 순간 미국 내에서는 돈의 양을 중시하는 쪽으로 움직여야 한다는 목소리가 커질 전망이다. 한쪽의 목소리는 곧 반대편의 반론을 부른다. 그 결과는 정치적 논쟁이다. 돈과 통화정책을 둘러싼 정치 논쟁은 2008년 금융위기 이후 치열하게 진행되고 있다. 미국 조지타운대학교 슈테판 아이히 교수가 말한 '돈의 재정치화(repoliticization)'다. 이전까지 돈은 '탈정치적 또는 비정치적 장치여야 했다'. 독립적인 중앙은행이 정치적 논쟁에서 자유로운 기구여야 한다는 게 주류 논리였다. 100% 실천될 수 없는 논리였다. 그런데도 지배적인 논리로 중앙은행 내부자뿐 아니라 정치권, 심지어 유권자들 사이에서도 바람직한 것으로 여겨졌다.

그러나 금융위기와 팬데믹이 돈을 탈바꿈시켰다. 아니 돈 속에 들어 있는 정치성을 깨워놓았다. '인플레이션이 심각한 문제다', '물가를 잡아야 한다'는 말이 비정치적인 얘기로 들릴 수 있지만, 속을 들여다보면 아주 정치적인 말이다. 이유는 단순하다. 인플레이션이 사회구성원 상당수에 피해를 준다. 물가가 오르지 않도록 해야 한다. 이를 위해 통화긴축으로 경기를 둔화시켜 고용시장을 악화시키고 사회구성원 가운데 가장 취약한 존재들을 희생시키는 일이 벌어지고 있다. '인플레이션은 나쁘다'와 '물가를 잡아야 한다'는 말속에 '취약계층의 희생이란 대가를 치르고서라도'라는 말이 숨겨져 있다.

현대 통화정책의 대가를 치르는 계층은 좌절감에 시달린다. 이들은 1980년대 중도 좌파와 중도 우파가 '중앙은행 독립성'에 의견 일치를 보고, 건전한 재정과 세계화에 한목소리를 내는 모습을 직관했다. 중도 좌우파 모두 자신들을 버렸다고 생각한다. 결국 이들이 반발하고 있다. 미국에서는 도널드 트럼프, 유럽에서 극우 지도자 등이 제2차세계대전 이후 처음으로 정치시장에서 승리했다.

《붕괴(Crashed)》의 저자이며 미국 컬럼비아대학교 교수(경제사)인 애덤 투즈는 나와 인터뷰하면서 "취약계층이 반발하고 거리에서 시위하는 현상이 뒤따른다. 사회적 불안이 커지면서 정치적 논쟁이 불거진다. 돈의 정치적 측면이 극적으로 드러난다. 원치 않아도, 바람직하지 않아도 벌어지는 현상"이라고 말했다. 2022년 현재 우리는 돈을 둘러싼 정치가 활발한 시대를 살고 있다는 얘기다. 자연스럽게 민주주의 사회에서 돈과 중앙은행의 의미가 시대적 화두가 되고 있다. 이는 돈의 미래를 다루는 다음 장의 중요한 테마다.

14

돈의 계시록

블록체인 시대의 돈

먼 길을 달려왔다. 기원전 3000년부터 기원후 21세기까지 5천여 년에 이르는 긴 여정이었다. 인류의 역사만큼이나 긴 세월이다. 헤아릴 수 없는 사건들로 가득했다. 그런 기간을 '돈이란 바이러스가 거쳐온 숙주'를 중심으로 살펴봤다. 어쩌다 보니 오랜 기간을 한두 가지 변수로 걸러 보는 빅 히스토리big history와 닮아버렸다. 하지만 '돈은 바이러스다'라는 메타포는 '돈이란 무엇인가?'란 궁극적인 물음에 답하는 아주 요긴한 접근법이다.

2008년 금융위기 이후 바뀐 세상을 다룬 《붕괴》의 저자 애덤 투즈는 나와 인터뷰하면서 "돈은 가만있지 않는다"며 "움직일 때마다 새로운 관계를 맺는다"고 말했다.[1]

돈을 매개로 맺어진 수많은 관계의 연쇄순환(circulation) 속도를 높이기 위해 인간은 돈의 숙주를 바꿔왔다. 도로와 항만, 철도, 자동차,

---

1 애덤 투즈 교수와 인터뷰는 2022년 4월 22일 유튜브 〈삼프로TV〉를 통해 방영됐다.(https://www.youtube.com/watch?v=Y9qciLWcZQM&t=379s)

비행기 등이 물류와 인간의 순환 속도를 높이는 시스템이자 장치들이다. 금화나 은화가 근대 들어 종이돈이란 숙주로 변신한 이면에는 물류와 인간의 순환 속도를 높이려는 필요성 또는 절박함이 똬리를 틀고 있었다.

순환 속도는 자본주의 경제 시스템에서 한 사회의 풍요로움 수준과 함께 개인과 기업의 순이익의 크기를 결정하기도 한다. 자동차 한 대를 생산해 가능한 빨리 팔아 생산원가와 순이익을 단기간 현금화해야 경영 리스크를 줄이고 결국에는 순이익 규모도 키울 수 있다는 얘기다. 반대로 순환 속도가 떨어지면 어떻게 될까. 경제위기가 온다.

경제위기를 해결하기 위해 역사적 실험이 이뤄졌다. 주요 나라 중앙은행과 정부가 2008년 금융위기와 팬데믹을 계기로 역사상 가장 많은 '돈의 단위'를 개인과 기업, 은행 등의 계좌에 찍어주었다. 금화나 은화, 엽전, 지폐 등과 같이 눈에 보이는 것이 아니었다. 개인과 기업, 시중은행은 계좌에 찍힌 액수로 생필품을 사거나 직원의 월급을 주거나 대출해줬다. 돈을 이용해 팬데믹 등으로 멎을 듯했던 경제 순환 속도를 유지했다. 마치 기원전 3000년 메소포타미아 권력자들이 점토 토큰으로 농촌과 도시 간에 물류를 일으켰던 모습이 21세기에 재현된 셈이다.

어떤 이는 미국 연방준비제도(Fed)가 기축통화인 달러를 마구 푸는 모습을 '돈의 홍수(flood of money)'라고 말하기도 했다. 이는 국내 독자들에겐 낯선 표현일 수 있다. 하지만 이 말에도 나름 역사가 있다. 미국 초대 재무장관이었던 알렉산더 해밀턴Alexander Hamilton의 유훈과 같다. 그는 돈이 마르는 순간 거리에 돈의 홍수를 일으켜야 한다는 요지로 말했다. 경제위기의 표준 처방을 18세기가 저물 무렵에 제시한 셈이다.

해밀턴의 후예들인 앨런 그린스펀과 벤 버냉키, 재닛 옐런, 제롬 파월 등 전현직 Fed 수장들이 위기의 순간에 돈의 홍수를 일으켰다. 그 바람에 '추악한 얼굴(ugly face)'이 고개를 들었다. 인플레이션이다. 물론 돈의 홍수가 물가 상승의 주범인지는 논란의 대상이다. 글로벌 공급망 위기와 우크라이나 사태 등 지정학적인 갈등, 노동자들의 집단 사표(creat resignation)가 인플레이션의 주범이란 분석도 제기됐다.

이제 돈이 앞으로 어떻게 될 것인가를 살펴볼 차례다. 돈의 아포칼립시스Apocalypsis다. 라틴어 아포칼립시스는 '덮개를 열다'라는 의미다. 영어로는 'Revelation(계시)'으로 번역되곤 한다. 돈의 계시 또는 돈의 미래라고 하니 마치 종이돈과 디지털 화폐에 이은 양자 화폐를 이야기하려는 것이 아닌가 짐작할지도 모르겠다. 이 책을 읽은 독자라면 종이든, 디지털 신호이든 아니면 양자이든 돈의 숙주가 바뀔 뿐 실체는 바뀌지 않는다는 점을 알아챘을 것이다.

또는 미래의 고수익이 어디서 나올지를 귀띔하는 것으로 오해할 수도 있겠다. '돈이란 무엇인가?'를 다룬 책 대부분이 '미래에는 이렇게 해야 큰돈 번다'는 이야기를 하고 있으니 오해할 법도 하다. 그런 책에 나오는 대로 큰돈을 벌 수 있다면 부의 불평등은 사라졌을 것이다. 책의 판매량에 비례해 억만장자들이 탄생했을 테니 말이다.

돈의 계시록이 달러의 몰락일까. 아니다. 성경의 계시록은 인간의 종말을 시사하는 듯하다. 하지만 돈의 계시록은 돈의 종말론이 아니다. 이 책의 앞부분에서 달러 붕괴나 돈이 사라지는 것 자체가 쉬운 일이 아니라고 했다. 기존 국가 또는 국제질서가 해체되는 정도의 사건이 발생해야 한다.

달러 제국이 영원할 것이란 얘기도 아니다. 달러도 언젠가는 영국의 파운드처럼 뒷전으로 밀려날 수 있다. 그때가 되면 미국인들은 옛 영화를 추억하며 여전히 환율을 표기할 때 달러를 앞에 두려고 할 것이다. 지금 영국인들은 환율을 계산할 때 파운드–달러 순으로 표기한다. 문제는 '21세기 안에 달러 제국이 무너질까'이다. 미국과 중국이 패권 경쟁을 본격화하고 있으니 '위안화가 달러를 대신하는 날이 올까?'라는 글이 종종 눈에 띈다. 누구도 장담할 수는 없지만 나는 '그럴 가능성이 아주 낮다'는 쪽에 베팅한다. 역사의 기억이 너무나 또렷해서다. 영국 파운드의 몰락은 인류 역사상 최악이자 최대 전쟁인 두 차례의 세계대전을 겪은 탓이다.

통화의 관성(currency inertia)이 강해서다. 로마 콘스탄티누스 황제가 기원후 4세기에 만든 금화 솔리두스가 이후 1천 년 가까이 동로마제국 안팎에서 기축통화로 쓰였다. 18세기 오스트리아가 찍어낸 은화 '마리아 테레사'가 에티오피아 지역에서는 20세기 초까지 결제통화로 쓰였다. 두 사례는 어떤 통화가 믿음을 얻고 편리성이 검증되면 발행국이 운명을 다한 뒤에도 결제통화로 쓰인다는 증거다. 이런 통화의 관성이 깨지기 위해서는 강력한 충격이 필요하다. 바로 제1·2차 세계대전 같은 대사변이다. 한국의 전략적인 외교 수준으로는 어림도 없다. 달러는 전 세계 기업 회계장부의 공통 단위로 자리 잡았다.

돈의 계시록은 훨씬 깊숙한 곳에서 벌어지고 있는 균열에 관한 이야기다. '덮개를 열어' 돈의 숙주와 한 나라의 통화와 재정 정책이 어떻게 달라질 수 있는지를 살펴본다.

◦———— 0과 1이란 숙주

영국의 화폐역사가 글린 데이비스에 따르면 돈의 정체 마저 바꿔놓을 만한 기술적 진보가 두 차례 발생했다.[2] 첫 번째는 중세 말기 인쇄기의 발명이다. 인쇄기의 등장으로 근대적인 종이돈이 탄생해 주화를 보완하기 시작했다.

두 번째 대변화는 현재진행형이다. 바로 돈을 전기신호로 바꿔 송금하는 방식이 발명된 것이다(돈의 정보화). 디지털 신호로 돈을 보내는 기술은 정보기술(IT) 혁명을 통해 이뤄진 다양한 전자 금융거래를 포괄하는 개념이다.

스마트폰 등으로 돈을 디지털 신호로 바꿔 보내고 거래 내용을 종이가 아닌 서버에 기록하는 것은 국민경제에 엄청난 영향을 끼쳤다. 첫째, 은행의 영업 방식을 획기적으로 바꿔놓았다. 방대한 지점망을 갖추고 많은 인력을 고용하지 않아도 된다. 그 바람에 은행산업의 진입 장벽이 낮아졌다. 카카오뱅크처럼 IT기업이 정부의 면허를 받아 은행업을 할 수 있다. 새로운 형태의 은행이 돈 창출 자체를 바꿔놓지는 않는다. 단지 돈 창출 창구가 다양해지고 있다.

둘째, 글로벌 차원에서 아주 효율적인 돈이 탄생한다. 효율적이라고 하니 애덤 스미스가 종이돈의 출현을 묘사한 말이 떠오른다. "종이돈이 돈 만드는 비용을 줄인다"고 했다. 그가 살던 시대에는 저렴한 종이돈이 상거래용으로는 아주 비싼 금화와 은화를 대체했다. 종이돈을 만들고 유지하는 비용이 주화보다 훨씬 적게 들었다. 이제 돈은 종이돈보다 훨씬 값싼 숙주로 이동하고 있다. '0'과 '1'로 이뤄

---

2 글린 데이비스, 《돈의 역사》, pp.642~655.

진 디지털이라는 숙주다. 디지털은 재화와 서비스가 국경을 쉽게 뛰어넘어 순환하도록 해줄 뿐만 아니라 돈의 이동도 한결 빠르다.

여기까지는 돈의 미래가 아니다. 현재의 이야기다. 개인은 디지털 기술의 원리를 몰라도 스마트폰 등으로 각종 금융거래를 하고 있다. 이 정도면 디지털화한 돈이 신기술이라고 할 수 없다. 일상 기술인 셈이다.

돈의 디지털화가 다다를 다음 단계의 단서는 블록체인이다. 블록체인은 인간이 상거래를 한 이후 시달리고 있는 문제를 해결해줄 수 있다. 바로 상거래의 근원(根本)적인 문제다. 상대가 약속을 지키지 않을지 모르는 리스크다. 상인들은 근원적인 문제를 해결하기 위해 다양한 안전장치를 마련했다. 약속을 어기면 거래를 중단하고 상인 공동체에서 배제했다. 블랙리스트에 올려 그 사람이나 회사가 다른 거래도 하지 못하도록 막았다. 또 사법 시스템을 동원해 이런저런 법적 제재를 가했다. 이른바 전통적인 제재다.

전통적인 제재는 서로 얼굴을 아는 사이에 효과가 크다. 하지만 디지털 시대의 거래는 얼굴을 마주하고 이루어지지 않는다. 국경 너머 상대가 누구인지도 모르고 거래한다. 이런 시대에 걸맞은 투명성 있는 장치가 필요하다. 분산원장(DLT) 기술을 바탕으로 한 블록체인이 개발된 배경이다. 중앙 서버가 아니라 거래 참여자 모두 상거래 데이터를 기록해서 공동으로 관리한다. 누군가의 신뢰성 조회가 실시간으로 가능할 수도 있다. 12~13세기 상인들이 약속을 어긴 상대를 블랙리스트에 올려 상인 공동체에 회람시키는 데 상당한 시간이 걸렸는데, 이제는 실시간 회람이 가능하다.

그렇다면 암호화폐 옹호자들이 말하는 중앙집권적인 금융 시스

● 중앙은행 디지털 화폐(CBDC) 개발에 뛰어든 나라들

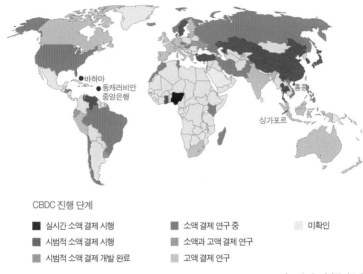

CBDC 진행 단계

■ 실시간 소액 결제 시행 　　 ■ 소액 결제 연구 중 　　 ■ 미확인

■ 시범적 소액 결제 시행 　　 ■ 소액과 고액 결제 연구

■ 시범적 소액 결제 개발 완료 　　 ■ 고액 결제 연구

자료 : 뉴욕 연방준비은행

템이 해체되는 것 아닐까?

　앞에서도 충분히 설명했듯이 국가가 해체되지 않는 한 암호화폐 옹호자들이 말하는 그런 세상은 쉽게 오지 않는다. 다만 블록체인 기술은 개인뿐 아니라 국가도 활용할 수 있음을 다시 강조하고 싶다. 이미 시작됐다. 중국인민은행(PBOC)과 미국 연방준비제도(Fed) 등이 디지털 코인(CBDC) 연구·개발에 뛰어들었다. 앞으로 몇 년 안에 비트코인 등 민간 코인 말고도 중앙은행이 발행한 디지털 코인이 등장할 수 있다. 달러코인, 위안코인, 유로코인, 원코인 등이다.

　CBDC 실험에서 가장 앞장선 나라가 중국이다. 그럴 수밖에 없다. 중국은 1949년 이후 50여 년 동안 사회주의경제를 추구했다. 미국과 유럽, 일본 등과는 달리 머니 트라이앵글을 구성하는 금융 기득

권 세력이 상대적으로 약하다. 중국공상은행 등 대형 시중은행이 중국 정부에 사실상 장악돼 있다는 사실은 따로 설명할 필요가 없다. 게다가 중국의 시민사회도 성숙되지 않았다. 개인의 자유나 권리보다 이른바 공공선이나 국가안보 등의 명분이 더욱 위력을 발휘한다. 안면인식 등 첨단 IT 기술을 활용한 시민 통제가 가능하다. 국내 IT 기업의 경영자들이 '개인정보보호' 등 거추장스러운 논리나 의무 등에서 자유로운 중국을 내심 부러워할 정도다.

이런 중국이 민간 코인보다 중앙은행 코인을 앞장서 실험하는 현상은 어쩌면 자연스러운 결과다. 반면에 서방은 시중은행 등 기득권 세력의 저항 때문에 중국만큼 속도를 내지 못하고 있다. 요즘에는 코인업계 발언권도 무시할 수 없는 상황이 됐다. 반면에 중국은 다르다. 중국이 비트코인 등의 채굴을 단숨에 금지한 장면을 떠올려보라.

중국의 CBDC가 낳을 경제적 효과는 아직 미지수다. 영국 경제분석회사인 캐피털이코노믹스(CE)의 마크 윌리엄스Mark Williams 수석 이코노미스트는 2021년 10월 나와 인터뷰에서 "중국 경제정책 담당자들은 중앙과 지방의 관료주의 등으로 통화와 재정 자원이 낭비되는 현실에 골머리를 앓아왔다"며 "CBDC를 통해 중국의 고질적인 지원금 중간 착복 등 부패 현상을 조금이라도 줄인다면 경제가 지금보다 한결 투명하고 더 빠르게 성장할 수 있을 것으로 기대한다"고 말했다.

윌리엄스의 말대로 중국이 CBDC를 활용해 통화와 재정 자원을 서방보다 효율적으로 공급해 금융위기 등을 줄이고 경제를 더욱 빠르게 성장시킨다면, 미국과 유럽 등이 중국을 따라가지 않을 수 없을 것이다.

이런 중국의 CBDC 실험을 민간 코인 세계도 예의 주시한다. 비트코인 등이 맹주로 구실하는 코인 세계가 요동할 수 있어서다. 예를 들어 비트코인 가격은 CBDC를 기준으로 평가된다. 한번 상상해보자! CBDC와 해당 통화의 1 대 1 태환을 국가와 중앙은행이 보증한다. 정부에 내는 세금도 기존 통화처럼 CBDC로 낼 수 있다. 이렇게 되면 CBDC의 수요가 어느 정도는 유지된다. 돈 창출의 핵심 엔진인 시중은행이 CBDC로 보유한 각종 자산이 현금과 같은 효력을 갖는다. CBDC로 이뤄진 은행 자본금이 현금 출자금과 동일한 자본으로 인정받는다. 은행의 건전성 평가에서 현금과 동일하게 평가받는다는 의미다. 대출, 달리 말하면 은행이 CBDC만을 잔뜩 갖고 있다고 해도 법정통화와 다름없는 돈 창출 능력을 보유한다.

비트코인 등 민간 코인에 CBDC가 누리는 특권이 없다. 각국 정부는 비트코인 등으로 세금을 받지 않고 있다. 받는다 하더라도 법정통화로 평가한 기준가격으로 받아준다. 이 과정에서 비트코인 평가액이 시세보다 낮을 가능성이 크다. 시장에서 비트코인으로 법정통화를 사서 세금을 내는 게 유리하다.

CBDC와 민간 코인이 시장에서 경쟁하는 상황이 벌어진다면 국가의 인증과 백업을 받는 CBDC가 훨씬 유리하지 않을까? 암호화폐 옹호자들이 그리는 블록체인 세상이 국가 주도로 이뤄지면 돈은 완벽한 '디지털 숙주'로 이동한다.

○ ──── **금융 기득권의 붕괴**

앞에서도 말했듯이 현대 돈의 기원에서 가장 핵심적인 분수령을 꼽는다면 '부분지급준비금 제도(Fractional Reserve System)'이다. 시중은행이 예금 가운데 일부만을 준비금으로 남겨놓고 나머지를 대출해줄 수 있다는 아주 단순한 원리다. 현대 돈 창출의 출발점이다. 시중은행이 부분지급준비금 제도를 터득하기 이전에는 예금을 보관했다가 주인이 찾으러 오면 전액 내줬다. 은행이 단순 금고였던 시절이다. 그런데 15~17세기에 시중은행 경영자가 예금 가운데 일부만을 남겨놓고 나머지를 대출해주는 돈놀이 사업을 하기 시작했다. 그래도 예금주는 내가 찾으러 가면 은행이 예금을 100% 돌려줄 것이란 '믿음'을 갖고 있었다.

그런데 어느 순간 예금을 돌려주지 못한 사건이 발생했다. 그 바람에 예금자들은 은행이 자신들의 돈으로 무슨 장사를 하는지 알게 됐다. 부분지급준비금 제도에 숨은 근원적인 불안을 예금주들이 알게 된 셈이다. 어느 은행이 예금을 돌려주지 못한다는 소문만 돌아도 전체 은행들 앞에 예금을 찾기 위해 장사진을 치는 모습이 1930년대까지 심심치 않게 펼쳐졌다.

대공황 이후 미국을 시작으로 부분지급준비금 제도의 근원적인 불안을 줄이기 위한 시스템을 갖추기 시작했다. 예금의 일정 금액까지는 정부가 지급보증하는 제도(예금보험)가 정착되었다. 은행의 건전성을 조사하고 관리하는 시스템(은행감독)도 제도화되었다. 19세기 영국에서는 영란은행이 시중은행의 위기 순간에 긴급자금을 대주는 것을 무기로 은행장부를 열어보고 잔소리하곤 했다. 이 잔소리를 국가 시스템으로 체계화한 것이 바로 은행(금융)감독이다.

또 다른 근원적인 불안은 예금보험 시스템이 갖춰진 이후에도 사라지지 않고 있다. 바로 위기의 순간 대출 여력이 줄어든다. 시중은행은 쥐꼬리만 한 자본금을 가지고 어마어마한 빚(예금 등)을 굴리고 있는 구조다. 실물경제가 위축돼 개인과 기업이 대출을 갚지 못하거나, 시중은행이 보유한 자산의 가치가 추락하면 대출 여력이 빠르게 줄어든다. 개별 은행의 대출 여력이 줄어들면 은행권 전체의 돈 창출이 위축된다. 현대 돈 시스템의 고질병이다.

달리 말하면 고비용 구조다. 머니 크리에이션 시스템을 민관 타협 방식으로 하는 바람에 은행감독, 예금보험 장치 등을 갖추고 유지하는 데 상당한 돈이 들어간다. 게다가 은행이 공적 임무인 머니 크리에이션을 담당한다는 이유 때문에 위기에 빠지면 공적자금도 투입해야 한다. 뉴욕 연방준비은행이 2022년 내놓은 보고서에 따르면 CBDC가 도입되면 거래비용과 금융 시스템 안정을 위해 들어가는 비용까지 줄어들 수 있다.

참고로 시중은행의 근원적인 불안은 2022년 노벨경제학상의 주제이기도 했다. 벤 버냉키 미국 Fed 전 의장과 시카고대학교 더글러스 다이아몬드 교수, 워싱턴대학교 필립 디비그 등 미국 경제학자 3명이 은행 인출 사태 연구로 노벨상을 받았다. 버냉키는 예금자들이 은행으로 몰려들어 경쟁적으로 돈을 찾는 바람에 은행이 파산해 대공황이 발생했다는 점을 입증했다. 노벨상 선정위원회는 이러한 뱅크런bank run이 위기를 더욱 깊고 장기화하는 데에 얼마나 결정적 변수인지를 버냉키가 보여줬다고 평가했다. 다이아몬드 교수와 디비그 교수는 시장의 루머가 예금주들의 인출 행렬, 은행 붕괴로 이어지는 과정을 분석했다. 다이아몬드 교수는 금융위기에 뱅크런이 어떻게 이뤄지는지를 설명한 모델을 만든 인물이며, 디비그 교수 역시 금융위기와 뱅크런 사태를 연구했다.

세 사람의 연구는 시중은행이 아주 취약한 믿음(신뢰)을 바탕으로 돈을 창출하고 있음을 이론적으로 보여줬다. 거칠게 말하면 현대 시중은행이 돈을 창출하는 데 없어서는 안 되는 존재이지만 근원적인 불안 때문에 위기 순간에는 따돌림당할 수 있음이 간접적으로 확인된 셈이다.

실제로 2008년 금융위기와 팬데믹 이후 미국 Fed가 시중은행을 거치지 않고 개인과 기업에 자금을 공급했다. 시중은행이 근원적인 불안으로 위기의 순간에 돈이 제대로 창출되지 않음을 경험적으로 간파한 중앙은행이 직접 나선 것이다. 이미 선례가 만들어졌다. 위기가 발생할 때마다 '긴급 상황'을 이유로 시중은행이 왕따가 될 수 있다. 머니 트라이앵글의 정삼각형 모양에 변형이 생겼다. 여기에 블록체인까지 더해지면 어떻게 될까?

현재까지 시중은행이 중앙은행보다 고객 정보를 더 많이 확보하고 있다. 정부와 중앙은행이 특별주택자금이나 출산장려자금 등을 지원하려고 할 때 시중은행에 대출 심사 등을 맡기는 이유다. 시중은행이 현대판 신분제인 신용점수 등으로 거르고 걸러도 사달(채무불이행)이 난다. 출산장려를 위해 지원한 자금이 다른 용도로 쓰이는 경우는 부지기수다.

지금 중앙은행에는 개인이나 기업의 계좌가 없다. 머니 트라이앵글의 원리에 따라 시중은행 또는 시중은행 면허를 지닌 금융회사만 중앙은행과 거래할 수 있다. 그런데 블록체인을 바탕으로 한 네트워크를 중앙은행이 구축했다고 가정해보자. 개인과 기업도 중앙은행과 거래가 가능하다. 중앙정부가 자녀 간식비로 책정된 복지예산을 중앙은행에 있는 블록체인 개인 계좌로 배분한다. 정부가 지원한 돈으로 자녀의 간식을 샀는지 아니면 부모 자신을 위한 목적으로 썼는지 블록체인을 통해 검증 가능하다. 복지 자원의 누수가 사실상 봉쇄되는 셈이다.

이렇게 되면 시중은행이 설 자리가 그만큼 줄어든다. 은행원 등의 신분이 불안해진다. 이들이 저항하고 나선다. 정치 이슈가 된다. 그래서 초기엔 비상상황 등 불가피한 순간에만 중앙은행이 개인 또는 기업과 거래하는 선에서 그칠 수 있다. 하지만 한번 선례가 만들어지면 구멍 난 둑이 무너지듯 하는 것이 인간 사회의 속성이다. 결국 시중은행이 사라지는 세상이 펼쳐질 수도 있다.

시중은행의 종말은 근대 금융 지형이 확 바뀌는 것을 의미한다. 근대 시중은행은 오랜 역사 속에서 생존해온 고리대금업자들을 금융의 뒷전으로 밀어냈다. 시중은행은 은행권과 부분지급준비금 제도, 아주 효율적인 송금과 지급결제 서비스 등으로 산업혁명 이후 펼쳐진 돈의 중심으로 구실했다. 근대의 새롭고 복잡한 금융 서비스의 중심이었다.

시중은행 덕분에 새로운 금융 서비스 공급자들도 줄줄이 탄생했다. 근대 초기엔 채권과 주식 브로커로 시작한 증권사들이다. 또 시간이 흐르면서 보험회사가 등장했고 금융 전문 변호사들도 나타났다. 요즘에는 지급결제를 중개하거나 신용카드 서비스를 제공하는 기업도 성업 중이다. 암호화폐 지지자들이 쓰는 용어를 빌리면 시중은행과 증권사, 보험회사, 카드회사 등은 '지대를 추구하는 금융 중개자들(middlemen)'이다.

중앙은행-개인·기업이 직접 거래하는 세상은 중개자들이 필요 없다. 이들은 예금자와 대출자 사이, 투자자와 자금 수요자 사이에서 정보와 노하우 등을 틀어쥐고 수익을 챙겨왔다. 금융 네트워크의 중심으로 뽑낼 수 있었다. 하지만 블록체인이 더욱 발전한 미래에는 이들의 존재 이유가 퇴색할 가능성이 크다. 근대 돈을 지탱해온 세 기둥 가운데 하나인 금융 기득권 세력이 해체된다. 머니 트라이앵글의 변화다.

그렇다면 암호화폐 지지자들이 꿈꾼 세상이 열리는 것일까. 결론부터 말하면, 아니다. 돈을 창출해 공급하는 권력을 분점해온 민간 시중은행이 위축될 뿐이다. 또 다른 쪽인 중앙은행과 정부의 기능은 더욱 커질 수밖에 없다.

● 머니 트라이앵글 붕괴

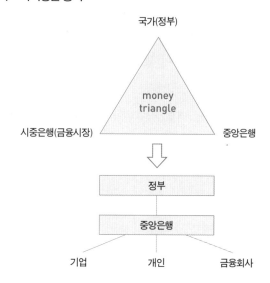

○───── 빅브라더의 등장

정부와 중앙은행이 블록체인을 활용하면 개인과 기업의 거래 정보를 실시간 확인할 수 있다. 자금 지원 등을 아주 효율적으로 할 수 있다. 그 과정에서 시중은행의 자리가 사라질 수 있다고 했다. 사태가 여기서 그치지 않을 수 있다. 정부와 중앙은행이 개인과 기업을 직접적으로 모니터하려고 나설 수 있다는 얘기다. 영란은행이 19세기에 긴급자금을 대준다는 이유 하나로 시중은행 장부를 검열하기 시작했다. 건전성 심사라는 그럴듯한 명목으로 말이다.

이런 상황이 중앙은행-개인·기업의 거래에서도 발생할 수 있다. 블록체인 기술이 암호화폐 옹호자들의 주장과는 달리 조지 오웰이 《1984》에서 그린 빅브라더의 탄생으로 이어질 수 있다는 얘기다. 빅브라더의 가장 유력한 후보가 바로 중앙은행이다.

돈의 관점에서 보면 안정(평화)이 필수적이라고 했다. 다만 안정이 민주적 절차를 통해 유지되는 것인지, 아니면 절대권력을 바탕으로 한 것인지는 중요하지 않다. 돈이 생명력을 유지하는 데 빅브라더가 필수조건일 수 있다.

중앙은행이 빅브라더로 떠오른 이후의 통화와 재정 정책은 지금과는 완전히 다르다. 블록체인 또는 한결 업데이트된 차세대 블록체인 기술을 바탕으로 정부는 예산이 최종 목적지까지 흘러가는 과정을 모조리 추적할 수 있다. '돈에 꼬리표'가 붙는 셈이다. 발사대를 떠난 유도 무기가 목표에 도달하는 과정을 미사일 사령부가 모니터링하는 것과 비슷하다. 이는 지금까지 예산 집행과는 사뭇 다르다. 현재 행정부가 국회의 심의를 거쳐 마련한 예산은 두루뭉술하게 집행된다. 경기부양을 위해 1조 원을 편성해 전략 산업 쪽에 투입하면 그 돈이 구체적으로 어디에 쓰였는지는 처리된 영수증을 바탕으로 추적한다. 현실 세계에서 영수증이 '아주 쉽게 만들어질 수 있다'는 사실은 경제활동을 해본 사람이라면 쉽게 알 수 있다.

블록체인 기술이 더욱 업데이트되면 행정부와 국회, 시민단체 등이 예산 편성 목적으로 정확하게 쓰였는지 거의 실시간 추적할 수 있다. 한마디로 그 대상을 세밀하게 겨냥한 재정정책이 실시될 수 있다.

현재 통화정책은 한강에 물 붓기와 비슷하다. 양적 완화(QE)를 보면 중앙은행이 시중은행 등이 쥐고 있는 국채 등을 사들이는 방식으로 돈을 푼다. 이 돈이 실제로 개인의 소비와 기업의 투자에 공급될지는 나중 문제다. 시중은행 시스템에 유동성을 공급하면 합리적 기대 등을 바탕으로 돈 창출이 이뤄질 것이라는 가정과 역사적 경험에 따라 한강에 돈 붓기를 할 뿐이다. 그 바람에 QE로 풀린 돈이 자산 가격을 높이기는 했지만, 실물경제 투자에 쓰인 돈은 얼마 되지 않는다는 분석과 비판이 잇따랐다. 이는 2008년 금융위기 이후 공격적인 QE에도 미국의 경제가 제2차세계대전 이후 최장기간 침체 현상을 보인 사실로도 증명된다.

블록체인과 중앙은행의 디지털 코인이 본격화하면 통화정책은 한강에 물 붓기가 아니다. 중앙은행을 떠난 돈에 꼬리표가 붙는다. 지금은 중앙은행의 통화정책은 돈의 가격(금리)을 높이거나 낮추거나, 양을 늘리거나 줄이거나 할 뿐이다. 미래에는 특정 산업을 겨냥해 정밀하게 유동성을 발사할 수 있다.

최근 친환경적이고 사회적으로 포용적이며 투명한 지배구조(ESG)를 위해 중앙은행이 통화정책을 펼쳐야 한다는 목소리가 높다. 그런데 이런 곳을 겨냥해 중앙은행이 자금을 공급하는 일이 말처럼 쉽지 않다. 별도 법인(펀드)을 설립해 직접 주는 이유다. 하지만 미래에는 중앙은행이 좀 더 정확한 타깃을 향해 유동성을 공급할 수 있다.

블록체인과 분산원장에다 빅데이터 혁명이 예상대로 이뤄진다면, 중앙은행의 거시경제 관리도 획기적으로 바뀔 수 있다. 미래학자 제러미 리프킨은 2022년 11월 나와 인터뷰에서 앞으로 펼쳐질 세상을 흥미롭게 그렸다.

"3차 산업혁명은 새로운 커뮤니케이션, 에너지, 이동수단의 결합입니다. 새로운 커뮤니케이션은 45억 명의 사람들이 인터넷에 연결합니다. 그들의 손바닥에 들린 스마트폰에는 우주인을 달로 보낸 것보다 더 강력한 컴퓨터 기술이 들어 있습니다. 완전히 분산되어 있는 45억 명의 사람들을 말이죠……. 수십억 개의 센서가 도처에 있을 것이고, 너무 많은 정보가 들어오고 있기에 클라우드 컴퓨팅은 너무 느립니다. 새로운 네트워킹이 등장할 수밖에 없습니다."

리프킨의 예측이 실현되면, 자본주의 시장경제가 안고 있는 고질적인 문제 하나가 풀릴 수 있다. 바로 조율되지 않은 생산과 소비다. 사회주의자 카를 마르크스의 말을 빌리면, 자본주의 시장경제에서는 "생산은 사적으로, 소비는 사회적으로 이뤄진다." 각자 알아서 생산해 시장에 내다놓기 때문에 툭하면 공급 과잉이나 공급 부족 사태가 발생할 수밖에 없다. 애덤 스미스가 가격이 오르거나 내리는 모습을 보고 생산하고 구매하면 생산-소비 사이에 조화가 이뤄진다고 말했지만, 이는 허구로 드러났다. 그 바람에 정부의 경제정책이나 통화정책 담당자는 다양한 경제지표를 개발해 '이 순간 경제 상황'을 측정하려고 한다.

하지만 경제지표는 데이터 수집과 재구성 사이에 시간 차가 발생한다. 재정이나 통화 정책이 늘 현장 흐름과 어긋나는 이유다. 리프킨이 말한 대로 블록체인과 분산원장, 빅데이터로 무장한 중앙은행은 실시간 경제 상황을 모니터할 수 있다. 한 달 정도 차이 나는 물가지수가 아니라 실시간 물가지수를 파악한다. 어느 업종과 지역에 자금이 적게 또는 많이 흘러드는지도 실시간 파악한다. 이런 실시간 데이터를 바탕으로 경제를 조율하면, 통화정책 실패가 지금보다 줄어들기 마련이다. 중앙은행이 더욱 막강해진다.

○──── 중앙은행 쟁탈전

화폐 전문가들은 권력자의 돈 장악력은 돈의 재질에 따라 차이 난다고 말한다. 돈이 대부분 주화 형태이던 시대에 국가(왕)는 돈을 아주 강력하게 장악했다. 실제 고대와 중세 왕들은 전쟁이나 왕실의 사치를 위해 돈이 필요하면 귀금속 함량을 줄여 더 많은 주화를 찍어냈다. 백성은 속수무책이었다. 특히 중세 말기 돈을 축적해 금융업을 시작한 상인들은 왕의 귀금속 함량 줄이기에 앉아서 당했다. 그들은 때로 반발했다. 하지만 왕들은 돈에 대한 지배권을 유지하는 데 아주 적극적이었다. 왕들은 위협 세력이나 요인을 철저히 응징했다. 하지만 종이돈이 등장하면서 은행이 국가와 경쟁하며 사실상 돈을 공급하기 시작했다.

금융시장이라는 경제 시스템이 등장한 이후 권력자의 돈에 대한 장악력이 상대적으로 약해졌다. 민간 돈놀이꾼의 힘은 고대 바빌론 왕조나 그리스로마 시대, 중세시대에는 크지 않았다. 왕실이나 정부가 돈의 공급자이면서 최대 금융업자였다. 그런데 왕이 전쟁을 할 때 민간 돈놀이꾼들이 막대한 자금을 조달해 제공했던 시기는 16세기 이후다. 중상주의 시대 유럽의 거상이 왕이나 제후에게 막대한 자금을 빌려주고 영향력을 행사할 수 있었다. 그들은 전쟁 자금을 제공한 대가로 점령지 등 일정 지역의 조세징수권을 담보로 잡기도 했다.[3] 자연스럽게 머니 트라이앵글이 갖춰질 여건이 무르익기 시작했다.

근대 이후 머니 트라이앵글은 정부-중앙은행-시중은행(금융시장)으로 이뤄졌다. 여기서 가장 중요한 구실을 하는 조직이 중앙은행이다. 중앙은행은 정치적 타협의 산물이다. 전통적으로 돈을 장악해온 정부와 영향력이 커진 금융시장 간의 타협이다.

그런데 시중은행의 자리가 블록체인의 등장으로 약해지거나 사라지면 또 다른 세상이 열린다. 정부 권력을 쥔 사람은 빅브라더인 중앙은행을 통해 시민의 경제적 생사 여부를 결정할 수 있다. 경제력이나 정치권력이 집중화할수록 갈등은 더욱 치열해진다고 했다.

지금까지 중앙은행을 둘러싼 정치는 채무자들이 원하는 경제적 목적(일자리 창출 또는 경제 성장)과 채권자들의 집합소인 금융시장 요구(통화가치 안정) 사이에서 펼쳐졌다. 그 바람에 통화정책이 뱀처럼 움직였다. 구불구불 기어가는 뱀처럼 정치와 경제 상황에 따라 한때는 일자리 창출 쪽으로, 어떤 때는 통화가치 안정 쪽으로 기울었다. 그 과정에서 정치적 논쟁과 투쟁이 치열했다. 중앙은행이 빅브라더로 떠오르면 중앙은행을 누구의 지배 아래 두느냐에 따라 부의 질서가 확 바뀔 수 있다.

---

3 로버트 에크룬드(Robert B. Ekelund), 《지대추구 사회로서 중상주의(Mercantilism as Rent-Seeking Society : Economic Regulation as Economic Perspective)》, 텍사스A&M 대학 출판부.

돈의 정치화

미국 바드칼리지의 래리 랜덜 레이 교수는 전화 인터뷰에서 "중앙은행 쟁탈전은 곧 돈의 정치적 성격이 더욱 뚜렷해진다는 뜻"이라고 설명했다. 그에 따르면 기술과 경영 혁신, 인공지능(AI)이 낳은 생산의 탈노동화 현상 때문에 정부와 중앙은행이 정책적으로 배분한 돈에 의존하는 사람이 늘어날 전망이다. 탈노동화 때문에 사회구성원 가운데 상당수가 노동을 바탕으로 한 돈의 배분 경로 밖으로 쫓겨나기 때문이다. 이런 시대에는 통화정책이 선출되지 않은 테크노크라트(통화정책 전문가)에 맡겨둬야 한다는 주장이 지지를 얻기 쉽지 않아 보인다.

인류 역사에서 근대는 신체와 재산의 자유를 바탕으로 한 시대였다. 신체의 자유는 죄형 법정주의와 영장 시스템 등으로 적잖이 보장된다. 권력자 멋대로 인신을 구속하는 것을 어느 정도 막을 수 있기 때문이다.

반면 재산의 자유는 반쪽만 지켜지고 있다. 국가가 사유재산권을 함부로 침해하지 못하고 있지만, 사유재산의 가치를 표현하는 단위(돈의 가치)는 선출되지 않은 권력인 중앙은행 총재 등이 참여하는 통화정책위원회 멤버들에게 맡겨져 있다. 내가 소유한 집이나 매달 받는 월급의 실질 가치가 선출되지 않은 권력에 따라 춤추는 게 현실이다. 이런 현실의 배후에는 '전문가 이데올로기'가 똬리를 틀고 있다. '잘 배우고 훈련된 경제 전문가라면 객관적인 기준에 따라 제대로 판단하고 선택할 수 있을 것'이란 이데올로기다.

불행하게도 전문가 이데올로기는 현실에서 검증이 끝났다. 전문가 또는 테크노크라트가 너무나 정파적인 존재라는 게 드러났다. 그 바람에 선출되지 않은 권력을 어떻게 민주적으로 통제할지가 21세기 화두가 되고 있다. 중앙은행 총재 등 돈의 신전에서 일하는 사제들을 민주적으로 통제하려는 시민운동이나 정치활동이 활발해진다는 얘기다.

그 여파로 중앙은행가들의 역할이 더욱 확대될 전망이다. 단순히 통화가치 안정과 완전고용 달성, 금융시스템 안정뿐 아니라 정치적 요구에 따라 부의 재분배 등을 위한 적극적인 통화정책이 중앙은행의 의무로 자리 잡을 수도 있다. 한 걸음 더 나아가 중앙은행 총재가 선출직으로 바뀔 수도 있다. 아니면 대통령 후보가 중앙은행 총재 후보를 러닝메이트로 지명하고 대선에 뛰어들어야 할 수도 있다.

그 결과는 기존 중앙은행 교리의 붕괴다. 바로 '중앙은행은 독립적이어야 한다'는 교리가 무너진다. 이미 경고하고 나선 인물이 나타났다. 마크 카니 전 영란은행 총재는 2022년 봄 블룸버그에 쓴 칼럼에서 "중앙은행가는 통화가치 안정에 집중해야 한다"며 "여러 의무를 짊어질수록 중앙은행 독립은 흔들릴 수밖에 없다"고 예측했다. 카니의 의도는 중앙은행 독립을 유지하기 위해 잡다한 의무를 피해야 한다는 것이었다. 그러나 현실의 변화 속도는 너무나 빠르다. 변화 방향은 기존 엘리트의 믿음을 뛰어넘기 일쑤다. 중앙은행 독립이 미래어느 순간엔 터무니없는 가치로 전락할 수 있다. 중세 말에 풍미했던 '왕권신수설'이 21세기 현재는 조롱받는 가치이듯이.

돈의 영토 해체

현대 돈을 지탱하는 머니 트라이앵글이 붕괴하면서 중

앙은행을 둘러싼 정치 투쟁이 뜨거워지는 시기에 돈의 영토는 어떻게 될까? 이 궁금증을 풀 수 있는 단서가 하나 있다. 바로 유로 시스템이다.

유로는 닉슨 쇼크로 5천여 년 만에 부활한 상징화폐의 시대에 의미심장한 변화였다. 국내 유럽통합 전문가인 대구대학교 안병억 교수(국제관계)는 "유로화가 인류 역사상 처음으로 '민족국가를 바탕으로 한 주권국가'에 기반하지 않는 화폐"라고 말했다.[4] 실제 절대왕정 시대 이후 돈의 영토는 민족국가의 영토와 거의 일치했다.

LSE 찰스 굿하트 교수는 "유로존에서는 돈의 공급과 주권국가 사이에 유지되어온 전통적이고 역사적인 결합이 상당히 깨졌다"고 설명했다.[5] 실제 머니 트라이앵글의 중요한 꼭짓점인 중앙정부가 유로 시스템엔 따로 없다. 유로존Euro Zone이라고 불리는 유로화 사용 19개국으로 이뤄져 있다. 하나의 연합체다. 그런데 유로존이란 분명한 연합체가 존재하지 않는다. 구제금융 지원과 재정과 금융 통합 등 유로 시스템과 관련이 큰 결정이 유럽연합(EU)에서 주로 결정된다. EU 회원국은 28개 나라다. 유로존의 19개 나라와 일치하지 않는다. 상당히 불안정한 구조다. EU 회원국이면서 유로화를 채택하지 않는 나라들이 유로존 멤버들과 이해관계가 일치하지 않을 수도 있다.

EU와 유로존의 의사 결정 시스템이 갖고 있는 불안정성만이 문제가 아니다. 사실 무엇인가 어긋나 보이는 연합체인데도 의사 결정

---

4 안병억 교수는 동서 유럽의 경계인 폴란드에서 안식년을 보내던 2019년 5월 영국의 브렉시트와 유로화의 미래를 두고 나와 의견을 교환했다.

5 찰스 굿하트, '돈의 2가지 개념 : 최적통화지역이론을 분석하기 위한 함의(Two Concepts of Money : Implications for Analysis of Optimal Currency Area)', 《유럽정치경제저널(European Journal of Political Economy)》, 14 : 407~432.

에 시간이 좀 걸릴 뿐 그런 대로 문제를 해결하기도 했다. 2009년 그리스가 재정위기에 빠진 이후 EU 회원국들은 재정안정기금을 조성하고 재정통합을 한결 강화하는 데 합의했다. 연합체가 완전히 무능하거나 무기력한 것만은 아니라는 방증이다.

그런데 굿하트 교수는 인터뷰에서 "유로화는 유럽 엘리트들의 피조물"이라고 말했다. 그는 "일반 시민들의 선택이 아니다"라며 "유로존 사람들이 낯설어하는 이유"라고 말했다.[6] 그가 말한 엘리트는 지식인들이 아니다. 정치인들과 비즈니스 리더들이다. 이들은 자신들이 '합리적'이라고 믿는 경제 교리에 맞춰 유로 시스템을 구축했다. 그 순간 "일반 시민들은 여전히 자국 통화에 젖어 있는 상태였다"고 굿하트 교수는 설명했다. 대중은 여전히 민족국가 또는 로컬 마인드를 갖고 있는데, 국경을 초월한 유로화가 주입된 셈이다. 대중이 유로화를 거추장스럽거나 억압으로 느낄 가능성이 엿보이는 대목이다.

한마디로 유로 시스템은 미완의 체계다. 돈의 영토를 확장하는 데는 일단 성공했다. 독일 마르크와 프랑스 프랑, 그리스 드라크마, 이탈리아 리라 등 잡다한 돈이 '유로'라는 화폐단위로 통일됐다. 근대 국가 수립 시기 잡다한 공국과 백국, 자유도시의 돈이 좀 더 넓은 영토를 바탕으로 한 근대 화폐로 통합된 점을 떠올리게 하는 대목이다. 또 돈의 영토 확장은 주로 효율의 관점에서 돈의 발명과 진화를 보는 전통적인 접근법이기도 하다.

앞으로 중앙은행 쟁탈전이 치열해진다고 했다. 유럽중앙은행(ECB)은 가장 비정치적인 논리를 바탕으로 세워진 중앙은행이다. 정

6 2009년 11월 LSE 연구실에서 한 인터뷰.

책 목표가 물가 안정 하나로 설정된 것이 그 방증이다. 가장 비정치적인 ECB가 가장 치열하게 진행될 정치 논쟁 과정에서 어떻게 변신할지 관심이다. 시대 상황에 맞게 변신하는 데 성공하면 돈의 영토를 확장하려는 목소리가 커질 수 있다. 한·중·일 단일통화, 북미 지역 단일통화 등이 등장할 수 있다는 얘기다.

○───── 비이성적 과잉을 제어할 수 있는 세상

이제 긴 여정을 끝내야 할 듯하다. 그런데 여전히 마음 한편이 무겁다. '지은이의 고백'에서 한 말이 되레 부담으로 작용해서다. 나는 돈 버는 이야기로 가득한 책을 읽고도 '돈이란 무엇인가?'란 궁금증이 풀리지 않았다고 했다. 그런데 이제는 '돈의 정체는 어느 정도 알겠고, 그렇다면 앞으로 돈은 어디에서 벌 수 있어?'라고 묻고 나설 독자들이 눈에 선하다. 솔직히 말해 나는 어떤 회사의 주식을 사야 할지, 어떤 자산을 매입해야 할지 등을 추천할 안목이나 능력을 갖추지 못했다.

다만 돈의 미래 숙주인 디지털 신호를 바탕으로 중앙은행과 정부가 빅브라더가 된다는 예측의 연장선에서 한 가지 과감한 전망을 하고 싶다. 사실 추정에 가깝다. 빅브라더를 둘러싼 사회적·정치적 갈등이 본격화하는 현상과 함께 특정 자산(부동산 포함)이나 업종의 주식 등이 급등하는 일이 억제될 가능성이 크다. 비이성적 과잉이라고 부르는 현상이 일부 또는 상당 부분 억제될 수 있다는 얘기다. 빅브라더가 한결 진화한 블록체인 기술 등을 활용해 돈의 흐름을 실시간 모니터하면서 제어할 수 있기 때문이다.

현재 그리고 가까운 미래까지는 중앙은행의 유동성 공급은 무차별적일 수밖에 없다. 그 바람에 통화정책을 완화하면 의도하지 않은 부동산 거품 등이 발생하곤 한다. 이때 중앙은행가는 시장참여자들에게 비이성적 과잉을 경고할 수 있을 뿐이다. 또 정부가 할 수 있는 일도 대출 규제 등에 그친다. 부동산으로 가는 모든 돈줄을 모니터하거나 차단할 장치나 기술이 없다.

그러나 블록체인 기술이 더욱 진화하면 정부와 중앙은행은 개인과 기업이 어디에서 자금을 조달해 어디에 투입하고 있는지를 살필 수 있다. 사전적으로 개입해 비이성적 과잉으로 번지지 않도록 차단할 수도 있다.

그렇다고 금융 버블이 완전히 사라진다는 얘기는 아니다. 기술혁신을 바탕으로 고수익을 좇는 자본의 움직임은 계속된다. 철도와 전기, 인터넷과 같은 차세대 범용 기술을 놓고 투기적 자본(고위험 감수 벤처투자)과 대중의 들뜸(mania) 등은 자본주의 고유의 속성이기 때문이다.

그렇다면 생산적 버블은 용인되고, 비생산적 과잉은 억제되는 시대가 열리는 것일까. 결론부터 말하면 장밋빛 예상은 가장 비관적인 전망만큼이나 어긋나는 게 인간 세상이다. 생산적 vs 비생산적 논쟁이 경제 영역을 벗어나 시민사회와 정치 영역으로 비화할 가능성이 크다. 결국 경제 메커니즘이 아니라 그 순간 대중(유권자)의 선택에 의해 빅브라더의 개입과 통제가 이뤄질 가능성이 크다. '경제는 경제논리에 따라 작동해야 한다'는 말을 신봉하는 사람들에게 달갑지 않은 시대가 열릴 수 있다는 얘기다.

이제 존 메이너드 케인스의 말을 끝으로 펜을 내려놓는다.

"무엇보다 돈은 현재와 미래를 연결하기 위한 섬세한 장치다 (Money is, above all, a subtle device for linking the present to the future)."[7]

7 존 메이너드 케인스, 〈가격이론(Theory of Prices)〉《고용·이자 및 화폐의 일반이론》영 문판.

머니니스

초판 인쇄 2023년 2월 23일
초판 발행 2023년 2월 28일

지은이 강남규
펴낸이 이혜숙
펴낸곳 (주)스타리치북스

출판 감수 이은희
출판 책임 권대홍
출판 진행 이은정 · 한송이
본문 교정 추지영
편집디자인 스타리치북스 디자인팀

등록 2013년 6월 12일 제2013-000172호
주소 서울시 강남구 강남대로62길 3 한진빌딩 2~8층
전화 02-6969-8955

홈페이지 www.starrichbooks.co.kr
스타리치몰 www.starrichmall.co.kr
스타리치북스 블로그 blog.naver.com/books_han
스타리치 TV https://www.youtube.com/@starrichTV
스타리치북스 페이스북 www.facebook.com/starrichbooks
글로벌기업가정신협회 www.epsa.or.kr

값 20,000원
ISBN 979-11-85982-78-6 03320

＊이 책은 관훈클럽정신영기금의 도움을 받아 저술 · 출판되었습니다.